칼뱅의 『기독교강요』로 배우는

기독교 교리

칼뱅의 『기독교강요』로 배우는 기독교 교리

2020년 9월 17일 초판 1쇄 인쇄
2020년 9월 24일 초판 1쇄 발행

지은이 | 홍원표
펴낸이 | 김영호
편 집 | 김구 박연숙 전영수 김율 디자인 | 황경실
펴낸곳 | 도서출판 동연
등 록 | 제1-1383호(1992. 6. 12)
주 소 | 서울시 마포구 월드컵로 163-3
전 화 | (02)335-2630
전 송 | (02)335-2640
이메일 | h-4321@daum.net / yh4321@gmail.com
블로그 | https://blog.naver.com/dong-yeon-press

ISBN 978-89-6447-608-6 03230

이 도서의 국립중앙도서관 출판예정도서목록(CIP)은 서지정보유통지원시스템 홈페이지
(http://seoji.nl.go.kr)와 국가자료종합목록 구축시스템(http://kolis-net.nl.go.kr)에서 이용
하실 수 있습니다. (CIP제어번호: CIP2020039308)

칼뱅의
『기독교강요』로 배우는

기독교 교리

홍원표 지음

동연

머 리 말

하나님의 평강이 여러분과 함께 하시기 바랍니다. 요즘 어떻게 지내시는지요? 대답은 안 들어도 뻔할 것 같습니다. "먹고 살기 위해 바쁩니다."

그런데, 참 이상하죠? 세상은 과거에 비해 엄청나게 변했고, 과거와는 비교도 되지 않을 정도로 빠르고 편리해졌음에도, '먹고 사는' 문제는 여전히 해결되지 않고 있는 듯하니 말입니다. 오히려 더 삶의 문제가 되어 가는 듯합니다. 그 결과, 우리는 여전히 예수님께서 광야에서 사탄에게 경험하셨던 시험 중 첫 번째 시험—"네가 만일 하나님의 아들이어든 명하여 이 돌들로 떡덩이가 되게 하라!"(마 4:3)—을 넘지 못하는 것처럼 느낍니다.

그러나 성도들은 이 '먹고 사는' 문제를 반드시 넘어서야 합니다. 그리고 예수님이 사탄에게 대답하셨던 것, "**기록되었으되** 사람이 떡으로만 살 것이 아니요 **하나님의 입으로부터 나오는 모든 말씀으로** 살 것이라 하였느니라"(마 4:4)를 우리도 하며, 신앙의 진보를 이루어야 합니다.

그런데, 문제가 있습니다. '먹고 사는' 문제를 해결하느라, '기록된' 하나님의 말씀을 읽을 시간도, 들을 시간도, 배울 시간도 없다는 것입니다. 하지만, '제 경험상' 이 모든 것은 '비겁한 핑계'일 뿐입니다. 우리는 이런저런 핑계를 대면서 하나님의 말씀을 자기 것으로 삼을 '여유'를 먼저 마련하지 않습니다. 그렇지 않습니까? '저의 경험'이긴 하지만, 아마 많은 분들이 수긍하시리라 생각됩니다.

그러므로, 제가 판단하기에 '믿음이 좋은 사람'은 누구냐? 어떻게든 하루의 바쁜 일상 중에 하나님의 말씀을 읽고 배울 수 있는 시간을 우선적으로 마련할 수 있는 사람입니다.

우리는 너무나 쉽게 사탄에게 자신의 권리와 영역을 내어줍니다. 또 사탄은 우리의 모든 관심을 영적인 부분에 투자하지 못하도록 만듭니다. 이미 고인이 되신 어느 대기업 회장은 평생을 자신의 회사가 세계적인 기업이 되도록 하기 위해 모든 시간을 사용하였습니다. 그런데, 그는 말년末年에 고치기 힘든 병에 걸렸습니다. 병실에 누워지내면서, 그제서야 인생과 삶에 대해 진지하게 돌아볼 시간을 가지게 되었습니다. 그리고 영적인 문제를 고민하기 시작했습니다. 그는 죽음을 맞이하기 한 달 전에 24가지 질문을 던졌습니다: "신의 존재를 어떻게 증명할 수 있는가? 신이 창조주라는 것을 어떻게 증명할 수 있는가? 신이 인간을 사랑한다면, 왜 고통과 죽음을 주는가? … 등등."[1]

만일 이 분이 이 24가지 질문을 사업보다도 먼저 자기 인생에 던졌다면, 그의 인생이 다르게 전개되었을까요? 예! 분명히 그랬을 것입니다. 그것이 바로, 예수님께서 사탄에게 대답하셨던 것입니다. 그렇다면, 당연히 광야와 같은 세상을 살아가는 모든 성도들도, 하나님의 말씀을 먼저 앞세운다면, 예수님처럼 '먹고 사는' 문제에 대해서 다르게 접근하게 될 것입니다.

이것이 제가 이 책을 쓰게 된 이유입니다. 저는 예수님을 "나의 하나님, 나의 구원자, 나의 주님"이라고 고백하는 모든 그리스도인들이 하나님의 말씀을 알고 실천하기를 원합니다. 하나님의 말씀은 하나님의 백성을 더욱 하나님의 백성답게 만들어주기 때문입니다. 하나님께서 이 '성경'을 우리에게 주신 이유와 목적이 바로 그것입니다!

그런데, 성경을 접할 때 문제가 발생합니다. 이것 역시 '제 경험'에 근

---

1 이우각, 『철학적 신학적 명품답변』(고양: 프로방스, 2012) 참조.

거한 것입니다. 분명히 우리말로 되어 있고, 잘 읽히는데, 읽고 나서는 도대체 무슨 말인지 잘 모르겠다는 것입니다. 성경은 전혀 어려운 말로 쓰이지 않았습니다. 구약성경 원전은 히브리어와 약간의 아람어로 이루어져 있습니다. 신약성경 원전은 몇 개의 아람어를 빼고는 대부분 헬라어(그리스어)로 작성되었습니다. 그런데, 그 언어들이 당시 가장 계층이 낮은 사람도 이해할 수 있는 언어였습니다! 이것이 각국의 언어로 번역될 때도, 결코 고상하거나 상류층에서 사용되는 언어를 사용하지 않았습니다. 최하층의 사람일지라도, 그가 문자를 읽을 수만 있다면, 이해할 수 있는 언어로 기록하였습니다. 그럼에도 불구하고 하나님의 뜻을 담고 있기 때문에, 그 의미와 내용을 파악하기가 쉽지 않습니다. 이렇게 되니, 읽고 나서도 이해가 되지 않아 더 이상 읽는 것을, 배우는 것을 중단하거나 포기해 버립니다. 그리고 자신의 영적인 권리를 신학자나 목회자들에게 일임해 버립니다. 자신이 마땅히 사용해야 할 분별력을 내려놓은 채, 권위 있는 사람들에게 의존해 버립니다. 이것이 오늘날 너무나도 많은 기독교 분파와 더불어 상당한 수의 기독교 이단과 사이비가 등장하게 된 배경입니다. 따라서 우리는 성경을 무작정 읽기만 해서는 안 됩니다.

'제 경험'상, 성경을 읽을 때도 어느 정도 '틀' 혹은 '기준'이 필요합니다. 이것을 이렇게 설명할 수 있습니다. 어떤 곳에 흙이 잔뜩 쌓여있습니다. 누군가가 나에게 이 흙의 양을 '정확하게' 측정해 보라는 숙제를 줍니다. 여러분이라면 어떻게 해결하시겠습니까? 홀로 끙끙대며 고민하고 있는데, 숙제를 내준 사람이 네모반듯한 5리터짜리 용기容器를 줍니다. 그러면, 이제 문제를 해결할 수 있게 됩니다. 다만 열심과 노력과 땀과 수고가 필요할 뿐입니다. 당신은 한 곳에 거의 정확히 5리터 양의 흙을 차곡차곡 쌓아둡니다. 게다가 쌓을 때, 당신은 어떤 모양으로 쌓을지 선택할 수도 있습니다. 하트 모양으로 쌓든지, 탑 모양으로 쌓든지, 아예 건물

모양으로 쌓든지 할 수 있습니다.

여기서 이 '5리터짜리 용기'가 하는 역할이 바로 '교리^{教理}'입니다. 잔뜩 쌓여있는 하나님의 말씀을 체계적으로 읽을 수 있고 분석할 수 있는 일종의 '틀' 역할을 합니다. 그리고 그것은 이해한 말씀을 삶에 여러 방식으로 적용할 수 있게 도와줍니다. 그 적용된 삶이 여러 모양으로 나타나게 됩니다. 당연히 잘못된 틀을 사용하면, 잘못된 삶의 모양이 나오겠지요? 물론 그것을 사용하는 사람에 따라 정당한 틀을 사용하더라도 악한 결과가 나오기도 합니다.

따라서, 기독교 교리가 잘못되면, 하나님의 말씀도 잘못 이해하게 되고, 삶도 엉망이 되어버립니다. 정말 열심히 '신앙생활'을 했다고 했는데, 하나님의 뜻에 어긋났다면, 그 결말이 어떻게 되겠습니까? 너무나 허무하지 않겠습니까? 성경을 읽어도 헛되게 읽은 것이 되지 않겠습니까? 우리는 하나님께서 이스라엘 백성들에게 주셨던 경고를 결코 무시해서는 안 됩니다. "내 백성이 지식이 없으므로 망하는도다 네가 지식을 버렸으니 나도 너를 버려 내 제사장이 되지 못하게 할 것이요 네가 네 하나님의 율법을 잊었으니 나도 네 자녀들을 잊어버리리라"(호 4:6). 이스라엘은 성전이 있었고 성경이 있었으며 하나님의 선지자도 있었지만 결국 망해버렸습니다. 이 점에서 올바른 기독교 교리를 이해하고 배우는 것은 정말로 중요합니다.

제가 칼뱅^{John Clvin}의 『기독교강요』를 좋아하는 이유가 이것입니다. 칼뱅이 이 책을 쓴 이유는 다음과 같습니다:

> 이렇게 하면 경건한 독자는 큰 어려움이나 지루함 없이 성경을 읽을 수 있을 것이다. 만일 그가 이 작품에 기술된 지식을 갖추어 '필수적인 도구'인 성경에 다가가게 된다면 말이다.[2]

칼뱅은 참된 믿음을 갈구하는 그리스도인들이 성경을 올바르게 읽을 수 있도록, 반드시 알아야 할 기독교 교리를 정리하였습니다. 이 책은 당시뿐만 아니라 지금도 수많은 사람들에게 큰 호응을 얻고 있습니다. 저는 이 책이 오늘을 살아가는 당신께도 인정받기를 원합니다. 그래서 더 많은 분들이 성경을 올바르게 읽고 삶에 적용할 수 있게 되었으면 좋겠습니다. 구원에 합당한 삶의 열매는 성도가 반드시 이루어야 할 의무입니다! 여러분의 믿음이 올바르게 정립될 때, 그 열매 또한 하나님이 기뻐하시는 것으로 나타나게 될 것입니다. 좋은 나무가 좋은 열매를 맺기 마련입니다.

물론 시중에 저와 비슷한 혹은 더 좋은 의도를 가지고 『기독교강요』를 요약하고 정리한 책이 많이 나와 있습니다. 그런데 자세하지는 않더라도 전체적인 내용을 알 수 있게 정리한 책은 거의 없었습니다. 이 책은 일반 성도들이, 비록 일부이긴 할지라도, 거의 『기독교강요』를 읽은 것과 같은 효과를 내기를 바라며 마련되었습니다. 이것을 위해 저는 『기독교강요』의 순서를 따르되, 최대한 쉽게, 핵심적인 내용을 중심으로 정리하였습니다. 본서에 인용된 칼뱅의 말은 다음의 영어번역본을 근거로 했습니다: John Calvin, ed. John T. McNeill, trans. Ford Lewis Battles, *The Library of Christian Classics* vols. XX-XXI, *Calvin: Institution of the Christian Religion*(Philadelphia: The Westminster Press), 1960.

읽으면서 이상한 기호들이 나올 것입니다. 예를 들어, *Inst.*, I i 1이라는 것입니다. 여기서 *Inst.*는 『기독교강요』를 축약한 것입니다. 그리고 차례로 1권 1장 1절을 의미합니다. 이 책을 읽으며 혹 더 알고 싶은 분이 계시면, 해당 내용을 찾아서 읽으시면 됩니다.

---

2 『기독교강요』 1559년 판, 독자에게 드리는 글에서 인용하였습니다.

부디 이 책이 참된 신앙생활을 하고자 하는 분들에게, 한국교회에 유익을 끼칠 수 있기를 우리 주 예수 그리스도 안에서 소망합니다. 이 책을 출판할 수 있도록 흔쾌히 도와주신 동연출판사의 김영호 대표님과 관계자들께 깊은 감사를 드립니다. 무엇보다 이 책을 쓰도록 영감을 주신 삼위일체 하나님께 모든 감사와 영광을 돌립니다.

이 책을 시작하기 전에 칼뱅의 다음의 말을 명심하시길 바랍니다:

누가 (이 책의) 모든 내용을 다 이해할 수 없다 할지라도, 그는 결코 그것 때문에 절망해서는 안 된다. 오히려 계속 나아가되, 하나의 구절이 다른 구절에 대한 더 친숙한 해설을 자신에게 해 줄 수 있기를 기대하면서 나아가야 한다. 무엇보다도 내가 그에게 바라는 바는, 내가 성경에서 인용한 증언들을 (옳고 그른지를) 판단하고자 할 때, 성경에 의지하라는 것이다.[3]

2020년 7월
개인연구실에서

---

[3] 『기독교강요』 1560년 프랑스어판에 소개된 '본서의 주제'에서 인용하였습니다.

책을 펴내며

『기독교강요』에 대해[4]

칼뱅이 『기독교강요』를 쓴 목적은 크게 두 가지입니다. 하나는, 오직 소수만이 예수 그리스도와 구원에 대해 올바른 지식을 가지고 있는 것이 안타까워 여러 믿는 자들을 교육하기 위한 것입니다. 또 다른 하나는, 모국인 프랑스에서 재세례파로 오인되어 박해를 받고 있는 복음주의자들을 위해 왕(프랑수아 1세)에게 자신들의 올바른 신앙을 고하여 방어하는 수단이 되길 원한 것입니다.

『기독교강요』는 총 6번 출판되었습니다. 1536년 라틴어로 초판이 바젤에서 출판되었습니다. 이때는 총 6장(율법, 사도신경, 주기도문, 성례, 잘못된 성례들, 그리스도인의 자유 등)으로 비교적 간략한 내용을 담았습니다. 하지만, 칼뱅이 평신도들을 위해 썼음에도 먼저 모국어인 프랑스어로 책을 출판하지 않은 것은 특이한 일입니다. 이것은 그가 프랑스를 떠나 외국에서 생활하고 있었던 영향이 큽니다.

1539년 판은 초판에 비해 분량이 세 배로 늘어났습니다. 이때도 라틴어로 인쇄가 되었는데, 다량의 사본들이 로마 가톨릭 지역에 배포되기 위해 '알쿠니우스Alcunius'라는 필명으로 인쇄가 되었습니다. 총 17장으로 구성되었는데, 신약과 구약의 관계, 유아세례 등이 첨가되었습니다. 그리고 칼뱅은 비로소 1539년 판을 프랑스어로 번역하여 *Institution de la religion*

---

4 Wulfert de Greef, *The Writings of John Calvin: An Introductory Guide*, 황대우·김미정 공역, 『칼빈의 생애와 저서들』(서울: SFC 출판부, 2006), 307-18쪽을 참조하십시오

chrestinne 이라는 제목으로 1541년에 출판하였습니다. 하지만, 라틴어판과 프랑스어판 모두 프랑스에서는 금서禁書 목록으로 정해졌습니다.

1543년 판은 개정판이었지만 1545년에 다시 인쇄가 되었습니다. 총 21장으로 증보가 되었고, 원래의 내용들이 많이 확장되었습니다. 1545년 판은 프랑스어 번역본으로도 나와 제네바에서 출간되었습니다.

1550년 판은 양심에 관한 설명이 더해지면서 앞의 것보다 분량이 늘어났습니다. 칼뱅은 여기서 각 단락마다 숫자를 매겨 구분을 했습니다. 이것은 프랑스어 번역판을 비롯하여 많은 인쇄본이 있습니다.

1559년 판은 최종판으로서, 프랑스어 번역본도 만들어져 1560년에 인쇄되었습니다. 최종판과 이전 판들 사이에는 형식상의 차이가 두드러집니다. 최종판은 사도신경의 순서를 따라 총 네 권(창조주 하나님에 대한 지식, 구원자 하나님에 대한 지식, 그리스도의 은혜를 받는 방법과 그 혜택과 효과, 성도를 위해 마련한 외적인 방편들)으로 구성되었고, 다시 80장으로 세분되었습니다. 여러분이 읽고 있는 이 책은 최종판에 기초하였습니다. 읽어보시면 아시겠지만, 얼마나 첨예한 교리적 논쟁이 있었는지를 알 수가 있습니다.

이제부터 그 내용을 하나씩 살펴보도록 하겠습니다.

헌사

이 부분은 칼뱅이 프랑스의 프랑수아 왕에게 『기독교강요』를 바치면서 쓴 내용입니다. 일종의 변증서, 즉 중세 로마 가톨릭교회의 편을 들고 있던 왕에게 개혁 교회를 변호하고, 자신이 왜 이 책을 쓸 수밖에 없었는가에 대해 기록하였습니다.

저의 목적은 오로지 어떤 기초적인 것들을 전달하여 종교에 열성을 가진 자들로 참된 경건을 형성하게 하는 것입니다.[5]

무시해도 좋은 부분이지만, 그냥 넘길 수 없는 부분이 있습니다. 당시의 상황과 오늘의 상황이 완전히 일치하지는 않지만, 비슷한 시대적 상황을 품고 있습니다. 칼뱅은 당시 타락한 중세 교회를 질책하며, 그 중세 교회를 섬기는 사제들을 '바리새인들'로 묘사하고 있습니다. 그들은 참된 하나님의 말씀을 전달하고 가르치기보다는, 인간의 교훈과 전통으로, 자신의 유익을 위한 목적으로, 교회와 성도의 삶에 좋지 않은 영향을 끼치고 있었는데, 그 모습이 장로들의 유전과 전통에 얽매어있던 바리새인들과 유사했기 때문입니다. 또 하나의 이유는, 바리새인들이 예수 그리스도를 핍박하고 십자가형에 처하는 데 앞장섰던 것처럼, 이 사제들도 개혁 교회를 지지하고 하나님의 말씀에 순종하고자 했던 사람들을 몹시 핍박하고 있었기 때문입니다. 칼뱅은 노골적으로 이들을 '대적들'이라고 표현하고 있습니다.

칼뱅은 이런 상황에서도 개혁 교회의 신앙을 가진 자들은, 여전히 자신의 연약함을 고백하며 참된 하나님의 나라에 대한 소망을 가지고 온갖 박해를 견디고 있다고 왕에게 호소하였습니다. 그리고 대적자들이 개혁 교회가 교부들을 멸시했다고 주장하는 것과 다르게, 오히려 교부들이 자신들을 지지하고 있다고 반박하였습니다. 칼뱅은 이렇게 자신의 논리를 펼치는 중에 '참된 교회'에 대해 다음과 같이 왕 앞에서 진술합니다:

우리의 논쟁은 다음의 것과 관련되어 있습니다. 첫째, 그들은 주장하기를 교

---

5 『기독교강요』 (1559), 헌사 1.

회 형태는 언제나 명확하고 눈에 드러난다고 합니다. 둘째, 그들은 이 형태를 로마 교회와 그 계급제도라는 시각에서 바라봅니다. 그러나 우리가 확신하는 바는, 교회는 어떤 보이는 외형이 없이도 존재할 수 있으며, 그 외형은 그들이 어리석게 숭상하는 저 밖으로 드러난 웅장함 속에 담길 수 없다는 것입니다. 오히려 교회는 아주 다른 표지를 가지고 있습니다: 즉, 하나님의 말씀을 순전하게 전하는 것과 성례를 올바르게 집행하는 것입니다.[6]

그러나 로마 교회는 사도적 지위를 가진 로마 교황과 나머지 주교들이 교회를 대표하며, 교회로 간주되며, 오류가 있을 수 없다고 주장했습니다. 칼뱅은 이것을 강하게 질책합니다. 그리고 이들이 참된 교회를 지향하는 개혁 교회에 가하는 박해들은 그리스도를 처형하기 위해 공회를 소집하여 취한 행동들과 같다고 주장하였습니다. 그러므로, 칼뱅은 왕이 이 모든 것을 고려하여 올바르게 처신해달라고 부탁을 합니다. 특히이 책을 읽으며 자신들의 고백이 얼마나 올바른 것인지를 이해해달라고 간청합니다.

우리는 이 헌사에서 잘못된 로마 교회를 질책하는 것에만 초점을 맞추어서는 안 됩니다. 핵심은 교회의 본질을 흐려놓는 모든 행위들입니다. 이러한 행동들은 그때도 있었지만, 오늘날에도 발생하고 있습니다. 문제는 개혁 교회의 전통과 취지를 따른다고 하는 오늘날 많은 교회들이, 개혁 교회가 정죄했던 그때의 로마 교회의 잘못된 관행적 패턴들을 따르고 있다는 것입니다. 더 큰 문제는, 교회에서 선포되는 하나님의 말씀과 교회의 행태 사이에 괴리가 발생하고 있다는 것입니다. '바리새인들'의 위선과 외식함을 따라가고 있는 셈이지요. 칼뱅도 이것을 매우 마

---

6 『기독교강요』 (1559), 헌사 6.

음 아프게 여길 것입니다. 이 점에서 참된 교회를 바라는 모든 그리스도인들은 더욱 『기독교강요』의 내용을 읽어보고, 성령의 인도를 따라 성경의 메시지를 탐구하며, 올바른 신앙생활을 해야 할 것입니다.

차 례

제1권

창조주 하나님을
아는 지식

앞에서도 언급했다시피, 이제부터 <사도신경>에 기록된 순서에 따라 기독교 교리를 살펴보도록 하겠습니다. 유념할 것은, 제1권의 제목이 '창조주 하나님을 아는 지식'이라고 해서 하나님에 대한 모든 지식을 다루는 것이 아니라는 점입니다. 칼뱅이 말하고자 하는 바는, 피조물인 인간은 자신을 창조하신 하나님을 마땅히 알아야 하며, 그분을 진심으로 경외해야 한다는 것입니다. 즉, 하나님의 존재를 인정하고 받아들이는 것이야말로 참된 지식의 근본인 셈입니다. 이것을 반드시 마음에 숙지하고 내용을 살펴야 합니다.

제1장 | 하나님을 아는 지식과 우리 자신을 아는 지식은 서로 연결되어 있다

칼뱅은 우리가 소유할 수 있는 참되고 건전한 지식은 두 가지로 압축된다고 말합니다. 그것은 바로 하나님을 아는 지식과 우리 자신을 아는 지식입니다. 그리고 이 두 지식은 서로 연결되어 있다고 합니다. 그렇다고 여러분은 후자(後者)가 어떤 고상한 의미를 가진다고 생각해서는 안 됩니다. 우리 자신을 안다는 것은 우리가 어떤 상황에 처해 있는지를 아는 것입니다.

칼뱅은 인간이 자신의 비참함을 알지 못하는 이상 참된 지식을 가진 것이 아니라고 말합니다. 유명한 철학자 소크라테스도 자기 앞의 철학자가 말한 "네 자신을 알라!"(γνῶθι σεαυτόν 그노티 세아우톤. nosce te ipsum 노스께 떼 잎숨)라는 격언을 자주 인용하며, 아테네의 젊은이들이 얼마나 무지無知한지를 깨닫기를 원했습니다. 이것은 오늘날 세상이 인간의 위대함을 포장하고 선전하여 더욱 계발하려는 흐름과 정확히 반대되는 주장입니다. 그러나 우리는 칼뱅과 세상의 자기계발을 주장하는 사람의 논거論據를 비교하며 무엇이 옳고 그른지를 파악하는 데 에너지를 낭비해서는 안 됩니다. 일단, 칼뱅이 주장하는 바를 따라가며, 기독교 교리가 무엇인지를 아는 데 초점을 맞추어야 합니다. 그러므로, 반발심에 그냥 책을 덮어서는 안 됩니다. 일단 칼뱅이 이렇게 말하는 이유를 알아야 합니다.

그 이유란, 인간이 하나님에 의해 창조되었기 때문입니다. 하나님에 의해 창조되었기 때문에, 인간 존재는 하나님께 깊이 의존되어 있습니다. 인간뿐만 아니라 모든 생명체가 그러합니다. 여러분이 어떤 물건을 만들었다고 생각해 보십시오. 그 물건은 당신의 손에 전적으로 의존되어 있습니다. 당신은 그것에 지속적으로 생명력을 불어넣어 본래의 가치를 발현하게 할 수도 있고, 마음에 안 들어 그냥 부숴버릴 수도 있습니다. 그렇다고, 하나님을 여러분처럼 변덕쟁이라고 여겨서는 안 됩니다. 그분은 분명한 목적과 선한 의도로 온 우주와 여러분 한 사람 한 사람을 창조하셨습니다.

문제는 인간에게 있습니다. 인간은 자신의 의지로, 이 의존성을 탈피하기로 했습니다. 더 이상 하나님의 계획과 목적대로 살기를 거부한 것이지요. 그리고 자신의 계획과 목적대로 살고자 했습니다. 성경 창세기 3장에는 그것을 '하나님과 같이' 되고자 했다고 기록하고 있습니다(3:5).

그런데, 전적 의존의 주체였던 인간이 그 대상을 버림으로써 생각하지 못했던 현실을 마주하게 되었습니다. 모든 선한 것들을 더 이상 공급받지 못하게 된 것이지요. 이것은 나무에 붙어있던 나뭇가지가 스스로 나무가 되려는 부푼 꿈을 안고 자신을 분리했는데, 땅에 떨어진 채 그냥 말라 죽어가는 형태와 같습니다. 칼뱅이 말하고자 하는 '인간의 비참함'은 바로 이런 것입니다. 칼뱅은 인간이 이런 비참의 상태에 처한 것을 알 때에만, 자신의 창조주이신 하나님을 인식하게 된다고 말합니다. 조금 전에 말한 예(例)에서, 만일 떨어진 나뭇가지가 정말 인격이 있다면, 자신이 나무는커녕 아무것도 할 수 없고 죽을 수밖에 없다는 것을 알아, 비로소 나무에 붙어있었던 것이 얼마나 좋았던지를 돌아보는 것에 대입할 수 있습니다. 그래서 칼뱅은 다음과 같이 말합니다:

> 우리 각 사람은 반드시 자신의 불행을 의식하는 것으로 찔림을 받고서야 약하더라도 하나님을 아는 약간의 지식에 이르게 된다. 그래서 우리는 자신의 무지, 공허, 빈곤, 연약함, 나아가 타락과 부패함을 느껴, 비로소 참된 지혜의 빛과 건전한 덕, 모든 선한 것들의 풍성함과 의의 순결함이 오직 주님께만 있다는 것을 깨닫게 된다(*Inst.*, I i 1).

인간은 이러한 비참함을 알고 깨닫기 전까지는, 우리 자신의 의와 지혜와 덕으로 완전히 만족하게 지내며, 공연히 우쭐해지며, 우리 자신을 거의 신(神)에 가까운 존재인 것처럼 착각하며 지내게 됩니다.

또한 확실한 것은, 사람은 먼저 하나님의 얼굴을 바라보지 않고서는 자신에

대한 명확한 지식을 얻을 수 없다는 것이다. 그러고서야 그분을 묵상함에서 자신을 살피는 데로 나아갈 수 있다. 왜냐하면, 우리는 언제나 우리 자신을 의롭고, 올바르며, 지혜롭고, 거룩하다고 보게 되어 있기 ─이것이야말로 우리 모두 안에 내재된 교만이다─ 때문이다. 만일 확실한 증거들을 통해 우리 자신의 불의, 악함, 거짓, 불순함을 깨닫지 못하게 된다면 말이다. 게다가, 만일 우리가 우리 자신만을 보고 주님, 곧 이 모든 것을 반드시 판단하실 유일한 기준이 되시는 주님을 바라보지 않는다면, 이 사실을 납득할 수 없게 된다. 왜냐하면, 우리 모두는 본성적으로 위선적인 경향이 있어, 의義 그 자체가 없이도 겉모양의 그럴듯한 의義만으로도 아주 만족하기 때문이다 (*Inst.*, I i 2).

이것은 오늘날 사회 뉴스에서 구설수에 오르는 많은 사람들을 보면 분명히 알 수 있습니다. 그들은 자신의 지위를 이용하여, 죄를 지었음에도 그럴듯하게 가리고 넘어가려고 자신을 포장합니다. 이러한 행태는, 물질적 풍요를 누리고 일반적인 자연상태보다 더 편하고 화려한 삶을 사는 사람들과 남들보다 우위에 있는 지위를 누리는 사람들에게 더욱 확연하게 나타납니다.

실제 현대 물질문명과 발달하는 기계문명은 인간을 '하나님처럼' 흉내 낼 수 있도록 만들어주고 있습니다. 스마트폰이 생겨남으로 인해 인간은 손가락만으로 많은 지식을 습득하고 일도 처리할 수 있게 되었습니다. 요즘 AI(Artificial Intelligence, 인공지능)가 탑재된 기계에는 음성 인식 기능이 있어서 '말'만 하면 원하는 것을 수행하도록 되어 있습니다. 모두 창조주 하나님을 모방하는 것이지요. 즉, 창세기에서 하나님께서 오로지 '말씀'으로만 천지를 창조하시는 것을 모방하는 것입니다.

문제는 모방을 하다가, 정말 자신을 신적인 존재로 인식하게 된다는 것입니다. 그래서 칼뱅이 말한 것처럼, 자신이 하나님이니까 자기가 정한 기준대로 선善과 악惡을 나누어버립니다. 쉽게 말해, "내가 옳다"고 하면 무조건 옳고, "내가 아니다"라고 하면 무조건 아닌 것입니다. 이런 식으로는 결코 하나님을 아는 지식을 가질 수 없고 자신의 불행에서 벗어날 수 없습니다. 왜냐하면, 자신이 하나님인데, 성경이 말하는 하나님을 알 필요가 없기 때문입니다. 이것은 정확히 출애굽기에 나오는 바로(자신을 신神으로 생각함)가 모세와 아론에게 보인 행동과 일치합니다. 그는 하나님의 말씀을 거역했습니다.

그러나 참된 하나님을 경험하게 되면, 그 누구도 그분의 위엄 앞에 서 있을 수 없습니다(Inst., I i 3). 성경에는 그분의 임재臨在를 경험한 많은 사람들이 스스로 "나는 죽었다, 망하게 되었다, 나는 죄인이다"라고 인정하는 것이 기록되어 있습니다(사 6:5 등). 이처럼, 참된 하나님을 만나게 되면, 자신이 가지고 있던 모든 선과 악의 기준은 땅바닥에 떨어지고, 자신이 얼마나 죄인이고 비참한 존재인지를 고백하지 않을 수 없게 됩니다. 오직 하나님이 모든 것의 기준이라는 것을 깨닫게 됩니다(Inst., I ii 2).

따라서, 칼뱅은 인간이 하나님을 바라볼 때만 비로소 자신의 비참함을 깨닫고 자신의 본연의 모습을 찾아갈 수 있다고 말하고 있습니다. 그래서 하나님을 아는 지식을 먼저 언급하고자 합니다.

제2장 | 하나님을 안다는 것은 무엇인가? 그리고 그분을 안다는 것은 어떤 목적을 가지는가?

먼저, 앞에서 논의된 것을 보면, 참된 '하나님을 아는 지식'은 아무나 가질 수 없다는 것을 짚어야겠습니다. 즉, 처음부터 자신을 하나님처럼 여기고, 참되신 하나님의 존재를 부인하는 자에게는 이 지식은 쓸데없고 오히려 거추장스러울 뿐입니다. 그럼에도 불구하고, 조금 있다가 다시 언급하겠지만, 사람의 본성에는 하나님에 대한 피할 수 없는 이끌림이라는 것이 있습니다. 칼뱅도 이런 '원초적인 지식'은 부정하지 않습니다. 이것을 조금 어려운 말로 '자연신학自然神學' 혹은 '일반계시一般啓示'라고 합니다. 예를 들면, 우리가 몸담고 살아가는 '환경'을 생각해 보십시오. 하늘, 우주, 땅, 바다, 그 안에 있는 여러 생물들 그리고 그 안에서 일어나는 여러 조화로운 현상들. 정말 이것들이 '우연히' 존재하게 되었고, 서로 다른 개체들이 '알아서' 질서와 조화를 이루게 된 것일까요? 진화론進化論은 그것을 설명할 수 없습니다. 하지만, 창세기 1장만 봐도 얼마나 질서정연하고 조화를 이루는지 알 수 있습니다. 하나님이 부여하신 생명은 그 질서와 조화 안에서만 충만한 생명을 누릴 수 있습니다.

그렇다면, '과학科學'이란 학문은 무엇입니까? 과학은 애초부터 근원적인 것을 탐구하는 학문이 아닙니다. 이미 존재하고 있는 '질서'와 '원리'들을 '발견'하여 삶에 '적용'하는 학문이지요. 과학은 결코 새로운 무언가를 만들어내는 학문이 아닙니다. 지금까지 몰랐던 원리와 질서와 존재를 발견한 과학자들의 탄성과 환호는, 그들이 부인할지라도, 그것을 있게 하신 하나님을 향한 찬양입니다.

비단 과학자가 아니라 할지라도, 일반인들도 아름다운 장관壯觀 앞에서는 숨을 멈춘 채 바라보며 압도당하지 않습니까? 수평선 너머에 이루어지는 석양을 생각해 보십시오. 밤하늘에 펼쳐진 무수한 별들을 보십시오. 그랜드캐넌의 웅장한 협곡을 생각해 보십시오. 그것은 결코 저절로 형성되는 것이 아닙니다. 또한 어떤 과학적 지식으로도 그토록 완벽한 장관을 만들어낼 수 없습니다. 이처럼 하나님은 그리스도인이 아닌 평범한 사람이라 할지라도, 하나님의 존재와 능력을 알 수 있는 장치를 온 세상에 마련해 두셨습니다.

그래서, 칼뱅은 하나님께서 먼저 자신을 '창조주創造主'로 보여 주시고, 그다음에 그리스도의 얼굴을 통해 '구속주救贖主'로 보여 주신다고 주장합니다. 즉, 하나님에 대한 지식은 '창조주'에 대한 지식과 '구속주'에 대한 지식으로 나눌 수 있습니다(Inst., I ii 1). 그리고 이 지식들은 모두 참된 '경건敬虔'에 이르도록 돕습니다. 칼뱅은 이 '경건'을 가리켜 "하나님에 대한 두려움과 그를 향한 사랑이 하나로 결합된 상태"(Inst., I ii 1)라고 합니다.

이러한 경건의 정의에 따라, 칼뱅은 "하나님은 어떤 존재입니까?"라는 단순한 질문보다는 "하나님은 어떤 분이시며 그 본성에 합당한 것은 무엇인가?"를 질문해야 한다고 합니다(Inst., I ii 2). 왜냐하면, 경건은 단순한 두려움이 아니라 하나님을 향한 사랑의 마음이 결합되어 있다고 했는데, 사랑은 상대방이 원하는 것을 들어주고자 하는 것이 자연스러운 반응으로 나타나기 때문입니다. 즉, 하나님을 참되게 아는 지식은 하나님이 원하시는 삶이 무엇인가에 대한 질문으로 이어지고, 그것을 실제로 이루고자 하는 행동으로 나아가게 합니다. 이런 경건의 마음은 더욱 하나님을 알도록 우리를 이끌어갑니다. 이것이 하나님을 아는 지식이 가지고 있는 목적입니다. 다만, 우리는 자신의 힘으로 하나님을 더욱 알아가는 데 힘쓰는 것이 아니라, 오직 하나님께서 자신을 드러내시는 대로 받아들여야 합니다. 칼뱅은 이러한 태도를 '순결하고 순전한 신앙'이라고 합니다. 또한 참되고 올바른 예배도 여기에서 비롯된다고 주장합니다(Inst., I ii 2).

제3장 ㅣ 하나님을 아는 지식은 사람의 마음속에 본성적으로 심겨 있다

칼뱅은 사람의 마음속에 하나님을 아는 지각知覺이 본성적으로 존재한다고 강력히 주장합니다. 그는 이것을 '종교의 씨앗seed of religion'이라고 불렀습니다. 이것을 제거하는 것은 자기가 지니고 있는 본성의 기질을 바꾸는 것보다 어렵습니다(Inst., I iii 2). 칼뱅의 말대로, 사람이 살고 있는 곳에는 반드시 종교가 있다는 것과, 심지어 우상숭배조차도 그것이 사실임을 입증하고 있습니다. 우리가 살아가고 있는 이 세상을 보십시오. 기술과 기계가 빠른 속도로 발전하고 있음에도, 종교는 정통과 이단과 사이비를 막론하고 더욱 활성화되고 있습니다.

어떤 사람들이 종교는 무지한 대중을 속박하기 위해 교묘하게 만들어낸 것으로서, 그것을 만들어낸 창시자들은 실상 신神이 있다는 것을 조금도 믿지 않았다고 하는데, 칼뱅은 이것이 거짓말이라고 단언합니다. 왜냐하면, 아무리 그런 사기꾼이 그럴듯한 신과 종교를 만들어낸다고 한들, 일반 사람들의 마음에 신에 대한 관념이 없다면, 결코 성공할 수 없기 때문입니다. 그렇다고, 올바른 종교만 있는 것은 아닙니다. 오히려 세상은 하나님에 대한 올바른 지식에서 사람을 배제하고, 온갖 수단을 동원해서 참된 예배를 막으려 합니다. 이런 현상에도 불구하고 분명한 것은, 종교가 사람들이 본질적으로 가지고 있는 신에 대한 본성을 드러낸다는 것입니다. 그리고 이것이 사람과 동물이 확연히 다르다는 것을 보여주며, 사람이 보다 월등한 존재라는 것을 말해 줍니다.

제4장 ǀ 하나님을 아는 지식은 무지(無知)나 악한 의도에 의해 묻히거나 부패한다

사람마다 종교의 씨앗이 있지만, 그것을 올바르게 자각(自覺)하거나 하나님을 예배하는 데에 이르는 경우는 매우 드뭅니다. 오히려 각자가 본성적으로 가지고 있는 교만과 완고함으로 인해 어리석게 행합니다. 사람들은 자신의 기준과 생각대로 하나님을 판단하려 들고, 심지어는 자신이 상상하는 대로 하나님을 만들어냅니다(*Inst.*, I iv 1). 이런 상태를 방치한다면, 그 사람은 어느 방향으로 가든지 결국 멸망하게 됩니다.

세상 사람들은 이 말에 반감(反感)을 가질 수도 있습니다. "나는 하나님을 알지 못해도, 믿지 않아도 이렇게 나름 잘 살고 있는데, 왜 멸망한다고 하느냐?"고 말이지요. 제가 나무에서 스스로 분리된 나뭇가지 이야기를 한 것을 기억하시기 바랍니다. 그 나뭇가지가 잠시 생명력을 유지하고 있다고 해서, 말라 죽는 결말을, 혹은 땔감으로 사용될 파국을 피할 수 있는 것은 아닙니다. 칼뱅이 말하고자 하는 바는, 참된 하나님을 향한 지식을 얻지 못한다면, 자신의 비참한 상태를 깨닫지도 못하고, 그 파멸을 피하지도 못한다는 것입니다. 이런 상태에 있는 사람들은, 참된 하나님에 대한 지식을 알지 못한다면, 결국 '자신이 만들어낸 하나님'을 예배하고 섬기게 됩니다. 그들은 하나님을 섬기는 것이 아니라, 궁극적으로 그것을 만들어 낸 자신을 섬기고 예배하게 됩니다. 이런 사람들은 자기애(自己愛)에 갇혀 종교적인 열심을 내지만, 미신을 만들거나 자기가 가지고 있는 종교를 포장하는 데 에너지를 소비해 버립니다.

그러나 참된 종교란 하나님의 뜻을 보편성 있는 규범으로 여기고 그 뜻에 일치하는 것이어야만 합니다(*Inst.*, I iv 3). 다시 말하지만, 기독교 교리의 모든 기준은 '하나님'입니다. 이것 때문에 많은 분들이 이 글을 읽으면서 불편함을 느낄 것입니다. 왜냐하면, 자기 생각과 자기 기준이 배제되거나 후순위로 밀려나기 때문입니다. 그 누구도 이런 대접을 편하게 받아들이지 못합니다. 하지만, 어쩔 수 없습니다. 기독교 교리는 언제나 참되신 '하나님'이 중심이고 기준이기 때문입니다. 진리와 결합하지 않는 신앙(종교)은 결코 순전할 수 없습니다. 자기 생각을 앞세우게 되면, 결국 참된 종교에서 벗어나 '미신迷信', 사이비, 이단에 빠지게 됩니다.

왜냐하면, 미신은 거의 하나님께서 가치 없다고 확정하신 것들에만 사로잡혀 있기 때문에, 하나님을 기쁘시게 하는 것들이라고 쓰시고 명하신 것들을 멸시하거나 노골적으로 거부하게 된다. 그 결과, 하나님을 예배한다면서 자신만의 거짓된 의식들을 세우고 자신의 허상을 경배하게 된다(*Inst.*, I iv 3).

믿음의 영웅 다윗은 "어리석은 자는 그의 마음에 이르기를 하나님이 없다 하는도다"(시 14:1. 53:1)라고 했습니다. 이 말은, 자기 안에 있는 종교적 본성을 거스르고, 하나님이 원하시는 방향으로 나아가지 않는 자들은, 하나님의 존재를 고의적으로 부인하고 자신의 삶의 영역에서 몰아낸다는 의미입니다. 쉽게 말해, 그들은 자기 마음대로 살고 싶어서 하나님을 일부러 모른 체한다는 것입니다. 그러나 그들은 바로 그러한 태도 때문에 자신에 대한 심판을 쌓고 있는 셈입니다. 하나님도 그들을 모른 체하실 것이기 때문입니다.

또 하나의 잘못된 태도는, 우리가 앞에서 살펴본 '참된 경건'이 아닌, 하나님의 심판에 대한 두려움 때문에 어쩔 수 없어서 소위 '믿음 생활'을 하는 것입니다. 칼뱅은 이런 사람들의 심리에 자리잡고 있는 근원적인 생각을 잘 파악하였습니다.

하나님의 의(義)를 멀리하는 사람들은, 그분의 심판대가 그분을 거스른 죄들을 벌할 준비를 이미 하고 있다는 것을 알지만, 그 심판대가 전복되기를 강렬하게 소망한다. … 동시에 그들은 하나님의 권능의 손을 피할 수 없음을 아는데, 이는 그들이 그것을 제거할 수도, 거기에서 도망칠 수도 없기 때문이다. 그리하여 그들은 움츠러들고 두려워하며 떤다. 그래서, 그들은 어디서든지 그들에게 드리운 그분의 위엄을 멸시하지 않는 것처럼 보이기 위해, 그럴듯한 종교적 외양을 취한다. 그러나 그들은 그런 중에서도 온갖 악행으로 계속 자신을 더럽히며, 악함에 악함을 더하여, 모든 면에서 주님의 거룩하신 율법을 범하며, 그분의 모든 의로우심을 탕진하여 버린다(*Inst.*, I iv 4).

이것은 오늘날 교회와 그리스도인들에게 주는 경고입니다. 저는 이 내용을 읽다가 영화 <대부>가 생각났습니다. 주인공 마이클은 마피아 두목이 되어 합법을 가장해서 자신의 세력을 확장시켜 나갑니다. 자신이 목적한 바를 이루기 위해 살인도 서슴지 않습니다. 그러면서도 각종 종교 행사는 열심히 참석합니다. 자신이 대부가 되기로 한 아기의 세례식이 있는 날, 그는 성전에 있었지만, 동일한 시간에 그의 부하들은 그의 명령을 받아 대적들을 잔인하게 죽입니다. 그는 자신이 얼마나 신실한 사람인지를 드러내기 위해 사제들과도 친밀한 관계를 유지하기 위해 노력합니다. 이것은 명백한 '위선僞善'입니다. 칼뱅도 이런 사람들을 가리켜, "뒤틀린 길을 가면서도, 그들이 벗어나고 싶은 하나님께 겉으로만 가까이 다가가려는 것처럼 보이려고 한다"(*Inst.*, I iv 4)라고 지적했습니다. 진실로 이런 자들은 심판의 날에 자신이 하나님을 알았다는 것을 결코 부정하지 못할 것입니다. 그렇기에 그들이 받을 벌은 더 엄중합니다(눅 12:47-48).

제5장 | 하나님에 대한 지식이 우주의 조성과 지속적인 다스림에서 밝히 드러난다

하나님께서 창조하신 작품 속에서 자신을 드러내심(1-10)

이 장에서는 사람들이 하나님의 존재와 능력에 대해 부인할 수 없다는 것을 입증하고 있습니다. 여기까지 착실하게 읽으신 분들은, 하나님을 아는 지식이야말로 진정 복된 삶이라는 것을 아셨을 것입니다. 그런데, 하나님은 이미 그분의 표현방식으로써 모든 사람들에게 자신의 존재를 알리셨습니다. 이것이 앞에서 언급했던 '자연계시' 혹은 '일반계시'입니다.

> 하나님께서는 모든 사람이 행복에서 배제되지 않도록 하기 위해… 우주라는 전체 작품 속에 날마다 자신을 나타내셨다. 그 결과, 사람은 눈을 뜰 때마다 하나님을 바라보지 않을 수 없다(*Inst.*, I v 1).

그렇습니다. 하나님은 자신이 창조하신 만물을 통해 자신의 영광과 능력을 나타내셨습니다. 그리하여 그 누구도 하나님의 존재와 능력을 모른다고 평계할 수 없습니다. 이것은 누구든 웅장하고 화려한 건물을 보면, 그것을 제작한 사람의 존재와 능력을 생각하며 감탄을 하지 않을 수 없는 것과 같은 이치입니다. 그런데, 인간의 몸도 하나의 위대한 건축물이라고 할 수 있습니다. 칼뱅도 사람의 몸을 창조주 하나님의 탁월한 지혜를 나타내는 통로라고 설명하고 있습니다(*Inst.*, I v 2). 진실로 사람 자체가 하나님의 권능과 선하심과 지혜를 드러내는 실례實例입니다. 동시에, 그 속에는 엄청난 기적들이 담겨져 있습니다(*Inst.*, I v 3). 과연 그 누가 그런 존재를 만들어낼 수 있겠습니까?

여기서 '복제複製'를 생각하는 분이 있다면, 그것은 개념을 혼동하고 있는 것입니다. 복제는 기존의 것을 토대로 하는 것이고, 원본과 다를 수 없습니다. 하지만, 하나님이 창조하신 사람은, 아무리 일란성 쌍둥이라 할지라도, 다 다르며 저마다의 개성을 가지고 있습니다. 그렇기에, 사람의 존엄성이 확보되는 것입니다. 똑같은 것들 중에 하나가 없어졌다고 누가 안타까워하겠습니까? 그러나 하나님의 창조는 결코 그와 같지 않습니다.

칼뱅도 이에 대해 일반 사람들이 가지고 있는 반발심을 인식하고 있습니다. 그래서, 마땅한 찬송과 영광을 하나님께 돌려야 함에도 불구하고, 애써 그것을 감추고 하나님의 존재를 부인하려는 사람들을 배은망덕하다고 비난합니다. 그들은 창조주 하나님을 옆으로 제쳐두고, '자연'을 하나님 대신 우주를 탄생시킨 존재로 대치시켜 버립니다(*Inst.*, I v 4). 그리고 특정되지 않은 모든 피조물을 마치 본연의 능력을 스스로 가지고 있는 것처럼 미화美化시키거나 신격화神格化시켜 버립니다. 그 결과, 창조주와 피조물을 혼동하게 됩니다. 칼뱅은 이에 대해 사람들이 말하는 '자연'은 '하나님께서 세우신 질서'에 불과하다고 주장하며, 사람들이 저지르는 오류를 지적합니다(*Inst.*, I v 5).

오히려 사람들은 저 광활한 하늘과 땅을 보면서 창조주 하나님의 권능에 이끌려야 하며, 또한 그분의 '영원하심'을 생각해야 합니다. 왜냐하면, 태초에 엄청난 우주와 세상을 창조하고 지금까지 운행하시는 분이라면, 그분의 존재가 영원하셔야 하기 때문입니다(*Inst.*, I v 6).

그런데, 이런 일반적인 하나님의 활동과는 다른 하나님의 활동이 있습니다. 그것을 조금 어려운 말로 '섭리攝理'라고 합니다. 이것은 모든 피조 세계에도 적용되기는 하지만, 특별히 하나님을 아는 경건한 사람들에게 드러납니다. 반면, 하나님을 부인하고 악한 자들에게는 엄한 심판과 멸망으로 나타납니다. 이것은 온전히 하나님께만 속한 영역입니다. 그래서 일반적인 이성理性으로는 이해하기도 가늠하기도 쉽지 않습니다. 예를 들면, 때로 착하고 경건함에도 불구하고 어려운 환란과 고통을 당하는 사람이 있습니다. 누가 봐도 악하고 법을 유린함에도 형통하고 더욱 성공하는 것처럼 보이는 사람이 있습니다. 누구는 잘못을 범하는 즉시 발견되어 합당한 벌을 받지만, 누구는 엄청난 잘못을 저질렀고 또 저지름에도 불구하고 쉽게 드러나지 않고 벌을 받지도 않습니다. 이에 대해 칼뱅은 다음과 같이 설명합니다.

> 그분이 한 가지 죄를 벌하심으로 자신의 진노를 분명히 보여주실 때, 그것은 그분이 모든 죄를 미워하신다는 것이다. 또한 그분이 수많은 죄들을 벌하지 않고 내버려 두신다면, 그것은 아직 벌하지 않는 그 죄들에 대해 다른 심판이 기다리고 있다는 것이다. 동일하게, 그분은 특별한 경우 우리에게 그분의 자비하심을 묵상하게 하신다. 곧, 그분은 종종 비참한 죄인들에게 끊임없이 자비를 베푸셔서 아버지의 자애함보다 더 큰 사랑을 가지시사 그들의 사악함을, 나뉘지 않는 은택과 그들을 부르심으로써, 분쇄하신다(*Inst.*, I v 7)!

이러한 하나님의 섭리는 때로 구원의 소망이 없는 자를 갑작스럽게 놀랍게 구원하시는 것으로, 때로 적절한 시기에 스스로 지혜 있다고 하며 간교奸巧하게 행하는 자들을 혼란스럽게 하셔서 자기 꾀에 빠지게도 하시는 것으로 나타나기도 합니다(*Inst.*, I v 8). 그러므로, 우리는 함부로 하나님을 측정해서도 판단해서도 안 됩니다. 오히려 우리가 가져야 할 하나님을 아는 지식은 쓸데없이 헛된 사색을 만족시키는 것이 아니라, 정당하게 받아 마음에 뿌리를 내려 열매를 맺게 되는 지식이어야 합니다

(*Inst.*, I v 9). 이를 위해 하나님을 찾아가는 가장 올바른 순서는, 대담한 호기심을 가지고 탐색하는 것이 아니라, 그분이 친히 역사하시는 것 속에서 우리에게 먼저 다가오시며 자신을 나타내시는 그분을 바라보는 것이어야 합니다. 그분은 탐색의 대상이 아니라 찬송의 대상이십니다(*Inst.*, I v 9). 좀 더 쉽게 말하자면, 그분이 우리에게 나타내시기를 원하시는 것을 믿음으로 받아들이는 것이 우선이 되어야 합니다. 그분의 계시^{啓示}가 담긴 성경을 우리가 가까이 하고 읽어야 하는 이유가 여기에 있습니다.

칼뱅은 하나님을 아는 지식의 목적을, 우리로 하여금 하나님을 참되게 예배하고, 그 지식으로 일깨움과 격려를 받아 미래의 생명에 대해 소망을 갖게 하는 것이라고 주장합니다(*Inst.*, I v 10). 하나님에 대해 완전한 지식을 갖는 것은, 현실에서는 불가능합니다. 그것은 주님이 오시는 그 날에, 우리가 완전히 하나님의 나라에 들어갔을 때나 가능합니다.

그럼에도 사람들은 그분을 알고 예배하는 데 실패하여 미신과 혼란에 빠진다(11-12)

문제는, 이 지식을 완전히 아는 것이 현실적으로 불가능하기 때문에, 미련하고 어리석은 사람들에게는 이미 드러난 하나님에 대한 증거가 유익이 없는 쪽으로 작용하게 된다는 것입니다. 앞에서도 언급했지만, 창조 세계를 바라보며 창조주 하나님에게로 나아가는 사람이 과연 얼마나 될까요? 칼뱅은 유명한 철학자 플라톤까지도 자신의 생각에 갇혀 창조주 하나님을 바라보지 못했다고 지적합니다(*Inst.*, I v 11). 뛰어난 철학자가 이 정도이니 일반적인 사람들은 더욱 깊은 오류에 빠져 헤매는 것이 당연합니다. 그리고 그 오류는 하나님 대신 우상이나 환상을 스스로 만들어내어 섬기는 것으로 나타납니다. 하나님께서 도우시지 않는다면,

죽을 수밖에 없는 인간이 고안해낸 방법들은 모두 신앙을 부패시키는 데만 일조一助하게 될 것입니다(*Inst.*, I v 12).

오류를 고집하므로 핑계 댈 수 없음(13-15)

칼뱅은 다수결에 근거한 신앙, 그것이 비록 공통적인 믿음에 근거한 것이라 할지라도, 그런 신앙은 온전한 종교를 세울 수 없다고 단언합니다(*Inst.*, I v 13). 사람들은 대체로 자기들이 '믿어왔다고 여기는 전통들'을 신앙이라고 착각하기 때문입니다. 신약성경에 기록된 바리새인들을 보십시오. 그들은 누구보다도 성경을 열심히 읽고 순종했지만, 전통들에 얽매여 하나님의 말씀보다 전통을 더 우선시하였습니다. 그 결과, 그들은 성경이 지시하고 있는 메시야, 곧 예수님을 십자가에 매달았습니다. 사람은 누구든지 자신의 판단을 다른 사람의 판단보다 앞세웁니다. 따라서, 하나님께서 친히 하늘로부터 드러내시는 자신의 증거가 없이는, 우리가 올바른 예배와 경건의 삶으로 나아가는 것은 불가능합니다. 그 증거가 무엇일까요? 바로 '성경聖經'입니다.

제6장 ┃ 창조주 하나님께 나아가고자 하는 자는 성경을 안내자와 교사로 삼아야 한다

하나님은 말씀이라는 빛을 사람들에게 주셨습니다. 사람들은 이 빛을 통해 하나님을 분명히 알고, 그분께 가까이 나아가 구원에 이르게 됩니다. 칼뱅은 이 말씀을 '울타리'로 표현합니다. 즉, 이것은 하나님께서 자신의 친 백성들의 마음이 이리저리 방황하여 다른 사람들처럼 망각에 빠지지 않도록 하기 위해 쳐주신 울타리입니다. 이 말씀만큼 하나님을 알고 깨닫는데 분명하고 확실한 수단은 없습니다. 이 말씀에는 하나님에 대한 지식, 곧 창조주 하나님과 구속주 하나님에 대한 지식이 완전히 구비되어 있습니다. 따라서, 우리는 우주의 창조주이신 하나님을 많은 거짓 신들과 구별하기 위해 반드시 성경으로 돌아가야 합니다(*Inst.*, I vi 1).

> … 성경은 유일하고 참되신 하나님, 곧 우주를 창조하시고 다스리시는 분에 대한 분명한 증표와 표지들로 가득 차 있어서 그분을 거짓된 신들의 무리 중에서 혼동할 수 없게 한다(*Inst.*, I vi 2).

칼뱅은 참된 신앙이 빛을 발하기 위해서는, 반드시 하늘의 가르침에서 시작해야 하고, 또한 성경의 제자가 되어 올바르고 건전한 교리를 맛보아야 한다고 주장합니다(*Inst.*, I vi 2).

이러함에도 오늘날 많은 그리스도인들이 성경을 제대로 읽지 않습니다. 그러면서도 그들은 진리를 알고 있다고 생각합니다. 그들은 스스로 성령께 도움을 구하며 읽지 않으면서, 사람의 도움을 받아 일부의 말씀만 접한 채 만족합니다. 그 말씀은 예배 때 읽히고 선포되는 성경 본문일 수도 있고, 이단과 사이비에서 자기 교리를 뒷받침하기 위해 사용되는 본문일 수도 있습니다. 분명한 것은, 그들은 하나님이 주신 전체로서의 말씀을 제대로 읽지 않는다는 것입니다. 그것은 장님들이 각자 코끼리 신체의 한 부분만을 만져보고 "코끼리는 이렇다!"라고 주장하는 것과 같습니다. 이렇게 되면, 읽어도 깊은 오류誤謬에 빠지게 됩니다. 사탄이 광야에서 예수님을 어떻게 시험했는지를 생각하십시오. 사탄도 하나님의 말씀을 사용하였습니다. 만일 우리가 예수님처럼, 해당하는 그 말씀만이 아니라 전체로서의 말씀의 핵심을 붙잡고 있지 않는다면, 반드시 넘어지게 될 것입니다. 그러므로, 성도들은 마땅히 "말씀이 하나님께 속한 자녀들의 학교가 된다"(Inst., I vi 4)는 사실을 명심하고 부지런히 성경을 읽어야 합니다.

제7장 ｜ 성경은 반드시 성령의 증거를 받아야 그 권위가 확실성 위에 세워지게 된다. 성경의 신빙성이 교회의 판단에 달려 있다는 것은 사악한 거짓말이다

성경의 권위를 가장 확실하게 인정하는 방법은, 성도들이 성경을 하나님께서 하늘로부터 내려주신 말씀, 곧 하나님께서 직접 말씀하신 것으로 여기는 것입니다(Inst., I vi 1). 그러나 칼뱅 당시에는 오직 교회의 동의가 있어야만 성경으로서 가치를 인정받게 된다는 오류가 널리 퍼져 있었습니다. 언뜻 생각해보면, 성경을 인정한 것은 교회의 권위 있는 사람들의 결정에 따른 것이므로 맞는 것 같습니다.

여기서 잠시 성경이 정경화한 역사를 간략하게 살펴보겠습니다. 어떤 소설가가 터무니없이 말하는 바와 같이, 이교도였던 로마의 콘스탄틴 대제가 로마를 기독교로 통합하는 과정에서 기독교 지도자들을 모아놓고 그들의 투표로 성경이 결정된 것이 아닙니다. 일단, 구약성경 39권은 큰 무리 없이 정경으로 인정되었습니다. 왜냐하면, 유대인들이 이미 이것을 정경으로 인정했기 때문입니다. 예수님의 초기 제자들도 유대인들이 다수였습니다. 그들도 신약성경이 정경이 되기 전까지 이 구약성

---

1 댄 브라운. 그리고 2003년에 발표한 소설 『다빈치 코드』는 2006년에 영화로도 만들어졌습니다. 핵심은, 예수 그리스도의 신성(神性)을 부인하고, 막달라 마리아를 그분의 숨겨진 아내로 주장한다는 점입니다.

경을 정경으로 인정하며 사용하고 있었습니다. 문제는 그 초기 제자들이 남긴 문서들 중 어떤 것을 신약성경으로 인정할 것인가에 있었습니다. 특히 기독교 이단이었던 마르시온Marcion이라는 영지주의자가 구약성경을 통해 계시된 하나님을 부정하고, 바울의 편지 10개와 누가복음의 일부를 묶어 <마르시온 정경>을 편찬했습니다. 이러한 폐단을 경계하기 위해 교회는 신약성경의 정경화 작업에 들어갑니다. 하지만, 여기서 유념해야 할 것이 있습니다. 우리가 보는 신약성경 27권은 이미 정경화 작업 전부터, 권위 있는 하나님의 말씀으로 인정되고 있었다는 것입니다. 문제는 온갖 복음서와 서신서들에 대한 처리였습니다. 이것은 많은 논란이 있었습니다. 그럼에도 불구하고, 369년 아타나시우스가 39번째 발표한 부활절 서신에 오늘날 우리가 알고 있는 기존의 27권의 성경목록을 열거했습니다. 그리고 많은 논의를 거쳐, 397년 카르타고 회의에서 정경으로 결정하고 419년 카르타고 회의에서 비준함으로써 27권은 정경으로 인정되었습니다.

이런 역사를 보아서 알겠지만, 이미 교회가 투표로 결정하기 전부터 성령님은 하나님의 말씀을 정경화하고 계셨습니다. 교회는 다만 성경이 하나님의 진리임을 인정하며 또한 망설임 없이 성경을 높임으로써 그 경건한 의무를 다한 것 뿐입니다(Inst., I vii 2). 칼뱅은 교회의 동의로 정경이 결정되었다고 하는 것에 대해 다음과 같이 일침을 가합니다.

> 또한, 만일 우리가 믿는 것이 단지 사람들의 선한 호의에 의존하는 위태로운 권위만을 소유하고 있다면, 경건하지 않는 자들에게 얼마나 조롱을 받을 것이며, 얼마나 많은 사람이 의심에 빠지겠는가(Inst., I vii 1)!

그런데 성경에 대한 최고의 증거는, 하나님께서 친히 그 속에서 말씀하신다는 것에 있습니다(*Inst.*, I vii 4). 왜냐하면, 오직 하나님만이 자신의 말씀에 대해 완벽하게 증언하실 수 있기 때문입니다. 그리고 그 역할을 성령님이 하십니다. 성령님은 '내적 조명內的 照明'이라는 활동을 통해, 성경을 읽는 사람들의 마음에 그 말씀이 참된 하나님의 말씀으로 받아들여지도록 하십니다. 이것은 '이성적 활동'과 뚜렷이 구분됩니다. 이성적 활동은 사실 여부와 논리적 일관성을 찾지만, 성령의 내적 활동은 이해 여부를 뛰어넘어, 기록된 말씀이 진실로 살아계신 하나님의 말씀으로 읽히도록, 그리고 깨닫도록 합니다. 그리고 이것은 오직 '믿음'을 통해서만 일어납니다. 따라서 성령의 도우심이 없이 이성적으로만 성경을 읽을 때, 성경의 모든 문자는 난해하고 신화적인 이야기로 밖에는 읽히지 않습니다. 이런 사람들은 아무리 성경을 읽어도 아무런 유익을 경험할 수 없습니다. 즉, 결코 창조주 하나님과 구속주 하나님에 대한 지식에 이를 수 없고 살아계신 하나님을 만날 수도 없습니다.

그런데, 성경은 하나님의 자녀들의 유익을 위해, 그들을 더욱 하나님의 사람답게 하기 위해 주어졌습니다. 이 점에서 교회의 존재는 중대합니다. 교회 밖에 있는 사람들은 아무리 뛰어난 재량을 가지고 있다고 할지라도, 참된 진리에서 멀어져서 계속 무지함과 어리석음에 머물러 있게 됩니다. 그러므로, 칼뱅은 다음과 같이 말합니다.

만일 하나님께서 뜻하신 바가, 깨달음이라는 보화를 그분의 자녀들에게만 허락하신 거라면, 다수의 사람들이 그토록 무지하고 어리석은 것이 놀랍거나 터무니없는 것이 아니다. 그 '다수의 무리' 안에는 심지어 어떤 탁월한 자들까지도 포함되는데, 곧 그들이 교회라는 몸에 접붙임을 받기 전까지 그런 상태로 있게 된다(*Inst.*, I vii 5).

제8장 | 인간 이성이 닿는 한, 충분하고 확실한 증거가 성경의 신빙성을 뒷받침한다

예전에는 "무조건 믿으라!"라는 말이 통용이 되었었습니다. 왜냐하면, 그 당시에 많은 사람들이 제대로 학교를 다니지 못해 이해력이 설교에 미치지 못했기 때문입니다. 그래서 상대적으로 많이 배운 목회자들이 전하는 말씀에 의지할 수밖에 없었습니다. 하지만 목회자도 설명에 한계가 있기 때문에, 일일이 다 말할 수 없어서 "일단 믿기만 하라!"라고 한 것입니다. 그렇다 보니, 자연스럽게 목회자의 권위가 모든 성도들보다 우위에 있을 수밖에 없었습니다. 하지만, 지금은 그렇지 않습니다. 이제는 많은 이들이 기초적인 학력뿐만 아니라, 전문적인 대학교와 대학원까지 진학하고 있습니다. 이런 사람들에게 옛날처럼 "무조건, 일단, 믿어라!"라고 하는 것은 한계가 있습니다.

또한 이제 그런 말을 당연하게 받아들이는 사람도 드뭅니다. 당연히 목회자의 권위도 예전과 비교해서 상대적으로 많이 낮아졌습니다. 하지만, 오히려 목회자는 시대를 탓할 것이 아니라 이러한 상황을 십분 활용해야 합니다. 더 그들이 알아들을 수 있고 이해할 수 있도록 더욱 최선을 다해 말씀을 준비해야 합니다. 물론, 그렇게 하더라도 설명의 한계는 분명 존재합니다. 하늘과 땅의 간격만큼, 하나님 나라의 비밀을 이 땅의 언어로 완벽하게 설명하기란 매우 힘이 듭니다. 이러한 이유로, 예수님은 사람들에게 하나님의 나라를 설명하시기 위해 '비유'라는 독특한 방법을 사용하셨습니다. 이것은 세상에 발을 딛고 살아가는 대중들이 스스로 하나님의 나라에 대해 유추할 수 있도록 하기 위해서였습니다. 당연히 알고자 하는 자에게만 그 비밀은 조금씩 문을 열어줍니다.

제가 이 말을 하는 이유는, 칼뱅이 말하고자 하는 바, 성경은 이성적으로도 충분히 신뢰할 수 있다는 것을 말하기 위해서입니다.

물론, 앞에서 한 말들을 전제前提해야 합니다. 성경이 하나님께서 자기 백성을 위해 주신 말씀이라는 것을 먼저 믿음으로 받아들여야 합니다. 그리고 그 믿음은 본격적으로 성경을 이성적으로 이해할 수 있도록 우리를 안내합니다. 또한 그러한 이해는 우리가 받은 믿음을 더욱 확실하게 해 줍니다.

> 참으로 놀라운 확증이, 예리한 연구와 함께 연달아 발생하게 된다. 곧 우리가 하나님의 지혜의 경륜을 숙고할 때, 어찌 그리도 잘 정렬되고 배치가 되었는지를, 그 교리가 얼마나 속된 것이 포함되지 않은 완전한 하늘의 속성을 가지고 있는지를, 그 모든 부분들이 얼마나 서로 아름다운 조화를 이루는지를, 뿐만 아니라 그와 같은 다른 것들이 이 책에 얼마나 위엄을 더하는지를 깨닫게 된다(*Inst.*, I viii 1).

그럼에도 불구하고, 많은 이들이 성경의 내용을 잘 받아들이지 못하고 있습니다. 그런 분들 대부분은 성경을 이스라엘 민족의 신화神話로 보는 경향이 있습니다. 가장 큰 이유는, 성경에 기록된 사건들이 현실적으로 납득이 되지 않기 때문입니다. 특별히 하나님께서 모세를 통해 이집트에 내린 기적들은 과학적 이론을 뛰어넘는 것들이 대부분입니다(*Inst.*, I viii 5). 하지만, 만일 모세가 사실대로 기록하지 않았다면, 과연 이스라엘의 후손들이 그 조상들의 잘못을, 그들에 대한 비방과 저주를 가감 없이 쓴 것을 보고 분노하지 않았을까요? 그러나 그 내용은 고스란히 후세대를 통해 전달되었습니다. 이것은 그들도 기록된 말씀이 사실이며, 하나님의 말씀이라는 것을 인정했기 때문입니다. 기적 또한 마찬가지입니다. 만일 모세가 홀로 그런 내용을 지어서 썼다면, 그리고 그것을 담대하게 회중들 앞에서 선포했을 때, 왜 저항한 기록이 없을까요? 하나님과 모세에 대해 저항한 기록은 다 기록되었는데 말입니다(*Inst.*, I viii 6). 이것은 그 모든 사건이 '참'이라는 것을 뜻합니다. 따라서, 우리는 성경의 내용만을 이성적으로 판단할 것이 아니라, 그 성경의 내용이 그렇게 기록되고 지금까지 보존된 이유를 이성적으로 생각해야 합니다.

선지자들의 예언도 마찬가지입니다(*Inst.*, I viii 8). 오늘날은 역사비평, 문헌비평, 편집비평 등 비평학이 널리 알려져서 성경을 난도질하는 것이 자연스러워졌지만, 그럼에도 불구하고, 부인할 수 없는 사실이 있습니다. 이스라엘 민족들이 그토록 거부했던 예언들이 그대로 이루어졌다는 것입니다. 예를 들어, 예레미야는 귀를 막고 거부하는 남유다 백성들에게 그들의 파멸 곧, 바벨론 군대에 의해 잔인하게 유린될 것을 예언했습니다. 당시 수많은 '거짓 선지자'들은 나라가 반드시 회복될 것이라고 예언하며 백성들을 위로하고 즐겁게 했습니다. 그러나 예레미야는 파멸을 확신있게 선포했으며, 또한 그 파멸 뒤 70년 뒤에 다시 고향으로 돌아오게 될 것도 예언했습니다. 누구의 예언이 이루어졌습니까? 예레미야의 예언만이 그대로 실현되었습니다. 그 밖에 다른 하나님의 선지자가 예언한 것들도 마찬가지입니다. 그들은 도저히 그 상황에서는 받아들일 수 없는 하나님의 말씀을 선포했으나, 역사는 그들의 예언이 진실임을 증명해 주었습니다.

칼뱅은 성경의 내용들 외에도 한 가지를 더 신빙성의 근거로 듭니다. 그것은 성경이 놀랍도록 잘 보존되었다는 것입니다(*Inst.*, I viii 10). 유대인들은 그들의 역사에서 엄청난 시련을 겪었습니다. 그렇지만, 그들은 성경을 잘 지켰고, 그것을 위해 자신의 목숨도 바쳤습니다. 구약성경뿐만 아니라 신약성경도 마찬가지입니다(*Inst.*, I viii 11). 사탄은 모든 세월 동안 성경을 파괴시키고, 변질시키며, 사람들의 기억에서 지워버리기 위해 온갖 노력을 기울였습니다. 하지만, 성경은 지금도 그대로 전해지고 있습니다.

이것이 얼마나 위대한 일인지는 무신론자였다가 목사가 된 스트로벨Lee Strobel이 쓴『예수는 역사다』(원제: *The Case for Christ*)의 세 번째 장[2]을 보면 알 수 있습니다. 현존하는 신약성경의 사본은 5천 개가 넘습니다. 중요한 것은, 가장 오래된 사본과 가장 최근의 사본을 비교했을 때, 시간적 간격이 상당함에도 거의 틀리지 않는다는 것입니다. 스트로벨은 성경이 지닌 순수성이 99.5%나 된다고 합니다. 여기서 순수성이라 함은 사본을 옮겨적을 때, 흔히 일어날 수 있는 개인 주석이나 그와 비슷한 간섭이 없는 정도를 의미합니다. 무엇보다 많은 믿음의 사람들이 이 성경의 내용을 확신하여 기꺼이 박해를 받거나 순교의 자리로 나아갔습니다 (*Inst.*, I viii 12). 만일 참되지 않다면 어찌 그렇게 할 수 있었겠습니까?

이 모든 증거는 성경이 참된 하나님의 말씀이며, 하나님께서 친히 보존하시고 지키시는 말씀이라는 것을 우리에게 보여 줍니다.

제9장 | 성경을 버리고 계시만을 따르는 광신자들은 경건의 모든 원리를 던져 버린다

이 부분은 매우 짧지만, 오늘을 살아가는 모든 그리스도인들에게 꼭 필요한 내용을 담고 있습니다. 성경을 읽지 않고서도 얼마든지 신앙생활을 할 수 있다고 말하는 분들에게도 적용되니 유의하시기 바랍니다.

---

2 Lee Strobel, *The Case for Christ*, 윤관희 · 박중렬 공역, 『예수는 역사다』 (서울: 두란노, 2017), 70-92.

칼뱅은, 성경을 버리고 다른 길을 통해 하나님께 이를 수 있다고 상상하는 자들은 단순한 오류에 사로잡힌 것이 아니라, '광란狂亂에 빠진 상태'에 있다고 주장합니다(*Inst.*, I ix 1). 보통 이런 부류의 사람들은 자신들을 굉장히 '영적이고 신령한' 존재인 것처럼 과장합니다. 즉, 자신들은 하나님과 너무도 친밀하여 그분의 '직통 계시'를 받으니 문자로 된 성경이 필요 없다고 말합니다. 그러나 이런 사람들의 말에 결코 속아서는 안 됩니다.

하나님께서 성경을 주신 이유와 목적을 생각하십시오. 또한, 하나님께서 왜 지금도 엄청난 양의 성경을 수많은 언어로 출판하여 보급하게 하시는가를 생각해야 합니다. 또한 디모데후서 3장 16절은 "모든 성경은 하나님의 감동으로 된 것이다"라고 선포하는데, 이는 그들이 주장하는 직통 계시의 주체이신 성령님이 성경의 저자라는 것을 우리에게 분명히 보여줍니다. 성령께서 자신의 행위를 스스로 부인하신다니 말이나 됩니까? 칼뱅은 특별히 다음과 같은 교훈으로 이런 부류에 속한 사람들의 말에 현혹되는 사람들을 경계하고 있습니다.

> 주께서 성령을 약속하시며 뭐라고 말씀하셨는가? 성령께서는 스스로 말씀하지 않고 말씀으로 전달받은 것을 제자들의 심령에 주입하시는 분이라고 하시지 않았는가(요 16:13)(*Inst.*, I ix 1)!

또 다른 보혜사이신 성령님도 하나님과 그리스도의 말씀에서 벗어나지 않으시는데, 자신을 하나님보다 높이는 사람의 말에 귀를 기울이는 것은 매우 어리석은 일입니다. 또한 칼뱅이 인용한 말씀은 성령께서도 하나님의 기록하신 말씀에서 벗어나는 활동을 하지 않으신다는 것을 분명히 하고 있습니다.

이와 관련하여 또 다른 계시의 형태인 '설교說敎'에 대해서도 짚고 넘어가야 하겠습니다. 칼뱅은 '설교'에 대해 다음과 같이 말합니다.

> 또한 사도 바울은… 자신의 설교를 가리켜 '영의 사역'(고후 3:8)이라고 부른다. 이것은 의심의 여지 없이, 성령께서는 성경이 담고 있는 자신의 진리 안에 내재하시기에, 오직 그 말씀에게 합당한 존경과 위엄을 돌릴 때만 자신의 능력을 펼치신다는 의미이다(Inst., I ix 3).

이 말은, 성령님의 위엄에 순종하고 그 가르침을 받지 않는 설교는 설교가 아니라는 의미가 됩니다. 오늘날 감히 '하나님의 말씀'으로 이루어지는 '하나님의 말씀이 아닌 설교'가 너무도 많이 행해지고 있습니다. 그런 설교는 "예언을 멸시하는 것"이며, "성령을 소멸시키는" 일입니다. 우리 안에 거하시는 성령을 무시하고서야 우리가 어찌 살 수가 있겠습니까? 그러므로, 오늘을 살아가는 그리스도인들은 성경을 반드시 읽으면서 또 다른 계시인 설교도 분별력을 가지고 들어야만 합니다.

제10장 | 성경은 모든 미신을 교정하여 유일하고 참되신 하나님을 제시하고 모든 이방 신들을 대적하게 한다

성경이 하는 가장 큰 역할이 무엇일까요? 앞에서도 언급했지만, 사람들은 매우 미련하고 영적으로 둔감하여 하나님에 대한 감각을 일깨우고서도 하나님을 자기 마음대로 만들어냅니다. 성경은 사람들이 이렇게 하지 못하게 하고, 참되신 하나님을 알도록 안내하는 역할을 합니다.

하나님께서는 우리를 위해 성경에 자신을 계시하시고 드러내셨습니다. 그러나 그렇다고 성경이 하나님에 대해 전부를 다 담고 있지는 않습니다. 그것은 불가능합니다. 그럼에도 불구하고, 성경은 우리가 꼭 알아야 할 정도로, 무엇보다 우리의 구원을 위해 필요한 모든 것을 담고 있습니다(*Inst.*, I x 10).

특히 성경에 기록된 하나님은 독자적으로 자신을 소개하는 것이 아니라 우리와의 '관계성' 안에서 자신을 드러내십니다.

> 모세가 그 형상을 묘사할 때, 그는 사람들이 그분에 대해 알 수 있을 정도로 간결하고도 명확하게 말하고자 하였다. 그는 '여호와'에 대해 다음과 같이 말한다: "여호와께서 그의 앞으로 지나시며 선포하시되 여호와라 여호와라 자비롭고 은혜롭고 노하기를 더디하고 인자와 진실이 많은 하나님이라 인자를 천대까지 베풀며 악과 과실과 죄를 용서하리라 그러나 벌을 면제하지는 아니하고 아버지의 악행을 자손 삼사 대까지 보응하리라"(출 34:6-7). 여기서 우리가 주목해야 할 것은, 하나님의 영원하심과 자존하심(self-existence)이 그의 기이한 이름을 통해 두 번이나 언급되고 있다는 것이다. 그것에 더하여 그분 능력들이 언급되는데, 이를 통해 그분은 우리에게 원래 홀로 계시는 분이 아니라 우리를 향해 계신 분이심을 보이신다(*Inst.*, I x 2).

또한, 칼뱅은 성경이 담고 있는 하나님 지식이 지닌 목적에 대해, 하나님을 참되게 경외하는 중에 순결한 마음과 거짓 없는 순종으로 하나님 예배하기를 배우며, 그분의 선하심에 전적으로 의지하는 법을 배우도록 하는 데 있다고 하였습니다(*Inst.*, I x 2). 칼뱅은 성경을 통해 참된 하나님 지식을 가지지 못한 자들의 상태에 대해서도 말합니다. 즉, 성경을 모르는 자들은 그들의 허망함으로 만들어낸 거짓 신을 하나님으로 모시고 헛되이 예배하게 된다는 것입니다. 그러므로, 우리가 참된 하나님을 알고 예배하기 위해서도 성경을 꼭 읽어야만 하는 것이 분명해집니다.

제11장 | 보이는 형상을 하나님께 돌리는 것은 불법하며, 또한 일반적으로 누구든 우상을 세우는 자는 참 하나님을 거역하는 자다

본 장은 '성상숭배聖像崇拜'와 관련이 있습니다. 사전辭典의 정의대로 하면, '성상聖像'이라는 것은 예수 그리스도, 성모 마리아, 성인 또는 천사의 모습을 조각하거나 주조鑄造한 물건을 의미합니다. 이것이 허용된 이유는 주로 교육적인 목적 때문입니다. 눈으로 보는 것이 많은 것을 이해하게 해 줄 것이라는 생각에 기초해 있습니다. 하지만, 칼뱅은 성경의 근거를 들어 이것을 강력하게 배격하며, 성상숭배가 아니라 '우상숭배偶像崇拜'라고 정죄합니다.

예배를 드림에 있어 형상을 배격하는 것에 대한 성경의 논증(1-4)

하나님에 대한 유일하고도 참된 증거자는 바로 하나님 자신이십니다(Inst., I xi 2). 하나님은 시내산에서 이스라엘 백성들에게 계명을 주시면서 어떤 형상도 만들어 섬기지 말라고 하셨습니다(출 20:4). 우리가 하나님을 표현하기 위해 어떤 시도를 하고 그것을 실제로 만들어낸 순간, 그 즉시 하나님의 무한하신 영광은 그 형상 정도로 축소되어버립니다(Inst., I xi 1). 그것은 의도가 어떻든 간에, 하나님을 모욕하는 것이 됩니다. 하나님의 영광은 너무도 찬란하여 순결한 천사들마저도 그 영광을 똑바로 볼 수 없어서 얼굴을 가릴 정도입니다(사 6:2).

무엇보다도, 사람의 마음은 심히 부패하여, 자신이 신격화시켜 놓은 물질 조각이 자신에게나 다른 사람들에게 신神으로 인정받기를 원하는 본성이 있습니다(Inst., I xi 4). 실제로 우상을 만들어 섬기게 된 원인이 바로 여기에 있습니다. 따라서, 마음이 부패한 사람이 어떻게 하나님을 표현하든, 그것은 하나님을 정확하게 표현하는 것이 될 수 없습니다.

그레고리 교황의 오류는 성경과 교부들의 반대에 직면함(5-7)

그런 우상을 통해 하나님에 대해 배우는 것은 다 헛된 것일 수밖에 없습니다(Inst., I xi 5). 만일 그런 형상을 통해 하나님에 대해 무언가를 배울 수 있었다면, 하나님께서 그토록 일관성있게 우상을 만들지 말라고 하지 않으셨을 것입니다. 우상은 사람의 마음을 더욱 부패하게 만들고 참되신 하나님을 아는 데 방해물이 될 뿐입니다. 하지만 그레고리 교황은 그런 형상들이 무식한 자들에게는 교과서와 같다고 말하며 용인하였습니다. 로마 가톨릭은 이처럼 성상聖像을 만들어놓고 '존중'하는 것을 당연하게 여기고, 동방 정교회도 성상뿐만 아니라 모자이크 성화와 같은 이콘Icon도 적극 활용합니다. 그러나 칼뱅은 이것은 교회 역사에서도 배격했던 일이며, 어거스틴(아우구스티누스)조차도 반대했던 일이라고 강력하게 말합니다.

마찬가지로 아우구스티누스도 선언하기를, 형상에게 예배하는 것과 그것들을 하나님 앞에 세워두는 것 모두 잘못이라고 하였다. 그가 말한 바는, 그보다 수년 전 엘비라 공의회(The Council of Elvira, 4세기 초)에서 내린 결정과 다른 것이 없다. 이 공의회의 교령 제36항은, "교회 내에 어떤 그림들도 있어서는 안 되며, 벽에다가 높이 기리고 숭상하는 것을 묘사해서도 안 된다"고 되어 있다. 그러나 특별히 기억할 만한 것은, 아우구스티누스가 어디엔가 바로(Varro)의 글을 인용하면서 자신의 서명을 통해 그의 글을 확증한 것인데, 곧 신들의 형상들을 최초로 도입한 사람들은 "하나님에 대한 경외를 제거하고 오류를 첨가하였다"라는 것이다(*Inst.*, I xi 6).

그렇지만, 지금도 여전히 교육적인 목적으로 형상을 옹호하는 일들이 벌어지고 있습니다. 칼뱅은 이에 대해, 교회가 동정녀를 표현하기 위해 만든 형상보다는 차라리 창녀들이 더 정숙하고 순전한 복장을 하고 있다고 우회적으로 비판하였습니다(*Inst.*, I xi 7). 그리고 정말 교육적인 목적을 위한 것이라고 평계를 댄다면, 이것은 가르치는 자의 무능함을 형상에게 떠넘김으로써 책임을 회피하는 것이라고 강하게 질타하였습니다(*Inst.*, I xi 7).

형상 사용의 기원 그리고 그로 인한 예배의 부패(8-16)

칼뱅은 우상을 방치하는 것은, 인간 본성 자체 안에 우상을 제조하는 공장이 있는데, 이것을 더욱 부추기는 것밖에 되지 않는다고 말합니다. 실제로 하나님을 알지 못하는 사람들은 각종 형상을 만들어놓고 그것을 신神으로 섬기는 것을 볼 수 있습니다. 칼뱅은 이러한 사람들의 경향에 대해 이렇게 말합니다.

사람의 마음은 교만과 대담함으로 가득 차 있어서, 감히 자신의 역량대로 신神을 상상해낸다. 그리고 천천히 진행하다가 마침내 극도의 무지함에 사로잡혀, 실재하지 않고 허망한 것들을 하나님으로 잉태한다. … 그러므로 마음이 우상을 잉태하고, 손으로 그것을 낳는다(*Inst.*, I xi 8).

그리고 이어서, 칼뱅은 사람이 이렇게 하는 이유에 대해 "일상의 경험이 교훈하는 바는, 육신은 언제나 자신을 닮은 가공물을 확보하여 그것을 하나님의 형상으로 알고 거기서 안정을 찾기 전에는 불안한 상태에 있다는 것이다"(*Inst.*, I xi 8)라고 밝혔습니다. 이것은 정확한 통찰이 아닐 수 없습니다. 실제로 사람들은 우상이 말하지 못하는 돌과 금속으로 만들어진 것임을 알면서도, 그것에 의미와 신적 위엄을 스스로 부여하여 섬기는데, 이는 그것이 자신을 돌봐주기를 간절히 바라기 때문입니다.

어떤 사람들은 "그 형상을 신으로 섬기는 것이 아니라, 그 형상에 임재하는 신을 경배하기 위한 것"이라고 둘러댑니다. 그렇다면, 차라리 하나님이 하신 말씀대로 애초부터 만들지 않고 섬기는 것이 참된 섬김과 예배가 되지 않을까요? 사람들은 어떻게든 자신이 만든 것에 의미를 부여하기를 좋아하여 이런 식으로 변명하지만, 성경의 관점에서는 결코 용납될 수 없습니다. 왜냐하면, 사람들은 만들어진 형상에게 나아가는 그 순간부터 그것을 마치 살아 역사하는 존재인 것처럼 여기기 때문입니다.

사실 아우구스티누스가 말한 것은 진실한데, 곧 애정을 가지고서 형상을 바라보며 기도하거나 예배하는 자는 누구나 그 형상이 자신의 기도를 듣지 않는다고 생각하거나, 혹은 자신의 소망이 이루어질 것이라는 희망을 품지 않는 사람이 없다는 것이다(*Inst.*, I xi 10).

아우구스티누스조차도 이 점에 대해 분명하게 진술하고 있다: "그 형상들이 이러한 숭배할만한 고상함을 띠고 세워져서 사람들이 기도하고 희생 제사를 드리게 되면, 그것들이 살아있고 감각을 가진 어떤 것처럼 느껴져서 —비록 그것들이 감각과 생명이 없어도— 연약한 사람들에게 영향을 주게 된다. 그 결과 그것들이 살아 숨 쉬는 것처럼 느껴지게 된다. … 우상이 육체적인 형상을 띠게 되면, 사람들은 그 육체 안에 정신이 깃든다고 생각하게 되고 또 어떤 의미에서는 강제로 그렇게 생각하게 되어 우상도 감정을 가진다고 가정하게 된다. 이는 그것이 자기 육체와 매우 유사하기 때문이다"(*Inst.*, I xi 13).

그럼에도 불구하고, 칼뱅은 교황 예찬자들papists3이 형상들에게 드리는 존귀는 어디까지나 '봉사'(εἰδωλοδουλεία, 에이돌로두레이아)이지 '예배'(εἰδωλολατρεία, 에이돌로라트레이아)가 아니라고 변명을 댄다고 정죄합니다. 그것은 같은 형태를 취할 수밖에 없기 때문입니다. 칼뱅은 이와 관련하여, 니케아 공의회(The Nicene Council, 787년)가 예배당 안에 형상들이 있어야 하며, 그것을 예배하는 것이 마땅하다고 결정한 것을 강력하게 비판합니다(*Inst.*, I xi 14). 상식이 있는 사람이라면, 이런 논리는 앞에서 그들이 '봉사'와 '예배'를 구분했던 것이 거짓이었음을 분명히 보여주는 증거라고 확신할 수 있습니다.

제12장 | 하나님은 우상과 완전히 구별되시기에 완전한 존귀는 오직 그분께만 드려야 한다

이 장에서 칼뱅은 미신迷信의 교묘한 측면을 좀 더 자세히 거론합니다.

---

3 칼뱅은 이 용어를 가톨릭을 지칭하는 데 사용하고 있습니다.

실제로, 미신은 다른 신들에게 기울어져 있으면서도, 외양으로는 최고의 하나님을 버리거나 다른 신들과 같은 것으로 격하시키지 않는다. 하지만 미신이 하나님께 최고의 자리를 부여할지라도, 하등의 신들로 그분을 에워싸고, 그 신들에게 하나님의 권능들을 분배시켜버린다(*Inst.*, I xii 1).

꼭 적합한 예例는 아니지만, 그리스 로마 신화에 등장하는 올림포스의 신들을 생각하면 될 것 같습니다. 거기에는 최고의 신 제우스를 중심으로 여러 신들이 존재하지 않습니까? 그들은 각자 고유의 영역을 다스립니다. 칼뱅은 이런 생각들이 하나님의 영광을 여러 갈래로 찢어버리는 것이라고 강하게 책망합니다. 실제로 이런 생각은 만연하여 지금까지도 교황 예찬자들은 자신들이 '성자聖者'라고 평가한 자들을 하나님의 협력자로서 구원을 이루는 통로가 되게 하고, 심지어 그들을 경배하고 기도와 찬송을 올려드리는 대상으로 만들어버렸습니다(*Inst.*, I xii 1). 그 결과 사람들은 참된 하나님께만 집중하지 않고 온갖 잡다한 신들에게 미혹되고 말았습니다. 사정이 이런데도, 여전히 예배와 봉사를 구분하며 자신들의 행위를 정당화하는 것은 어불성설이지요. 오히려 봉사라는 말은 '종'으로서 섬긴다는 의미이니 예배보다 더 강력한 의미를 가집니다. 칼뱅은 이런 실태를 갈라디아서의 말씀(갈 4:8)으로 뒷받침합니다: "하나님을 알지 못하여 본질상 하나님이 아닌 자들에게 종노릇하였더니" (*Inst.*, I xii 2).

이어서 칼뱅은 예수님이 광야에서 사탄에게 받았던 시험 중 하나를 예로 들면서 이런 말도 되지 않는 미신적 행태에 대해 경종을 울립니다.

주께서도 사탄의 공격을 물리치시면서 "기록되었으되 주 너의 하나님께 경배하고 다만 그를 섬기라 하였느니라"(마 4:10)는 방패를 활용하셨는데, 여기서는 '라트리아(λατρία, 섬기다)'라는 단어를 쓰는 것이 문제가 되지 않았다. 왜냐하면 사탄이 주님께 요구한 것은 단지 경의의 표시로 무릎을 꿇는 것(προσκυνήσις, 프로스퀴네시스)이었기 때문이다(*Inst.*, I xii 3).

우리 주님이 이런 것까지도 배격하셨다면, 우리 또한 교황 예찬자들과 온갖 미신을 만들어내는 사람들의 논리에 굴복해서는 안 되지 않겠습니까? 칼뱅의 말대로, 우리는 하나님께 경배하는 것과 피조물을 경배하는 것을 완벽하게 구별하지 못할 때가 많습니다. 하나님도 이것을 아시고 하나님의 백성들에게 오직 하나님만을 섬길 수 있는 표준으로 율법을 제시하셨습니다(*Inst.*, I xii 3). 그 율법에 오직 하나님 외에는 어떤 형상도 만들지 말고 섬기지 말라고 했으므로, 우리는 결코 미신의 오류에 빠져서는 안 됩니다.

제13장 ┃ 성경은 창조 이야기 때부터 하나님이 한 본질이시며 그 안에 삼위(三位)가 계심을 가르친다

이 장부터, 칼뱅은 삼위일체 하나님에 대해 설명합니다. 이 부분은 일반 성도들이 이해하기에는 매우 어렵습니다. 신학을 공부한 분들도 매우 힘든 부분입니다. 저도 역사신학연구회에서 편찬한 『삼위일체론의 역사』(서울: 대한기독교서회, 2008)를 매우 힘들게 읽어나간 적이 있습니다. 칼뱅은 이 부분에 대해 최대한 성경에 근거하여 자신의 생각을 정리해서 우리에게 보여줍니다. 저도 여기서는 상당 부분을 생략하고 핵심적이라고 생각되는 것만을 기술했습니다.

일단, 칼뱅은 하나님께서 그 본질이 무한하시고 영적이라는 것을 강조합니다. 이것을 강조하는 이유는, 우리의 기준으로 함부로 하나님에 대해 상상하지 못하게 하기 위함입니다.

> 확실히 하나님의 무한하심은 우리로 감히 우리 자신의 잣대로 그분을 측정하지 못하도록 두려움을 준다. 실제로 그분의 영적 본성은 우리가 그분에 대해 어떤 세속적이거나 육신적인 상상을 하지 못하게 만든다(*Inst.*, I xiii 1).

그럼에도 하나님은 자신을 낮추어 우리에게 자신의 본질을 보여주시는데, 그 신비가 바로 '삼위일체三位一體'입니다. 그러나 우리는 하나님이 삼중적 존재이시거나 하나님의 단일 본질이 삼위로 나누어져 있다는 식으로 생각해서는 안 됩니다(*Inst.*, I xiii 2).

일단, '위'(位, person)라는 개념부터 설명하겠습니다. 이것은 쉽게 설명하면 개별적인 인격체라는 것입니다. '하나님'은 우리말 그대로 '본질本質'에 있어서는 하나이신 분이라는 뜻입니다. 즉, 일체를 이루신다는 것입니다. 그러나 서로 구별되는 성부, 성자, 성령의 세 '본체本體'를 가지십니다. 구별되지만 '분리分離'는 아닙니다. 그렇게 되면, 서로 다른 삼신三神이 하나로 결합해 있는 것이 됩니다. 그런데, 그 본체는 하나의 본질을 공유하기 때문에 각자의 본체를 통해, 또한 그 안에서 서로를 나타냅니다. 예수님께서 하나님 아버지를 보여달라는 빌립의 요구에 대해 "빌립아 내가 이렇게 오래 너희와 함께 있으되 네가 나를 알지 못하느냐 나를 본 자는 아버지를 보았거늘 어찌하여 아버지를 보이라 하느냐 내가 아버지 안에 거하고 아버지는 내 안에 계신 것을 네가 믿지 아니하느냐"(요 14:9-10a)라고 하신 것도 이런 삼위일체에 바탕을 두고 있습니다.

어렵지요? 그렇습니다. 정말 '삼위일체'는 이해하기가 어렵습니다. 게다가 성경에 정확하게 '삼위일체'라는 말이 나오지 않기 때문에 정말 이것이 하나님에 대한 설명이 맞는지에 대해서도 의문을 제기할 수 있습니다.[4] 그래서 기독교 역사를 보면, 아리우스^{Arius}와 같은 이단이 등장했습니다. 그는 그리스도가 하나님이며 하나님의 아들이신 것은 맞지만, 다른 피조물보다 먼저 '창조된' 존재라고 주장했습니다. 사벨리우스^{Sabellius}는 성부, 성자, 성령이라는 삼위를 부정하고 그것은 단지 하나님의 다른 속성들에 불과하다고 주장했습니다. 그래서 성부가 곧 성자고, 성령이 곧 성부라고 말하였습니다. 그러나 삼위일체 교리는 이것을 절대적으로 거부합니다.[5] 다만, 여러분의 믿음에 더 이상 혼란을 주지 않기 위해서 이것만 기억하셨으면 좋겠습니다: "하나님은 하나의 본질을 가지시되, 성부와 성자와 성령으로 구분되는 세 본체를 가지고 계신다."

대체적으로 성부 하나님에 대해서는 그 신성神性을 의심하지 않으나, 성자와 성령에 대해서는 성부보다 열등한 존재로 여기는 경향이 있습니다. 그러나 삼위일체 교리는 그것을 강하게 부정하며, 칼뱅 또한 본장 7-15절에 걸쳐 성자와 성령의 신성에 대해 성경을 인용하며 입증하고 있습니다.

다음은 삼위가 서로 구별되는 것에 대해 칼뱅이 주장하는 바입니다.

성경에 드러난 사실은 이것이다: 성부께는 모든 활동의 시작과 모든 일의 근원과 원천이 있다. 성자께는 지혜와 모사와 모든 것들의 질서 있는 배치가 있다. 성령께는 그 활동의 능력과 효력이 있다. 사실, 성부의 영원하심은 또한 성자와 성령의 영원하심이기도 한데, 이는 하나님께서는 결코 그분의 지혜와 능력과 떨어지실 수 없기 때문이다. 그리고 우리는 영원 속에서 전(前)

---

4 세르베투스(Michael Servetus)는 '삼위일체'라는 용어 자체를 배격하였습니다. 이에 대한 것은 *Inst.*, I xiii 22를 보십시오.
5 이것에 대한 칼뱅의 자세한 설명은 『기독교강요』, I xiii 2-6을 참조하십시오.

이나 후(後)를 찾아서는 안 되나, 그럼에도 그 순서를 살피는 것이 무의미하거나 과한 것이 아니므로, 성부를 먼저 생각하고, 그다음에 그분으로부터 성자가 그리고 마지막으로 그 두 분에게서 성령이 나오시는 것으로 생각하게 된다(*Inst.*, I xiii 18).

그리고 칼뱅은 특별히 성부와 성자에 대해서는 아우구스티누스의 말을 빌어 다음과 같이 깔끔하게 정리하고 있습니다.

그리스도는 자기 자신에 대해서는 하나님이라 불리신다. 성부와 관계해서는 성자로 불리신다. 또한 성부께서는 자신에 대해서는 하나님이라 불리며, 성자와의 관계에서는 성부로 불리신다. 성자와 관계하여 성부로 불리시는 한 그분은 성자가 아니시고, 또한 성부와 관계하여 성자로 불리시는 한 성자는 성부가 아니시다. 그분이 자신과 관계하여 성부로 불리시고, 또한 자기 자신과 관계하여 성자로 불리시는 한, 그분은 동일하신 하나님이시다(*Inst.*, I xiii 19).

그러므로, 구체적인 언급 없이 그냥 하나님의 이름이 언급되는 경우는, 성부는 물론 성자와 성령도 가리키는 것이 될 수 있습니다. 그러나 성자가 성부와 더불어 언급될 때에는 두 분 사이의 관계를 상정하는 것이 되므로 두 위(位)가 서로 구분됩니다. 또한 각 위마다 고유한 특성들이 있으므로, 그분들 내에서 하나의 순서가 있게 됩니다. 예컨대, 성부에게 모든 시작과 근원이 있기에, 성부와 성자를, 성부와 성령을 함께 언급할 때마다 하나님의 이름은 '우선' 성부께 적용됩니다(*Inst.*, I xiii 20). 하지만 문맥에 따라 '하나님'은 성자를, 또한 성령을 가리킬 수도 있습니다. 도마가 부활하신 주님을 보고 "나의 주님이시요 나의 하나님이시니이다"(요

20:28)라고 한 것은 명백히 성자 하나님을 가리키는 것입니다.

요컨대, 여러분은 삼위일체 교리에 대해서는, 여기서 언급한 것 외에 이상한 말에 현혹되지 마시고 '하나의 본질, 서로 구별되는 세 위격'이신 하나님만 붙드실 수 있기를 바랍니다.

제14장 | 우주와 만물의 창조에 있어서도, 성경은 명확한 표지들을 가지고 참되신 하나님을 거짓 신들과 구별한다

이 장에서 칼뱅은 사람들이 일반적으로 가지고 있는 창조 세계에 대한 생각들을 몇 가지 짚고 넘어갑니다. 원문은 생각보다 양이 많습니다. 하지만, 기독교 교리에서 차지하는 비중은 그렇게 크지 않습니다. 그래서, 가급적 간단히 정리를 하고 넘어가도록 하겠습니다. 그러나 이것만으로도 그 양이 많습니다.

세상과 사람의 창조(1-2)

먼저, 칼뱅은 사람들이 성경에 근거하지 않고 자유롭게 '하나님의 창조'에 대해 생각하는 것을 경계한다는 것부터 짚어야겠습니다. 이런 생각은 하나님을 유일한 창조자로 생각하지 못하게 할 위험이 크기 때문입니다.

그러므로, 창조 역사를 분명히 나타내시는 것이 하나님의 뜻이니, 이는 교회가 이것에 기초한 믿음을 갖게 해서 오직 그분만을, 곧 모세를 통해 우주의 창조자요 조성자로 제시한 그분만을 찾도록 하기 위해서이다(*Inst.*, I xiv 1).

칼뱅이 이런 위험성을 강조하는 이유는, 사람이 창조 세계를 보면서도 참되신 하나님을 찾지 않고 오히려 다른 생각으로 빠지거나 헛된 것에 미혹되기 때문입니다. 그래서 칼뱅은 참되신 창조주 하나님을 알기 위해서는 반드시 성경聖經의 도움을 받아야 한다고 주장합니다(*Inst.*, I xiv 1).

우리는 창조 세계 전부를 알 수 없습니다. 그것은 모든 세기를 거쳐서도 이루지 못할 과업일 것입니다. 중요한 것은, 아무리 창조 세계에 대해 많이 알아도 그것을 조성하신 하나님을 발견하지 못하면 아무 소용이 없다는 것입니다. 이 점에서 칼뱅은, 하나님께서 제한하신 그 울타리의 한계를 넘어가서는 안 된다고 합니다(*Inst.*, I xiv 1). 실제로 그것만으로도 충분하기 때문입니다. 이제 보통 사람들이 생각하는 바를, 칼뱅의 진술을 통해 살펴볼까 합니다.

첫째, 창조는 정말 성경에 기록된 대로 6일 동안에 이루어졌는가에 대한 것입니다. 칼뱅은 이에 대해 산술적인 기록이 아니라, 그 6일의 과정이 품고 있는, 하나님이 창조하신 것들을 먼저 생각하는 것이 옳다고 말합니다. 그리고 그 창조의 과정이 품고 있는, 인류를 향한 하나님 아버지의 사랑을 묵상하는 것이 더 올바른 생각의 방향이라고 강조합니다 (*Inst.*, I xiv 2).

천사들(3-12)

둘째, 창조기사에 포함되지 않은 영적 존재들은 어떻게 볼 것인가에 대한 것입니다. 예컨대, 천사들은 언제 창조되었을까요? 또한 얼마나 많이 있을까요? 그 기원이 언제 시작되었는지는 아무도 정확히 알 수 없습니다. 그러나 억지로 이것을 알고자 하는 것은 오히려 헛된 생각들을 만들어낼 뿐입니다.

칼뱅은 많은 사람들이 천사를 신성한 존재로 생각하고 있다는 것을 알았습니다. 그런데, 마귀도 원래는 천사였습니다. 하지만, 마니교도들은 더 나아가 모든 선한 것들의 기원은 하나님이요, 모든 악한 것들의 기원은 마귀에게 있다고 생각합니다. 이렇게 생각하는 이유는, 선하신 하나님께서 악한 마귀도 창조하셨다는 것을 용납할 수 없었기 때문입니다. 하지만, 선하신 하나님을 강조하다가 마귀를 하나님의 수준까지 올린 것이 문제가 됩니다(*Inst.*, I xiv 3).

천사들은 성경에서 그 많은 존재로 인하여 '천군'이라고도 표현하고, 특별한 권능을 가지고 있어서 때로 '권세', '통치자', '능력', '주권', '왕권', '신들'이라고 표현하기도 합니다(*Inst.*, I xiv 5). 그러나 이 천사들의 주요 임무는 하나님을 섬기는 것이고, 하나님의 명령을 수행하는 것이며, 하나님께서 택하신 자들을 섬기는 것입니다.

> 이처럼, 우리를 보호하는 임무를 수행하기 위해 천사들은 마귀와 모든 우리의 대적들을 대항해서 싸우며, 우리에게 해를 가하는 자들에 대해 하나님의 보응을 시행한다(*Inst.*, I xiv 6).

그렇다면, '수호천사'라는 것도 있을까요? 칼뱅은 성도 각 사람마다에게 배정된 천사가 있는지에 대해서는 감히 단언하지 않습니다. 다만 그가 확실하게 여기는 것은, 우리 각자를 지키는 임무는 한 천사만이 아니라 '모든' 천사들의 몫이라는 것입니다(*Inst.*, I xiv 7). 이것이 오히려 우리의 안전에 대한 생각을 더 확실하게 해 준다는 것이지요.

천사들의 숫자와 체계體系에 대해서도 궁금증을 가지고 있는 사람들이 있습니다. 칼뱅은 우리가 마지막 날에 가서야 비로소 완전하게 알게 될 문제라고 하며, 과도한 호기심은 자제할 것을 당부합니다. 다만, 우리를 보호하기에 충분한 숫자가 있으며, 그 많은 숫자에도 불구하고 신속하게 우리를 도울 준비를 갖추고 있다는 것을 아는 것만으로도 충분하다고 말합니다(*Inst.*, I xiv 8).

성경은 분명 천사들의 존재를 기술하고 있지만, 영적인 세계를 믿지 않는 자들은 천사들을 상상으로 만들어낸 존재에 불과하다고 말하기도 합니다. 하지만, 칼뱅은 성경에 기록된 많은 근거들을 들어, 천사는 실체가 없는 어떤 영감이나 성질이 아니라 실제로 존재하는 영靈임을 강조합니다(*Inst.*, I xiv 9). 그럼에도 불구하고, 사람이 이 천사들에게 하나님께 돌리는 영광이나 존귀를 부과하는 것은 옳지 않다고 단언합니다.

> 심지어 사도 요한도 요한계시록에서 고백하기를, 자신도 그런 잘못을 범할 뻔하였다고 말한다. 하지만 곧바로 그는 부언(附言)하면서 이 대답이 임했다고 말하고 있다: "나는 너와 및 예수의 증언을 받은 네 형제들과 같이 된 종이니 삼가 그리하지 말고 오직 하나님께 경배하라"(계 19:10; 22:8-9)(*Inst.*, I xiv 10).

그런데, 하나님께서 천사들을 사용하시는 이유는 무엇일까요? 하나님은 전지전능하신 분인데, 그분의 능력이 다 미치지 못하기 때문에 천사들을 활용하시는 것일까요? 칼뱅은 하나님의 전지전능하심은 절대적이라고 말합니다. 다만 천사들을 사용하시는 이유에 대해서는 다음과 같이 말합니다.

> 그러므로 그분이 천사들을 사용하심은 우리의 연약함을 위로하여, 우리로 아무 부족함이 없도록 하기 위함이다. 즉 우리의 마음을 일으켜 선한 소망을 갖게 하거나, 우리의 마음을 안전하게 확증하게 하기 위함이다(*Inst.*, I xiv 11).

여기서 말하는 '연약함'은 이런 것입니다. 사람들은 하나보다는 둘 이상의 안전장치가 있을 때 더욱 안전감을 느낀다는 것이지요. 성도들은 마땅히 하나님 한 분만으로도 절대적으로 안전하다고 여겨야 하는데, 하나님은 우리의 연약함을 아시기 때문에 수많은 천사들의 존재로 안전감을 더욱 보장하신다는 것입니다.

중요한 것은, 이런 천사들로 인하여 더욱 하나님을 경외하며 섬겨야 하는데, 오히려 천사들을 경배하는 터무니없는 일을 벌여서는 안 된다는 것입니다(*Inst*., I xiv 12).

마찬가지로, 마귀에 대해서도 올바른 생각을 가져야 합니다. 마귀는 천사들과는 반대로 성도들을 파괴하고 파멸시키는 일에 앞장서는 존재들입니다. 그 규모가 상당하지만, 하나님께서 부리시는 천군 천사들에게는 미치지 못합니다. 마귀가 하는 일은, 사람을 미혹하여 하나님께 드려야 할 순종을 드리지 않도록 하고, 하나님이 마땅히 받으셔야 할 존귀를 가로채며 사람을 멸망으로 몰아가는 것입니다(*Inst*., I xiv 15). 앞에서 언급했다시피, 이 마귀도 원래는 다른 천사들처럼 선하게 창조된 존재였지만, 스스로 부패하여 타락한 존재입니다. 따라서, 우리는 마귀의 존재에 대한 책임을 하나님께 전가해서는 안 됩니다. 다만, 우리는 천사가 그 본성이 부패할 때 얼마나 추접스러워질 수 있는가를 생각하고, 하나님의 형상으로 창조된 인간이 부패할 때도 그와 같을 것이라고 생각해야 합니다.

마귀는 타락한 결과 '진리'에 서지 못하며, '거짓의 아비'가 되었습니다. 그러므로, 성도들은 아무리 마귀가 그럴듯하게 현혹하여도 절대로 타협해서는 안 됩니다. 그들의 목적은 우리의 파멸에 있기 때문입니다. 그들은 단 한 순간도 우리를 위하는 법이 없습니다. 그렇지만, 하나님을 본성적으로 거역하는 마귀들조차도 하나님의 통제하에 있기에 우리는 안심할 수 있습니다.

그러나 하나님께서 권능의 굴레로 그를 붙잡으시며 제지하시기 때문에, 그는 다만 하나님께서 허락하시는 일만을 수행하게 된다. 따라서 마귀는 그의 창조주께 복종하게 되어 있다. 이것은 그가 원하는 것이든 아니든 상관없다. 왜냐하면, 마귀는 언제든 하나님께서 명령하실 때마다 억지로라도 하나님을 섬길 수밖에 없기 때문이다(*Inst.*, I xiv 17).

이것은 사나운 도사견이 목에 줄이 매여있고, 그 줄을 주인이 강한 손으로 붙잡고 있는 것을 상상하면 쉽게 이해할 수 있을 것입니다. 이러한 사실이 의미하는 바는, 마귀가 비록 성도들을 괴롭히고 때로는 거의 완전히 좌절시키는 데까지 성공할지라도, 결코 성도들을 정복하지 못하고 멸망시키지 못한다는 것입니다. 그런 멸망에 들어가는 자들은 하나님을 부인하고 순종하지 않는 악인들 뿐입니다(*Inst.*, I xiv 18). 그들은 사탄의 형상을 지닌 상태가 되어 사탄의 자녀들로 인정받기 때문입니다(요일 3:8-10).

요컨대, 성도들은 평생 영적인 싸움을 싸우지만 반드시 승리하게 됩니다. 사도 바울은 이러한 승리를 두고 다음과 같이 말했습니다: "평강의 하나님께서 속히 사탄을 너희 발아래에서 상하게 하시리라"(롬 16:20). 다만, 우리는 천사들과 같이 이 마귀도 실제적인 존재임을 알아 늘 영적 긴장을 유지해야 합니다(*Inst.*, I xiv 19).

창조가 주는 영적 교훈들(20-22)

셋째, 우리가 창조기사를 통해 얻어야 할 것은, 놀라운 하나님의 솜씨에 대한 경탄과 함께 하나님께 마땅한 감사와 신뢰를 드려야 한다는 것입니다. 칼뱅은, 창조 세계가 믿음을 위한 가장 주된 증거는 아닐지라도, 자연 질서 중에 첫째가는 증거이므로, 우리는 눈에 띄는 모든 것들이 하나님에 의해 창조된 것임을 생각하며, 동시에 그 창조하신 목적에 대해 경건하게 묵상해야 한다고 주장합니다(*Inst.*, I xiv 20). 일반 사람들은 창조 세계의 오묘함과 그 장관에 아주 잠깐 경탄을 금하지 않습니다. 하지만, 마땅히 생각해야 할 하나님의 존재와 그분의 능력에 대한 생각으로까지는 나아가지 않습니다. 그래서, 칼뱅은 성도들이 창조주 하나님의 성품에 대해 온전히 깨달았다는 것을 알기 위해서는 두 가지가 필요하다고 말합니다.

> 그러므로 간략하게 말해, 모든 독자들이 알아야 할 것은 참된 믿음으로 하나님께서 하늘과 땅을 창조하신 분이심을 깨달아야 한다는 것이다. 만일 그들이 우선적으로 우주의 규칙을 따른다면, 하나님께서 피조물들 가운데서 나타내신 그 엄청난 권능들에 감사하지도 않고 그냥 잊고 지나쳐서는 안 된다. 그리고 그런 다음 그것을 자신에게 적용하기를 배워 그들의 마음에 감동이 일어나도록 해야 한다(*Inst.*, I xiv 21).

여기서 말하는 '감동'이란, 하나님께서 우리가 필요로 하는 것들을 충만하게 채우시며, 우리 구원에 필요한 것도 부족하지 않도록 공급하실 것이라는 완전한 신뢰감과 그분께만 우리의 소망을 두는 것입니다(*Inst.*, I xiv 22).

제15장 ㅣ 창조된 사람의 본성, 영혼의 기능, 하나님의 형상, 자유의 지, 처음 의(義)에 대한 논의

본 장은 창조의 정점에 해당하는 사람에 대한 것을 다룹니다. 칼뱅은 "사람은 하나님의 모든 작품 중에서 그분의 공의와 지혜와 선하심을 드러내는 가장 고귀하고 가장 탁월한 모범"(*Inst.*, I xv 1)이라고 말합니다. 이것은 처음 사람이 창조될 때는 선한 존재였다는 것을 뜻합니다. 그러나 이것은 유교儒教에서 말하는 '성선설性善說'과는 차이가 있습니다. 유교의 성선설은 모든 사람에게 적용되지만, 성경의 관점에서 성선설이 적용될 수 있는 존재는 처음 사람들(아담과 하와)뿐이었습니다. 그마저도 나중에는 타락함으로 그 의미를 잃어버렸습니다. 그럼에도 불구하고, 처음 사람들은 하나님의 영광을 반영하는 특별한 존재였습니다. 그들에게는 죄가 없었으며 의로운 존재였습니다.

칼뱅에 따르면, 이 지식은 우리에게 두 가지 지식을 줍니다: (1) 우리가 처음 창조되었을 때의 모습에 대한 지식, (2) 아담의 타락 이후 변한 우리의 상태에 대한 지식(*Inst.*, I xv 1).

칼뱅은 이러한 지식은 우리가 자신의 악에 대한 책임을 다른 존재에게로 전가轉嫁시키지 못하도록 하기 위해 필요하다고 말합니다. 실상 사람은 자신의 부족한 것과 불의한 책임을 자신을 이렇게 만든 하나님께 돌리려고 하기 때문입니다. 그러나 하나님은 모든 면에 있어서 공의로우십니다. 칼뱅은 그것을 하나님께서 사람을 어떻게 창조하였는지에 대한 기술로 설명합니다: 사람은 흙으로 지음을 받았습니다! 그러므로 사람은 교만할 근거가 없습니다(*Inst.*, I xv 1). 오히려 하나님은 그 질그릇 같은 존재에게 '생명'을 주셨습니다. 그리고 '불멸의 영혼'을 거하게 하셨습니다. 너무 놀라운 은혜가 아닙니까? 따라서, 우리는 하나님의 자비하심에 영광을 돌려야만 합니다.

그런데, 현대 신학에서 '영혼의 불멸성'은 많은 논쟁거리입니다. 여기서 이것을 다루는 것은 적절하지 않습니다. 우리는 신학적 논쟁이 아니라, 칼뱅이 말하고자 하는 바를 살펴보고 있기 때문입니다. 칼뱅은 사람이 영혼과 육체로 구성되어 있고, 영혼이 불멸하며 창조된 본질로서 사람의 구성 요소 중 더 고상한 부분이라고 말합니다(*Inst.*, I xv 2). 누군가는 이러한 생각이 다분히 플라톤의 생각에 가깝다고 말할 수 있을 것입니다. 하지만, 칼뱅은 플라톤의 생각을 따르는 것이 아니라, 성경의 내용을 살펴서 이런 주장을 하고 있음을 먼저 이해해야 합니다.

칼뱅은 영혼의 존재를 뒷받침하는 근거로 몇 가지를 제시합니다. 첫째, 인간의 정신에 부여된 고귀한 재능들입니다. 둘째, 사람은 눈에 보이지 않는 존재들(예컨대, 하나님과 천사들)을 생각한다는 것입니다. 셋째, 옳고 그름을 파악하는 감각입니다. 칼뱅은 이것을 영혼이 '지성의 좌소座所'이기 때문에 가능하다고 봅니다. 넷째, 생명을 빼앗긴 상태처럼 보이는 수면睡眠입니다. 칼뱅은 육체는 자지만, 꿈을 꾸고, 미래의 사건들을 예측하는 것을 영혼의 활동으로 봅니다. 다섯째, 성경의 진술입니다. 성경은 우리가 흙집에 거하며(욥 4:19), 죽을 때에 육체의 장막을 떠나고 썩을 것을 벗어버리며(고후 5:4; 벧후 1:13-14), 육체에 있을 때에 우리 각자가 행한 대로 마지막 날에 상급을 받게 될 것(고후 5:10)이라고 가르치고 있습니다. 따라서 성경은 이 영혼도 '사람'이라고 하며, 조금 어려운 표현이지만 전인적全人的인 관점을 유지하면서도, 영혼이 사람의 주된 부분임을 보여주고 있습니다.

그렇다면, 성경에서 사람을 '하나님의 형상'대로 창조했다고 하는데, 이것은 무슨 의미일까요? 이것은 파악하기 힘든 개념입니다. 많은 신학자들이 다양한 의견을 내어 놓았습니다.

일단, 칼뱅은 육체도 하나님의 형상대로 창조되었지만, 궁극적으로 이것은 하나님 형상의 합당한 좌소가 영혼에 있다는 진술로 봅니다 (*Inst.*, I xv 3). 즉, '하나님의 형상'은 영적인 진술이라는 것입니다. 특히 사람이 흙으로 지음을 받았음을 생각할 때, 이것은 더욱 그러합니다.

> 비록 하나님 형상의 주된 좌소(primary seat)가 정신과 마음, 혹은 영혼과 그 기능들에 있다고 할지라도, 사람의 어떤 부분도 ―심지어 육체조차도― 불꽃이 일어나 빛나지 않은 곳이 없다. 확실한 것은, 세상에 속한 몇몇 부분들에서도 하나님의 영광의 흔적이 비춰진다는 것이다. ··· 사실, 우리가 부정하지 말아야 할 것은, 천사들도 하나님의 모양대로 창조되었다는 사실이다 (*Inst.*, I xv 3).

칼뱅은 하나님 형상은 타락하기 전 아담에게서 드러난 인간 본성의 완전한 탁월함이며, 이것의 참된 본질을 알기 위해서는 그리스도를 보아야 한다고 강조합니다. 그분의 육체는 볼품이 없었지만, 그분은 하나님의 지극히 완전하신 형상이십니다(골 1:15; 히 1:3). 따라서, 우리가 그리스도의 형상과 일치되도록 새로워질 때, 지식과 순전함과 의와 참된 거룩함으로 이루어진 하나님의 형상이 드러나게 될 것입니다. 이 점에서 칼뱅은, 하나님의 형상을 사람의 외부가 아니라 영혼의 내적인 선함에서 찾아야 한다고 강조합니다(*Inst.*, I xv 4).

이즈음에서 어떤 분들은 칼뱅의 논리가 헬라 철학에 근거한 것이 분명한 것 같다고 말할지도 모르겠습니다. 하지만, 칼뱅은 철학자들 중에서 플라톤을 제외하고는 '거의 아무도' 불멸하는 영혼의 실체를 인정하지 않았다고 합니다(*Inst.*, I xv 6). 이것에 대해 철학에 대해 아는 분들은 고개를 갸웃거릴 수도 있을 것입니다. 소크라테스가 파이돈과 나눈 대화를 보면, 소크라테스도 분명히 영혼이 불멸한다는 논리를 전개하는 것처럼 보이기 때문입니다. 하지만, 소크라테스는 영혼이 육체보다 먼저 존재하고, '영혼의 순환'(일종의 윤회)이라는 개념 속에서 영혼의 불멸을 말하고 있습니다.[6] 다른 철학자들은 영혼의 존재에 대해서는 말하지만, 어디까지나 현세와 밀접한 연관성 안에서 언급하고 있습니다. 그래서 육체 이후의 영혼에 대해서는 관심을 크게 두지 않습니다. 이런 점에서 칼뱅이 말하는 기독교 관점에서의 영혼 불멸과는 거리가 있습니다. 그렇지만, 칼뱅도 플라톤이 생각하는 영혼관에 대해서는 일부 동의를 합니다. 왜냐하면, 플라톤은 영혼 안에 신의 형상이 있다고 생각하기 때문입니다(Inst., I xv 6). 또한 영혼이 발휘하는 여러 기능들에 대해서도 굳이 반박하지 않습니다. 칼뱅은 그 기능들을 두 가지로 요약하는데, 바로 오성悟性, understanding과 의지意志라는 것입니다. 그리고 오성이 하는 일은 옳고 그름을 분별하는 것이며, 의지가 하는 일은 오성이 인정한 것을 따르거나, 오성이 인정하지 않는 것을 따르지 않는 것이라고 보았습니다(Inst., I xv 7). 칼뱅은 하나님이 주신 이 좋은 영혼의 기능들을, 아담이 잘못된 방향으로 사용했다고 말합니다.

아담은 자신의 자유의지로 올바른 것을 선택할 수 있었습니다. 하지만, 그는 그 자유의지로 전적으로 타락하는 것을 선택했습니다. 우리도 마찬가지입니다. 동일한 상황에 있다고 모두가 동일한 선택을 하는 것은 아닙니다. 그것은 일란성 쌍둥이라도 마찬가지입니다.

모든 사람은 자신의 의지로 선택해야 하며, 그 선택한 것에 대한 결과를 책임져야 합니다. 아담은 타락하기로 선택했고, 그 결과 하나님께서 말씀하신 대로 죽음이라는 결과를 맞이해야만 했습니다. 안타깝게도,

---

6 플라톤/ 황문수 역,『소크라테스의 변명』(서울: 문예출판사, 2014), 81-194 참조.

70 | 칼뱅의『기독교강요』로 배우는 기독교 교리

그의 후손들은 처음의 하나님의 형상을 알지 못한 채, 그리스도 예수께서 오시기 전까지 그의 타락한 본성을 이어가게 되었습니다.

어떤 분들은 전지전능하신 하나님께서 사람을 더 완벽하게 창조하셨어야 한다고, 혹은 더 완전한 환경을 만들어두셨어야 한다고 불평합니다. 이에 대해 칼뱅은 다음과 같이 말합니다.

> 하나님께서 사람을 전혀 죄를 지을 수도 없고 죄를 짓기를 바라지도 않을 상태가 되게 하셨어야 했다고 말하는 것은 합당치 않다. 그런 본성은, 물론 더 탁월했을 것이다. … 그러나 하나님께서 사람이 인내로 본 상태를 유지되게 하지 않으신 것은 그분의 계획 속에 숨겨져 있다. … 그러나 아담은 변명의 여지가 없다. 왜냐하면, 그는 너무나 많은 것을 받았음에도 자원하여 자신을 파멸로 몰아넣었기 때문이다(*Inst.*, I xv 8).

그러므로, 우리는 본 장의 처음 진술로 돌아가야 합니다. 사람은 처음에 하나님의 형상대로 선하게 창조되었습니다. 그러나 사람이 타락함으로 우리는 비참한 상태에 빠졌습니다. 이 비참한 상태에 빠진 사람은 오직 그리스도 안에서만 그리스도의 형상으로 회복될 수 있습니다.

제16장 | 하나님은 권능으로 창조된 세상을 양육하시고 유지하시며 그의 섭리로 모든 부분을 다스리신다

섭리攝理, providence라는 말을 우리로서는 이해할 수 없습니다. 왜냐하면, 그것은 전적으로 하나님의 존재와 능력에 의존하기 때문입니다. 칼뱅은 이것을 굉장히 자세하게 설명합니다. 그런데, 비슷한 내용이 이후의 장에도 중복되므로 여기서는 핵심되는 것만 정리하겠습니다. 일단, 칼뱅은 창조도 이 섭리의 범주 안에 넣습니다.

> 만일 우리가 그분의 섭리를 활용하지 않는다면, 아무리 우리가 마음으로 파악하고 입으로 고백하는 것처럼 보일지라도, 우리는 아직 "하나님이 창조주시다"라는 말이 뜻하는 것을 제대로 깨닫지 못하는 것이다(*Inst.*, I xvi 1).

칼뱅이 이렇게 말하는 이유는, 앞에서도 살펴보았지만, 사람이 창조 세계의 장엄함을 경험하면서도 하나님의 지혜와 권능과 선하심을 깊게 생각하지 않기 때문입니다. 그래서 믿음이 필요하다고 합니다.

> 그러나 믿음은 좀 더 깊이 파고들어야 한다. 즉, 하나님께서 만물의 창조주이심을 발견한 후에 곧장 그분이 영원하신 통치자요 보존하시는 분이시라는 결론에 이르러야 한다. 그분은 천체의 틀을 운행하시되 보편적인 운동을 통해 각 부분을 운행하시는 것뿐만 아니라, 창조하신 만물을 보존하시고 양육하시고 돌보기까지 하시는데, 심지어 그것은 가장 작은 참새 한 마리에까지 이른다고 인정해야 한다(마 10:29 참조)(*Inst.*, I xvi 1).

하나님의 섭리는 바로 이것, 즉 그분이 창조하신 것을 그분의 계획과 목적으로 이끌어가신다는 것을 의미합니다. 이것을 인정하게 되면, 세상에서 말해지는 '우연'이나 '운명' 같은 일은 없다는 것을 알게 됩니다. 그렇다는 것은, '하나님의 전능하심'이 쉼 없으며 주의 깊고 효력이 있으며 능동적인 것임을 의미합니다. 생각해 보십시오. 우리 눈에 잘 안 보이는 미물과 천체까지도 하나님께서 다스리시니 그 세심함이 얼마나 대단합니까?

어떤 이들은 이신론理神論, Deism을 주장합니다. 이것을 간단히 설명하면, 하나님이 법칙과 질서를 일단 세우시면, 세상 만물이 저절로 운행한다는 것입니다. 이렇게 되면, 하나님은 그분이 창조하신 세계와는 별개의 존재가 되어버립니다. 칼뱅은 이에 대해 강하게 반박합니다.

사실 그분의 영광을 하나님에게서 빼앗고자 하는 자들은 자신에게서 가장 유익한 교리를 빼앗는 자들과 다를 바 없다. 그들은 하나님의 섭리를 그렇게 좁은 한계 내에 국한시켜버리는데, 마치 하나님께서 만물이 그것이 생겨난 대로 자연의 보편적인 법칙에 따라 자유롭게 허용하시는 분인 것처럼 여긴다. 그렇게 되면 사람보다 더 비참한 존재는 없게 된다. 만일 사람이 하늘, 공기, 땅, 물 등의 모든 움직임에 그대로 내어 맡겨진 상태라면 말이다. 또한 그런 식으로 생각하면, 하나님의 각 사람을 향한 특별한 선하심도 너무도 가치 없는 것으로 축소된다(*Inst.*, I xvi 3).

그리고 칼뱅은 이어서 하나님의 전능하심을 인정하는 자들이 얻게 되는 두 가지 유익에 대해 이렇게 말합니다.

첫째, 천지를 소유하시는 분 안에 선을 행하시기에 충분한 능력이 있다는 것을 확신하게 된다. 그리고 그분의 한 번의 끄덕임으로 모든 피조물들이 주의하여 그분의 명령에 복종하게 된다는 것을 확신하게 된다. 둘째, 그들은 하나님의 보호 안에서 안전하게 안식을 누리게 된다. 그분의 의지는 모든 해로운 것들, 곧 우리가 그 근원에서조차 두려워하는 것들을 굴복시키신다(*Inst.*, I xvi 3).

그러므로, 칼뱅은 하나님께서 스스로 아시고 뜻을 정하신 일 이외에는 어떤 일도 일어나지 않는다는 것을 기억하라고 말합니다(*Inst.*, I xvi 3).

문제는, 우리에게 좋은 일이 아니라 나쁜 일이 일어날 때입니다. 예수님은 성부의 뜻이 아니고서는 아무리 작고 미미한 참새 한 마리조차도 땅에 떨어지지 않는다고 말씀하셨습니다(마 10:29). 그렇다면, 우리에게 일어나는 안 좋은 일도 그분의 통제 하에 있다는 것을 믿어야 합니다. 다음의 성경 말씀이 도움이 되었으면 좋겠습니다: "우리가 알거니와 하나님을 사랑하는 자 곧 그의 뜻대로 부르심을 입은 자들에게는 모든 것이 합력하여 선을 이루느니라"(롬 8:28).

제17장 | 우리는 이 섭리 교리를 우리의 유익을 위해 어떻게 적용할 수 있는가?

과거와 미래에 대한 하나님의 섭리 이해(1-5)

칼뱅은 하나님의 섭리에 대해 다음 세 가지를 주목해야 한다고 말합니다.

첫째, 하나님의 섭리는 과거와도 관련되지만, 미래에도 관련되어 있음을 반드시 생각해야 한다. 둘째, 하나님의 섭리는 모든 일을 결정짓는 원리로서, 때로는 매개체를 통해, 때로는 매개체가 없이, 때로는 모든 매개체에 반(反)하여 역사한다. 마지막으로, 하나님의 섭리는 목적, 곧 온 인류를 향하신 그의 관심을 드러내고자 하는 목적을 위해 열심을 내되, 특히 그분이 주시하시는 그분의 교회를 다스리심에 그러하며, 그것을 보다 세심하게 굽어 살펴보신다(*Inst.*, I xvii 1).

더불어 칼뱅은 한 가지를 주의시킵니다. 그것은 하나님의 아버지다 우신 자비와 사랑 혹은 엄격한 정의가 그 모든 섭리의 과정에서 분명히 빛을 발하지만, 때로 일어난 일들의 원인들이 감추어져 있다는 것입니다 (*Inst.*, I xvii 1). 이러한 까닭에 선한 사람이 까닭 없이 고통과 환란을 당하기도 하고, 악을 행하는 자들이 더욱 잘 되기도 하는 것을 보면서 마음에 시험이 찾아오기도 합니다. 이에 대해 칼뱅은 다음과 같이 권면합니다.

> 비록 우리가 불행을 당할 때마다 언제나 우리가 지은 죄가 먼저 떠올라도, 일단은 그것을 형벌 자체로 여겨 회개해야 할 것이다. 그러나 우리는 단지 각자가 마땅히 받아야 할 형벌보다 더 광범위한 정의를 하나님께서 은밀한 계획을 통해 행하고 계신다는 그리스도의 주장을 접하게 된다(*Inst.*, I xvii 1).

그러므로 우리가 해야 할 일은, 섣불리 하나님을 판단하거나 그분의 해명을 들으려 하는 것이 아니라, 하나님께서 감추고 계신 판단들을 높이 바라보고 그분의 뜻이 모든 일의 정당한 원인이 되리라는 것을 생각하는 것입니다. 당연히 겸손한 자만이 이렇게 할 수 있음을 우리는 또한 알아야 합니다. 교만한 사람은 감히 자신의 생각의 범주 내에서만 하나님이 활동하셔야 하는 것처럼 처신하게 됩니다. 그것은 몹시 불경건한 태도입니다(*Inst.*, I xvii 2).

또한 이 하나님의 섭리를 삐딱한 시선으로 바라보아서도 안 됩니다. 관련된 예를 든다면, 장래에 관한 어떤 계획을 세우더라도 오직 하나님이 정하신 대로 일이 일어날 것이므로, 굳이 기도하거나 노력할 필요가 없다는 것입니다. 이렇게 되면, 모든 원인을 하나님의 섭리로 돌려 악을 방조하거나 심지어 그 악조차도 하나님께서 계획하신 일부이니 하나의 미덕으로 치부해버리게 됩니다. 그것은 하나님의 섭리를 매우 나쁘게 적용한 것입니다(*Inst.*, I xvii 3). 왜냐하면 하나님께서 선한 분이심을 망각하였기 때문입니다. 칼뱅은 하나님의 선하심을 믿고 우리도 선한 계획을 세워 실천해 나가야 한다고 주장합니다.

> "사람이 마음으로 자기의 길을 계획할지라도 그의 걸음을 인도하시는 이는 여호와시니라"(잠 16:9). 이것이 의미하는 바는, 우리가 우리 스스로 계획하든지 혹은 우리가 하는 모든 일들을 질서 있게 해 나가든지, 그것은 하나님의 영원하신 작정을 거스르는 것이 아니라, 도리어 언제나 그분의 뜻에 복종하는 것이라는 점이다. … 이제 우리가 할 의무가 분명해졌다: 만일 주님께서 우리에게 자신의 생명을 보호하라고 하셨다면 우리가 할 일은 생명을 보호하는 것이다. 만일 주님께서 도움을 주시면, 우리가 할 일은 그것을 사용하는 것이다. 만일 주님께서 우리에게 미리 위험을 경고하신다면, 우리가 할 일은 무모하게 뛰어들지 않는 것이다. 만일 주님께서 우리에게 활용할 수 있는 치유책을 주시면, 우리가 할 일은 그것을 무시하지 않는 것이다(*Inst.*, I xvii 4).

그렇다면, 하나님의 섭리를 위와 같이 부정적인 반응과 게으름으로 무시하게 된다면, 하나님께서 그들에게 부과하실 재난을 자초하게 되는 것은 당연하다고 볼 수 있습니다. 칼뱅은 이렇게 말합니다.

> 그러므로 내가 이미 언급한 바대로, 하나님의 섭리는 언제나 벌거벗은 모습으로 우리에게 다가오지 않는다. 오히려 어떤 의미에서는 하나님께서는 섭리를 가용^{可用}한 수단들로 옷을 입히셔서 우리에게 다가가게 하신다(*Inst.*, I xvii 4).

그럼에도 불구하고, 악한 사람들은 "우리는 다만 하나님의 뜻을 섬긴 것뿐인데, 왜 그런 형벌을 받아야 합니까?"라고 불평합니다. 정말 그들이 하나님의 섭리를 따르고 섬긴 것일까요? 칼뱅은 "아니다!"라고 말합니다. 이들은 자신의 악한 욕망을 따른 뒤에, 그 책임을 '하나님의 섭리'에 전가하는 것뿐입니다. 자신의 욕망도 하나님의 섭리의 한 부분이라고 말이지요(*Inst.*, I xvii 5).

다시 말하지만, 하나님은 선하신 분이십니다. 그분은 결코 우리에게 악을 행하라고 유혹하지 않으십니다. 그러나 하나님은 그 지혜가 무한하시므로, 이미 만연하거나 지금 벌어지고 있는 악한 생각과 행위까지도 사용하셔서 그분의 선을 이루십니다. 반면, 악을 행한 자들은 그들의 행위대로 판단과 형벌을 받게 하십니다. 하나님의 섭리는 바로 그런 것입니다.

섭리에 대한 하나님의 방식을 묵상하다: 섭리를 수용할 때 얻는 행복(6-11)

한편, 참으로 선한 의도로 하나님의 섭리를 받아들이는 자들은 큰 유익을 얻게 됩니다. 칼뱅은 그것을 다음과 같이 설명합니다.

그러므로 그리스도인의 마음은 모든 일들이 하나님의 계획하에 일어나고, 그 어떤 것도 우연히 일어나지 않는다는 것을 철저히 알았기에 그분을 모든 일의 주된 원인으로 바라보되, 적절한 위치에서 부차적인 주의를 기울이게 된다. 그런 다음 그 마음은, 하나님의 특별한 섭리가 계속 살펴 그 계획을 보존하는 것에 대해, 또한 일어나는 일들은 고통을 위한 것이 아니라 유익과 구원을 위한 것임을 추호도 의심하지 않게 된다(*Inst.*, I xvii 6).

그렇지만, "내가 악한 일을 하지도 않았는데, 환란이나 어려움이나 고통을 당하게 되면 너무 억울하지 않습니까?"라고 말하는 분이 계실 것입니다. 그러나 참으로 하나님을 믿고 그분이 선하심을 믿는다면, 그때에도 성도는 평안과 위로를 경험하게 될 것입니다.

> 만일 어떤 역경이 일어날지라도, 곧장 그는 자신의 마음을 높이 들어 하나님께로 향할 것이며, 하나님의 손은 최상으로 인내케 하시고 우리 마음을 평안으로 채우실 것이다(*Inst.*, I xvii 8).

칼뱅은 이와 관련하여 성경에 나오는 요셉과 욥과 다윗의 예를 듭니다. 그들은 예상치 못한 어려움에 직면했지만, 하나님을 믿으며 잘 극복했습니다. 칼뱅은 참된 성도는 악한 상황에서 다음과 같이 생각해야 한다고 권면합니다.

> 주님께서 그렇게 뜻하셨다. 그러므로 반드시 견뎌내야만 한다. 이는 우리가 그것에 저항하여 다툴 수 없기도 하거니와, 주님은 오직 정의로우시며 적절한 것만 뜻하시기 때문이다(*Inst.*, I xvii 8).

그렇다면, 생각해 보십시오. 하나님의 섭리를 받아들이지 못하는 인생이 얼마나 가련하고 비참한지를 말입니다. 우리의 삶을 위협하는 요소들이 얼마나 많이 있습니까? 하나님 없이 살아가는 인생은 무수한 염려를 피할 수 없습니다(*Inst.*, I xvii 10). 그러나 하나님을 경외하는 자들은, 모든 것을 하나님께서 주관하시고 그분의 결정 없이는 아무 일도 일어나지 않으며, 어떤 상황을 맞이하든지 그 결말은 그분의 선함으로 끝날 것임을 알기에 풍성한 위로를 경험하게 됩니다(*Inst.*, I xvii 11).

반론에 대한 대답(12-14)

그런데, 칼뱅은 이 지점에서 '하나님의 후회하심'이라는 주제로 내용을 전환합니다. 왜냐하면, 하나님은 자신이 정한 일에 대해 후회하신다는 표현이나 그분의 결정을 번복하는 내용이 성경에 기록(창 6:6; 삼상 15:11; 렘 18:8; 욘 3:4, 10; 사 38:1, 5)되어 있는데, "그렇다면 하나님의 섭리도 믿지 못하는 것 아닌가?"라는 반론이 있기 때문입니다. 하나님의 섭리는 그분의 일관성에 기초하기 때문에 이것은 가능한 반론입니다. 하지만, 이에 대해 칼뱅은 성경의 내용을 오해한 것이라고 대답합니다.

> 하나님의 후회하심에 관해서는, 우리가 그것을 하나님께 무지나 오류나 무능력을 돌릴 수 없는 것처럼, 하나님께 책임을 지워서는 안 된다는 입장을 견지해야 한다(*Inst.*, I xvii 12).

칼뱅은 '하나님의 후회하심'이라는 표현은 비유^{比喩}라고 봅니다(*Inst.*, I xvii 12). 즉, 우리의 수준에 맞추어 기술함으로써 우리가 이해할 수 있게 한 것이라고 봅니다. 하나님은 그분의 계획과 뜻을 번복하지 않으시는 가운데, 그것을 이루어가는 과정과 절차만 잠시 바꾸십니다(*Inst.*, I xvii 13). 적당한 예는 아닌데, 여러분의 이해를 돕기 위해 어쩔 수 없이 사용하겠습니다. 이것은 마치 우리가 어떤 목적지를 정해두고 가다가 갑자기 의외의 변수가 생겨서 원래의 과정에서 잠시 벗어나지만 마침내 목적지에 도달하는 것과 같습니다. 하나님의 경우도 그렇다고 보아야 합니다. 왜냐하면, 민수기 23장 19절은 이렇게 선포하고 있기 때문입니다: "하나님은 사람이 아니시니 거짓말을 하지 않으시고 인생이 아니시니 후회가 없으시도다. 어찌 그 말씀하신 바를 행하지 않으시며 하신 말씀을 실행하지 않으시랴."

멸망과 심판을 선언하신 후에 지속적으로 선지자를 보내어 경고하시는 이유도 마찬가지입니다. 하나님은 사람들이 회개하고 죄에서 돌이켜 멸망하지 않기를 바라십니다. 그러나 사람들은 지속적으로 악을 행하여 예정된 멸망을 자초합니다. 그렇지만, 간혹 하나님의 요구에 응답하는 일이 발생합니다. 요나서에 등장하는 니느웨 성 사람들이 바로 그런 경우입니다. 하나님은 그들에게 임할 심판을 연기해 주셨습니다. 하지만, 그 후 세대의 니느웨 성 사람들은 결국 멸망을 자초하게 됩니다. 칼뱅은 이것을 이렇게 설명합니다.

> 주님께서 형벌에 대한 경고를 하심으로써 자신이 남기기를 원하시는 자들을 회개하게 만드실 때는, 그분의 뜻이나 그의 말씀에 약간이라도 변동이 있는 것이 아니라, 오히려 그의 영원하신 작정을 위해 예비하시는 것이다. 비록 이해할 수 있게 구체적으로 표현하시지는 않으신다 할지라도 말이다. 이사야 선지자의 다음 말씀은 반드시 진리로 남아 있어야 한다: "만군의 여호와께서 경영하셨은즉 누가 능히 그것을 폐하며 그의 손을 펴셨은즉 누가 능히 그것을 돌이키랴?"(사 14:27) (*Inst.*, I xvii 14)

조금 어렵습니까? 그렇다면, 이렇게 정리하시기 바랍니다: 하나님의 궁극적이고 확고한 목적인 선善을 향한 섭리는 수많은 변수變數에도 불구하고 꾸준히 진행되고 있습니다. 따라서 우리는 눈앞의 상황이 아니라 궁극적인 결말을 바라보며 그분의 선한 섭리를 믿고 의지해야 합니다.

제18장 | 하나님은 불경건한 자들을 도구로 사용하시고 그들의 마음을 굽게 하여 심판하시지만, 그분은 모든 불결함에서 순수함을 지키신다

계속해서 섭리의 차원을 살펴보도록 하겠습니다. 이 장은 하나님께서 악^惡과 악인^{惡人}을 어떻게 하나님의 섭리에 활용하시는가에 초점을 맞추고 있습니다. 하나님은 어떻게 악^惡을 이용하시면서도 그것에 물들지 않으시고, 죄책도 지지 않으면서도 사탄과 악인들을 올바르게 정죄하실 수 있으실까요?

칼뱅은 이것을 설명하기 위해 '행하심doing'과 '허용하심permitting'을 구별합니다(Inst., I xviii 1). 욥기를 보면, 하나님께서 사탄이 하고자 하는 일을 '허용'하시는 것처럼 보입니다. 그런데, 이 '허용'이라는 말은 그 사건에 직접적인 관련을 맺지 않는 제삼자의 입장에서 나오는 것처럼 비칩니다. 하지만, 하나님은 슬그머니 다른 존재에게 행동을 미루고 책임까지 지게 하시는 분이 아니십니다. 그분은 사탄이 하고자 하는 바를 더 적극적으로 이용하셔서 그분의 뜻을 이루십니다. 그래서, 칼뱅은 다음과 같이 말합니다.

> 그러므로 사람들이나 사탄 자신이 일을 일으켜도, 하나님께서 열쇠를 굳게 쥐고 계시기에 그들의 수고를 바꾸어 그분의 심판을 시행하신다(Inst., I xviii 1).

출애굽기에 등장하는 애굽 왕 바로에게 행하시는 하나님을 보십시오: "내가 그의 마음을 완악하게 한즉"(출 4:21). 이것은 바로의 교만한 마음을 방치했다는 뜻이 아닙니다. 그리고 가나안 정복 때에는 하나님께서 원주민의 마음을 완악하게 하십니다: "그들의 마음이 완악하여 이스라엘을 대적하여 싸우러 온 것은 여호와께서 그리하게 하신 것이라"(수 11:20). 이와 관련하여 칼뱅은 이렇게 말합니다.

> 사실 내가 고백하는 것은, 하나님께서 악인들 안에서 역사하실 때 종종 사탄의 개입을 수단으로 하신다는 것이다. 그런 방식으로 사탄은 하나님의 충동에 의해 자기 역할을 수행하고 또한 자기에게 허용된 범위 안에서만 진행한다. … 나는 하나님의 섭리가 모든 사람을 위한 계획과 역사에 있어 결정적인 원리임을 말하고자 한다. 이것은 단지 성령께서 다스리시는 택함을 받은 자들 안에서 강력으로 역사할 뿐만 아니라 버림받은 자들을 강제로 복종케 하기도 한다(*Inst.*, I xviii 2).

그렇다면, 하나님이 모든 일을 결정하시고 행동하게 하시는 분이시라면, 어찌하여 그분은 죄책을 지거나 오염되지 않으시면서 심판을 행하실 수 있을까요? 애굽 왕 바로나 예수님을 판 가룟 유다가 하나님이 행하도록 하여 혹은 그들의 악한 생각을 허용하여 그들이 악한 일을 했다면, 어떻게 그들에게 책임을 돌릴 수 있을까요? 칼뱅은 다음의 말로 우리의 주의를 환기시킵니다.

> 만일 하나님께서 전능자로서 악에서 선을 이룰 수 없으시다면, 하나님께서는 선하시므로 결코 악이 행해지도록 허락하지도 않으실 것이다(*Inst.*, I xviii 3).

이렇게 말하는 것은, 하나님께서 악인을 이용하시는 것도 그분의 궁극적인 선을 위한 방편임을 말하기 위함입니다. 같은 취지로 칼뱅은 또 이렇게 말합니다.

하나님께서 악한 자들을 통해 작정하신 바를 성취하시되 이는 그분의 은밀하신 판단에 따른 것이다. 그들은 결코 자신의 행위, 곧 마치 그들이 자신의 정욕으로 의도적으로 깨뜨린 그분의 계명을 순종하거나 한 것처럼 행동한 것에 대해 변명할 수 없다(*Inst.*, I xviii 4).

칼뱅의 이 진술은, 사람들은 이미 악한 생각과 의도를 가지고 하나님을 거역하여 악을 행하고 있으며, 하나님은 단지 그것들을 활용하셔서 자신의 뜻을 이루신다는 것을 의미합니다. 이것은 수배된 상습강도들이 강도짓을 계획하고 한 사람을 택하여 실행하고 있는데, 하나님께서 피해자를 이용하여 그들의 정체를 드러내시고 체포하게 하신 것에 비유할 수 있겠습니다. 우리 눈이 보기에는 하나님께서 그 상황을 방관하신 것처럼 보이지만, 하나님의 섭리의 관점에서 볼 때는, 더 이상 강도들이 악을 행하지 않도록 하기 위해 그들의 욕심대로 행하게 하여 그들을 막으신 것이라 볼 수 있습니다. 우리가 이런 하나님을 원망해야 합니까? 아닙니다. 오히려 그분을 찬양해야 합니다.

제 2 권

그리스도 안에서 구속주이신
하나님을 아는 지식.
먼저는 율법 아래에서
조상들에게 주어졌고,
나중에 복음 안에서
우리에게 주어짐

제2권에서는 구속주 하나님이신 예수 그리스도에 대한 것들을 살펴볼 것입니다. 우리는 1권에서 창조주 하나님에 대한 지식을 살펴보았는데, 더불어 인간에 대한 지식도 살펴보았습니다. 처음 사람은 하나님의 형상대로 죄 없는 존재로 창조되었지만, 스스로 타락함으로써 죽음을 필연적으로 맞이하게 되었습니다. 이제 인간은 하나님의 도우심으로 구원을 받아야 하는 존재가 되었습니다. 하나님은 창조주이시기에 또한 구원자가 되십니다. 그래서 논리적인 순서에 따라 구원자이신 하나님, 곧 성자 하나님이신 예수 그리스도가 등장하게 되었습니다. 중요한 것은, 예수 그리스도의 존재가 우리의 죄를 해결하고 우리를 구원하시기 위해 반드시 필요하다는 것입니다. 이 지식을 갖는 자는 진실로 복됩니다.

제1장 ǀ 아담의 타락과 반역으로 온 인류가 저주를 받았고, 처음 상태에서 부패하였다: 원죄(原罪) 교리

오늘날 우리가 사는 세상은 사람이 가진 좋은 면을 의도적으로 부각시키려 합니다. 자신의 못나고 추악한 면은 가급적 감추려 합니다. 그리고 이런 행태를 당연시합니다. 하지만, 우리가 지금까지 살펴보았다시피, 하나님을 아는 지식은 인간을 아는 지식과 결부되어 있고, 인간에 대한 지식의 요체要諦는 최초로 부여받은 고귀함을 잃어버리고 현재 더러움과 치욕 속에서 멸망을 향해 나아가고 있는 인간의 상태에 관한 것입니다. 칼뱅은 이에 대해 다음과 같이 말합니다.

> 하나님의 판단 기준에 따라 자신을 훑어보고 살피는 사람은, 자신을 신뢰할 만한 어떤 것도 발견하지 못한다. 그리고 자신을 깊게 살피면 살필수록, 더 낙담하게 되고, 마침내 완전히 자신감을 잃어버리게 된다. 그는 자신에게 삶의 방향을 올바르게 지시해주는 것이 아무것도 남아 있지 않음을 알게 된다 (*Inst.*, II i 3).

그렇다면, 이제 우리는 최초의 사람 아담이 얼마나 큰 죄를 지었기에 온 인류에게 이토록 큰 해악을 끼치게 되었는지를 살펴보아야 합니다. 아담이 선악을 알게 하는 나무의 열매를 먹은 것은 단순히 절제하지 못한 것 이상의 의미가 있습니다. 칼뱅은 이 열매에 대해 다음과 같이 말합니다.

> 아담에게 선악을 알게 하는 나무의 열매가 금지된 이유는, 그의 순종을 시험하고 기꺼이 하나님의 명령 아래 있는지를 증명하기 위함이었다. 바로 그 나무의 이름이, 그 계명의 유일한 목적은 사람으로 하여금 자기에게 주어진 몫으로 만족하게 하고, 또한 악한 욕망으로 교만해지지 않게 하는 데 있음을 보여 준다(*Inst.*, II i 4).

그러면, 왜 아담은 하나님의 명령에 불순종했을까요? 칼뱅은 그가 타락한 것은 사탄의 유혹을 받아 사로잡힌 까닭도 있지만, 그 스스로 진리를 멸시하여 거짓에게로 돌아섰기 때문이라고 말합니다(*Inst.*, II i 4). 하나님의 말씀을 멸시한 결과 하나님을 경배하고자 하는 마음까지 잃어버린 것이지요. 칼뱅은 이것을 '불신앙'이라고 하고, 타락의 뿌리라고 말합니다. 나아가 그것은 하나님을 대적하는 저열한 모욕이 결합된 것이라고까지 말합니다. 왜냐하면, 사탄이 하나님의 말씀에 거짓과 시기와 악의가 있다고 비방하였는데, 첫 사람들이 그것에 동의했기 때문입니다(*Inst.*, II i 4). 또한 타락의 동기에는 스스로 하나님처럼 되고자 하는 야망이 있는데, 칼뱅은 이 야망을 완악한 불순종의 어머니라고 말합니다(*Inst.*, II i 4). 그러나 아담은 하나님을 떠나 멀어지는 것이 어떤 의미인지를 제대로 인식하지 못했습니다.

> 아담이 창조주와 연합하고 그분에게 매여있는 것이 그에게 영적 생명인 것처럼, 하나님으로부터의 소외疏外는 곧 그의 영혼의 죽음이었다(*Inst.*, II i 5).

그런데, 사람이 잘못했는데, 왜 그 영향은 모든 피조물에게 미친 것일까요? 칼뱅은 "피조물들은 사람이 사용하기 위해 창조되었으므로, 사람이 받을 형벌의 일부를 지는 것은 당연하다"(*Inst.*, II i 5)고 말합니다. 또한 피조물이 지금까지 그 영향을 받고 있는 것을 볼 때, 아담에게 내린 저주가 모든 후손에게로 퍼져나갔음을 부인할 수 없습니다.

> 그러므로, 그의 하늘 형상이 그의 안에서 지워진 후에, 아담 혼자만 이 형벌
> —즉, 처음 그가 입었었던 지혜와 덕과 거룩함과 진리와 정의 대신에 지극히
> 추한 더러움과 몽매함과 무능력과 불결함과 허영과 불의가 생겨나게 된 사

실—을 당한 것이 아니라, 그의 후손들 또한 얽혀 같은 비참 속에 매몰되게 되었다(*Inst.*, II i 5).

칼뱅은 이 물려받은 부패성을, 교부들의 말을 빌려 '원죄原罪'라고 합니다. 여기서의 '죄'는 그 이전에 지녔던 선하고 순결한 본성을 잃어버렸다는 것을 뜻합니다. 누구도 여기에서 예외가 될 수 없습니다(*Inst.*, II i 5). 그럼에도 이단자 펠라기우스의 전철을 밟아서 '원죄가 아니라 인류가 아담의 죄를 모방했기 때문에 죄인이다'라는 식으로 말하는 이들이 있습니다(*Inst.*, II i 6). 이것은 성경에 기록된 원죄를 부정하고 각 개인의 자유의지와 선택을 높이려는 의도에서 비롯된 논리입니다. 하지만, 이에 대해 성경은 분명히 말하고 있습니다: "한 사람(아담)이 순종하지 아니함으로 많은 사람이 죄인 된 것 같이, 한 사람(예수 그리스도)이 순종하심으로 많은 사람이 의인이 되리라"(롬 5:19). 즉, 아담이 자신의 멸망 속에 우리를 끌어넣어 우리도 멸망 속에 있게 만들었던 것처럼, 그리스도께서는 그의 은혜로 우리를 회복시켜 구원으로 이끄셨다는 것입니다. 그러므로, 아담 안에서 태어난 모든 사람은 본질상 죄인이며, 하나님의 진노의 대상입니다. 칼뱅은 다음의 사실을 강력하게 주장합니다.

(원죄의) 전염은 그 기원이 육체나 영혼의 본질로부터 유래한 것이 아니라, 바로 하나님께서 그렇게 되도록 규정해 놓으신 까닭에, 첫 사람이 한 번 잃어버린 것은 동시에 그 자신과 그의 후손들에게 하나님께서 그에게 베풀어주신 은사들을 잃어버리게 한 것과 같기 때문이다(*Inst.*, II i 7).

이에 따라 칼뱅은 '원죄'를 다음과 같이 정의합니다.

그러므로 원죄란 영혼의 모든 부분에 만연된, 유전되는 부패와 본성의 타락과 같다. 그리고 그것은 우리를 하나님의 진노 아래 있게 만들고, 또한 성경이 말씀하는 '육체의 일'(갈 5:19)을 우리 안에서 발생케 한다(*Inst.*, II i 8).

이 본성의 타락과 부패함으로 말미암아, 우리의 본성은 선善이 결핍된 수준이 아니라, 도저히 가만히 있지를 못하고 계속해서 온갖 악을 풍부하게 만들어냅니다(*Inst.*, II i 8). 진실로 영혼에서부터 육체에 이르기까지, 우리의 전인全人이 정욕 덩어리가 된 것입니다.

그러나 우리는 이 책임을 결코 하나님께 돌려서는 안 됩니다. 예컨대, 누군가가 불평하는 것처럼, 하나님께서 선악을 알게 하는 나무를 만들지 않으셨거나, 아담이 타락하지 않도록 막으셨다면 이런 일이 없었을 것이라고 해서는 안 됩니다. 다시 말하지만, 하나님은 사람을 본성적으로 선하게 창조하셨습니다. 하지만, 사람이 스스로 본성의 타락을 결정하였습니다. 이에 따라 하나님은, 그가 지으신 것 자체를 대적하시지 않고, 그 지으신 것의 부패한 상태를 대적하십니다(*Inst.*, II i 11).

제2장 ㅣ 사람은 이제 선택의 자유를 빼앗겼고 비참한 종의 상태로 매여 있다

이 장에서는 자유의지自由意志에 대한 것을 다룹니다. 그러나 '자유'라는 단어가 가진 의미로 인하여 선입견을 가지고 이 주제를 대해서는 안 됩니다. 왜냐하면, 칼뱅은 이것을 철저하게 부정적인 시선으로 바라보기 때문입니다. 이것은 인간의 타락에 기인합니다. 죄인 된 인간은 더 이상 옳은 것을 할 수 있는 능력을 상실해 버렸습니다. 반복되는 내용이 많으므로 최대한 요점만 정리해 보겠습니다.

　일단 우리가 선입견으로 오류에 빠질 수 있기 때문에, 칼뱅은 두 가지 위험 요소를 미리 언급합니다: 첫째는, 사람은 자신에게 옳은 것이 하나도 없다는 것을 알게 되면, 곧장 안일에 빠질 기회로 삼는다는 것이고(일종의 자포자기), 둘째는, 아무리 작은 것이라도 인간에게 공로를 돌리면, 그것은 하나님의 존귀를 빼앗고, 스스로 과신過信하게 되어 더욱 멸망에 빠지게 된다는 것입니다(*Inst.*, II ii 1).

　그러나 이성을 중요시하는 철학자들의 영향으로 인하여, 사람들은 이성을 마치 신적인 능력인 양 생각하는 경향이 있습니다. 그 결과 이성을 가진 사람은 많은 것을 할 수 있다고 믿습니다. 칼뱅은 이런 생각을 강하게 배격합니다.

　우리는 자유의지를 다루어야 하므로, 먼저 의지意志에 대해 살펴볼 필요가 있습니다. 칼뱅은 철학자들이 말하는 의지에 대해 이렇게 평가합니다.

　　철학자들이 결국 선포하는 것은, 지성은 이성으로 가능하며, 이 이성이 선하고 복된 삶을 살기 위한 최고의 지배적인 원리가 된다는 것이다. 단, 그것은 그 탁월함 안에서 자체를 유지하며 본성적으로 부여받은 힘을 드러내는 조건 하에서 그렇다. 그러나 그들이 말하는 것은 소위 '감각'이라고 부르는 저급한 충동인데, 그것 때문에 사람은 오류와 망상에 빠지게 되지만, 그 또한 이성의 채찍으로 길들일 수 있고 차츰 극복해 나갈 수 있다고 말한다. 나아가, 그들은 의지를 이성과 감각의 중간에 위치시키고 있다. 즉, 의지는 스스로 권리와 자유를 가지고 있어 자기가 좋아하는 대로 이성에 순종하든지 혹은 감각에 사로잡혀 더럽혀지기도 한다고 말한다(*Inst.*, II ii 2).

이에 따르면, 의지는 그 자체로 자유성을 가지고 있다는 것입니다. 그래서 '자유의지'입니다. 마음대로 할 수 있다는 의미의 자유가 아니라, 스스로 무언가를 선택할 수 있다는 점에서 자유입니다. 그러나 교회의 많은 저술가들은 이성이 죄로 말미암아 심각하게 손상되었고, 또한 의지도 악한 욕심들에 종노릇하는 상태에 있다고 봅니다(Inst., II ii 4). 토마스 아퀴나스Thomas Aquinas도 이것을 '선택의 능력'이라고 부르는 것이 타당하며, 이것은 지성보다는 욕구 쪽으로 더 기울어있다고 보았습니다.

하지만, 칼뱅은 하나님의 은혜의 도움 없이 자유의지만으로 사람이 올바르게 행할 수 있다는 주장을 강하게 부정합니다. 나아가 '자유의지'라는 용어 자체가 매우 부적절하다고 말합니다. 왜냐하면, 타락한 사람은 강제에 의해서가 아니라 자신의 의지로 악惡을 선택하고 행하기 때문입니다. 그래서 다음과 같이 빈정거립니다.

실제로 이 얼마나 고상한 자유인가! 사람이 죄를 섬기도록 강요받지는 않지만, 자원하여 종이 되는데, 곧 그의 의지가 죄의 속박에 매여있게 된다니 말이다(Inst., II ii 7).

아우구스티누스도 '자유의지'가 있음을 인정하지만, 그것은 철저히 노예가 되어버렸다고 말합니다: "사람은 창조되었을 때, 자유의지라는 엄청난 능력을 부여받았지만, 죄를 지음으로써 그것을 잃어버렸다." 또한 다른 곳에서는 "의義에 대해서는 자유롭지만, 죄에 대해서는 종이 되어 있다"(롬 6:20 참조)라고 말했습니다(Inst., II ii 8). 그래서, 그도 하나님의 은혜 없는 자유의지를 강하게 부정합니다.

그래서, 칼뱅은 하나님의 전적인 은혜의 작용을 부각시키기 위해, 사람의 능력을 높이는 생각들을 매우 경계합니다(Inst., II ii 10). 창세기 3

장을 보면, 사탄이 사람을 어떻게 유혹했습니까? 하나님의 말씀을 어겨 스스로 하나님처럼 되도록 유도했지 않습니까? 사람은 자신에게 주어 진 의지로 그 유혹에 굴복하였고, 불순종을 선택하였습니다. 예레미야 선지자는 이것을 거울삼아 다음과 같이 말씀을 위탁받아 선언하였습니 다: "무릇 사람을 믿으며 육신으로 그의 힘을 삼고 마음이 여호와에게서 떠난 그 사람은 저주를 받을 것이라"(렘 17:5).

그렇다면, 죄로 인하여 사람에게는 그 어떤 것도 남아 있지 않은 것일 까요? 칼뱅은 아우구스티누스가 한 다음의 말을 인용합니다: "자연적 은사들은 죄로 인해 사람 안에서 부패하였고, 초자연적 은사들도 사람 에게서 빼앗긴 바 되었다." 여기서 말하는 자연적 은사恩賜란, 건전한 지 성과 올바른 마음, 이성, 예술적 재능 등을 의미합니다. 이것은 전적으로 없어진 것이 아니라 '부패되었다'라는 말로써, 일부(특히 지성)는 여전히 작동하고 있으나, 제대로 기능하지 않고 있다고 말합니다(Inst., II ii 12). 문명이 계속 이어지면서도 계속 많은 문제를 일으키는 이유가 바로 여 기에 있습니다. 한편, 초자연적 은사는 하늘의 생명과 영원한 복락에 이 르는 데 필요한 믿음과 의義를 의미합니다. 자연적 은사든 초자연적 은사 든, 이제 하나님의 은혜가 없이는 사람에게 올바로 적용될 수 없다는 것 이 칼뱅의 지론持論입니다(Inst., II ii 17). 하나님께서 사람들에게 율법을 주신 이유와 목적도 이와 관련되어 있습니다. 첫째는, 사람들로 하여금 핑계치 못하도록 하기 위함입니다. 사람은 율법을 통해 옳고 그름을 알 지만 그것을 자신의 삶에 적용할 수 있는 능력이 없음을 깨닫게 됩니다 (Inst., II ii 22). 둘째는, 오직 하나님의 성령의 조명과 도움으로만 깨닫 고 실행할 수 있는 힘을 얻도록 하기 위함입니다(Inst., II ii 25).

그렇다면, 사람이 본능적으로 좋은 것에 이끌리는 것은 어떻게 설명 할 수 있습니까? 하지만, 칼뱅은 짐승도 그렇게 반응한다고 말하며 큰 의미를 두지 않습니다. 그것은 본능이지 자유의지와는 무관하다는 것입니다. 그러면서 중요한 것은, 사람이 이성을 가지고 무엇이 선한 것인지를 결정한 후에 과연 그 결정한 바를 선택하고 또 그 선택한 것을 추구할 수 있는가에 있다고 말합니다. 안타깝게도 사람은 스스로의 힘과 능력으로는 그렇게 할 수 없습니다(*Inst.*, II ii 26). 오직 성령의 역사하심이 있어야 선한 것을 사모하고 추구할 수 있습니다(*Inst.*, II ii 27). 이와 관련해서, 칼뱅은 로마서 7장 18-21절[1]의 내용을 언급하는데, 그런 말을 할 수 있는 사람은 오직 영혼의 주된 힘을 선^善에다 쏟는 중생한 자들뿐이라고 말합니다. 그래서 그들은 성령님을 통해 자신의 비참함을 깨닫고 "내 속사람으로는 하나님의 법을 즐거워하되 내 지체 속에서 한 다른 법이 내 마음의 법과 싸워 내 지체 속에 있는 죄의 법으로 나를 사로잡는 것을 보는도다"(롬 7:22-23)라고 말할 수 있는 것입니다.

결론적으로 칼뱅은 아우구스티누스의 말을 빌어 이렇게 정리합니다.

당신이 가진 선한 것이 무엇이든 다 하나님께로부터 온 것이다. 악한 것이 무엇이든 당신 자신에게서 비롯되는 것이다. … 우리 것이라고는 죄밖에는 없다(*Inst.*, II ii 27).

---

[1] "내 속 곧 내 육신에 선한 것이 거하지 아니하는 줄을 아노니 원함은 내게 있으나 선을 행하는 것은 없노라 내가 원하는 바 선은 행하지 아니하고 도리어 원하지 아니하는 바 악을 행하는도다 만일 내가 원하지 아니하는 그것을 하면 이를 행하는 자는 내가 아니요 내 속에 거하는 죄니라 그러므로 내가 한 법을 깨달았노니 곧 선을 행하기 원하는 나에게 악이 함께 있는 것이로다."

제3장 ㅣ 저주받을 것들은 사람의 부패한 본성에서 나오는 것뿐이다

우리는 칼뱅이 우리 자신에 대해 말하는 바를 귀담아들어야 합니다. 우리의 모든 것이 부패했습니다. 죄 아닌 것이 없습니다. 우리의 타락한 본성은 하나님을 거역하며 악으로 기울어져 있습니다. 로마서 8장 6-7절은 이렇게 말합니다: "육신의 생각은 사망이요… 육신의 생각은 하나님과 원수가 되나니 이는 하나님의 법에 굴복하지 아니할 뿐 아니라 할 수도 없음이라." 여기서 말하는 '육신'은 우리의 육체를 의미하는 것이 아니라 영혼의 감각적인 부분을 가리키며, 영적이지 않은 모든 것을 의미하는데, 그런 점에서 이것은 '전인全人'을 가리킵니다(*Inst.*, II iii 1). 그래서 칼뱅은 우리의 전인全人이 중생하지 않으면 안 된다고 주장합니다. 그리고 그리스도의 은혜야말로 인간의 죄된 상태와 그 결과로 나오는 모든 악한 것들로부터 우리를 자유하게 하는 유일한 길이라고 말합니다.

앞에서도 살펴보았지만, 우리의 의지는 악을 행하는 쪽으로 기울어져 있습니다. 만일 하나님께서 인간의 욕심을 그대로 버려두시게 되면, 이 세상은 그 자체로 지옥이 될 것입니다. 왜냐하면, 사람의 욕심은 본성적으로 이기적인 것이기 때문입니다. 그래서 하나님은 그분의 섭리로써 본성의 악함을 제어하시고 그것이 행동으로 표출되지 않도록 하심으로써 세상을 돌보고 계십니다(*Inst.*, II iii 3).

이 모든 것을 고려할 때, 사람에게 나타나는 덕성德性은 하나님의 은혜라는 것이 분명합니다. 특별히 하나님께서 택하신 자들은 하나님의 은혜를 알기에, 더욱 그 은혜에 합당하게 살기 위해 하나님의 자녀다운 성품을 발휘하려고 열심을 냅니다. 이것에 대해 칼뱅은 이렇게 말합니다.

사도가 빌립보 성도들에게 "너희 안에서 착한 일을 시작하신 이가 그리스도 예수의 날까지 이루실 줄을 우리는 확신하노라"(빌 1:6)고 말할 때, '착한 일의 시작'이란, 곧 의지로 말미암는 회심 자체의 시작을 가리키는 것이 확실하다. 하나님께서 우리 안에서 시작하시는 선한 사역은 우리 마음 안에 의를 향한 사랑과 소망과 열심을 불러일으키는 것이다. 좀 더 정확히 말하자면, 우리의 마음을 의義에게로 기울게 하고 형성케 하고 향하게 한다. 나아가, 하나님은 그분의 사역을 우리가 인내하도록 붙드심으로 완성시키신다(*Inst.*, II iii 6).

즉, 인간 의지가 새롭게 되는 것은 전적으로 하나님의 은혜의 작용 때문입니다. 무엇보다 중요한 것은, 이 은혜의 작용에 사람이 자신의 의지와 노력으로 보태거나 거들 수 있는 것은 아무것도 없다는 것입니다. 그렇다면, 행하는 것은 우리인데, 우리의 노력은 아무것도 아닌 것이 될까요? 아닙니다. 의미가 있습니다. 그러나 우리의 의지를 완전히 바꾸시고, 그 의지를 올바르게 사용하도록 역사하시는 분은 하나님이십니다. 그렇기 때문에, 우리는 "내가 한 것이 아닙니다. 오직 주의 은혜입니다" 혹은 "하나님께 영광을 돌립니다"라고 말해야 합니다. 그렇게 하는 한, 우리의 행위는 하나님께 의미가 있습니다. 이는 그분을 영화롭게 하기 때문입니다.

선행의 첫 번째 부분은 의지이다. 나머지 부분은 그것을 행하고자 하는 엄청난 노력이다. 이 둘 모두 하나님께서 주관하신다. 그러므로, 우리가 만일 의지에 대해서나 성취에 있어서 어떤 것을 우리가 한 것이라고 말하게 되면, 주님의 것을 도둑질하는 것이 된다(*Inst.*, II iii 9).

포도나무에 붙은 가지는, 비록 자신에게서 열매가 맺힌다고 할지라도, 그 열매를 자기 공력의 결과라고 주장할 수 없습니다.

제4장 ㅣ 하나님께서 사람의 마음 속에서 역사하시는 방법

이 장에서는 하나님께서 악惡으로 기울어있는 의지를 본성으로 가진 사람을 어떻게 다루시는가를 보여 줍니다. 칼뱅은 악으로 기울어있는 의지를 아주 심각하게 묘사합니다.

게다가 사람에게 나타나는 바대로 우리는 강제와 필연을 구분하지만, 사람은 필연적으로 죄를 범하고 또한 자발적으로도 죄를 범한다. 그러나 그가 마귀에게 종노릇하는 상태에 얽매여있는 동안에는, 자신의 의지보다는 마귀의 의지에 의해 행동하는 것 같다(*Inst.*, II iv 1).

아우구스티누스는 이런 인간 의지의 상태를 마부馬夫의 명령을 기다리는 말馬에 비유할 정도였습니다. 만일 하나님께서 마부가 되시면, 올바른 방향으로 말을 인도하지만, 마귀가 마부가 된다면, 그 말의 운명은 마침내 파멸에 이르게 될 것이라고 말했습니다(*Inst.*, II iv 1). 칼뱅도 이 비유에 전적으로 동감을 합니다. 그럼에도, 칼뱅은 이런 일의 원인을 사람의 의지 밖이 아니라 안에서 찾아야 한다고 강조했습니다.

사탄의 역사가 되는 원인은 사람의 의지 밖에서 찾을 수 없다. 그 악의 뿌리는 사람의 의지에서 돋아나고, 사탄의 왕국이 그 기초 위에 세워지니 그것이 바로 곧 죄다(*Inst.*, II iv 1).

그런데, 우리의 현실은 이것이 하나님의 역사인지, 사탄의 역사인지, 그것도 아니면 인간 스스로의 의지가 선택한 대로 진행되는 것인지 모를 때가 많습니다. 그 대표적인 경우가 구약성서에 등장하는 의인義人 욥입니다. 욥기 1장에서는 하나님과 사탄이 회의하는 내용이 나오지만, 정작 지상에 있는 욥은 아무것도 모르는 상태로 등장합니다. 그런데, 일련의 사건들이 욥에게 일어납니다. 아무것도 모르는 욥이 엄청난 재난들을 경험하게 됩니다. 이런 일은 우리도 겪습니다. 뜻하지 않은 사건 사고가 발생하는 것이 바로 그것입니다. 그런데, 이것이 하나님의 역사인지 사탄의 역사인지 우리는 알 길이 없습니다. 그런데, 욥기 1장을 보면, 욥이 이것을 하나님의 역사로 인정합니다. 그는 어떻게 그런 판단을 하게 된 것일까요? 욥은 자신이 당한 일의 목적과 방향이 어디에 있는지를 먼저 생각했습니다. 하나님은 욥에게 인내를 통한 믿음의 성숙을, 사탄은 욥을 절망시키고 하나님을 원망케 하는 것을, 욥에게 재난을 준 사람들은 자신의 욕심을 채우기 위한 목적으로 각기 활동을 했습니다. 욥은 그 중에서 하나님의 목적을 붙잡았습니다. 그래서 그는 그 재난을 하나님의 역사라고 믿고 수용한 것입니다. 이것은 매우 어려운 설명이지만, 믿음의 법칙이 그렇다는 것만 일단 알아두시기 바랍니다. 분명한 것은, 하나님께서는 그렇게 하심으로 의인의 믿음을 더 분명하게 나타내시는 한편, 사탄과 그의 미혹을 받아 행동하는 사람들의 악惡도 분명하게 드러내신다는 점입니다.

하지만, 욥기 1장은 많은 의문점을 남깁니다. 하나님이 사탄에게 욥을 괴롭히도록 허락하시고, 사탄은 도적 떼들의 마음을 움직여 욥의 소유를 빼앗아 버렸습니다. 모든 원인이 하나님께 있는 듯한데, 어찌 하나님은 각자의 책임을 물으실까요? 이것에 대해 칼뱅은 이렇게 말합니다.

하나님은 이 사악한 자들을 도구로 삼으시고 자신의 통제 하에 두시고 그분이 기뻐하시는 방향으로 전환하셔서 자신의 의를 이루게 하신다. 그러나 그들은 악하므로, 그들의 부패한 본성이 품고 있던 사악함을 행동으로 나타내기에 이른다(*Inst.*, II iv 5).

이것에 대해서는 이미 1권 16-18장에서 살펴보았습니다. 간단히 다시 요약하자면, 하나님은 각자의 마음에 있는 것을 그대로 활용하셔서 각자의 의로움과 악함을 나타내십니다. 그러므로 그 누구도 자신의 행위에 대한 책임을 하나님께 물을 수 없습니다. 다만, 사탄도 똑같이 흉내를 낸다는 것을 유념하셔야 합니다. 사탄은 자신이 미혹하지만, 사람이 선택하고 행동한 것이지 자신은 책임이 없다고 합니다. 하지만, 창세기 3장에서 보듯이, 하나님은 사람을 미혹한 뱀에게 저주를 내리셨습니다. 따라서 사탄도 그 본성적인 악에 대해 심판을 받게 됩니다.

그렇다면, 사람은 하나님과 사탄 사이에 끼어 스스로는 아무것도 할 수 없는 존재일까요? 아닙니다. 오히려 이러한 논의가 사람이 자유롭게 선택할 수 있으며 그에 대한 책임을 진다는 것을 보여 줍니다. 다만, 하나님은 그것을 그분의 뜻대로 활용하실 뿐입니다. 이것은 아무리 설명해도 우리에게는 신비神祕로 다가올 수밖에 없습니다. 그래서 칼뱅은 아우구스티누스의 말을 빌어 이렇게 말합니다.

또한 그 의지들이 그토록 하나님의 능력 안에 있기에, 하나님께서는 그 의지들을 그분이 뜻하시는 장소와 때로 향하게 하신다. 그래서 은혜를 주시거나, 형벌을 주시거나 하신다. 실제 이것은 그분의 매우 은밀하지만 지극히 의로운 심판에 따른 것이다(*Inst.*, II iv 7).

이에 따라 칼뱅은 '자유의지'를 말할 때, 그것은 외부 환경과 상황에도 불구하고 자신의 뜻대로 무언가를 행하느냐와 관련된 것이 아닙니다. 오히려 사람이 어떤 일에 대해 판단하게 되는 원인이라고 할 수 있는 선택과 의지의 끌림이 과연 자유로운가와 관련된 것이라고 말합니다 (*Inst.*, II iv 8). 이에 대해서는 장황한 설명보다는 로마서 8장 5절의 말씀을 인용하는 것이 더 나을 것 같습니다: "육신을 따르는 자는 육신의 일을, 영을 따르는 자는 영의 일을 생각하나니."

제5장 | 자유의지를 변호하면서 제기되는 반론들을 반박하다

이 부분은 자유의지를 옹호하려는 움직임이 많은 까닭에, 칼뱅이 상당한 분량을 할애하여 설명을 하고 있습니다. 아마, 여러분들도 제기하고 싶은 반론反論들이 여기에 있을 수 있겠습니다. 이 반론들을 굵은 글씨로 표시하겠습니다.

상식에 근거하여 제기되는 주장들에 대한 대답(1-5)

첫째, 만일 죄가 지을 수밖에 없는 것이라면, 그것은 죄가 될 수 없다. 그리고 죄가 자발적인 것이라면, 얼마든지 피할 수 있다. 이것에 대해 분명히 다시 짚어야 할 것이 있습니다. 사람이 죄에 매여 악惡 외에는 할 것이 없다는 것은, 창조에서 비롯된 것이 아니라 본성의 부패에서 비롯된 것이라는 점입니다. 하나님은 창조 때에 모든 것을 선하게 창조하셨음을 망각해서는 안 됩니다. 이 본성의 부패로 사람은 죄를 안 짓고 싶어도 안 지을 수 없고, 그것도 매우 자발적으로(혹은 고의적으로) 짓게 됩니다

(*Inst.*, Ⅱ ⅴ 1). 혹 이에 대해 '어쩔 수 없이 짓는 것이 아닌, 불가피하게 짓는 죄가 있지 않는가? 또한 자발적인 아닌, 실수로 죄를 짓는 경우도 있지 않는가?'라고 질문할 수도 있겠습니다. 그런데, 칼뱅은 구체적이고 개별적인 죄성罪性을 언급하는 것이 아니라, 보편적인 죄의 성향, 그리고 그 때문에 비참에 처한 인간의 상황을 설명하는 데 중점을 두고 있음을 이해해야 합니다. 그런 구체적인 상황은 법리적인 문제일 뿐입니다. 그럼에도, 칼뱅은 멸망의 원인을 자기 안에서가 아니라 끊임없이 외부에서 찾으려 하는 자들을 강하게 책망합니다.

둘째, 덕행과 악행이 의지의 자유로운 선택에 기인하지 않는다면, 사람이 그 때문에 벌을 받거나 상을 받는 것은 모순이다. 일단, 칼뱅은 우리의 의지가 부패하여 악으로 기울어져 있기에 벌을 받는 것은 당연하다고 말합니다. 나아가 자발적으로 죄를 짓는 이상, 자유로운 판단에 의한 것이건 속박을 받는 상황에서 내린 판단에 의한 것이든 별 차이가 없다고 말합니다(*Inst.*, Ⅱ ⅴ 2). 남은 것은 상賞을 받는 문제인데, 칼뱅은 이것에 대해서도 우리가 착각하면 안 된다고 말합니다. 즉, 우리는 우리가 무언가 착한 일을 했기 때문에 보상을 받는다고 생각하는데, 그렇지 않습니다. 그것은 하나님께서 각 사람에게 주신 은사恩賜들에 대해 상을 주시는 것입니다(*Inst.*, Ⅱ ⅴ 2). 이것은 아우구스티누스가 한 말인데, 칼뱅은 이것을 '하나님의 전적인 은혜'라는 관점에서 이렇게 풀어서 설명합니다.

하지만 그럼에도 불구하고, 하나님의 자비와 너그러움은 다함이 없으시고 너무나 많아, 마치 그것들이 우리 자신의 덕으로 이룬 것처럼, 우리에게 베푸신 그 은총들에 상을 주신다. 이는 그분이 그것들을 우리의 것으로 인정하셨기 때문이다(*Inst.*, Ⅱ ⅴ 2).

셋째, 만일 선이나 악을 택하는 것이 우리가 지닌 의지의 기능이 아니라면, 동일한 본성을 지닌 자들은 모두 악하거나 모두가 선할 수밖에 없다. 여기서 말하는 '모두가 선할 수밖에 없다'는 것은, '악의 책임을 그에게 돌릴 수 없다'는 의미로 보아야 합니다. 이 반론은 사람에게 의지의 자유가 없다면, 결국 하나님께 모든 책임이 있으니, 결과적으로 모두 망하든지 모두 구원받는지 해야 한다는 의도를 가지고 있습니다. 하지만, 칼뱅은 이 문제에 대해 '하나님의 선택'을 들어 설명합니다. 모든 사람이 악으로 기울어져 멸망할 수밖에 없지만, 하나님은 풍성하신 긍휼로 누군가에게 은혜를 베푸시고, 구원하시며, 그로 하여금 끝까지 인내하게 하셔서 믿음의 경주를 완주하게 하십니다(Inst., II iv 3).

넷째, 죄인에게 순종할 능력이 없다면, 교훈도 필요 없고, 권면도 무의미하며, 책망하는 일도 어리석은 것이 된다. 칼뱅은 이것도 위의 논리와 같은 방식으로 대응합니다. 다만 계속 비슷한 반론들이 나오기 때문에 이 부분에 대해 많은 에너지를 쏟고 있습니다.

반론자들의 논리에는 그들의 어리석음이 깔려있습니다. 그들은 계속해서 하나님께 저항하며 자신들이 죄를 짓는 것을 정당화하고 책임을 지려 하지 않습니다. 하지만, 칼뱅은 하나님께서 자신이 구원하신 자들의 영혼을 새롭게 하셔서 그분의 가르침이 효력을 발휘할 수 있게 하신다고 대답합니다(Inst., II v 4). 즉, 하나님의 구원을 받은 자들에게는 그 모든 것들이 필요하다는 것입니다. 반면, 하나님의 계명이나 권면을 무시한 자들, 또한 율법을 지키는 것이 불가능하다고 말하는 자들에게는, 오히려 그 계명과 권면들이 심판 날에 그들이 변명하지 못하는 정당한 이유가 될 것입니다. 말했는데도 듣지 않았기 때문입니다.

하나님은 택하신 자들 속에서 두 가지 방식으로 일하신다. 안으로는 성령을 통해 일하신다. 밖으로는 그의 말씀을 통해 일하신다. … 같은 말씀을 버림받은 자들에게 주실 때는, 그들을 교정시키기 위함이 아니라 다른 용도로 사용하신다: 오늘날에는 양심의 증거로 그들을 누르시고, 심판의 날에는 그들로 더 변명하지 못하게 하신다(*Inst.*, II v 5).

율법과 성경에 기록된 약속과 책망에 대한 해석에 근거한 주장에 대한 대답(6-11)

확실히 하나님의 율법은 우리의 연약함을 드러내기 위해 우리의 능력보다 훨씬 높은 수준으로 주어졌습니다(*Inst.*, II iv 6). 하지만 그렇기에, 하나님의 은혜를 입은 자들은 더욱 자신의 무능함을 인식하고 하나님을 의지하며 그분을 구하게 됩니다. 또한 하나님께서 주시는 능력으로 모든 말씀을 지키려 하고, 하나님께서는 그들을 도우셔서 말씀을 지킬 수 있게 하십니다(*Inst.*, II iv 7). 그렇다고, 이 말을 하나님과 사람이 협력하는 것으로 오해해서는 안 됩니다. 하나님의 은혜가 선행되지 않으면, 인간의 계명을 지키기 위한 노력은 아무런 의미가 없습니다(*Inst.*, II iv 9).

그렇다면, 왜 율법은 마치 인간 편에서 계명을 지킬 수 있는 것처럼 진술하고, 그에 따른 약속을 하고 있을까요? 반론자들도 이것을 질문합니다. 이에 대해 칼뱅은 앞의 논리를 이어가며 이렇게 설명합니다.

하나님께서 그의 계명들을 통해 그분의 뜻을 우리에게 가르치실 때에, 그분은 우리의 비참함과 우리가 얼마나 하나님의 뜻에 전심으로 거역하고 있는지를 깨닫게 하신다. 동시에 하나님께서는 우리로 그분의 영에 감동케 하셔서 올바른 길로 나아가도록 촉구하신다. 그러나 우리의 게으름으로 인하여 계명들만으로는 충분하지 않기에, 어떤 달콤한 것들을 약속으로 더 하셔서 우리로 그 계명들을 사랑하게 이끄신다. 의를 향한 우리의 열망이 크면 클수록, 우리는 하나님의 은혜를 더욱 열심히 구하게 된다(*Inst.*, II v 10).

즉, 약속은 우리로 하나님의 지속적인 도움을 의지하여 그의 계명을 지킬 수 있게 하시는 또 다른 은혜의 방편입니다. 놀라운 것은, 하나님의 은혜의 결과를 우리의 것으로 인정해 주신다는 것입니다. 그러므로, 성도는 결코 자신의 공로를 주장해서는 안 되며(*Inst.*, II iv 11), 오직 하나님께 감사와 영광을 돌려야 합니다.

성경에 있는 특별한 구절들에 근거한 주장에 대한 대답(12-19)

한편, 반론자들은 신명기 30장 11-14절, 호세아서 5장 15절, 창세기 4장 7절, 로마서 9장 16절, 고린도전서 3장 9절, 누가복음 10장 30절을 들어 마치 사람에게 어떤 능력이 조금이라도 남아 있는 듯이 주장합니다. 하지만, 우리의 부패한 본성을 제대로 이해한다면, 이 모든 말씀은 우리가 먼저 하나님의 은혜 없이는 아무것도 할 수 없으며, 그렇기에 더욱 그분의 은혜를 구해야 한다는 것을 분명하게 보여줍니다.

제6장 ㅣ 타락한 인간은 마땅히 그리스도 안에서 구속(救贖)을 구해야 한다

이 장에서는 타락한 인간이 절대적으로 그리스도를 필요로 하게 되는 이유에 대해 설명하고 있습니다. 우리는 앞에서 인간이 얼마나 비참한 상태에 있는가를 알게 되었습니다. 타락의 결과, 사람은 생명에서 사망으로 옮겨졌습니다. 오직 믿음이 따라와서 그리스도 안에서 성부 하나님을 우리에게 제시해주기 전에는, 우리가 앞에서 살펴본 창조주 하나님에 대한 지식 전체가 쓸모없게 됩니다(*Inst.*, II vi 1). 즉, 첫 사람 아담의 타락 이후로 중보자를 떠나서는 하나님에 대한 어떤 지식도 사람을 구원에 이르게 하지 못했습니다(*Inst.*, II vi 1). 오직 창조주이신 분이 우리의 구원자가 되셔야만 합니다. 이에 그리스도는 모든 시대의 사람들에게 이렇게 선포하셨습니다: "영생은 곧 유일하신 참 하나님과 그가 보내신 자 예수 그리스도를 아는 것이니이다"(요 17:3).

칼뱅은 율법에 기록된 희생 제사의 규례가 오직 그리스도께서 시행하는 속죄 외에는 다른 곳에서 구원을 찾지 말아야 할 것을 성도들에게 가르쳐주고 있다고 주장합니다(*Inst.*, II vi 2). 이 외에도 하나님은 그의 수많은 선지자들을 통해 지속적으로 '다윗의 나라'를 선포하시며, 그 나라에 구속과 영원한 구원이 있음을 드러내셨습니다. 여기서 말하는 '다윗의 나라'는 다윗의 후손으로 오시는 그리스도가 다스리는 나라를 의미합니다. 따라서 성경의 모든 내용을 종합해볼 때, 하나님께서는 그분의 교회의 건전함과 안전이 그리스도에게 의존되어 보존되기를 원하신 것이 틀림없습니다(*Inst.*, II vi 2).

그렇다면, 무엇입니까? 그리스도를 믿는 믿음이 하나님을 알고 믿는 것에 필수적이라는 의미가 됩니다. 많은 종교에서 저마다의 하나님을 상정하고 믿고 구원을 얻는다고 말합니다. 하지만, 이 장을 시작하면서 언급했지만, 중보자가 없는 하나님 지식과 믿음은 소용이 없습니다. 칼뱅은 그것을 이렇게 말합니다.

비록 우리의 믿음을 하나님께 둘지라도, 그분(중보자 되신 그리스도)이 완전하고 견고한 중에 그 믿음을 붙들어주지 않으신다면, 그 믿음은 점차 사라지고 만다. 또한 중보자가 없이는, 하나님의 위엄이 너무나 높아서, 땅 위를 기어다니는 구더기같이 죽을 사람들로서는 결코 거기에 도달할 수가 없다 (*Inst.*, II vi 4).

즉, 하나님께서 그리스도 안에서 우리를 대면하시지 않으면, 우리는 우리가 구원받은 사실을 알 수가 없습니다(*Inst.*, II vi 4). 사도 요한은 이것을 분명히 선포하고 있습니다: "아들을 부인하는 자에게는 또한 아버지가 없으되 아들을 시인하는 자에게는 아버지도 있느니라"(요일 2:23).

그러므로, 우리가 그리스도를 우리의 머리 되신 분으로 붙잡지 않게 되면, 우리가 가지고 있는 하나님의 지식도 덧없이 사라져버리게 됩니다. 칼뱅은 그 예로, 이슬람교도들도 하나님을 창조주라고 선포하지만, 그리스도를 배척함으로 잘못된 하나님을 섬기고 있는 것을 듣습니다 (*Inst.*, II vi 4).

제7장 | 율법을 주신 것은, 구약 백성을 그 아래 가두기 위함이 아니라, 장차 오실 그리스도의 구원에 대한 소망을 증진시키기 위함이다

이 장에서는 구약의 율법이 모두 그리스도를 가리키고 있다는 것을 설명하고 있습니다. 특별히 율법의 세 가지 기능에 대해 설명하고 있는데, 이것은 복음으로 인하여 율법이 더 이상 필요 없다고 주장하는 사람들에게 경계하는 성격을 담고 있습니다.

도덕법과 의식법은 그리스도를 지향함(1-2)

복음을 강조한 사도 바울은, 율법이 아브라함이 죽은 뒤 400년 후에 주어졌다고 말합니다(갈 3:17). 이 율법은 하나님을 올바르게 섬기는 의식법儀式法과 이웃과의 관계를 규정하는 도덕법道德法으로 나뉘어져 있습니다. 그렇다면, 이 율법이 오늘날에도 의미가 있을까요? 그렇습니다. 칼뱅은 다음과 같이 말합니다.

> 율법은 택한 백성을 그리스도께로부터 멀어지게 하려고 주어진 것이 아니다. 오히려 그분이 오실 때까지 그들의 마음이 준비될 수 있게 하기 위함이다. 나아가 그분에 대한 열망을 불러일으키고 그들의 기대를 강화시켜 너무 오랜 지체로 인하여 그들이 낙망하지 않게 하기 위함이다(*Inst.*, II vii 1).

그렇다면, 율법의 중요 내용인 의식법과 도덕법 모두 그리스도를 가리키고 있을까요? 그렇습니다. 먼저 의식법에 대해 살펴보겠습니다. 칼뱅은 의식법의 필요성에 대해 이렇게 언급하고 있습니다.

> 왜냐하면 이미 내가 앞에서 말한 바대로, 사람들이 죄와 사망의 노예가 되어 있고 그들 자신의 부패로 오염되어 있기에, 다른 것으로는 하나님 앞에 왕과 제사장으로 설 수 있는 방법이 없었기 때문이다(*Inst.*, II vii 2).

그런데, 히브리서는 하나님의 엄숙한 맹세를 인용하여 그리스도를 "영원히 멜기세덱의 반차를 따르는 제사장"(히 5:6. 7:21)이라고 선포합니다. 이것은, 만일 율법의 의식들이 우리를 그리스도께로 인도하는 것이 아니라면, 그것들은 모두가 헛될 수밖에 없음을 보여줍니다.

우리는 도덕법을 성취할 수 없다(3-5)

두 번째로 도덕법에 대해 살펴보겠습니다. 하나님이 주신 율법을 완전히 준수하면, 그것이 하나님 앞에서 완전한 의義가 되는 것은 분명합니다. 문제는, 그렇게 할 수 있는 사람이 아무도 없다는 것입니다(*Inst.*, II vii 3). 따라서 율법만을 바라보면, 우리는 실망과 혼동과 절망을 경험할 수밖에 없습니다. 그렇다고 하나님께서 우리를 조롱하시기 위해 율법(여기서는 도덕법)을 주신 것은 아닙니다. 또한 우리는 불가능하다고 나름의 최선을 다하는 것에 만족하거나, 중도에 포기해서도 안 됩니다. 그렇다면, 도대체 율법은 왜 하나님의 백성들에게 주어진 것일까요? 이에 대해 칼뱅은 율법의 세 가지 기능을 설명하면서 율법이 주어진 의미를 생각하게 합니다.

율법의 첫 번째 기능(6-9)

율법(도덕법)의 첫째 기능은, 인간이 얼마나 악하고 죄 가운데 있는지를 보여줌으로써, 하나님의 의를 붙잡고 그분의 긍휼을 바라보도록 하는 것입니다. 칼뱅은 이렇게 말합니다.

모든 거짓 의義가 지닌 뻔뻔스러움을 벗고 자신의 삶을 율법이라는 저울에 달아보지 않을 수 없게 되면, 그는 자신이 거룩함에서 너무나 멀어져 있으며, 과거에 자신이 순결하다고 생각했었으나 실제로는 수많은 악으로 가득 차 있음을 발견하게 된다(*Inst.*, II vii 6).

그리스도인으로서 자신이 얼마나 죄인인지를 아직 깨닫지 못했다면, 자신의 믿음을 재점검해 볼 필요가 있습니다. 왜냐하면, 앞에서도 언급했지만, 자신이 구원받지 못할 죄인임을 아는 자만이 그리스도를 절대적으로 필요로 하기 때문입니다. 따라서, 핵심은 이것입니다. 하나님께서 모든 사람을 율법 아래 두어, 자신이 죄인임을 깨닫게 하시는 이유는, 모든 사람이 자신이 죄인임을 깨달아 하나님을 바라보게 하셔서 그들에게 긍휼을 베푸시려는 것입니다: "하나님이 모든 사람을 순종하지 아니하는 가운데 가두어 두심은 모든 사람에게 긍휼을 베풀려 하심이로다"(롬 11:32).

그러나 믿지 않는 자들은 완악한 중에 하나님의 심판을 두려워하기는 하지만, 회개하지 않습니다. 그 결과 그들은 하나님의 진노의 심판을 자초自招하게 됩니다.

율법의 두 번째 기능(10-11)

두 번째 기능은 악인과 불신자들을 억제하는 것입니다. 율법은 그것을 지키지 않을 경우에 따르는 저주를 언급하고 있습니다. 그 저주의 대부분은 '형벌'의 내용으로 진술되어 있습니다. 따라서, 율법은 옳고 그름에 관심도 없고 또한 아랑곳하지 않은 채 악을 행하는 사람들에게 율법에 기록된 저주로 위협하여 그들을 억제하는 기능이 있습니다(*Inst.*, II vii 10). 그러나 이미 그 마음이 돌이킬 수 없을 정도로 완악한 자들은, 하나님의 말씀이 아니라 자기 욕심을 따르기 때문에 아무리 경고하고 위협해도, 오히려 더욱 자신의 욕망을 불태워 스스로 심판으로 나아간다는 것을 유념해야 합니다.

율법의 세 번째 기능(12-13)

세 번째 기능은 성도들에게 하나님의 법을 가르치며 그 뜻을 행하게 하는 것입니다. 칼뱅은 이것이야말로 율법의 가장 주된 기능이자 고유한 목적에 가깝다고 말합니다.

여기에 가장 뛰어난 도구가 있으니, 곧 그들이 매일 사모하는 주님의 뜻의 본질을 보다 철저히 배우게 하고, 또한 그들로 그 뜻을 깨닫는 중에 확신하게 해 준다(*Inst.*, II vii 12).

칼뱅은 성도라 할지라도, 육체를 입고 세상에 있는 동안에는 육신의 본성에 사로잡혀 나태하게 될 수 있기 때문에, 주님께서 다시 오실 때까지 완전한 믿음으로 나아가기 위해, 율법을 통해 지속적으로 깨어있을 수 있어야 한다고 주장합니다. 또한 성도가 이렇게 할 수 있는 것은, 하나님께서 그들에게 주셔서 그들 안에 거하시는 성령님이 순종할 수 있도록 그들의 마음을 불러일으키시기 때문입니다(*Inst.*, II vii 12).

이러한 이유로, 율법은 복음으로 인해 폐지되었다고 함부로 단정하는 것은 옳지 않습니다. 율법은 우리에게 하나님께서 기뻐하시는 완전한 삶을 권고함으로써 우리가 평생 열심을 가지고 지향해야 할 목표를 제시해 줍니다(*Inst.*, II vii 13).

소위 율법의 '폐지'라는 것은 양심의 자유에 대한 것이고 고대 의식이 폐지된 것을 뜻한다(14-17)

그렇다면, 사도들이 "율법이 폐지되었다"라고 말하는 것은 도대체 무슨 의미일까요? 그것은 **율법 자체가 폐지되었다는 의미가 아니라, 양심을 속박하는 율법의 힘이 폐지되었다는 것을 뜻합니다**(*Inst.*, II vii 15). 즉, 가혹하고 위험하기 그지없는 요구 조건들의 속박에서 해방되었다는 것을 의미합니다. 이것은 그리스도께서 우리를 위해 행하신 놀라운 은총입니다. 우리는 그리스도의 은혜로 이제는 '어쩔 수 없이'가 아니라 자발적으로 율법을 지킬 수 있게 되었습니다. 다만, 의식법은 문제가 다릅니다. 칼뱅은 말하기를, 그 효력은 폐하여지지 않았지만, 그 사용은 폐지되었다고 합니다. 왜냐하면, 그리스도께서 오셔서 율법의 의식들이 지향하는 바를 십자가에서 성취하시고, 그 형식을 폐하셨기 때문입니다(*Inst.*, II vii 16). 그럼에도 골로새서 2장 13-15절의 내용은 율법 전체의 폐기를 강하게 주장하는 것처럼 보입니다: "또 범죄와 육체의 무할례로 죽었던 너희를 하나님이 그와 함께 살리시고 우리의 모든 죄를 사하시고, 우리를 거스르고 불리하게 하는 법조문으로 쓴 증서를 지우시고 제하여 버리사 십자가에 못 박으시고, 통치자들과 권세들을 무력화하여 드러내어 구경거리로 삼으시고 십자가로 그들을 이기셨느니라."

사도 바울은 사람들이 의식법이 지향하는 바가 아니라, 보이는 의식 자체에 미혹되어 복종할 위험이 있어 이렇게 경고한 것입니다. 하지만 우리는 분명히 알아야 합니다. 예수 그리스도는 이미 십자가를 통해 영원한 속죄를 이루셨습니다. 그래서 날마다 지키는 율법의 의식들, 곧 죄를 없애기보다는 오히려 죄가 있다는 것을 확증시켜 주었던 의식들을 폐하셨습니다(*Inst.*, II vii 17). 성도들은 그 의식법이 지향하는 바의 토대 위에서 자유롭게 율법을 지키는 자들입니다.

제8장 | 도덕법(십계명) 해설

이것은 율법의 세 번째 기능과 관련되어 있습니다. 하나님의 자녀가 된 성도들은 이제 그 의미를 알아 자발적으로 지켜나가야 합니다. 자발적이라고 해서, 지키지 않아도 되는 여지를 주는 것이 아님을 아셔야 합니다. 지키되 억지로가 아니라, 우리가 자원해서, 하나님을 사랑하고 존경하기 때문에 기쁨으로 지켜야 한다는 것을 뜻합니다. 이것을 위해, 칼뱅은 도덕법을 요약하고 있는 십계명을 성도들이 올바르게 적용할 수 있도록 상당한 분량을 할애하여 상세하게 설명합니다.

그런데, 칼뱅은 십계명을 시작하기 전, 율법에 대해 개략적인 설명을 합니다.

하나님께서는 율법을 통해 두 가지 일을 하십니다: 첫째는, 명령을 내릴 수 있는 권한이 자신에게 있으며, 자신의 신성神性을 높이 받들어야 하며, 경건의 자세가 어떤 것인지를 구체적으로 밝히십니다. 둘째, 하나님은 의義의 규범을 공포하신 다음에 우리의 무능력과 불의함을 책망하십니다. 즉, 율법을 통해 자연법의 희미했던 것들을 밝히 드러내시고, 우리의 무관심과 지성과 기억을 세차게 공격하십니다(*Inst.*, II viii 1). 이것을 통해 우리가 율법으로부터 배워야 할 것이 분명해집니다: **하나님을 참되게 경외하며, 우리의 모든 삶 속에서 의義를 소중히 해야 합니다. 하나님께 드릴 예배는 오직 의와 거룩함과 순결을 지키는 것입니다**(*Inst.*, II viii 2).

칼뱅은 우리가 율법을 통해 두 가지를 배운다고 합니다: 첫째, 우리가 얼마나 하나님의 뜻에서 멀어져 있으며, 하나님의 자녀로 인정받기에 부족한가 하는 것입니다. 둘째, 자신의 무능력을 감지하여 오직 하나님의 긍휼하심에 돌아가 그것만을 유일한 피난처로 삼는 것입니다

(*Inst.*, II viii 3).

하나님은 율법에 약속과 위협을 더하셨는데, 이것은 의義에 대한 사랑과 악惡에 대한 혐오가 우리 마음에 자리잡도록 하기 위함입니다(*Inst.*, II viii 4). 우리는 하나님께 순종을 마땅히 드려야 합니다. 그럼에도, 하나님은 그 순종에 대해 상급을 베푸셔서 자신의 권리를 내려놓으십니다. 이를 통해 우리는, 하나님께서 우리가 그의 계명을 지키는 것을 얼마나 기뻐하시는가를 알 수 있습니다(*Inst.*, II viii 4).

우리는 율법이 완전하지 않다고 생각하지 않는 경향이 있습니다. 하지만, 칼뱅은 성경이 증언하는 바에 따라 율법이 하나님의 뜻을 담고 있으며, 완전한 의義의 규범이라고 말하는 데 주저하지 않습니다(*Inst.*, II viii 5). 따라서 우리는 하나님의 사랑을 얻기 위해 다른 방법이나 노력을 할 필요가 없습니다. 그것은 아무런 소용이 없습니다. 왜냐하면, 하나님의 계명에 순종하는 것만이 참으로 하나님께서 받으시는 예배이기 때문입니다(*Inst.*, II viii 5). 하나님의 율법 밖에서 헤매는 것은 하나님의 참된 의를 욕되게 하는 것일 뿐입니다.

따라서, 우리는 율법을 단순히 우리의 삶과 행동을 옥죄는 것으로 여겨서는 안 됩니다. 오히려 하나님의 목적과 의도를 항상 생각하고 영적으로 받아들여야 합니다. 왜냐하면, 율법은 철저히 우리의 영혼에 관련된 것이기 때문입니다. 언뜻 볼 때, 율법은 우리의 겉으로 드러난 행위를 규제하는 듯합니다. 하지만, 하나님께서는 겉모습뿐만 아니라 마음의 순결함도 보십니다(*Inst.*, II viii 6). 즉 예수님의 말씀처럼, 성도는 그 겉과 속이 일치해야 합니다. 율법은 살인하지 말라고 명령합니다. 그런데, 그것은 속으로 형제나 이웃을 미워하지 않는 것까지 포함합니다. 내면이 뒷받침되지 않은 행위는 없기 때문입니다. 이런 점에서 율법이 영적이라는 것이며, 예수님은 율법을 폐하시려는 것이 아니라 오히려 온전하게 하시는 분이라고 하는 것입니다(*Inst.*, II viii 7).

한편, 율법은 하라는 명령과 하지 말라는 금지로 표현되어 있습니다. 칼뱅은 이런 표현적 한계를 넘어서 그 실제적인 내용을 보아야 한다고 말합니다. 또한 자기 입맛에 맞게 함부로 왜곡시켜서도 안 된다고 주장합니다. 명령과 금지는 서로 다른 듯하지만, 긴밀하게 연결되어 있습니다. 하라고 하신 이면에는 하지 말라는 뜻이 숨겨져 있습니다. 하지 말라고 하신 이면에도 하라는 뜻이 숨겨져 있습니다(*Inst.*, II viii 8). 예컨대 살인하지 말라고 하셨다면, 그 이면에는 형제와 이웃을 사랑하고 도우라는 의미가 담겨 있습니다. 그러므로, 형식만 따져서 명령과 금지를 다르게 보아서는 안 됩니다.

우리가 알다시피 율법을 요약한 십계명은 두 돌판으로 나누어서 기록되었습니다. 첫 번째 부분에는 하나님의 위엄을 예배하는 일과 관계된 신앙의 의무들을 다룹니다. 두 번째 부분에는 사람들과 관계되는 사랑의 의무들을 다룹니다(*Inst.*, II viii 11). 칼뱅은 이 둘이 서로 이어져 있는 것에 대해 이렇게 말합니다.

우리는 그것(하나님을 예배하는 것)을 가리켜 의義의 근원이며 정신이라고 부른다. 왜냐하면, 만일 하나님을 옳고 그름의 심판자로 경외한다면, 사람들은 서로 중용을 지켜 해害를 끼치지 않으며 함께 살아가기를 배울 수 있기 때문이다(*Inst.*, II viii 11).

그러므로, 첫 번째 돌판 없이는 두 번째 돌판은 의미가 없습니다. 우리는 두 번째 돌판의 내용이 첫 번째 돌판으로부터 비롯된다는 것을 명심해야 합니다. 이에 따라, 우상숭배를 하면서, 다른 신을 섬기면서 이웃을 사랑하는 것은 참된 율법의 정신이 아닙니다.

그럼 이제부터 십계명에 대한 구체적인 설명을 하도록 하겠습니다.

1. 율법의 머리말

하나님이 이 모든 말씀으로 말씀하여 이르시되 나는 너를 애굽 땅, 종 되었던 집에서 인도하여 낸 네 하나님 여호와니라(출 20:1-2).

칼뱅에 따르면, 머리말은 삼중三重의 의미를 가집니다. 첫째, 하나님께 권위의 능력과 권한이 있음을 알려주셔서 택한 백성들이 순종해야 할 당위성을 제시하고 있습니다. 둘째, 은혜의 약속을 제시하셔서 거룩을 향한 열심을 갖게 합니다. 셋째, 유대인들에게 베푸신 은혜들을 상기시켜, 그들이 하나님께서 베푸신 자비에 제대로 응답하지 않을 때는 배은망덕에 대해 정죄하실 것임을 상기시킵니다(Inst., II viii 13).

2. 제1계명

너는 나 외에는 다른 신들을 네게 두지 말라(출 20:3).

이 계명의 목적은 오직 여호와의 뜻만이 자기 백성 중에서 가장 높은 자리를 차지하여 그들에게 완전한 권위를 행사하게 하는 것입니다(Inst., II viii 16). 이에 따라, 하나님의 백성들은 당연히 불경건과 미신을 멀리해야 합니다. 또한 이 계명은 자기에게 속한 것(예를 들면, 경배, 신뢰, 기도, 감사)을 다른 존재에게 전가轉嫁시켜서는 안 된다는 것을 가르칩니다. 따라서 우리는 참된 신앙을 최고로 놓고, 우리의 정신을 살아 계신 하나님께로 향하게 해야 합니다(Inst., II viii 16).

3. 제2계명

너를 위하여 새긴 우상을 만들지 말고 또 위로 하늘에 있는 것이나 아래로 땅에 있는 것이나 땅 아래 물속에 있는 것의 어떤 형상도 만들지 말며 그것들에게 절하지 말며 그것들을 섬기지 말라. 나 네 하나님 여호와는 질투하는 하나님인즉 나를 미워하는 자의 죄를 갚되 아버지로부터 아들에게로 삼사 대까지 이르게 하거니와 나를 사랑하고 내 계명을 지키는 자에게는 천 대까지 은혜를 베푸느니라(출 20:4-6).

이 계명은 하나님께 드릴 정당한 예배가 미신적인 예식들로 더럽혀지는 것을 하나님께서 원하지 않으심을 가르쳐주고 있습니다. 그리고 하나님께 드려야 할 정당한 예배, 즉 하나님 자신이 세우신 신령한 예배를 따르도록 명령하고 있습니다. 나아가 겉으로 행하는 우상숭배야말로 범죄 중에서도 가장 심각한 범죄임을 지적하고 있습니다(*Inst.*, II viii 17). 칼뱅은 이 계명을 이렇게 분석합니다.

이 계명은 두 부분으로 이루어져 있다. 첫째는, 사람이 방종하게 행해 측량할 수 없는 하나님을 감히 우리의 지각에 예속시키거나, 혹은 그분을 어떤 형태를 가진 분으로 묘사하지 못하게 한다. 둘째는, 우리가 어떤 종교의 이름으로든지 아무 형상들에게 예배하는 행위를 금지한다. … 우리가 이미 제 1권에서 이미 충분히 분명하게 다룬 것처럼, 사람이 고안해낸, 보이는 하나님 형상이 무엇이든 그것은 하나님의 본성과는 정반대에 서 있다. 그러므로 우상이 나타나는 순간, 참된 종교는 부패하여 영적으로 간음한 것이 된다 (*Inst.*, II viii 17).

그리고 이 계명에 덧붙인 가문에 대한 저주에 대해서는 이렇게 설명하고 있습니다.

하나님께서 친히 선언하시기를, 아버지의 죄를 아들에게 강제로 지게 하지 않으신다고 하신다(겔 18:20). … 그렇다면, 우리는 여호와의 의로우신 저주가 악인의 머리뿐만 아니라 그의 가문 전체에 지워지는 것으로 해석해야 한다. 저주가 임하는 곳에서는, 그 아버지가 하나님의 영에서 떨어져 나가 지극히 부끄러운 생활을 하는 것 외에는 기대할 것이 있겠는가? 혹은, 그 아들이 그 아버지의 죄로 인해 주님으로부터 버림을 받아 그와 똑같이 파멸의 길을 걷는 것 외에 무엇을 기대하겠는가? 마지막으로, 그 가증스러운 사람들의 저주받은 자식들인 손자와 증손자도 그들을 따라 똑같은 길을 걷지 않겠는가?(*Inst.*, II viii 19)

즉, 하나님이 가문에 내리신 저주는, 그 가문에 속한 자들이 조상들을 본받아 자신의 사악함으로 우상을 섬긴 까닭에, 하나님께 내리신 의로우신 심판에 따른 형벌임을 분명히 알아야 합니다. 이것은 어떤 사람들이 말하는 것처럼 '대대로 흐르는 저주'를 뜻하는 것이 아니라 후손들이 보고 배운 것이 그것뿐이니 같은 저주의 길을 걸어간다는 뜻입니다. 한편, 천 대까지 베푸시는 은혜도 같은 방식으로 이해할 수 있습니다. 각자가 하나님의 은혜에 올바르게 반응하고 경건의 양육을 잘 받아 하나님을 잘 섬겼기 때문이라는 것입니다. 동시에 이 은혜는 하나님께서 그의 백성들에게 얼마나 자비로우신지를 잘 보여줍니다(*Inst.*, II viii 21).

4. 제3계명

너는 네 하나님 여호와의 이름을 망령되게 부르지 말라 여호와는 그의 이름
을 망령되게 부르는 자를 죄 없다 하지 아니하리라(출 20:7).

이 계명의 목적은, 하나님께서는 우리가 그분의 이름이 지닌 위엄을
높이 받들기를 바라신다는 것을 가르치는 데 있습니다. 칼뱅은 이것을
세 가지 측면에서 해석합니다.

첫째, 우리가 하나님에 대해 무엇을 생각하든, 우리 입으로 무엇을 말하든,
하나님의 위대하심을 맛볼 수 있어야 하고, 그의 거룩하신 이름의 높으심에
어울려야 하며, 끝으로 그분의 위대하심을 영화롭게 해야 한다. 둘째, 우리
는 하나님의 거룩한 말씀과 존귀한 신비들을 성급하게 혹은 왜곡하여 우리
자신의 야망이나 탐욕, 혹은 즐거움을 위해 남용해서는 안 된다. 오히려 그
것들에 하나님의 이름의 위엄이 새겨져 있는 만큼, 그것들을 우리들 안에서
존귀하게 여기고 소중하게 여겨야 한다. 마지막으로, 우리는 패역한 자들이
하나님을 대적하여 소리를 지르는 습관처럼 하나님의 역사를 깎아내리거나
훼손해서는 안 된다. 오히려 우리는 하나님께서 행하시는 것으로 인정되는
모든 것에 대해 그분의 지혜와 의와 선하심을 찬양하는 말을 해야 한다(*Inst.*,
II viii 22).

칼뱅은 이 문제와 관련하여 맹세盟誓의 문제를 다룹니다. 맹세란 우리
말의 진실성을 확증하기 위해 하나님을 증인으로 요청하는 것입니다.
여호와 하나님은 우리가 하는 맹세가 일종의 예배가 되기를 바라십니
다. 그렇다고, 모든 맹세를 하지 말라는 것이 아닙니다. 왜냐하면, 신앙

이나 사랑을 위한 맹세, 증인으로서의 맹세는 꼭 필요한 경우에 해당하기 때문입니다.

또한, 칼뱅은 하나님의 이름 대신 하나님의 거룩한 종들의 이름으로 맹세하는 당시의 행태에 대해서도 일침을 가합니다. 이것은 성인聖人의 이름으로 맹세하는 행태를 가리키는 것인데, 이것에 대해 칼뱅은 '사악하다'라고 평가합니다. 그리고 율법(신 6:13. 10:20, 출 23:13)이 오직 하나님의 이름으로 맹세하게 한 이유를 생각하라고 말합니다(*Inst.*, II viii 25).

맹세의 문제와 관련하여, 칼뱅은 재세례파 문제도 다룹니다. 그들은 모든 맹세를 예외 없이 정죄합니다. 그 근거는 예수 그리스도께서 맹세를 전면적으로 금지하셨기 때문이라는 것입니다(마 5:34, 37). 그러나 예수님의 말씀은 율법의 규범을 어기는 그런 맹세들만을 정죄하는 것입니다. 이런 점에서 거짓 맹세뿐만 아니라 쓸데없는 맹세도 금지됩니다.

우리의 현실에서, 맹세를 하지 않고 사는 것은 불가능합니다. 예수님은 당시에 사람들이 맹세의 책임을 회피하기 위해 하나님이 아닌 다른 것으로 맹세하지만, 결국 그분의 이름으로 공적이든, 사사로운 것이든 맹세하는 것임을 정확하게 알고 계셨습니다(마 5:34-35). 그러므로, 칼뱅은 다음과 같이 권면합니다.

이처럼 나는 맹세에 대해 다음과 같이 통제하는 것보다 더 나은 규율이 없다고 본다. 즉, 맹세는 성급해서도, 마구잡이로 해서도, 번드르르해서도, 하찮게 행해서도 안 된다. 오히려, 정당한 필요—주님의 영광을 옹호하거나 나아가 형제들의 덕을 세우기 위한 일—를 위해 행해야 한다. 그런 것이 바로 이 계명이 지닌 목적이다(*Inst.*, II viii 27).

5. 제4계명

안식일을 기억하여 거룩하게 지키라 엿새 동안은 힘써 네 모든 일을 행할 것이나 일곱째 날은 네 하나님 여호와의 안식일인즉 너나 네 아들이나 네 딸이나 네 남종이나 네 여종이나 네 가축이나 네 문안에 머무는 객이라도 아무 일도 하지 말라(출 20:8-10).

이 계명은, 우리 자신의 성향과 행위에 대해서는 죽은 상태로 하나님 나라에 대해 묵상해야 하며, 또 하나님께서 세우신 방식대로 그 묵상을 실천하라는 것입니다. 칼뱅은 세 가지가 이 계명의 준수와 깊은 관련이 있다고 주장합니다.

첫째, 하늘의 율법 제정자께서 제7일에 안식하라고 하심으로써, 이스라엘 백성에게 영적인 안식을 제시하셨습니다. 성도들은 영적으로 안식하면서, 자기들의 일을 제쳐두고 하나님께서 그들 속에서 일하시도록 해야 합니다. 둘째, 하나님께서는 이스라엘 백성들을 위해 한 날을 정하시고, 그들로 함께 모여 율법을 듣고 의례들을 행하게 하여, 혹은 최소한 하나님의 역사하심에 대해 구체적으로 묵상하는 일에 시간을 사용하여 경건의 훈련을 받게 하셨습니다. 셋째, 하나님은 종들과 다른 사람들의 권세 아래 있는 자들에게도 안식의 날을 주셔서, 그들이 어려운 노역에서 벗어나 조금이라도 쉴 수 있게 하셨습니다(*Inst.*, II viii 28).

우리가 주의를 기울여야 할 것은, 여호와 하나님께서 이 계명을 다른 계명과 달리 매우 엄격하게 명령하고 계시다는 점입니다. 실제로 다른 율법서에서도 이 안식일 준수 명령은 여러 번 반복됩니다. 그렇다면, 왜 안식일을 준수하라고 강하게 말씀하시는 걸까요?

칼뱅은 출애굽기 31장 13-17절에 나오는 말씀을 인용하면서, 안식

일이 하나님께서 자기 백성을 거룩하게 하시는 분이심을 인식하게 하는 '징표微標'라고 말합니다. 따라서, 성도들은 안식하면서 하나님께서 우리 안에서 일하시게 해야 하며, 또한 우리는 자신의 의지를 하나님께 드리고, 우리의 마음을 다스리며, 육신의 정욕들을 모두 내려놓아야 합니다(*Inst.*, II viii 29).

그런데, 계명에 따르면 안식일은 일곱째 날입니다. 칼뱅은 '일곱'이라는 수가 지닌 영원성과 완전성 외에도 다르게 해석할 수 있다고 제안합니다. 즉, 하나님께서는 일곱이라는 수를 통해, 마지막 날이 오기까지는 그 안식이 결코 완성되지 않을 것임을 보이셨다는 것입니다. 그러므로, 여호와께서는 일곱째 날을 통해, 그 백성들에게 마지막 날에 있을 그분의 안식의 완성을 대략적이나마 그려주셨습니다. 그럼으로써, 그들로 평생 그 안식을 끊임없이 묵상하게 하여 그 안식의 완성을 사모하게 만드셨습니다(*Inst.*, II viii 30). 그 안식의 참된 성취는 예수 그리스도를 통해 이루어졌습니다(*Inst.*, II viii 31).

하지만, 지금의 시대에서, 또한 개혁교회에서는 더 이상 일곱째 날을 안식일로 지키지 않습니다. 이것은 어떻게 이해해야 할까요?

먼저, 칼뱅은 지금도 적용해야 할 두 가지를 언급합니다: (1) 정해진 날에 모여 하나님의 말씀을 들으며, 신비의 떡을 떼며, 공적으로 기도해야 합니다. (2) 종들과 일꾼들을 노동에서 쉬게 해 주어야 합니다(*Inst.*, II viii 32). 그런데, '정해진 날'이란 무엇을 뜻할까요? 꼭 한 주의 첫째 날을 주일로 삼아야 될까요?

일단, 칼뱅은 우리가 날을 지키는 것은 유대인들이 날을 지키는 것과는 다르며, 오히려 유대교를 능가하는 면이 있다고 말합니다. 즉, 우리는 하나의 의식儀式으로서 날을 지키지 않습니다. 다만 교회에서 품위와 질서를 유지하는 데 필요한 하나의 방도이기 때문에 그날을 사용하는 것뿐입니다(*Inst.*, II viii 33). 그럼에도 불구하고, 현재의 주일을 안식일로 대체한 이유는, 주님이신 예수님께서 부활하심으로 참된 안식의 목적이 성취되었기 때문입니다(*Inst.*, II viii 34). 주님의 부활로 율법이 정한 안식일의 그림자가 종결되었기 때문에, 그리스도인들은 더 이상 그림자와 같은 의식을 고집하지 말아야 합니다. 이 부분에서 칼뱅은 매우 획기적인 제안을 합니다.

> 그러나 나는 교회를 그것에 속박시킬 만큼 '일곱'이라는 수에 집착하지는 않는다. 나는 만일 미신이 개입되지 않는다고 하면, 엄숙히 다른 날을 지정하여 모임을 갖고 있는 교회들을 정죄하지 않을 것이다. 만일 그 교회들이 단지 권징과 선한 질서를 유지하기만 한다면, 이것도 가능하다고 본다(*Inst.*, II viii 34).

다만, 칼뱅은 안식일 계명이 의도하는 목적들에 집중할 것을 당부합니다. 앞에서도 언급했지만, 첫째는 우리가 모든 일에서 벗어나 안식을 묵상하고 주님께서 그분의 영을 통해 우리 안에서 일하시게 해야 하며, 둘째는 하나님의 일에 대해 경건한 묵상을 부지런히 하되, 교회가 세운 정연한 질서를 함께 지키면서 말씀 청취와 공적 기도와 성례를 시행해야 하고, 셋째는 우리 밑에 있는 사람들을 가혹하게 억압하지 말아야 합니다(*Inst.*, II viii 34).

6. 제5계명

네 부모를 공경하라 그리하면 네 하나님 여호와가 네게 준 땅에서 네 생명이 길리라(출 20:12).

이 계명의 요지要旨는, 하나님께서 우리 위에 세우신 자들을 우러러보며, 그들을 '공경'과 '순종'과 '감사함'으로 대해야 한다는 것입니다 (*Inst.*, II viii 35). 칼뱅은 작은 따옴표로 표시된 것을 이 계명을 이루는 세 가지 부분이라고 합니다. 그리고 '공경'에는 합당한 의무들, 즉 물질적이고 정신적인 봉양의 의무까지 포함됩니다.

그런데, 이 계명에 붙은 약속을 어떻게 이해해야 할까요? 우리가 보기에는 효도를 극진히 하는 사람인데도 일찍 병사病死하거나, 사고로 유명幽明을 달리하는 사람도 있습니다. 칼뱅도 이런 경우가 있음을 인정합니다. 그래서 이 부분을 이렇게 해석합니다.

> 그러므로 이 약속은 유사하게 우리에게도 해당된다. 즉, 이 세상에서의 삶의 연장이 실제로 우리를 향한 하나님의 은택의 증거가 되는 한에서 그렇다. 왜냐하면, 우리에게나 유대인에게나 장수의 약속 그 자체는 복락을 의미하는 것이 아니기 때문이다. 그러나 경건한 자들에게는 장수가 하나님의 호의에 대한 일반적인 상징이 된다(*Inst.*, II viii 37).

따라서 부모를 참되게 공경하는 자는, 하나님께서 주신 삶의 조건 속에서 하나님의 자비하심을 그 수명을 통해 경험할 수 있게 됩니다. 그렇다면, 그 반대의 경우에는 어떻다는 것입니까? 완악하고 불순종하는 자녀들은 하나님의 저주를 면하지 못한다는 의미가 됩니다.

한편, 사도 바울은 에베소서 6장 1절을 통해 "주 안에서 공경하라!"고 명령합니다. 이것은 부모들을 세우신 분이 바로 여호와 하나님이시며 그들에게 자신의 존귀를 나누어 주신 분도 그분이심을 생각할 때 해결될 수 있습니다. 이에 따라 부모에게 순종하는 것은, 반드시 지극히 높으신 하나님 아버지를 경외하는 방향으로 나아가야 합니다. 이것은 이 시대에서 지도자나 상사^{上司}에 대해서도 마찬가지로 적용됩니다(*Inst.*, II viii 38). 하나님의 자녀들은 무조건 권위 아래 복종하는 것이 아니라, 주님의 뜻 안에서 분별하여 순종해야 하며, 결코 그들의 악^惡에 참여하거나 그 악을 돕는 자가 되어서는 안 됩니다.

7. 제6계명

살인하지 말라(출 20:13).

이 계명의 목적은, 여호와께서 인류를 일정한 통일성으로 묶어두셨기 때문에 각 사람마다 모든 사람의 안전에 주의해야 한다는 것에 있습니다. 즉, 다른 사람을 실제로 죽이는 것뿐만 아니라, 마음으로 죽여서도 안 되며, 동시에 형제의 생명을 구원하고자 하는 마음을 지녀야 할 것을 명령하고 있습니다(*Inst.*, II viii 39). 따라서 이웃의 안전을 해치는 어떤 일을 행하거나, 그런 일을 고의로 시도하거나, 그런 것을 바라거나 계획하는 경우도, 살인의 범죄를 지은 것이 됩니다. 더 나아가 칼뱅은 인간의 육체에 대해서도 이렇게 말씀하시는데, 다른 사람의 영혼의 안전에 대해서는 얼마나 더 수고해야 하는지를 생각하라고 말합니다(*Inst.*, II viii 40).

8. 제7계명

간음하지 말라(출 20:14).

이 계명은, 하나님께서 정숙^{貞淑}함과 순결^{純潔}을 좋아하시므로, 모든 부정不貞을 멀리하라는 뜻을 가지고 있습니다. 즉, 불결하고 추한 육체의 무절제한 정욕情慾으로 더럽혀서는 안 된다는 것입니다. 또한 우리는 우리의 모든 삶을 정결하고 절제 있게 만들어가야 한다는 명령이기도 합니다(Inst., II viii 41). 칼뱅은 모든 정욕이 다 음행을 향해 나아가는데, 이 음행은 몸에 흔적을 남기기 때문에 그 더러움의 정도가 가장 심하고 두드러진다고 말합니다(Inst., II viii 41). 그래서, 사람은 돕는 배필과 연합하여 살게 한 창조 질서를 따라 합법적인 결혼을 해야 한다고 주장합니다. 결혼 제도는 무절제한 정욕에 빠지지 않도록 지켜주는 필연적인 치유책이라고까지 말합니다.

> 이렇듯 결혼 외에는 남자가 여인과 동거하는 것을 하나님께서 저주하신다
> 고 하셨으니, 우리는 스스로 현혹되지 않도록 하자(Inst., II viii 41).

이것은 오늘의 시대적 흐름과는 매우 맞지 않는 내용입니다. 오늘날은 많은 남자와 여자가 처녀성(혹은 동정)을 수치로 여기는 경향이 있습니다. 하지만, 칼뱅은 이러한 멸시는 옳지 않고, 오히려 지켜야 할 덕德이라고 말합니다. 그래서 성적 절제性的 節制는 하나님의 은사이며, 독신獨身도 특별한 은사라고 주장합니다(Inst., II viii 42). 오늘날에는 이 독신의 개념이 성적 자유를 누리면서도 결혼하지 않은 사람을 포함하기도 하나, 칼뱅은 성경에 그런 개념은 없다고 단호하게 말합니다. 그리고 다음과 같이 강하게 권면합니다.

> 누구도 결혼을 자기에게 무익하거나 필요 없는 것으로 경솔하게 판단해서
> 는 안 된다. 누구도 아내 없이 살 수 있는 경우가 아니라면 독신을 동경해서
> 도 안 된다. 또한 육체의 안정과 편의를 위해 독신 생활을 해서는 안 되며…

오직 자신이 독신을 유지하기에 적합한 한도 내에서만 결혼을 삼가해야 할 것이다. 만일 욕망을 제어하는 데 실패할 경우에는, 주님께서 이제 결혼이라는 필연을 자신에게 부과하셨음을 인정하도록 하자(*Inst.*, II viii 43).

칼뱅이 이렇게까지 강하게 주장하는 이유는, 이 계명의 목적, 즉 정숙함에 대해 '몸의 정결과 마음의 순결이 함께 연합되어 있는 상태'로 규정하기 때문입니다(*Inst.*, II viii 43). 이에 따라, 결혼 관계 안에 있는 부부도 자기들에게 모든 것이 허용된다는 식으로 생각해서는 안 되고, 서로에게 진지하게 대하며, 결코 무절제하고 무가치한 관계를 만들어서는 안 됩니다(*Inst.*, II viii 44). 이것은 오늘날 부부이면서도 온갖 타락한 방종, 예컨대 불륜을 정당화하고, 그것보다 더 악한 일을 쾌락의 방편으로 이용하는 자들에게 경종을 울립니다. 칼뱅은 만일 부부간에도 존귀함과 절제를 넘어서 행한다면, 자기 배우자와 간음을 행하는 것이라고 따끔하게 지적합니다(*Inst.*, II viii 44). 칼뱅은 이 율법을 제정하신 하나님께서 우리의 소유자가 되시는데, 그분은 또한 영혼과 정신과 육체의 순전함을 요구하시는 분이심을 명심하라고 말합니다(*Inst.*, II viii 44).

9. 제8계명

도둑질하지 말라(출 20:15).

이 계명은, 하나님께서 불의를 가증하게 여기시므로, 각 사람이 소유한 것을 그 사람에게 돌려야 함을 가르치고 있습니다(*Inst.*, II viii 45). 동시에 이 계명은 각 사람이 자기의 소유물을 지닐 수 있도록 신실하게 도와야 한다는 의미가 담겨 있습니다. 칼뱅은 각 사람이 소유한 것은 우연하게 주어진 것이 아니라, 지극히 높으신 만유의 주께서 분배해 주신 것이라고 주장합니다(*Inst.*, II viii 45). 즉, 은사의 개념으로 접근합니다. 그러니 도둑질은 각자에게 소유를 배분하신 주님을 무시하는 행위가 됩니다. 칼뱅은 도둑질의 종류에 대해 이렇게 설명합니다.

> 자, 많은 종류의 도둑질이 있다. 하나는 폭력을 수반하는 경우, 즉 다른 사람의 물건을 강제로 그리고 억제되지 않는 약탈로 빼앗는 것이 있다. 두 번째는 사악한 간계奸計를 사용한 경우로서, 다른 사람의 재산을 기망欺罔으로 가로채는 경우다. 또 다른 것은 보다 은밀하고 교묘한 방법으로 이루어지는 경우로서, 겉으로는 합법적인 수단을 쓰는 것처럼 보이지만 실제로는 다른 사람의 재물을 탈취하는 것이다. 또한 아첨하여 도둑질하는 경우가 있는데, 선물을 주는 척 위장하고서는 다른 사람의 재물을 속여 빼앗는 것이다(*Inst.*, II viii 45).

이에 따라 비록 법정의 판결에 따라 재물을 합법적으로 취득했다 할지라도 하나님은 다르게 판단하신다고 경고합니다.

또한, 칼뱅은 재물뿐만 아니라, 권리 문제에도 이것을 적용합니다. 우리가 이웃에게 마땅히 이행해야 할 의무를 행하지 않으면, 결국 그것은 이웃의 재산을 횡령하는 것이 된다고 말합니다. 성경에 나오는 불의한 청지기에 대한 이야기들이 그와 같다고 할 수 있습니다.

> 자신의 부름에 수반되는 의무에 따라 다른 사람들에게 마땅히 해야 할 것을 하지 않는 사람은, 다른 사람의 것을 숨기며 사용하는 셈이 된다(*Inst.*, II viii 45).

그러므로, 우리에게 주어진 것으로 만족하고, 정직하면서도 합법적인 이익만을 얻도록 힘쓰는 것이 이 계명에 복종하는 것이 됩니다. 그런데, 이 땅에 살면서 우리가 그렇게 하지 않는 것도 중요하지만, 우리의 것을 불의한 방법으로 빼앗고자 하는 사람에게는 어떻게 응대해야 할까요? 칼뱅은 이렇게 말합니다.

> 만일 신실하지 못하고 속이는 사람들을 다루어야 한다면 그들과 다투기보다는 차라리 우리 것을 포기할 준비를 하도록 하자. 그리고 이것만 해서는 안 된다: 오히려 우리가 가진 풍성한 것들을 어려운 일로 압박을 받는 자들이 필요로 하는 데에 나누도록 하자(*Inst.*, II viii 46).

참으로 어려운 권면입니다. 하지만, 합법적인 수단을 사용하는 것을 금하는 것은 아닙니다. 다만 칼뱅이 의도하는 바는, 성도가 무엇보다 자신의 마음을 지키는 것입니다. 이에 따라, 칼뱅은 각자의 위치에서 자신이 해야 할 일을 성실하게 하는 것이 무엇보다 중요하다고 가르칩니다.

> 이런 이유로 백성들은 모든 통치자들을 존중하되, 인내함으로 그들의 통치를 견디며, 그들의 법과 명령들에 복종하며, 하나님의 호의를 상실하는 것이 아닌 한 아무것도 거부해서는 안 된다(롬 13:1 이하; 벧전 2:13 이하; 딛 3:1). 또한 통치자들은 자기의 일반 백성들을 보살펴야 하고, 공공의 안녕을 유지하며, 선한 자들을 보호하고 악한 자들을 벌해야 한다. 그래서 최고의 재판장이신 하나님 앞에서 자기들의 일에 대해 정산精算을 받는 것처럼 모든 일을 경영해야 할 것이다(신 17:19; 대하 19:6-7). 교회의 목사들은 신실하게 말씀의 사역자로서 섬겨야 하며, 구원의 교훈을 더럽히지 않고(고후 2:17), 하나님의 백성들에게 그것을 순결하고 정결하게 전해야 한다. 또한 그들은 사

람들을 가르치되, 교훈만이 아니라 삶의 모범을 통해서도 가르쳐야 한다. …
사람들은 그들을 하나님의 사자와 사도들로 영접하며, 최고의 선생께서 그
들에게 부여하신 명예를 드리고, 생활에 필요한 것들을 제공해야 한다(마
10:10 이하; 롬 10:15; 15:15 이하; 고전 9장; 갈 6:6; 살전 5:12; 딤전
5:17-18). 부모들은 하나님께서 위탁하신 자녀들을 양육하며, 다스리고, 가
르치되, 학대함으로 그들의 마음에 분을 일으키거나 부모에게 등을 돌리게
하지 말게 해야 한다(엡 6:4; 골 3:21). 다만, 부모로서의 성격에 어울리는 온
유함과 친절함으로 자녀들을 소중히 하고 품어주어야 한다. … 젊은이들로
노인을 공경하게 해야 하는데, 이는 주님께서 노인에게 합당한 존경을 돌리
기를 뜻하셨기 때문이다. 또한, 노인들은 젊은이들의 부족함을 그들보다 탁
월한 자신의 지혜와 경험으로 지도하되, 거칠고 시끄럽게 나무라지 말고, 부
드러움과 온유함으로 잘 타일러야 한다. 종들은 부지런함과 열심으로 주인
들에게 복종하되, 눈앞에서만 말고, 마치 하나님을 섬기듯 마음에서 우러나
와 복종해야 한다. 또한 주인들은 종들에게 까다롭게 대하거나 합당하지 않
은 엄함으로 억압하거나 학대해서는 안 된다(*Inst.*, II viii 46).

오늘날 현대 사회에서 '갑질 횡포'가 만연하는데, 우리 모두는 칼뱅
의 적용방법을 유념할 필요가 있습니다.

10. 제9계명

네 이웃에 대하여 거짓 증거하지 말라(출 20:16).

이 계명은, 진리이신 하나님께서 거짓을 미워하시기에 우리가 서로
속이지 말고 진실되게 행해야 한다는 것을 담고 있습니다. 우리는 남에

게 거짓된 혐의를 씌워 비방하거나 거짓으로 그 사람을 해치지 말아야 합니다. 여기에는 또한 진실을 증언하여 그 사람의 명예와 소유를 온전하게 보호해주어야 한다는 적극적인 의미도 포함되어 있습니다(*Inst.*, II viii 47).

칼뱅은 사람이 다른 사람의 잘못을 찾아내어 폭로하는 것을 큰 쾌감으로 느낀다는 것을 잘 알고 있습니다. 그리고 교묘하게 진실과 거짓을 섞어 상대방을 험담하기를 즐기면서, 자신은 결코 거짓말을 하는 것이 아니라고 하는 경향도 알고 있습니다. 그 사람은 그렇게 말하면서 자신의 책임에서 벗어나려고 하지만, 하나님은 오직 진실된 것만을 이웃을 위해 말하라고 명령하고 계십니다. 만일 남의 명예를 훼손시키고자 하는 악의와 방자한 욕심이 담긴 미움을 발한다면, 그는 결코 무죄하다고 평가되지 않을 것입니다. 또한 칼뱅은 상대방에게 쓰라린 조롱을 해놓고는, 마치 농담인 것처럼 행세하는 것도 안 된다고 선포합니다(*Inst.*, II viii 48). 이것은 오늘날 인터넷 댓글 게시판을 남용하는 모든 이들에게 주는 경고입니다.

11. 제10계명

네 이웃의 집을 탐내지 말라 네 이웃의 아내나 그의 남종이나 그의 여종이나 그의 소나 그의 나귀나 무릇 네 이웃의 소유를 탐내지 말라(출 20:17).

이 계명은, 하나님께서는 우리의 영혼 전체가 사랑으로 가득하기를 원하시므로, 사랑에 반대되는 모든 욕망을 우리 마음에서 제거해야 한다는 것을 담고 있습니다. 즉, 우리가 무엇을 생각하고, 계획하고, 바라고, 시도하든지, 그것이 이웃에게 선을 끼치고 유익이 되는 것이어야 합니다(*Inst.*, II viii 49).

칼뱅은 '탐심'은 의도적인 의지意志의 동의同意가 없이도 일어날 수 있다고 봅니다. 헛되고 악한 대상들에게 마음이 자극을 받거나 유혹을 받아도 저절로 생겨날 수 있는 것이 탐심입니다. 그리고 이것은 그 마음에 사랑이 텅 비어 있다는 것을 뜻합니다(*Inst.*, II viii 50).

어떤 사람은 탐심은 마음에 자리를 잡는 것이므로, 어지럽게 쉬 사라지는 공상空想은 죄가 되지 않는다고 하는데, 칼뱅은 그럴지라도 우리 마음을 사로잡으면서 동시에 탐욕으로 마음을 자극하고 찌른다면, 그것도 탐심으로 봅니다(*Inst.*, II viii 50). 결국, 이 계명은 우리 마음에 이웃의 것에 대해 어떤 악한 욕망도 품어서는 안 된다는 것을 의미합니다.

그리스도의 가르침의 조명 속에서 본 십계명의 원리(51-59)

이제 율법 전체의 목적을 정리하는 것이 쉽게 될 것입니다. 그것은 의義를 실현하여 하나님의 순결하심을 본받아 합당한 인간의 삶을 형성하게 하는 것입니다. 하나님께서 율법에 자신의 성품을 기술해 놓으셨기에, 누구든지 그 명령하는 바를 행동으로 실천하게 되면, 그것은 곧 자신의 삶 속에서 하나님의 형상을 표현하는 것이 됩니다(*Inst.*, II viii 51). 사람은 이런 거룩한 삶을 통해 하나님과 연결되며, 또한 하나님께 밀착됩니다.

그런데, 이 율법은 우리가 잘 아는 바대로, 두 가지로 압축됩니다: "너는 마음을 다하고 뜻을 다하고 힘을 다하여 네 하나님 여호와를 사랑하라"(신 6:5)와 "네 이웃 사랑하기를 네 자신과 같이 사랑하라"(레 19:18). 이것은, 먼저 우리의 영혼이 하나님에 대한 사랑으로 가득 차 있어야 하며, 그런 다음 거기서 이웃에 대한 사랑을 공급받아야 함을 뜻합니다. 그러므로 사도 바울은 이렇게 말했습니다: "이 교훈의 목적은 청결한 마음과 선한 양심과 거짓이 없는 믿음에서 나오는 사랑이거늘"(딤전 1:5). 즉, 선한 양심과 거짓이 없는 믿음이야말로 참된 경건이며, 사랑은 그것으로부터 흘러나오는 것입니다(Inst., II viii 51).

그러면, 마태복음에서 예수님이 "정의와 긍휼과 믿음"이 "율법의 더 중한 바"라고 하신 이유는 무엇입니까?(마 23:23) 또한, 왜 주님은 자신을 찾아온 젊은이에게 율법 중 십계명의 두 번째 돌판에 대한 것만 언급하셨습니까?(마 19:18-19) 이에 대해 칼뱅은 다음과 같이 말합니다.

이것은 실제로 잘 알려진 사실이다: 선지자들은 율법을 준수할 것을 말할 때, 일반적으로 둘째 돌판에 치중한다. 왜냐하면, 거기에서 의와 온전함에 대한 열정을 특별히 볼 수 있기 때문이다(Inst., II viii 52).

즉, 하나님을 참되게 경외하는 증거들이 사랑에서 나오는 행위이기 때문에 예수님께서 그렇게 말씀하신 것입니다. 따라서, 예수님이 둘째 돌판에 대한 것만 말씀하셨을지라도, 이미 그 속에는 첫째 돌판의 내용이 전제되어 있습니다.

그렇다면, 우리의 삶이 모든 면에서 우리 형제들을 위해 가장 많은 결실을 맺을 때, 우리의 삶이 하나님의 뜻과 율법의 명령에 부합되는 것임을 알 수 있습니다(Inst., II viii 54). 그래서 칼뱅은 이렇게 말합니다.

할 수 있는 한, 자기 자신을 위해서는 덜 힘쓰며 사는 사람이 가장 최상의 거룩한 삶을 살게 된다. 그리고 오로지 자신만을 위해 살고자 애쓰며, 오직 자신의 유익만을 생각하고 추구하는 삶만큼 악하고 추한 것은 없다(Inst., II viii 54).

그러면, '내 이웃'의 범위는 어디까지일까요? 칼뱅은 사랑의 감정에 있어서는 온 인류 전체를 포용해야 한다고 주장합니다. 왜냐하면 모든 사람을 볼 때, 그들 자신으로서가 아니라 하나님 안에서 바라보아야 하기 때문입니다(*Inst.*, II viii 55).

하지만, 내 원수까지도 사랑해야 합니까? 우리는 이미 이에 대한 답을 알고 있습니다. 칼뱅은 이렇게 대답합니다.

> 왜냐하면, 그리스도께서 이렇게 말씀하시기 때문이다: "너희가 너희를 사랑하는 자를 사랑하면 무슨 상이 있으리요? 세리도 이같이 아니하느냐? 또 너희가 너희 형제에게만 문안하면 남보다 더하는 것이 무엇이냐? 이방인들도 이같이 아니하느냐?"(마 5:46-47; 눅 6:32; 마 18:17 참조). 하늘 나라의 기업을 다 **뺏**기고 그저 그리스도인이라는 이름만 우리에게 남아 있다면, 무척이나 행복하겠다(*Inst.*, II viii 57)!

주님은 우리에게 권면을 하신 것이 아니라 "원수를 사랑하라!"고 명령을 하셨습니다. 그럼에도, 사람의 본성은 자꾸 자신의 책임을 줄이려 하고 전가하려는 나쁜 속성을 가지고 있습니다. 그래서 만들어진 논리가 '대죄大罪'와 '소죄小罪'를 구분하는 것입니다. 여기서 말하는 '소죄'는, 고의적인 동의가 따르지 않는 일순간의 욕망에 따른 행위입니다. 이것은 죽음 이후에도 '연옥煉獄'이라는 가상의 공간을 만드는 데까지 악용이 됩니다. 이 문제에 대해 칼뱅은 단호하게 대답합니다.

> 하나님께서 명하신 법 중에서 가장 작은 것일지라도 범하면, 하나님의 권위를 무시하는 것이 된다. … 만일 하나님께서 율법에 자신의 뜻을 드러내셨다면, 그 율법에 반대되는 것은 무엇이든 하나님을 기쁘시게 하지 못한다. …

하나님은 이렇게 말씀하신다: "범죄하는 그 영혼은 죽으리라"(겔 18:4, 20).
… "죄의 삯은 사망이요"(롬 6:23)(*Inst.*, II viii 59).

그러므로, 우리는 칼뱅이 인용한 아우구스티누스의 다음 말을 마음에 새겨 율법의 목적에 참여해야 하겠습니다.

죄의 무게를 따질 때, "그릇된 저울을 가져다 놓고 우리 자신의 의견을 따라 우리가 기뻐하는 대로 우리가 기뻐하는 것을 달아놓고 '이것은 무겁다, 이것은 가볍다'라고 하지 말자. 다만, 우리는 성경이라는 하나님의 저울을 주님의 보물창고에서 가져다 놓자. 그리고 그것으로 무엇이 더 무거운지를 재도록 하자. 아니, 잴 필요가 없다. 주께서 이미 달아놓으신 것을 인정하도록 하자"(*Inst.*, II viii 58).

제9장 | 그리스도는 율법 아래에서 유대인들에게 알려지셨을지라도, 오직 복음 안에서 더욱 분명히 알려지셨다

이제 우리는 다시 그리스도에게로 초점을 맞추어야 하겠습니다. 율법을 살펴보았으니 이제 우리가 생각해야 할 것은, 율법과 그리스도와의 관련성입니다. 우리는 앞에서 율법의 목적을 살펴보았고, 십계명을 통해 하나님께서 하나님의 백성들에게 요구하시는 삶에 대해 살펴보았습니다. 문제는, 우리가 그 율법의 내용을 지킬 수 있는가 하는 것입니다. 이것은 나중에 칭의 교리를 다룰 때도 언급될 문제이지만, 미리 답한다면, 우리는 그렇게 할 수 없습니다. 율법을 지킴으로 얻을 수 있는 의가 있지만, 우리는 그 의를 이룰 수 없습니다. 그렇기에 예수 그리스도가 절대적으로 필요합니다. 오직 그리스도만이 율법을 완전히 이루셨기 때문입니다. 그렇다면, 율법은 이제 어떤 의미가 있을까요?

일단, 칼뱅은 율법을 통해 각종 제사 규정과 자기 백성을 구별한 것이 결코 헛된 것이 아니라고 말합니다. 더 나아가 하나님께서는 옛날에도 현재와 같이 자신을 충만하게 나타내셨다고 합니다(*Inst.*, II ix 1). 그렇지 않았다면, 하나님께서는 자기 백성들에게 지속적으로 율법을 지키라고 말씀하지 않으셨을 것입니다. 그럼에도 불구하고, 복음은 더욱 하나님을 드러냅니다. 그렇기에 현재 우리는 더 풍성한 은혜를 누리고 있는 셈입니다.

> 이러한 이유로 베드로는 다음과 같이 말한다: "선지자들이 이 구원에 대해 살피고 부지런히 연구하였다." 그리고 그것이 이제 복음으로 인하여 분명하게 드러났다고 말씀한다(벧전 1:10). 또한 "그것이 그들에게 계시된 것은 그들 자신이나 그들의 시대를 섬기기 위한 것이 아니라, 바로 우리, 곧 복음으로써 선포된 것들을 통해 우리를 섬기기 위한 것이었다"고 말씀한다(벧전 1:12). … 그들은 그것에 대해 살짝 맛을 보았다. 그러나 우리는 그것을 더욱 풍성하게 누리고 있다(*Inst.*, II ix 1).

그러면, 예수 그리스도가 오기 전의 족장들과 선지자들은 아무런 유익도 없는 것일까요? 칼뱅은 이렇게 대답합니다.

> (요한복음 1장 18절을 언급하고 난 뒤) 그렇다고 해서 그리스도 이전에 죽은 경건한 자들이 그리스도로부터 비치는 그 지식과 빛의 교제에서 제외되는 것은 아니다. 하지만 그들의 분깃을 우리의 것과 비교해 볼 때, 그(세례 요한)가 가르치는 바는 그들이 희미하게 윤곽만을 살짝 엿보고 지나간 그 신비들

이 우리에게는 밝히 드러나고 있다는 것이다(*Inst.*, II ix 1).

이 내용을 볼 때, 복음이야말로 그리스도의 신비를 분명히 드러낸다고 할 수 있습니다(딤후 1:10). 그러나 오늘날의 성도라도 착각해서는 안 됩니다. 비록 복음을 통해 그리스도의 신비와 구원의 총체가 분명하게 다 드러났지만, 그렇다고 해서 그리스도께서 베푸신 은혜 모두를 우리가 다 소유하고 있지는 않습니다. 그것은 그리스도께서 다시 오실 때 이루어질 것입니다. 우리는 믿음으로 그때를 바라보며 기다려야 합니다.

나는 진정으로 그리스도를 믿으면 우리가 그 즉시 사망에서 생명으로 옮겨지는 것을 인정한다. 그러나 동시에 우리는 요한의 말씀을 꼭 기억해야 한다: "우리가 지금은 하나님의 자녀라 장래에 어떻게 될지는 아직 나타나지 아니하였으나 그가 나타나시면 우리가 그와 같을 줄을 아는 것은 그의 참모습 그대로 볼 것이기 때문이니"(요일 3:2). 그러므로 비록 그리스도께서는 지금 복음 안에서 우리에게 영적인 유익들을 충만하게 주실지라도, 그것을 완전히 누리는 일은, 우리가 썩어질 육체를 벗고 우리보다 앞서 가신 그리스도의 영광으로 변화될 때까지, 소망의 보호 아래 감추어져 있다(*Inst.*, II ix 3).

그리고 율법과 복음의 관계에 대해서도 이렇게 말합니다.

그러나 복음은 구원에 관하여 완전히 다른 방법을 제시할 만큼 온전한 율법을 대체하지는 않았다. 오히려, 복음이 확증하고 만족시킨 것은 율법이 약속한 바였으며, 또한 복음은 그림자에게 실체를 제공하였다(*Inst.*, II ix 4).

이로써, 율법과 복음은 명료함의 차이만 있을 뿐이라는 것을 알 수 있습니다.

제10장 | 구약과 신약의 유사점

앞에서 율법과 복음의 관계에 대해 다루었지만, 이것은 또한 구약과 신약의 관계에도 적용됩니다. 이는 구약 하면 율법이 생각나고, 신약 하면 복음이 생각나기 때문입니다. 그런데, 이제 우리는 하나님께서 창세 이후 자신이 특별한 백성으로 취하신 모든 사람들은 동일한 조건과 말씀 아래에서 언약 관계 속으로 받아들여졌음을 알게 되었습니다. 시행의 양상이 다를 뿐, 실제로는 하나요 동일합니다(*Inst.*, II x 1). 그럼에도 신약의 사람들이 이 땅에 오신 그리스도로 말미암아 구약의 사람들보다 훨씬 풍성한 은혜를 경험했다고 할 수 있습니다. 다만, 여기서는 구약과 신약의 유사점에 대해 간략하게 살펴보고 다음 장에서 차이점을 살펴보도록 하겠습니다. 칼뱅은 유사점에 대해 세 가지 요점을 제시합니다.

첫째, 우리가 견지해야 할 것은 육신적인 번영과 행복이 유대인들이 열망하는 목표가 아니었다는 것이다. 오히려 그들은 불멸에 대한 소망으로 받아들여졌다. 그리고 이 받아들여짐에 대한 보증이 그들에게 신탁들, 곧 율법과 선지자들의 글을 통해 증명되었다. 둘째, 그들을 여호와 하나님과 결속시켜 준 언약은, 그들 자신의 행위의 공로가 아니라 오직 그들을 부르신 하나님의 긍휼하심을 통해 뒷받침되었다. 셋째, 그들은 그리스도를 중보자로 소유하고 또한 알고 있었다. 곧 그분을 통해 그들은 하나님과 연합되고 또 그분의 약속들에 참여하게 되었다(*Inst.*, II x 2).

우리가 분명히 알아야 할 것은, 구약의 근거도 하나님의 은혜라는 것입니다. 그래서 칼뱅은 이렇게 말합니다.

> 만일 여호와께서 그분의 그리스도를 나타내심으로써 옛날의 맹세를 이행하셨다면, 누구든지 구약은 언제나 그 목표를 그리스도 안에서와 영생 안에서 갖고 있었다고 말하지 않을 수 없다(*Inst.*, II x 4).

칼뱅은 이렇게 함으로써 구약의 족장들과 성도들도 생명의 언약에 참여했다고 주장합니다. 그 증거 중 하나는 이것입니다: 하나님은 아브라함과 이삭과 야곱이 죽은 지 오랜 후에, 시내산에서 모세에게 자신을 나타내시며, 자신이 그들의 하나님이라고 말씀하셨습니다(출 3:6). 이것을 토대로 칼뱅은 이렇게 말합니다.

> 이로부터 다음과 같은 결론을 내리는 것은 쉬운 일이다. 곧 그들은 죽음과 생명의 심판자이신 하나님의 보호와 보살피심과 비호하심 속에 받아들여진 자들인데, 심지어 죽음으로도 소멸되지 않는다는 것이다(*Inst.*, II x 9).

그렇다면, 믿음의 조상들이 오늘날 우리에게도 좋은 신앙의 모범이 될 수 있다는 것은 분명합니다. 그들은 모두 현세를 넘어 내세를 바라보았고, 하나님의 약속이 이루어질 것을 믿고 그 날이 이루어질 때까지 현실을 인내하였습니다. 그래서 칼뱅은 결론적으로 다음과 같이 말합니다.

> 그리스도 주님께서 그를 따르는 자들에게 오늘날 '하나님의 나라'를 약속하시는 것은 '아브라함과 이삭과 야곱과 함께 식탁에 앉는' 것과 다른 것이 아니다(마 8:11)(*Inst.*, II x 23).

제11장 | 구약과 신약의 차이점

이제는 구약과 신약의 차이점을 살펴보도록 하겠습니다. 칼뱅은 차이점이 분명히 있다고 말합니다. 하지만, '성경의 통일성' 안에서 차이점을 살펴보아야 한다고 권면합니다. 실제로 차이점은, 앞에서도 언급했지만, 그리스도를 토대로 하고 있는 본질에 관한 것이 아니라 '시행 방식'에 관한 것입니다. 칼뱅은 이 차이점을 몇 가지로 정리하고 있습니다.

첫째, 여호와 하나님께서는 과거 자신의 백성들이 하늘에 있는 기업에 마음을 두고 소망을 둘 수 있도록, '이 땅의 혜택들을 통해' 양육하셨습니다. 그러나 지금은 복음을 통해 미래의 생명의 은혜가 분명하게 드러났기 때문에, 그런 저급한 방식을 버리시고 은혜를 직접 묵상하도록 우리의 마음을 이끄십니다(Inst., II xi 1). 이 점에서 이 땅에서 누리는 복락과 형벌은 미래의 모형에 불과합니다.

둘째, 구약과 신약은 '상징'에 있어 차이가 있습니다. 구약은 실체가 없고 다만 약간의 형상과 그림자를 보여줄 뿐인데, 신약은 진리의 실체 그 자체를 계시해 주고 있습니다(Inst., II xi 4). 율법은 외형적이며 육체적인 의義의 행위를 규정했지만, 율법으로는 그것을 지키는 자들의 양심을 깨끗하게 할 수 없었고 오로지 복음 안에서 나타나는 더 나은 소망에로 인도할 뿐이었습니다. 이것이 분명해질 때까지 하나님은 모세를 통해 의식들을 지정해 주셨는데, 이 의식들이 바로 그 확증을 눈으로 경험할 수 있는 엄숙한 상징들이었습니다(Inst., II xi 4). 그러나 예수 그리스도의 피라는 진정한 상징이 나타났기 때문에 더 이상 과거의 상징들은 의미가 없게 되었고, 십자가로 폐지가 되었습니다.

셋째, 칼뱅은 예레미야서 31장 31-34절[2]과 고린도후서 3장 6-11절[3]을 비교하면서 다음과 같이 말합니다.

이 말씀들에 의거하여 사도는 율법과 복음을 비교하는데, 율법은 문자로 된 것이지만 복음은 영으로 된 것이며, 율법은 깎은 돌판에 쓴 것이지만 복음은 사람의 마음판에 쓴 것이며, 율법은 죽음을 전하지만 복음은 생명을 전하는 것이며, 율법은 정죄에 대한 것이지만 복음은 의에 대한 것이며, 율법은 없어질 것이지만 복음은 영구할 것이다(고후 3:6-11)(*Inst.*, II xi 7).

넷째, 이것은 세 번째 것에서 발생합니다. 구약은 사람의 마음에 두려움을 만들기에 그것을 가리켜 '종노릇'에 속하는 것으로 말해지나, 신약은 신뢰와 확신을 갖게 하기 때문에 '자유'에 속한다고 말해집니다(*Inst.*, II xi 9). 그러나 오해하지 말 것은, 다시 강조하지만, 창세로부터 하나님께서 특별히 선택하신 성도들은 우리와 함께 영원한 구원에 이르는 동일한 은총을 누려왔다는 것입니다(*Inst.*, II xi 10). 그리하여 거룩한 족장들도 새 언약에 참으로 참여하였다고 말해야 합니다.

다섯째, 그리스도께서 오시기까지 하나님은 한 민족을 구별하셔서

---

2 "여호와의 말씀이니라 보라 날이 이르리니 내가 이스라엘 집과 유다 집에 새 언약을 맺으리라. 이 언약은 내가 그들의 조상들의 손을 잡고 애굽 땅에서 인도하여 내던 날에 맺은 것과 같지 아니할 것은 내가 그들의 남편이 되었어도 그들이 내 언약을 깨뜨렸음이라 여호와의 말씀이니라. 그러나 그 날 후에 내가 이스라엘 집과 맺을 언약은 이러하니 곧 내가 나의 법을 그들의 속에 두며 그들의 마음에 기록하여 나는 그들의 하나님이 되고 그들은 내 백성이 될 것이라 여호와의 말씀이니라. 그들이 다시는 각기 이웃과 형제를 가리켜 이르기를 너는 여호와를 알라 하지 아니하리니 이는 작은 자로부터 큰 자까지 다 나를 알기 때문이라 내가 그들의 악행을 사하고 다시는 그 죄를 기억하지 아니하리라 여호와의 말씀이니라."

3 "그가 또한 우리를 새 언약의 일꾼 되기에 만족하게 하셨으니 율법 조문으로 하지 아니하고 오직 영으로 함이니 율법 조문은 죽이는 것이요 영은 살리는 것이니라. 돌에 써서 새긴 죽게 하는 율법 조문의 직분도 영광이 있어 이스라엘 자손들은 모세의 얼굴의 없어질 영광 때문에도 그 얼굴을 주목하지 못하였거든, 하물며 영의 직분은 더욱 영광이 있지 아니하겠느냐. 정죄의 직분도 영광이 있은즉 의의 직분은 영광이 더욱 넘치리라. 영광되었던 것이 더 큰 영광으로 말미암아 이에 영광될 것이 없으나, 없어질 것도 영광으로 말미암았은즉 길이 있을 것은 더욱 영광 가운데 있느니라."

그 민족에게 그분의 은혜의 언약을 베푸셨지만, 지금은 모든 민족에게 그 은혜의 언약을 베푸십니다(*Inst.*, II xi 11).

이런 차이점 때문에 혹 "하나님이 변덕스러운 분이 아니냐?"라고 질문할 수 있습니다. 하지만, 그분의 목적과 계획은 변함이 없습니다. 다만, 시대에 따라 사람들에게 적용하시려고 적절하고 합당한 표지標識를 사용하여 외형적인 형식과 방법에 변화를 준 것뿐입니다. 성도들은 언제나 하나님의 변함 없으시고 신실하신 성품을 신뢰해야 합니다.

제12장 │ 그리스도께서는 중보자의 사역을 성취하시기 위해 사람이 되셔야 했다

구약과 신약 모두 그리스도께서 중심되는 분이심을 알았으니, 이제는 왜 그리스도께서 참 하나님이시며 참 인간이셔야 했는지에 대해 살펴보도록 하겠습니다. 먼저, 칼뱅은 이것이 단순한 필연성보다는 자비하신 하나님께서 '우리의 구원을 위해' 영원한 작정(作定: decree)을 하셨기 때문이라고 말합니다(*Inst.*, II xii 1). 이것은 우리가 자신의 구원을 위해 아무것도 할 수 없는 절망적인 상황에 기인합니다.

하나님의 위엄 그 자체가 우리에게 내려오지 않으셨다면 상황은 확실히 희망이 없었을 것이다. 왜냐하면, 우리에게는 그분께 올라갈 능력이 없기 때문이다. 그래서, 하나님의 아들이 우리를 위해 "임마누엘, 곧 우리와 함께 하시는 하나님"(사 7:14; 마 1:23)이 되시는 것이 필요했다. 또한 그렇게 그분의 신성神性과 우리의 인성人性이 연합하여 하나가 될 필요가 있었다. 그렇지 않았다면, 우리가 아무리 가까워지고, 하나님과 충분히 친근하다 해도, 우리가 소망하는 바 하나님께서 우리와 함께 거하시는 것만큼은 가깝지 못했을 것이다. 우리의 부정함과 하나님의 완전한 순전함 사이에 있는 차이가 그만큼 컸다(*Inst.*, II xii 1)!

이에 따라, 칼뱅은 하나님의 아들이신 예수님이 사람의 아들이 되셔서 그분의 것을 우리에게 은혜로 베푸시지 않으셨다면, 아무도 우리를 구원할 수 없었을 것이라고 담대하게 선포합니다(*Inst.*, II xii 2). 이것이 우리가 하나님과 화목하기 위한 첫 번째 조건입니다. 두 번째 조건은, 사람이 불순종으로 인해 잃어버린 상태가 되었기 때문에 순종으로 그것을 시정하고, 하나님의 심판을 만족시키며, 죄에 대해 형벌을 치루는 것입니다(*Inst.*, II xii 3).

요컨대, 하나님만으로는 죽음을 느끼실 수가 없고, 사람만으로는 죽음을 이기실 수가 없었으므로, 그분은 인성과 신성을 함께 취하셔서, 속죄를 위해 자신의 인성의 연약함을 죽음에 내어주시고 또한 신성의 권능으로 죽음과 싸우셔서 우리를 위해 승리를 얻고자 하셨다(*Inst.*, II xii 3).

그런데, 어떤 이들은 우리의 구원을 위해 그리스도께서 육체를 입으신 것도 맞지만, 구원받아 안전한 상태에 있는 사람들에게 그분의 사랑을 보여주시기 위해서도 육체를 입으셨다고 하며 사족蛇足을 덧붙입니다. 칼뱅은 이러한 논리에는 만족하지 못하는 타락한 인간의 본성이 숨겨져 있다고 하면서, 하나님의 변함없는 규례에 그 모든 것이 통합되어 있다고 강조합니다(*Inst.*, II xii 5). 또한 쓸데없는 사변思辨에 대해서도 경고합니다. 그런 사람들의 대표적인 예로 칼뱅은 '오시안더'(Osiander: 1498~1552)라는 사람을 듭니다. 그는, 만일 아담이 본래의 상태에서 타락한 일이 없었더라도 그리스도께서는 여전히 사람이 되셨을 것이며, 사람이신 그리스도를 하나님의 마음에서 이미 알고 계셨기 때문에, 그를 모형으로 삼아 사람들을 지으신 것이라고 경솔하게 주장했습니다. 칼뱅은 이에 대해, '구속救贖'의 사명을 뺀 그리스도는 생각할 수 없으며(*Inst.*, II xii 5), 하나님의 아들은 인간의 육체를 취하시지 않아도 하나님의 형상이 그의 몸과 영혼 속에서 빛났을 것이라고 답변합니다(*Inst.*, II xii 7).

이에 따라 우리가 알아야 할 것은, 성경에 제시된 내용 이외의 것을 그럴듯하게 포장하여 상상해서 이론들을 만들어내는 것은 완전히 무익한 일이라는 것입니다. 그러므로, 칼뱅은 하나님의 자녀들은 다음의 말씀으로 양육받는 것만으로 족하다고 강조합니다: "때가 차매 하나님이 그 아들을 보내사 여자에게서 나게 하시고 율법 아래에 나게 하신 것은 율법 아래에 있는 자들을 속량하시고 우리로 아들의 명분을 얻게 하려 하심이라"(갈 4:4-5)(*Inst.*, II xii 7).

제13장 ㅣ 그리스도께서는 인간 육체의 참 실체를 취하셨다

이 장에서는 그리스도께서 육체를 입으시고 어떻게 중보자의 직분을 수행하셨는가를 다룹니다. 그런데, 이단 마르시온Marcion을 따르는 사람들은, 그리스도는 실제로 육체로 오시는 것이 아니라 단지 '그렇게 보였을 뿐'이라고 주장했고, 마니교도들은 이 세상의 육체가 아닌 '천상의 육체를 입었다'고 주장하였습니다(*Inst.*, II xiii 1). 이들이 이렇게 주장하게 된 이유는, 아무리 생각해도 그리스도께서 인간의 육체를 가진 사람으로서 아무런 죄도 짓지 않은 것이 이해가 되지 않았기 때문입니다.

그러나 우리의 죄가 진정으로 사해지기 위해서는 하나님 아버지께서 그리스도에게 부여하신 모든 것들이 우리와 관련이 되어야만 합니다. 그리스도의 육체성도 마찬가지입니다. 또한 그리스도께서 육체를 입으신 데는 한 가지 이유가 더 있습니다. 사도 바울은 그리스도의 낮아지심을 우리에게 하나님 아버지께 마땅히 복종해야 할 것을 모범으로 보이신 것으로 해석합니다(빌 2:5-7). 즉, 이것은 그리스도께서 육체로 나타나신 것보다 우리가 하나님 아버지 앞에서 어떻게 처신해야 하는지를 배워야 한다는 취지입니다(*Inst.*, II xiii 2). 낮아짐이 없으면 결코 높아짐은 있을 수 없기 때문입니다. 당연히 성도들도 하나님께서 낮추실 때, 낮아질 수 있어야 합니다. 그럼에도 많은 이단들은 그리스도의 육체성 자체에 의문을 제기하며 논쟁을 유도합니다. 칼뱅은 성도들의 유익을 위해 이런 반대자들을 방치할 수 없어서 그들이 주장하는 것을 차례로 반박합니다.

첫째, 동정녀 탄생과 관련된 반론들에 대한 반박입니다. 반대자들은 이것을 '알레고리'(Allegory, 비유)로 이해합니다. 그러나 성경은 단호히 그리스도께서 육체로 오셨음을 여러 군데 확증하고 있습니다. 특히 족보와 관련하여, 마태복음은 요셉의 족보를 따라 그리스도께서 육체로 오셨음을 강조하고, 누가복음은 남편과 같은 유다 지파에 소속된 마리아의 족보를 언급함으로써 그리스도께서 참으로 인간으로 오셨음을 강조합니다. 또한 후자는, 이방인들이 혹시나 갖게 되는 다른 오해, 마리아의 신분에 대한 오해까지도 불식시킵니다. 왜냐하면, 당시 노예들은 남자 쪽이 아니라 여자 쪽을 따라 신분이 결정되기 때문입니다. 이것은 그리스도께서 여자의 몸에서 나실 것이라는 성경의 예언을 성취함과 동시에 자신의 자유로 하나님의 뜻에 복종한 한 여인의 몸을 통해 분명히 오셨음을 확증하는 효과가 있습니다.

둘째, 그리스도께서 정말로 죄가 없으셨는가에 대한 반박입니다. 인간은 죄를 지을 수밖에 없으므로, 육체를 입으신 그리스도께서 정말로 죄가 없을 수 있는가를 사람들은 끊임없이 의심합니다. 그래서 성경은, 마리아가 남자와 동침하지 않았고, 성령으로 잉태되었다고 분명히 기술하고 있습니다. 그러면서도 그리스도께서 신성神性을 유지하고 계신 것에 대해 칼뱅은 다음과 같이 말합니다.

> 비록 말씀이 그분의 헤아릴 수 없는 본질 안에서 사람의 본성과 연합하여 한 인격이 되셨지만, 우리는 그분이 그 속에 갇히게 되었다고는 생각하지 않는다. 여기에 놀라운 무언가가 있다: 하나님의 아들이 하늘로부터 내려오셨지만 그로 인하여 하늘을 떠나신 것이 아니며, 그분이 동정녀의 몸에서 나시고 이 땅을 다니시다가 십자가에 달리시기를 원하셨지만, 그분은 태초부터 그랬던 것처럼 계속 세상을 채우고 계셨다(*Inst.*, II xiii 4)!

제14장 ㅣ 어떻게 중보자의 두 본성이 한 위격(位格)을 이루는가?

이 장에서는 앞장에서 다 다루지 못했던 그리스도의 성육신이 담고 있는 신비神祕에 대해 기술하고 있습니다. 삼위일체三位一體 교리만큼이나 매우 이해하기 어려운 부분이기도 합니다. 하지만, 성도들은 믿음으로 받아들이며, 그 이치를 수용하도록 주의를 기울여야 합니다. 가급적 핵심만 추려서 정리하도록 하겠습니다.

먼저 칼뱅이 성육신에 대해 말하는 것을 보십시오.

다른 한편으로, "말씀이 육신이 되셨다"(요 1:14)라는 진술을, 말씀이 육신으로 변했다거나 육신과 뒤섞여 혼합되었다는 의미로 이해해서는 안 된다. 오히려 이것이 의미하는 바는, 말씀이 스스로 동정녀의 몸을 자신이 거할 성전으로 선택하셨기 때문에, 하나님의 아들이신 그분이 사람의 아들이 된 것이다. 이것은 본질의 혼합으로 된 것이 아니라, 위격(位格)의 연합으로 된 것이다. 이로써 우리는 그리스도의 신성과 인성이 그렇게 연결되고 연합하였지만, 그 각각의 본성이 손상되지 않고 그대로 보존되었고 그러면서도 두 본성이 한 그리스도를 이루었다고 주장한다(*Inst.*, II xiii 1).

칼뱅은 이 신비를 사람을 통해 설명하고자 합니다.

만일 이 지극히 큰 신비와 유사한 것을 인간사에서 찾고자 한다면, 가장 잘 들어맞는 것으로 사람의 그것, 즉 사람이 두 본질로 이루어져 있다는 것이다. 이 두 가지는 어느 쪽도 각기 자기의 고유한 본성을 유지하지 못할 만큼 서로 혼합되어 있지 않다. 왜냐하면 영혼은 육체가 아니며, 또한 육체는 영혼이 아니기 때문이다. 그러므로, 어떤 것은 육체에는 적용되지 않고 영혼에만 배타적으로 해당되는 것들이 있으며, 육체에 대해서도 영혼에게는 적합하지 않는 것들이 있다. 또한 완전히 부적절한 경우를 제외하고서, 영혼이나 육체에게 구별되어 적용되지 않고, 전인(全人)에 해당되는 것들이 있다. 마지막으로, (때때로) 영혼의 특성이 육체에 전해지고, 육체의 특성이 영혼에게 전해지기도 한다. 하지만, 이 두 부분으로 되어 있는 사람은 한 사람이지 여럿이 아니다(*Inst.*, II xiv 1).

성경은 그리스도 안에 두 본성이 연합되어 있음을 매우 조심스럽게 표현하는 나머지, 때로는 서로 교환시키기까지 하고 있습니다. 이것을 두고 옛날 교부들은 '속성의 교류'(communicatio idiomatum, ἰδιωμάτων κοινωνία)라는 어려운 말을 사용하였습니다. 연관된 성경의 내용은, "하나님이 자기 피로 교회를 사셨다"(행 20:28) 혹은 "영광의 주께서 십자가에 못 박히셨다"(고전 2:8), 그리고 "생명의 말씀에 관하여는… 눈으로 본 바요 … 우리 손으로 만진 바라"(요일 1:1) 등을 들 수 있습니다. 하지만, 칼뱅은 그리스도께서 여전히 땅에 계실 때에 "하늘에서 내려온 자 곧 인자 외에는 하늘에 올라간 자가 없느니라"(요 3:13)는 말씀을 이용하여, 이 연합을 '속성의 교류'로 접근하지 않습니다. 다만 이렇게 말합니다.

> 그러나 동일한 한 분이 하나님이시며 사람이셨기에, 두 본성의 연합을 위해 주님은 한편에 속한 것을 다른 편에도 속한 것으로도 돌리신다(*Inst.*, II xiv 2).

특히 요한복음에 두 본성을 동시에 포함하는 구절들이 많이 나타나는데, 이로 인하여 중보자의 위격에 대해 많은 왜곡이 일어나게 되었습니다. 그러므로 칼뱅은 중보자의 위격에 대해서는 이렇게 선언합니다.

> 중보자의 직분(職分)에 적용되는 것들에 대해서는 단순하게 그리스도의 신성이나 인성 중 어느 하나에 속하는 것으로 말하지 않는다(*Inst.*, II xiv 3).

칼뱅이 이것에 주목하는 이유는, 많은 이들이 그리스도의 신성이나 인성 중 한쪽으로 치우쳐서 그리스도의 본성을 파괴하고 결국에는 두 분의 그리스도를 만들어내거나, 두 본성을 한데 뒤섞는 오류를 범하였기 때문입니다. 칼뱅 시대에는 더 '치명적인 괴물'이 등장했는데, 바로 '미카엘 세르베투스'가 그 사람입니다. 그는 동정녀 탄생은 인정하지만, 하나님의 아들이 하나님의 본질, 영, 육체 그리고 세 가지 창조되지 않은 요소들이 혼합된 허구虛構라고 주장하였습니다. 이 결과 그리스도는 하나님도 사람도 아닌 존재가 되었습니다(*Inst.*, II xiv 5). 다만, 성령과 말씀을 혼동하여, 하나님께서 눈에 보이지 않는 말씀과 성령을 육체와 영혼 속에 분배하셨다고 주장합니다(*Inst.*, II xiv 8). 이처럼 그는 성경에 기록되지 않는 것을 가지고 자기 멋대로 상상해서 이런 논리를 펼쳤는데, 칼뱅은 이런 자세를 매우 경멸합니다.

> 한편, 교회의 정의는 확고하다: 그분은 하나님의 아들로 믿어지니, 이는 만세 전에 아버지께로서 나신 말씀이 위격의 연합(hypostatic union) 가운데 인성을 취하셨기 때문이다. 옛 교부들은 '위격의 연합'을 두 본성이 한 위격을 구성하는 것이라 정의하였다(*Inst.*, II xiv 5).

그리고 칼뱅은 그리스도께서 인간이 되시기 전에도 하나님이셨음을 확증하기 위해, '독생자獨生子'라는 호칭을 오직 그리스도에게만 부여하고 있음을 주목합니다.

> 하나님께서는 새 생명 속으로 거듭난 우리에게 '아들들'이라는 이름으로 존귀하게 하시지만, '참된 독생자'란 이름은 오직 그리스도께만 수여하신다(*Inst.*, II xiv 6).

이 모든 것을 종합하여, 칼뱅은 한 분이신 그리스도에 대해 이렇게 말합니다.

> 그분이 그의 모친으로부터 '다윗의 자손'이라고 불릴 근거를 받으신 것처럼, 그의 아버지께로부터는 '하나님의 아들'이라고 불릴 근거를 받으셨다(*Inst.*, II xiv 6).

따라서, 우리도 예수 그리스도가 '육체로 나타나신 하나님'이심을 믿는 것으로 족하게 여겨야 할 것입니다.

제15장 | 그리스도께서 성부에 의해 보내심을 받은 목적을 알기 위해서, 또한 그분이 우리에게 주신 것을 알기 위해서는, 무엇보다도 그분의 삼중직(선지자, 왕, 제사장)을 반드시 살펴보아야 한다

이 장에서 이것을 살펴보는 이유는, 오늘날 기독교 사이비와 이단이 발흥하는 것과 무관하지 않습니다. 그들도 그리스도의 이름을 부르고 사용하며 전합니다. 하지만, 그들이 가진 기초는 우리가 가진 것과 완전히 다릅니다. 그들에게는 그리스도의 실체가 없고 다만 이름뿐입니다 (*Inst.*, II xv 1). 그들도 자신을 그리스도인이라고 칭하지만 실상 그들은 성경에 계시된 그분이 아닌 다른 그리스도를 헛되이 믿으며 따르고 있습니다. 그러므로 참된 그리스도 안에 있는 구원의 확고한 기반을 찾고, 또한 그리스도 안에서 안식을 누리기 위해서 그리스도께서 수행하신 삼중직三重職을 올바르게 이해하는 것이 필요합니다. 이 세 가지 직분을 통해 우리는 이단의 우두머리가 참된 그리스도인지 아닌지를 분별할 수 있게 됩니다.

첫째, 그리스도께서는 선지자의 직분을 감당하셨습니다. 이사야 선지자는 그리스도의 선지자 직분에 대해 이렇게 언급하고 있습니다: "주 여호와의 영이 내게 내리셨으니 이는 여호와께서 내게 기름을 부으사 가난한 자에게 아름다운 소식을 전하게 하려 하심이라 나를 보내사 마음이 상한 자를 고치며 포로된 자에게 자유를, 갇힌 자에게 놓임을 선포하며 여호와의 은혜의 해와 우리 하나님의 보복의 날을 선포하여 모든 슬픈 자를 위로하되"(사 61:1-2; 눅 4:18). 예수 그리스도는 이 직분을 감당할 수 있도록 자신을 위해 기름 부음을 받으셨습니다. 동시에 성령의 능력으로 복음을 선포하는 일을 지속적으로 감당할 수 있도록 그분의 몸 전체에 기름 부음을 받으셨습니다. 확실한 것은 그리스도께서 전하신 교리가 완전하여 모든 예언들을 종결지었다는 것입니다. 그러므로, 복음에 만족하지 않고 그 외의 것으로 복음과 섞는 자들은 모두 그리스도의 권위를 깎아버리게 됩니다(Inst., II xv 2).

둘째, 그리스도께서는 왕의 직분을 감당하셨습니다. 칼뱅은 이것을 영적으로 이해하기를 당부합니다. 그리스도는 하나님의 우편에 앉으신 분으로서, 하나님을 대리하여 그의 나라를 영원토록 통치하십니다. 이러한 사실은 그분이 영원한 왕의 능력으로 무장하실 때, 교회 또한 영원토록 안전하게 보호받으리라는 것을 의미합니다. 즉, 마귀가 세상을 통해 아무리 교회와 성도를 억압하고 위협할지라도, 주의 경건한 자들은 왕이신 그리스도를 바라보면서 승리하며 소망을 잃지 않게 됩니다.

이와 같이 우리가 비참과 굶주림과 추위와 모욕과 멸시와 기타 온갖 괴로움으로 점철된 이생을 통과할지라도, 이 한 가지로 인해 만족한다: 즉, 우리의 싸움이 끝나 승리의 개선을 할 때까지 우리의 왕께서 우리를 결코 궁핍한 상태로 내버려 두지 않으실 것이며, 우리의 필요를 채우시리라는 것이다. 그것이 그분의 통치의 본질이기에, 그분은 아버지께로 받은 모든 것을 우리와 함께 나누신다. 이제 그분은 자신의 능력으로 우리를 무장시키시며, 그분의 아름다움과 장엄함으로 우리를 꾸미시며, 그분의 부요함으로 우리를 부하게 하신다(Inst., II xv 4).

이렇게 말하면서 칼뱅은, 우리가 바라는 그분의 나라가 결코 이 세상에 속한 것이 아님을 상기시킵니다. 그래서 다음과 같이 요구합니다.

그리스도의 나라는 성령 안에 있으니, 곧 이 땅의 쾌락이나 화려함에 있지 않다. 그러므로 우리가 그 나라에 참여하려면, 반드시 이 세상을 버려야만 한다(*Inst.*, II xv 5).

즉, 성도가 이런 자세가 되어있지 않다면, 그들은 필연코 세상에 소망을 두며, 주님의 나라를 잃어버리게 될 것입니다. 이것에 대한 완전한 증거는 그분의 마지막 심판에서 분명하게 드러날 것입니다(*Inst.*, II xv 5). 이단과 사이비는 이 세상의 것을 버리지 않고 오히려 탐하고 추구하니, 우리는 이것으로 그들을 분별해야 합니다.

셋째, 그리스도께서는 제사장의 직분을 감당하셨습니다. 그리스도께서는 순결하고 흠 없으신 중보자로서 그의 거룩하심으로 말미암아 우리를 하나님과 화목하게 하십니다. 즉, 우리가 죄를 지었으므로 하나님이 우리에 대해 진노를 발하고 계시는데, 그리스도께서 자신을 흠 없는 희생 제물과 제사장으로 하나님께 드려 우리를 중보하셨습니다.

우리 혹은 우리의 기도들은 하나님께 다가갈 수 없으니, 만일 우리의 대제사장이신 그리스도께서 우리의 죄를 씻으시고 우리를 거룩하게 하시며, 또한 우리를 위해 은혜를 획득하지 않으신다면 그러하다. 그 은혜는 우리의 범죄로 인한 부정함과 악행들로 인해 우리가 얻지 못했던 것들이다. 그러므로 우리가 아는 바는, 그분의 제사장직으로 인한 효능과 은택이 우리에게 이르게 하기 위해서, 우리가 반드시 그리스도의 죽으심에서부터 시작해야 한다는 것이다(*Inst.*, II xv 6).

이와 같이 그리스도께서 영원한 중재자가 되시므로, 우리는 더 이상 율법이 정한 바의 희생 제사를 하나님께 드릴 필요가 없습니다. 이에 따라, 칼뱅은 교황 예찬자들이 매일 미사^{the Mass}를 통해 그리스도를 다시 제물로 드리는 행위를 매우 사악한 것으로 보며 주의를 당부합니다. 이것은 4권에서 다시 다루게 됩니다.

제16장 | 어떻게 그리스도께서는 우리의 구원을 위한 구속자의 기능을 완성하셨는가? 그리고 그리스도의 죽으심과 부활과 승천에 관한 논의

죄로 인해 하나님과 멀어졌으나, 하나님의 사랑으로, 그리스도에 의해 화목하게 됨(1-4)

이 장은 마침내 예수 그리스도가 왜 우리의 유일한 구원자가 되시는가에 대한 결정적인 설명을 제공하고 있습니다. 앞에서 살펴본 모든 것들은 이것을 설명하기 위한 과정이었습니다. 칼뱅도 이것을 밝힘으로써 이 장을 시작합니다.

지금까지 그리스도에 대해 우리가 논의한 내용은 다음의 이 한 가지 목적을 거론하고 있다: 우리 스스로 정죄 받고 죽고 잃어버린 상태에 있으니, 우리는 그분 안에 있는 의로움과 자유와 생명과 구원을 구해야 한다. 이것은 베드로가 한 다음과 같은 잘 알려진 말씀으로 배운 바다: "천하 사람 중에 구원을 받을 만한 다른 이름을 우리에게 주신 일이 없음이라"(행 4:12)(*Inst.*, II xvi 1).

우리가 분명히 알아야 할 사실은, 그리스도 안에 거하지 않는 자들은 모든 은혜를 스스로 버리고 만다는 것입니다(*Inst.*, II xvi 1). 이것은 우리가 앞에서 본 사실들을 통해 충분히 이해할 수 있습니다. 우리가 하나님의 진노와 저주와 영원한 죽음이 우리에게 드리워져 있다는 사실을 분명하게 알지 못했다면, 또한 하나님의 긍휼이 없었다면, 우리가 얼마나 비참했는가를 잘 깨닫지도 못했을 것이고, 그 결과 구원의 복락을 별로 값있게 생각하지도 못했을 것입니다(*Inst.*, II xvi 2). 그리스도 밖에 있는 자들의 상태가 그와 같습니다. 그러나 우리는 그리스도 안에 있으므로, 우리가 얼마나 하나님께 원수였는지, 그리고 오직 그리스도 안에서만 하나님의 자비하심과 아버지다우신 사랑을 안을 수 있음을 깨닫고 확신할 수 있습니다(*Inst.*, II xvi 2). 더 나아가, 우리는 그리스도께서 우리를 자신과 연합시키실 때에야 비로소 하나님과 완전한 연합을 이룰 수가 있음을 알게 됩니다. 이것이 왜 우리가 그리스도께 우리의 시선을 고정해야 하는가에 대한 이유가 됩니다. 하나님의 진노가 우리에게 내려지는 것을 피할 수 있는 유일한 길은 예수 그리스도이십니다(*Inst.*, II xvi 3).

그리스도의 순종과 죽으심이 주는 효력들(5-7)

그렇다면, 이제 본론을 이야기해야 하겠습니다: "그리스도께서는 어떻게 우리의 죄를 제거하시고, 하나님과 우리의 화목을 이루시며, 의를 얻으셔서 하나님께서 우리에게 자비와 친절을 베푸시게 할 수 있었는가?"

일반적인 대답은 간단합니다: "예수 그리스도께서 모든 복종의 과정을 통해 우리를 위해 이것을 이루셨기 때문입니다"(*Inst.*, II xvi 5). 그 복종에는 죽기까지 하나님께 순종하신 것이 포함됩니다.

칼뱅은 그리스도께서 어떤 희생과 순종을 보이셨는지를 밝히기 위해, 또한 어떻게 우리의 구원을 이루셨는지를 설명하기 위해, <사도신경>의 내용 중 고난받으신 내용을 추려서 우리에게 보여 줍니다.

첫째, 그리스도는 빌라도에게 정죄를 당하셨습니다. 칼뱅은 이 내용을 통해 우리가 받아야 할 형벌에 대한 선언이 그리스도에게 부과되었음을 알려줍니다. 실제로, 복음서는 빌라도가 예수님에 대해 사형을 당할 만한 죄책을 발견하지 못했다고 여러 번 선포하는 것을 보여줍니다. 그럼에도 그리스도께서 정죄를 당하심은 우리의 죄과가 그분에게 전가되도록 하기 위함입니다(*Inst.*, II xvi 5).

둘째, 그리스도는 십자가에 못 박히셨습니다. 우리가 알아야 할 사실은, 십자가는 매우 잔인한 형벌임과 동시에 아주 수치스러운 형벌이라는 것입니다. 고증考證에 따르면, 십자가형을 받는 사람은 완전한 나체로 십자가에 매달려야만 했습니다. 칼뱅은 이것을 의식하고서 다음과 같이 말합니다.

하나님의 아들은 모든 허물에서 완전히 깨끗하셨다. 그럼에도 불구하고 그분은 친히 우리의 죄악들로 말미암은 수치와 책망을 짊어지셨다. 그리고 그 대신에 우리에게는 그분의 순결함으로 입혀 주셨다(*Inst.*, II xvi 6).

실상 그 형벌은 우리가 당해야 했지만, 그리스도께서 대신 받으심으로, 우리가 받아야 할 저주는 그리스도에게로, 그리스도의 의로움은 우리에게로 전가되었습니다. 따라서, 칼뱅은 성도의 믿음은 그리스도께서 당한 정죄를 통해서는 우리가 받은 무죄의 사면을 깨닫는 것이며, 그분이 받은 저주를 통해서는 우리가 누리게 될 복락을 깨닫는 것이라고 말합니다(*Inst.*, II xvi 6).

셋째, 그리스도는 죽으시고 장사葬事**되셨습니다.** 이 부분에 대해 칼뱅은 일반적인 죽음과 장사의 의미를 뛰어넘습니다.

> 그러나 그분은 우리와 이 점에서 다르셨다: 그대로 말하면, 그분은 자신을 죽음에 삼킨 바 되도록 내어주셨지만, 죽음의 심연에 삼켜지신 것은 아니다. 오히려 그분이 죽음을 삼키셨으니(벧전 3:22 참조), 그 죽음은 곧 우리를 삼키려했던 것이다. 그분은 친히 죽음에 굴복하셨으나, 죽음의 권세에 압도당하지 않으시고, 오히려 그것을 굴복케 하시기 위함이니, 곧 죽음이 우리를 위협하고 우리의 무너진 상태를 보며 환호할 때 그렇게 하셨다(*Inst.*, II xvi 7).

칼뱅은 이 죽음에 대한 정복을 그분의 죽으심이 우리에게 가져다준 첫 열매라고 말합니다. 두 번째 열매는 이렇게 설명합니다.

> 우리가 그분의 죽으심에 참여함으로써, 그분의 죽음이 우리의 지상의 지체들을 죽여 그것들이 더 이상 그 기능을 발휘하지 못하게 한다. 또한 우리 속에 있는 옛사람을 죽여 그 옛사람이 자라 열매를 맺지 못하게 한다. 그리스도께서 장사되심도 동일한 효력을 낸다: 우리 자신이 참여자가 되어 그분과 함께 죄에 대해 장사된다(*Inst.*, II xvi 7).

요컨대, 그리스도께서 죽으시고 장사되심으로 우리는, 우리를 얽매었던 그 죽음으로부터 해방되었고, 또한 우리의 육신을 죽이는 일을 할 수 있게 되었습니다.

지옥강하 교리에 대한 해설(8-12)

넷째, 그리스도께서는 지옥으로 내려가셨습니다. 이 부분은 우리가 고백하는 <사도신경>에는 나오지 않는 부분입니다. 하지만 영미권에서는 지금도 이 내용을 넣어 고백하는 곳이 있습니다: "He descended into hell." 칼뱅은 이 부분이 많은 논란이 되고 있다는 것을 의식하고서 조금 자세하게 설명을 합니다. 또한, 그 성격을 밝히는 데 주력합니다.

> 만일 누군가가 이 항목을 사도신경에 넣는 것을 주저한다면, 이것이 얼마나 우리의 구속의 요체에 있어서 중요한지가 곧 명백하게 드러날 것이다: 만일 이것이 삭제된다면, 그리스도의 죽음이 주는 많은 유익을 잃어버리게 될 것이다(*Inst.*, II xvi 8).

그리스도의 지옥강하地獄降下에 대해 '어떤 사람'은 이렇게 해석합니다: 그리스도께서 율법 아래 죽은 족장들의 영혼에게 가셔서, 그가 이루신 구속을 선포하시고 그들을 그 갇혀 있는 감옥에서 자유하게 하셨다. 하지만, 칼뱅은 죽은 경건한 자의 영혼을 감옥에 집어넣는다는 논리를 인정하지 않습니다. 이들은 이미 육체의 감옥에서 해방되어 약속된 부활을 간절히 소망하며 기다리고 있기 때문입니다.[4] 다만, 칼뱅은 그리스도께서 그분의 능력을 족장들에게 비추시고, 그들이 소망 중에 맛보았던 그 은혜가 이제 온 세상에 나타났다는 것을 깨달을 수 있게 하셨다는 의미로는 받아들입니다(*Inst.*, II xvi 9). 이에 따라 칼뱅은, 베드로전서

---

4 J. Calvin, trans. William B. Johnston, *Calvin's Commentaries: The First of St. Peter* (Grand Rapids: Eerdmans Publishing Company: 1974), 293-4.

3장 19절의 "그가 또한 영으로 가서 옥에 있는 영들에게 선포하시니라"라는 구절을, '이전에 죽은 신자들'(과거에 죽은 모든 자들을 가리키지 않습니다)이 우리와 함께 동일한 은혜를 나누게 되었다는 것으로 봅니다 (*Inst.*, II xvi 9). 그런데, 분명한 것은 경건한 자나 불경건한 자나 모두 그리스도의 죽으심을 똑같이 인식하였다는 것입니다.

여기에 더해 칼뱅은, 예수 그리스도께서 단지 육체의 죽음만을 경험하신 것뿐만 아니라, 하나님의 진노를 당해 악인들이 당하는 그 절망의 상태, 곧 하나님께로부터 버림받고 멀어지며 부르짖어도 응답이 없는 상태를 경험하신 것으로 봅니다(*Inst.*, II xvi 11). 이로써 그리스도는 하나님의 극심한 형벌의 위중함을 모두(육체와 영혼을 통해) 경험하셨습니다. 하지만, 하나님께서는 그리스도를 살리심으로써, 그 모든 죽음을 이기게 하셨습니다. 그 결과, 그리스도는 우리의 육체와 영혼 모두를 구원하시는 분이 되셨습니다.

이로써, 그리스도께서 감람산에서 고통의 기도를 하신 이유를 추정해볼 수 있습니다. 그리스도는 단지 육체의 죽음뿐만 아니라, 자신의 영혼이 당할 일에 대해서도 고통스러워하셨던 것입니다.

그리스도의 부활, 승천 그리고 하늘에서의 시간(13-16)

다섯째, 그리스도께서는 사흘 만에 죽은 자 가운데서 다시 살아나셨습니다. 칼뱅은 이것에 대해 다음과 같이 말합니다.

> 그분의 죽으심을 통해서는 죄가 씻겨지고 죽음이 소멸되었다. 그분의 부활을 통해서는 의가 회복되고 생명이 일어났다. 그리하여 —그의 부활 덕분에— 그분의 죽으심은 우리 안에서 그 능력과 효력을 나타내게 되었다(*Inst.*, II

xvi 13).

이와 더불어, 칼뱅은 사도 바울이 로마서 6장 4절에서 말한 바를 들어, 우리가 그리스도와 함께 죽었다는 것을(골 3:3) 근거로 우리가 이 땅의 지체들을 죽여야 한다는 증거로 삼고, 또한 우리가 그리스도와 함께 살리심을 받았음을 근거로 우리가 이 땅의 것이 아닌 위의 것을 구해야 한다고 추론합니다(*Inst.*, II xvi 13). 그리고 이 고백에 담긴 의미를 다음과 같이 요약합니다.

그분은 다른 사람들이 자연적으로 죽는 것과 동일한 죽음을 당하셨다. 그리고 동일한 육체, 곧 그분 스스로 취하셨던 죽을 수밖에 없는 상태로부터 불멸성을 받으셨다(*Inst.*, II xvi 13).

여섯째, 그리스도께서는 하늘에 오르셨습니다. 이것을 칼뱅은 이렇게 표현하였습니다.

이제 그리스도께서는 죽을 수밖에 없는 천하고 낮은 상태와 십자가의 수치를 벗어버리고, 부활을 통해 다시 자신의 영광과 권능을 보다 온전하게 나타내기 시작하셨다. 그러나 그분이 자신의 나라를 참으로 시작하신 것은 오직 승천하신 때부터였다(*Inst.*, II xvi 14).

칼뱅은, 그리스도께서 승천하심으로써 더 이상 우리와 육체로는 함께 하지 않으시지만, '위엄의 임재'the presence of majesty로서는 우리와 늘 함께 하신다고 주장합니다(*Inst.*, II xvi 14). 이 말은 이어지는 '하나님 우편에 앉아 계시다가'를 보면 더욱 그 의미가 확실해집니다.

일곱째, 그리스도께서는 하나님 우편에 앉아 계십니다. 이 말은 단순히 그리스도의 복락을 의미하는 것이 아닙니다. 오히려 하나님의 통치를 대리하는 자로서 그리스도께서 높임을 받으셨다는 것을 의미합니다.

여러분이 알다시피 그 '앉으심'의 목적은 이것이다: 즉, 하늘과 땅의 피조물들이 그분의 위엄을 경외함으로 바라보게 하며, 그분의 손에 의해 다스림을 받게 하며, 그분의 권능에 굴복하도록 하기 위함이다(*Inst.*, II xvi 15).

그러므로, 그리스도의 승천과 하나님 우편에 앉으심에 대해 칼뱅은 이렇게 정리합니다.

첫째, 우리가 깨달아야 할 것은, 주님께서 승천하심으로 하나님의 나라에 들어가는 길이 열렸다는 것이다. 그 길은 아담 때문에 닫혔었다(요 14:3). … 둘째, 믿음이 인정하는 바와 같이, 우리에게 가장 큰 유익은 그리스도께서 아버지와 함께 하신다는 것이다. 왜냐하면, 그리스도께서는 손으로 짓지 않은 하늘 성소에 들어가서서, 아버지의 면전에서 우리의 한결같은 변호자와 중재자로서 나타나시기 때문이다(히 7:25; 9:1-12; 롬 8:34). 그리하여 그분은 아버지의 시선을 돌려 자신의 의에게로 돌리시고, 우리의 죄로부터 그 시선을 거두게 하신다. 그분은 그렇게 아버지의 마음을 우리와 화목하게 하시고, 그분의 중보로 우리가 아버지의 보좌로 나아가도록 길을 예비하신다. … 셋째, 믿음은 그분의 권능을 깨닫게 되는데, 그 안에 우리의 힘과 권세와 부와 지옥을 대적하는 자랑이 있다(*Inst.*, II xvi 16).

여덟째, 그리스도께서는 하나님의 보좌 우편에서 산 자와 죽은 자를 심판하러 오십니다. 칼뱅은 이것에 대해 단호하게 말합니다.

그분은 모든 사람에게 나타나실 터인데, 곧 그분의 나라의 말할 수 없는 위엄과 함께, 불멸의 광휘와 함께, 한없는 신성의 권능과 함께, 천사들의 호위와 함께 나타나실 것이다. 이러므로 우리는 그분을 우리의 구속자로서 그날에 임하시기를 기다리라는 명령을 받는다. 그때 그분은 염소 떼들 중에서 양들을, 곧 버림받은 자들 중에서 택함받은 자들을 분리하실 것이다(마 25:31-33)(*Inst.*, II xvi 17).

그러나 그리스도께서 오시는 날은 완전한 구원의 날임과 동시에 심판의 날입니다. 그분은 우리의 창조자요 구원자이시기에, 그분이 창조하신 모든 것에 대해 심판하실 수 있으십니다. 성부 하나님께서 모든 심판을 그 아들에게 맡기셨는데, 우리를 중보하신 주님은 우리에게는 참된 구원자가 되실 것이 분명하므로, 이 고백은 오히려 떨고 있는 양심을 지닌 자기 백성들을 보살피는 효과가 있습니다(*Inst.*, II xvi 18). 따라서, 우리는 오직 예수 그리스도만을 믿음으로 바라보고 의지해야 합니다. 이 모든 것을 종합하여 칼뱅은 다음과 같이 결론을 내립니다.

만일 우리가 구속함을 구한다면, 그분의 고난에서 찾을 수 있다. 죄 사함을 구한다면, 그분의 정죄당하심에서 찾을 수 있다. 저주에서 벗어나기를 구한다면, 그분의 십자가에서 찾을 수 있다(골 3:13). 죄에 대한 보상을 찾는다면, 그분의 희생에서 찾을 수 있다. 정결케 되는 것을 구한다면, 그분의 피흘리심에서 찾을 수 있다. 화목하게 됨을 구한다면, 그분이 지옥에 내려가신 일에서 찾을 수 있다. 육체를 죽이는 것을 구한다면, 그분의 무덤에서 찾을 수 있다. 새로운 생명을 구한다면, 그분의 부활에서 찾을 수 있다. 불멸을 구한다면, 동일하게 부활에서 찾을 수 있다. 천국의 유업을 구한다면, 그분이 하늘에 들어가신 것에서 찾을 수 있다. 보호하심과 안전과 충만한 복락을 구한다면, 그분의 나라에서 찾을 수 있다. 두려워 떨지 않고서 심판을 기다리기를 구한다면, 그분이 심판주로서 지니신 권능에서 찾을 수 있다. 요컨대, 모든 종류의 선하심이 그분께 풍성하게 준비되어 있으므로, 이 샘에서 마음껏 마시고 다른 샘에서는 하지 말자(*Inst.*, II xvi 19).

제17장 | 그리스도께서 자신의 공로로 하나님의 은혜와 구원을 우리를 위해 얻으셨다는 말씀은 올바르고 적절하다

이 장은 "그리스도로 말미암아 구원을 얻는다"라는 말이 가지는 의미에 대해 설명하고 있습니다. 이런 설명을 하는 이유는, 그리스도께서도 인간으로서 구원 사역을 이루셨는데, 구원이 전적으로 하나님의 긍휼과 은혜로 말미암은 것이라면, '그리스도로 말미암아'라는 말은 그 하나님의 은혜를 반감시키는 것이 아닌가 하는 의혹 때문입니다. 이 부분에 대해 칼뱅은 이렇게 말합니다.

따라서, 그리스도의 공로를 하나님의 긍휼과 대립시키는 것은 어리석다. 왜냐하면 일반적인 법칙은, 하나가 다른 것에 종속되면 그것은 충돌하지 않기 때문이다. 이런 이유로, 그 어떤 것도 우리가 사람은 오직 하나님의 긍휼로 말미암아 값없이 의롭다 하심을 받으며, 동시에 그리스도의 공로가 하나님의 긍휼에 종속되어 또한 우리를 대신해 개입한다고 주장하는 것을 막지 못한다. 하나님의 값없는 자비와 그리스도의 순종 모두 각각 적절하게 우리의 행위들과 대립된다. 하나님의 선하신 뜻을 떠나서는 그리스도께서는 어떤 공로도 이루지 못하셨다. 그러나 그분이 공로를 이루신 것은 자신의 희생으로 하나님의 진노하심을 누그러뜨리고 또한 자신의 순종으로 우리의 허물을 제거하도록 지명되셨기 때문이다. 정리하면, 그리스도의 공로가 오직 하나님의 은혜—우리를 위해 이 구원의 방법을 정한 것이 은혜다—에만 의존하는 한, 그것은 하나님의 은혜와 마찬가지로 모든 인간의 의로움과 적절히 대립된다(*Inst.*, II xvii 1).

그런데, 칼뱅은 '그리스도로 말미암은 은혜'가 베풀어진 것에 대해서는 좀 더 의미를 강화합니다.

그러나 우리가 그리스도의 공로로 인하여 은혜가 우리에게 부여되었다고 말할 때, 그것은 이런 뜻이다: 그분의 피로 말미암아 우리가 깨끗하게 되었고, 그분의 죽으심으로 인해 우리 죄가 속죄되었다(*Inst.*, II xvii 4).

덧붙여, 칼뱅은 그리스도께서 '자기를 위해' 공로를 이룬 것이 아님을 강조합니다. 그리스도는 하나님의 아들이신데, 자신을 위해 그런 희생을 할 필요가 없습니다. 다만, 성부 하나님의 뜻에 따라 우리를 구원하시는 일에 자신을 완전히 헌신하셨고, 이런 의미에서 자신을 완전히 잊으셨다고 보아야 합니다(*Inst.*, II xvii 6). 나아가 그렇게 자신을 낮추시고 하나님에 의해 지극히 높아지신 것은, 그리스도께서 낮아지신 다음에 높아지심이 따랐다는 사실을 알게 하여, 우리로 그분을 본받게 하려는 목적이 있습니다(*Inst.*, II xvii 6). 우리는 이 목적에 따라 그리스도처럼 각자의 십자가를 지고 낮아져서 하나님의 뜻에 순종하는 자들이 되는 것을 배워야만 합니다.

그리스도의 은혜를 받는 방법
― 그 유익과 효과

제3권은 그리스도께서 이루신 것들을 성령 하나님을 통해 우리가 어떻게 누리고 삶에 적용할 수 있는가에 대해 다룹니다. 칼뱅은 성령의 작용作用을 매우 중요하게 생각합니다. 그를 가리켜 '성령의 신학자'라고 하는 것도 이해가 됩니다. 그러므로, 제3권에서는 교리敎理와 그리스도인의 윤리倫理에 대한 내용이 함께 나옵니다. 특히 오늘날 교회의 올바른 정체성을 회복하고 유지하기 위해서 반드시 참고해야 할 내용들이 많으니 꼼꼼하게 살피시길 바랍니다.

제1장 | 그리스도의 우리를 위한 유익들은 성령의 은밀한 역사로 인한 것들이다

칼뱅은 앞에서 다룬 바, 그리스도의 은총에 근거하여, 이제부터는 하나님 아버지로부터 받은 은사들을 우리가 어떤 방식으로 소유하게 되는지를 설명합니다. 그래서, 다시 앞의 내용을 요약하며 논의를 시작합니다.

첫째로 우리가 반드시 깨달아야 할 것은, 그리스도께서 우리 밖에 계시고 우

리가 그분과 분리되어 있는 한, 그분이 고난받으시고 인류의 구원을 위해 행하신 모든 것들은 우리를 위해 아무 유익이 없고 어떤 가치도 가지지 않는다는 것이다(*Inst.*, III i 1).

칼뱅은 경험을 통해 모든 사람이 다 복음을 받아 그리스도와의 교제에 참여하는 것은 아니라는 것을 분명히 알았습니다(이것은 나중에 그가 주장하는 예정론에서도 나오게 됩니다). 그래서 우리로 그리스도를 누리게 하고, 그분이 주시는 모든 은혜를 경험하게 하시는 성령의 역사에 주목합니다.

> … 성령께서는 그리스도께서 '물과 피'로 임하신 사실을 우리에게 증거하신다(요일 5:6-7). 그렇게 함으로써 그분을 통해 주어진 구원이 우리와 분리되지 않게 하신다. … 성령은 그리스도께서 효과적으로 우리를 자신에게 연합시키는 끈이시다(*Inst.*, III i 1).

칼뱅은, 그리스도께서 우리를 세상과 분리시키시고 영원한 기업의 소망으로 연합시키기 위해 친히 성령을 받으셨다고 주장하며, 이 점에서 성령을 가리켜 '거룩하게 하시는' 영靈이라고 부른다고 말합니다(*Inst.*, III i 2). 이 진술에 그리스도를 믿고 따르는 우리가 성령을 어떻게 받아들이고 대하며, 그분의 인도하심 속에 어떤 목적을 향해 나아가야 하는지가 담겨져 있습니다. 한마디로 말해, 우리는 그리스도처럼 '거룩해야' 합니다. 성령은 이 일을 위해 우리와 함께 하시며, 우리 안에 거하십니다.

성령에 대해서는 성경이 많은 호칭으로 부르고 있습니다: '양자養子의

영'(롬 8:15), 우리가 받을 기업의 '보증保證이며 인印'(고후 1:22; 엡 1:14), '의
로 말미암은 생명'(롬 8:10), '물'(사 55:1; 겔 36:25; 요 7:37), '기름' 혹은 '기름
부음'(요일 2:20, 27), '불'(눅 3:16), '샘'(요 4:14), '주의 손'(행 11:21)(Inst., III i
3), '진리의 영'(요 14:17), '분별의 영'(욥 20:3), '천국의 보화를 여는 열쇠'
(계 3:17) 등.

그런데, 칼뱅은 성령의 주된 역사가 '믿음'이라고 강조합니다(Inst.,
III i 4). 왜냐하면, 오직 믿음으로써만 성령께서 우리를 복음의 빛으로
인도하시기 때문입니다. 조금 전에 살펴본 용어들도 대개 믿음과 관련
이 있습니다.

> 따라서, 우리는 "그리스도께서 우리에게 성령과 불로 세례를 베푸셔서"(눅
> 3:16) 그 구원에 참여하게 되며, 그리스도는 우리를 그분의 복음을 믿는 믿
> 음의 빛에로 인도하시며, 우리를 중생케 하여 새로운 피조물이 되게 하신다
> (고후 5:17 참조). 또한 그분은 우리를 거룩하게 하셔서 세상의 더러움에서
> 깨끗하게 씻어 하나님의 성전이 되게 하신다(고전 3:16-17; 6:19; 고후 6:16;
> 엡 2:21 참조)(Inst., III i 4).

제2장 ㅣ 믿음: 그 정의와 특성들

이 장에서 칼뱅은 그리스도인에게 가장 중요한 '믿음'에 대해 매우
자세하게 설명합니다. 자세히 설명하다 보니 제법 양이 많습니다. 더러
는 중복되는 내용도 있지만, 그것마저도 믿음이 가진 특징을 강조하기
위한 것이라는 것을 염두해야 합니다.

믿음의 대상은 그리스도시다(1)

먼저, 칼뱅은 믿음이 얼마나 중요한가를 설명하기 위해 앞에서 했던 것을 간략하게 언급합니다.

첫째, 하나님께서는 우리를 위해 우리가 해야 할 바를 율법에 정해두셨다. 만일 우리가 그중에 하나라도 지키지 못하면, 가공할 영원한 죽음의 선고가 우리에게 임한다고 선언하신다. 둘째, 그 율법을 문자 그대로 지킨다는 것은 어렵고 우리의 힘과 능력 밖의 것이다. 그리하여 만일 우리가 자신만을 바라보고 우리가 처한 현재의 상황만을 생각한다면, 소망의 흔적조차 남아 있지 않게 될 것이다. 다만 하나님께 버림받아 영원한 죽음 아래 있게 될 것이다. 셋째, 이미 설명한 바대로, 오직 한 가지만 우리를 자유케 하는 수단이니 곧 우리를 그런 비참한 불행에서 우리를 구원한다: 바로 구속자이신 그리스도께서 나타나시는 것이다. 그분의 손을 통해 하늘 아버지께서는 무한하신 선하심과 긍휼로 우리를 불쌍히 여기시고 기꺼이 우리를 돕고자 하셨다. 만일 견고한 믿음으로 우리가 이 긍휼을 받아들이며 굳건한 소망으로 그 믿음 안에 거한다면, 진실로 하늘 아버지의 도우심을 받을 수가 있다(*Inst.*, III ii 1).

칼뱅이 이것을 다시 짚는 데는 이유가 있습니다. 그때도 그랬지만, 오늘날도 많은 이들이 '복음'에 지적知的으로 동의하는 수준에 머물러 있기 때문입니다. 즉, '아는 것'을 '믿는다'고 착각하고 있습니다. 하지만, '예수 그리스도를 믿는다'는 것은 단지 그런 수준이 아닙니다.

이 목적을 위해 아버지께서는 자신이 가진 모든 것을 그분의 독생자에게 일임하셨고, 그리스도 안에서 자신을 드러내고자 하셨다. 그 결과 그리스도께서는 아버지의 유익들을 전해주심으로써 그분의 영광의 참된 형상을 표현하셨다(히 1:3 참조). … 이처럼 우리는 반드시 경계하여, 보이지 않는 아버지를 이 형상 안에서만 추구하여야 한다(*Inst.*, III ii 1).

믿음은 지식을 포함한다. 참된 교리가 스콜라 신학의 맹목적 믿음에 의해 모호하게 됨(2-5)

그렇다고, 믿음에 지적^{知的}인 요소가 없는 것은 아닙니다. 믿음은 그것을 포함합니다. 다만 그리스도를 바라보지 않을 때, 그 지식은 왜곡되고 참된 믿음으로 우리를 인도하는 데 실패하게 됩니다. 소위 '맹목적 믿음'("무조건 믿어라!")이라는 것이 있습니다. 칼뱅은 이런 믿음은 불쌍하고 비참한 사람들을 속이는 행위라고 말합니다(*Inst.*, III ii 2).

믿음은 무지ignorance가 아니라 지식knowledge에 근거를 둔다. 그리고 '지식'이란, 하나님뿐만 아니라 그분의 뜻에 대한 지식까지 포함한다. 우리는 교회가 규정한 내용이 무엇이든 진리로 수용할 준비가 되었기 때문이라거나, 질문하고 알아야 할 과제를 교회에 전가했기 때문이라거나 하는 이유로는 구원을 얻지 못한다. 오히려 우리가 구원을 얻는 것은, 우리가 그리스도를 통해 이루어진 화해로 말미암아 하나님께서 긍휼이 많으신 아버지가 되시며(고후 5:18-19), 또한 그리스도는 우리에게 의와 거룩함과 생명이 되셨음을 알 때이다(*Inst.*, III ii 2).

즉, 칼뱅은 하나님의 선하심에 대한 '분명한 인식'이 꼭 필요하며, 우리의 의^義가 그것에 근거를 두고 있다고 강조합니다. 또한 믿음은 하나님과 그리스도를 아는 지식에 있지, 맹목적 믿음을 강요하는 교회를 높이는데 있지 않다고 주장합니다(*Inst.*, III ii 3). 당시의 로마 교회는 교회가 믿는 것이라고 하여 성도들에게 맹목적인 믿음을 요구했는데, 칼뱅은 이것은 엄청난 잘못이라고 강하게 꾸짖었습니다.

하지만, 지식에는 한계가 있습니다. 아무리 하나님에 대해 연구해도 우리는 하나님에 대해 모든 것을 알 수 없습니다. 이것 때문에 바른 믿음이라도 오류誤謬와 불신앙의 문제를 완전히 떨쳐버릴 수는 없습니다. 사도 바울은 빌립보서(3:15)를 통해 올바른 하나님의 뜻을 기다릴 줄 알아야 하며, 또한 더 나아가도록 노력해야 한다고 말했습니다. 그리스도의 처음 제자들을 생각해 보십시오. 예수님이 그렇게 자신이 당할 일을 예고하셨어도, 그들은 알지 못했고 깨닫지 못했습니다. 그러다가 예수님이 죽으셨다가 부활하신 다음에야 비로소 확실한 믿음을 가지게 되었습니다. 그러므로, 참된 믿음은 겸손하게 참된 지식을 구하는 것으로 나타나야 합니다(*Inst.*, III ii 2).

하지만, '맹목적 믿음'이 불가피하게 나타날 때가 있습니다. 성경을 보면, 예수님께서 많은 기적, 그것도 매우 놀라운 기적들을 행하실 때, 사람들은 그 상황을 제대로 이해하지 못하면서도 무언가에 압도된 나머지 그리스도께 기꺼이 굴복하는 장면이 나옵니다. 그런 경외감을 '믿음'이라고 부를 수 있습니다. 하지만, 그것은 겨우 믿음의 시작일 뿐입니다. 진정한 믿음은 하나님의 말씀을 들을 수 있는 자세를 가진 자에게 적용됩니다(*Inst.*, III ii 5). 그런데, 이 말씀을 들을 수 있는 기회를 박탈한 채, 사람들을 무지의 상태로 남겨두면서 "무조건 믿어라!"라고 해서는 안 됩니다.

믿음과 말씀의 관계 그리고 믿음에 대한 간단한 정의(6-7)

그리스도를 아는 참된 지식이란, 아버지께서 주시는 그대로의 모습으로, 즉 그분의 복음으로 옷 입은 상태로 그분을 영접하는 것입니다 (*Inst.*, III ii 6). 이러므로, 사도 바울은 믿음을 가르침과 도저히 뗄 수 없는 동반자로 묶어 말합니다: "오직 너희는 그리스도를 그같이 배우지 아니하였느니라 진리가 예수 안에 있는 것 같이 너희가 참으로 그에게서 듣고 또한 그 안에서 가르침을 받았을진대"(엡 4:20~21).

그러므로 칼뱅은 믿음과 말씀의 관계에 대해 이렇게 정리합니다.

먼저, 우리가 반드시 상기해야 할 것은 믿음과 말씀 사이에 항구적恒久的인 관계가 있다는 것이다. 태양과 거기서 나오는 빛을 분리할 수 없듯이 믿음과 말씀도 서로 분리될 수 없다. … 말씀이 믿음을 붙들고 유지하는 기초다. 만일 말씀에게서 돌아서면 믿음은 넘어지고 만다. 따라서, 말씀을 제거하면 믿음도 남아 있지 않게 된다. … 믿음을 안다는 것은 단지 하나님이 존재하신다는 것뿐만 아니라, 더 중요한 것은, 우리를 향한 하나님의 뜻이 무엇인지를 아는 것이다(*Inst.*, III ii 6).

그렇다면, 믿음이 주의 말씀을 근거로 삼는다는 것은 어떤 의미일까요? 일단, 진정한 믿음을 가진 자는 하나님을 피하지 않고, 오히려 하나님을 찾고 구해야 합니다(*Inst.*, III ii 7). 이 말을 하는 이유는, 하나님께서 우리에게 주시는 말씀은 100% 다 좋은 것만을 담고 있지 않기 때문입니다. 복된 말씀도 있지만, 하나님과의 관계가 어긋날 때 주어지는 책망과 저주의 말씀도 있습니다. 그럼에도 불구하고, 참된 믿음은 우리에게 하나님의 자비하심을 뒷받침하는 약속의 말씀을 붙잡고 그분께 나아가라고 촉구합니다. 이에 대해 칼뱅은 다음과 같이 날카롭게 지적합니다.

이제 하나님의 선하심을 아는 지식은, 만일 우리가 그 선하심을 의지하지 않는다면, 중요하다고 할 수 없다. 결론적으로, 의심이 섞인 깨달음은 배제되어야만 한다. … 그러므로, 우리의 생각은 반드시 조명을 받아야 하며, 우리의 마음도 강화되어야 한다. 그리하여 하나님의 말씀이 우리에게서 온전한 믿음으로 받아들여져야 한다. 이제 우리는 믿음에 대한 올바른 정의를 소유하게 되었다. 즉, 만일 우리가 그것을 하나님의 우리를 향한 자비하심에 대한 확고하고 확실한 지식이라고 부르고자 하며, 이 믿음은 그리스도 안에서 값없이 주신 약속이라는 진리에 근거해 있다고 하며, 이 모두는 성령을 통해 우리 생각에 계시된 바요, 우리 마음에 인쳐진 것이라고 한다면 말이다 (*Inst.*, III ii 7).

'믿음'에 대한 용납할 수 없는 의미들(8-13). 그리고 믿음은 더 높은 지식임(14-15)

그런데, 스콜라 학자들(롬바르드, 아퀴나스 등)이 만들어낸 '유형의 믿음'(formed faith: 사랑을 행하는 믿음)과 '무형의 믿음'(unformed faith: 사랑을 행하지 않는 믿음)과 같이 쓸데없이 믿음을 분류하는 자들이 있습니다(고전 13:2 참조). 이것은 위에서 언급했던, 믿음을 '지적 동의'의 수준으로 격하시키는 행위입니다. 그리고 자신의 행위에 대해 책임을 지지 않으려는 숨은 동기가 있습니다. 그러나 우리는 참된 믿음에는 반드시 합당한 행위가 따름을 압니다. 즉, 믿음은 결코 경건한 기질과 분리될 수 없습니다(*Inst.*, III ii 8). 성경이 경건한 자들에게 가르치는 믿음은 여러 가지가 아니라 오직 한 가지밖에는 없습니다.

그러면, 거짓 믿음은 어떤 것일까요? 사도행전 8장에는 마술사 '시몬'이 등장합니다. 18절에는 그도 세례를 받고 '믿었다'라고 합니다. 하지만, 이 믿음은 위에서 살펴본 '맹목적 믿음', 즉 사도들이 일으키는 기적에 압도당해서 마지못해 굴복하는 것이었습니다. 씨뿌리는 비유에서도 말씀의 씨가 열매를 맺기 전에, 뿌리를 내리기 전에 죽어버려도 '잠깐 믿었다'(눅 8:13)라고 하고 있습니다. 그들은 겉으로는 믿는 체할지라도, 그것이 경건 그 자체라고 스스로를 설득시킬지라도, 또한 노골적으로 하나님의 말씀을 부인하거나 공격하지 않는 한 괜찮은 믿음이라고 말할지라도, 참된 믿음이 아닙니다. 귀신들이 예수님에 대해 알고 오히려 예수님의 사역을 돕는 것처럼 보일지라도, 성경은 그것을 가리켜 믿음이라고 말하지 않는 이유가 여기에 있습니다. 오히려 그들은 자신들의 행위 때문에 하나님 앞에서 더욱 핑계를 대지 못하게 될 뿐입니다. 하나님께서는 오직 택한 자들만 믿음의 살아 있는 뿌리를 받아 끝까지 견디도록 하는 은혜를 누릴 수 있게 하십니다(마 24:13) (Inst., III ii 11).

그러나 하나님은 자녀를 사랑하시면서도 때로는 놀라울 정도로 진노하시기도 하십니다. 하지만 참된 믿음은 이것을 올바르게 해석하고 받아들입니다. 즉, 진정한 자녀들은 그 믿음으로 인해 하나님께서 자녀들을 향해 미워하는 마음을 갖고 계시기 때문이 아니라, 그 진노를 통해 하나님을 두려워하게 하고, 육신의 교만을 낮추며, 게으름에서 떠나 진실되게 회개하도록 하기 위함인 것을 알고 수용합니다(Inst., III ii 12).

이 점에서, 믿음은 우리에게 어떤 상황에서도 흔들리지 않는 견고함과 영속성을 요구합니다.

믿음은 의심으로 가득하고 변할 수 있는 생각에 만족하지 않고, 모호하고 혼란스러운 개념에도 만족하지 않는다. 다만, 온전하고도 불변하는 확실성, 곧 사람들이 경험되고 증명된 것들로부터 무언가를 얻으려고 하는 것과 같은 확실성을 요구한다(Inst., III ii 15).

두려움에 직면했을 때의 믿음의 확실성(16-28)

그런데, 이런 믿음의 확실성과 그에 따른 믿음의 담대함은, 오직 하나님의 자비하심과 구원에 대한 확신에서 나오는 것임을 잊지 말아야 합니다. 즉, 참된 믿음은 의지意志의 힘이 아니라, 구원의 확실성에서 나오는 것입니다(*Inst.*, III ii 16).

문제는, 이런 구원의 확실성을 흔드는 일들이 우리에게 너무나 많이 일어난다는 것입니다. 그러나 때로는 넘어지고 거의 완전한 절망의 상태에 직면하며, 심지어 하나님의 응답조차도 없는 것 같은 상황 속에 있어도, 참된 믿음은 자신이 하나님의 긍휼 가운데 있음을 확신합니다.

분명히 말하건대, 비록 우리가 믿음은 확실하고 분명해야 한다고 가르치지만, 이것이 한 점 의심도 없는 확실함이라든가, 어떤 근심으로도 공격당하지 않을 확신이라고 상상해서는 안 된다. 반대로 우리는 신자들이 계속해서 자신의 불신앙과 싸운다고 가르친다. 실제로 신자들의 양심이 어떤 소동에도 전혀 흐트러짐 없이 평온한 상태에 있다고 하는 것은 우리의 가르침과 거리가 멀다. 그러나 다시 말하지만, 우리는 그들이 어떤 식으로 곤란을 당하든지, 그들이 하나님의 긍휼하심을 받았다는 확실한 보증에서 이탈하거나 떠나게 된다는 것을 부인한다(*Inst.*, III ii 17).

칼뱅은 이에 대한 예로 다윗을 듭니다. 그는 억울한 일을 많이 경험했고, 죽음 직전의 위기까지 처했던 적도 있습니다. 하나님께 간절히 기도했지만, 어떤 응답도 경험하지 못할 때도 있었습니다. 그럼에도, 그는 언제나 하나님의 긍휼을 바라고 그것을 확신했습니다. 칼뱅은 이러한 예를 통해, "믿음이 경건한 자의 마음을 유지시켜 주며, 위를 향해 자라는 종려나무와 같은 효과를 낸다"라고 합니다(*Inst.*, III ii 17). 그러므로, 명심해야 합니다. 자신의 믿음이 참된 믿음인지를 알려면, 믿음을 시험하는 모든 상황에서도 하나님을 향한 신뢰를 포기하는지, 그렇지 않은지를 살펴보아야 합니다. 이 점에서 시련은 우리의 믿음을 점검할 수 있는 테스트가 됩니다. 그렇다면, 불신앙을 가진 사람은 그런 상황에서 어떻게 할까요? 칼뱅은 "너무나 두려워 떠는 나머지 하나님으로부터 돌아서서, 믿음에 의거하여 스스로 문을 열지 못하게 된다(*Inst.*, III ii 17)"라고 말합니다.

그런데, 이런 불신앙이 어려움에 처한 신자의 마음에도 믿음의 확실성과 함께 섞여 있음을 우리는 경험으로 알고 있습니다. 그럼에도, 결국에는 믿음이 이기고 승리합니다. 하나님이 우리를 사랑하시고, 우리를 불쌍히 여기시며 붙드시고 계심을 확신하기에 불안과 두려움을 극복하게 됩니다.

> 이와 같이 경건한 사람의 마음은 아무리 이상한 방식으로 곤란과 혼란을 겪을지라도, 마침내는 모든 어려움을 극복하고 결코 하나님의 긍휼히 여기심에 대한 확신을 빼앗기지 않는다. 오히려 시험하고 염려케 하는 모든 것들이 이 확신을 더 확실하게 하는 결과를 가져온다(*Inst.*, III ii 21).

간절히 기도하는 데도 응답이 없습니까? 그러면, 포기하지 마시고 더욱 하나님을 찾고 그분께 부르짖으십시오. 그것이 당신의 믿음이 참된 믿음이며 하나님을 바라는 믿음임을 증거합니다. 거짓 믿음은 하나님이 아니라 눈에 보이는 현실과 상황에만 집중합니다. 상황을 하나님보다 더 크게 인식하기 때문입니다. 칼뱅이 말한 대로, 불신앙은 신자들의 마음속이 아니라 밖에서 들어옵니다(*Inst.*, III ii 21). 그러나 믿음은 하나님을 상황보다 더 크게 봅니다. 그래서 다윗처럼 이렇게 고백합니다: "내가 사망의 음침한 골짜기로 다닐지라도 해^害를 두려워하지 않는 것은 주께서 나와 함께 하심이라"(시 23:4). 믿음이 우리를 두렵게 하는 세상을 이기게 합니다!

그런데, 이 '두려움'에도 '정당한 두려움'이 있다고 칼뱅은 말합니다. 이것을 쉽게 말하면, "나는 하나님 없이는 도저히 살 수 없다, 아무것도 아니다"라는 마음입니다. 그래서 이 두려움은 오직 하나님만을 바라보고 의지하게 만듭니다. 그리고 이런 자만이 자신의 힘과 육신에 대한 신뢰를 멈추고 하나님께 겸손히 순종할 수 있습니다.

> 그렇다면, 사도가 우리에게 "두렵고 떨림으로 너희 구원을 이루라"(빌 2:12) 고 가르칠 때 그가 요구하는 바는, 우리가 주님의 능력을 높이고 우리 자신을 낮추는 데 익숙해져야 한다는 것이다. 왜냐하면, 어떤 것도 우리 자신을 불신하는 만큼 우리로 주님 안에서 확신을 가져 안식하게 하고 마음의 확실성을 갖게 하지 못하기 때문이다. 염려는 우리가 파멸할 것이라는 걱정에 기인한다(*Inst.*, III ii 23).

여기서 생각할 것이 있습니다. 성경은 "여호와를 경외^{敬畏}하라"고 반복해서 말하는데, 이 '경외'는 공경과 두려움이 하나로 뭉쳐진 것입니다 (*Inst.*, III ii 26). 칼뱅은 이것을 다음과 같이 풀어 설명합니다.

> 즉, 우리가 의지하는 권능을 가지신 주님은 모든 불의를 혐오하시는 분이시다. 악하게 사는 자들은 하나님의 진노를 불러일으켜 그분의 보응을 피할 수 없다(Inst., III ii 26).

그렇다고, 하나님께 벌을 받는 것 때문에 하나님을 두려워한다면, 이것은 가짜 두려움이며 노예 기질에서 나오는 '비굴한' 두려움입니다. 하나님의 자녀들은 사랑으로 하나님을 바라보며, 자유롭게 하나님이 어떤 분이신지를 알아 하나님의 뜻에 맞게 처신합니다(*Inst.*, III ii 27). 왜냐하면, 우리가 가진 믿음이 바로 하나님의 자비하심을 바라보는 것이기 때문이며, 구원과 영생이 거기서 비롯됨을 알기 때문입니다(*Inst.*, III ii 28).

그러므로 믿음은 하나님의 사랑을 붙잡는 것이며, 현재의 삶과 미래에 올 삶에 대해 약속을 소유하는 것이다(딤전 4:8). 또한 믿음은 모든 좋은 것들에 대한 든든한 확신이다. … 믿음은 이 확실성으로 만족한다: 즉, 아무리 많은 것들이 우리를 넘어뜨리고 이 세상의 삶을 유지하는 데 관심을 기울이려 할지라도, 하나님께서 절대로 실패하지 않으실 것이라는 확실성이다. … 요컨대, 비록 모든 것이 우리의 바람대로 흘러넘칠지라도, 하나님의 사랑 혹은 싫어하시는 것에 대해 확신하지 못한다면, 우리가 누리는 행복은 저주받은 것이요 결국 비참일 수밖에 없다. 그러나 만일 아버지 되신 하나님께서 그 얼굴의 광채를 우리에게 비추신다면, 그 비참함조차도 우리에겐 복이 될 것이다. 왜냐하면, 그 비참한 것들이 구원을 이루는 데 도움이 될 것이기 때문이다(*Inst.*, III ii 28).

믿음의 기초는 그리스도의 은혜로 말미암는 말씀으로 주어진 값없는 약속이다 (29-32)

칼뱅은 값없이 주신 약속에 이르기 전에는 믿음이 견고히 섰다고 할 수 없으며, 믿음이 우리를 그리스도와 연합시켜 주지 않으면, 우리가 결코 하나님과 화목할 방법이 없다는 것을 명심해야 한다고 강조합니다

(*Inst.*, III ii 29). 하나님은 우리를 진정 사랑하십니다. 그분의 약속은 곧 우리를 향한 사랑의 증거입니다. 그렇기에, 그 사랑을 표현하신 그리스도, 우리로 하나님과 화목하게 하신 그리스도를 떠나서는 그 누구도 하나님께 사랑을 받는다고 말할 수 없습니다(*Inst.*, III ii 32). 이에 따라 우리에게 어떤 약속이 주어질 때마다, 우리는 언제나 눈을 그리스도께로 돌려야만 합니다(*Inst.*, III ii 32).

믿음이 성령을 통해 우리의 마음에 드러남(33-37), 스콜라 신학자들의 도덕에 기초한 주장에 대한 반론(38-40)

그런데, 우리가 이렇게 하더라도, 성령님이 우리를 도와주시지 않는다면 아무런 유익이 없습니다.

그러나 우리 마음이 그런 허황된 것들에 기울어 있어서 하나님의 진리에 붙어 있는 것이 불가능하다. 또한 우리의 마음이 너무 어리석어 항상 하나님의 진리의 빛에 둔감할 수밖에 없다. 따라서 성령님의 조명하심이 없이는 말씀은 아무것도 하지 않는다. … 하나님의 영으로 조명을 받는 것만으로는 우리의 마음에 충분하지 않다. 마음은 또한 성령의 능력으로 강화되고 뒷받침을 받아야 한다. … 성령은 믿음의 창시자이실 뿐만 아니라 믿음을 점점 자라게 하여 마침내 우리를 천국으로 인도하신다(*Inst.*, III ii 33).

성경은 "믿음은 들음에서 나며 들음은 그리스도의 말씀으로 말미암았느니라"(롬 10:17)고 했는데, 만일 말씀을 들어도 깨닫지 못한다면, 또한 깨달아도 그것을 우리의 삶에 적용하지 못한다면, 듣고 깨달은 것은 우리에게 아무런 유익이 되지 못합니다. 오히려 그것은 심판의 날에 우리가 주님의 말씀을 듣지 못했다는 핑계를 대지 못하는 근거로 작용하여, 우리가 받을 심판을 더욱 엄중하게 만듭니다. 우리가 성령님을 절대적으로 필요로 해야 하는 이유가 바로 여기에 있습니다. 예수님은 성령을 훼방하는 죄는 결코 용서받지 못한다(막 3:29)고 하셨는데, 그 이유도 여기에서 찾을 수 있습니다. 성령님이 없이는 구원을 위한 믿음은 처음부터 불가능하기 때문입니다.

그런데, 이 믿음은 개개인의 도덕적 역량이 얼마나 되는가와는 관련이 없습니다(*Inst.*, III ii 38). 즉, 우리가 보기에 착한 행실을 하는 사람이 더 잘 믿고, 악한 행실을 하는 사람은 덜 믿거나 믿지 않는다고 생각해서는 안 됩니다. 복음서를 보면, 당시에 죄인이라고 손가락질을 받던 자들이 더 예수님이 베푸시는 말씀의 은총에 참여하여 하나님의 자녀가 되는 것을 많이 볼 수 있습니다. 세리장 삭개오는 그 하나의 예입니다(눅 19:1-10).

믿음과 소망과 사랑의 관계(41-43)

한편, 사랑이 믿음과 소망보다 우선한다고 주장하는 사람들이 있습니다. 그러나 믿음이 없이는 사랑도 없습니다. 우리 속에 사랑을 일으키는 것은 믿음이기 때문입니다. 이와 관련하여 칼뱅은 베르나르^{Bernard}가 한 말을 인용하여 세 가지 믿음에 대해 교훈하면서 자신의 주장을 뒷받침합니다.

내가 믿기로는, 양심의 증거, 즉 바울이 '경건한 자들의 영광'(고후 1:12 참조)이라고 부르는 것은 세 가지로 이루어져 있다. 첫째, 당신은 하나님의 긍휼이 없이는 죄 사함을 받을 수 없음을 믿어야 한다. 둘째, 당신은 하나님께서 주시지 않으면 어떤 선행도 할 수 없음을 믿어야 한다. 마지막으로, 당신은 만일 영생이 값없이 주어지지 않는다면 그 어떤 노력으로도 영생을 공로로 이룰 수 없음을 믿어야 한다(*Inst.*, III ii 41).

소망도 마찬가지입니다. 칼뱅은 소망이란, 믿음이 하나님께서 진실로 약속하셨다고 받아들이는 그런 일들을 기대하는 것이라고 말합니다. 믿음은 소망이 근거를 두는 기초이며, 소망은 믿음을 자라게 하고 유지시켜 줍니다. 소망은 끊임없이 믿음을 새롭게 하고 회복시켜 주고, 인내함으로 믿음을 강화시켜 줍니다(*Inst.*, III ii 42).

그러나 우리로서는 죄인임에도 구원의 소망을 품으라는 하나님의 명령을 받고 있으니, 따라서 기꺼이 하나님의 참되심을 인정하고, 오직 그분의 긍휼만을 의지하며, 행위를 의지하는 것을 버리고, 담대히 선한 소망을 가지도록 하자. 그분은 우리를 속이지 않으시니, 곧 "너희 믿음대로 되라"(마 9:29)고 말씀하신 분이시다(*Inst.*, III ii 43).

제3장 ㅣ 믿음으로 말미암은 중생: 회개

이 장에서도 믿음에 대해 계속해서 다룹니다. 실제로 그리스도인의 모든 것은 믿음에 뿌리를 내리지 않고서는 불가능하다는 것을 이 장에서 여실히 보여줍니다. 특별히 이 장의 내용은 믿음과 관련된 '회개^{悔改}'를 집중적으로 다룹니다. 기독교 이단들이 주장하는 바와 대조하며 살펴보면 큰 유익이 있을 것입니다.

회개는 믿음의 열매다: 이것과 관련된 몇 가지 오류들(1-4)

칼뱅은 참으로 회개를 매우 중요하게 생각합니다. 심지어 그는 복음의 총체를 회개와 죄 사함으로 요약합니다(*Inst.*, III iii 1). 그런데 그 두 가지를 연결하면서 중심을 차지하고 있는 것이 바로 '믿음'입니다.

> 회개와 죄 사함은 ─즉, 새로운 삶과 값없는 화목은─ 그리스도를 통해 우리
> 에게 부여된 것이며, 둘 모두 믿음으로 말미암아 얻어진다. … 논란의 여지
> 가 없는 사실은, 회개가 지속적으로 믿음을 따를 뿐 아니라 믿음에서 난다는
> 것이다(*Inst.*, III iii 1).

그런데, 하나님의 은혜를 먼저 깨닫지 않고서는 자신이 하나님께 속하였다는 진정한 믿음을 가질 수 없습니다(*Inst.*, III iii 2). 즉 칼뱅에 따르면, 그리스도께서 받으시고 지체들에게 주신 성령님이 다스리지 않는다면, 의로움uprightness은 있을 수 없습니다(*Inst.*, III iii 2). 이 말은, 진정한 믿음을 가진 자는 하나님이 기뻐하시는 바를 자발적으로 부지런히 순종하며 행하는 자임을 뜻합니다. 이 점에서 칼뱅은 당시 로마 교황 예찬자들이 행하는 것, 즉 회개한 자들에게 특정한 기간을 정해 그동안 고해성사penance를 하게 하고, 그 기간이 지나야 복음의 은혜의 성례에 참여케 하는 것을 매우 신랄하게 비판합니다(*Inst.*, III iii 2). 왜냐하면, 믿음을 마치 수료증 받듯이 대하고, 그런 형식을 갖춤으로써 비로소 천국 백성이 되는 듯이 가르치기 때문입니다.

칼뱅은 이 회개에는 두 부분이 있다고 합니다. 죽이는 일(mortification)과 살리는 일(vivification).

'죽이는 일'이란 영혼의 슬픔과 두려움이라고 설명할 수 있는데, 이것은 죄를 깨닫고 하나님의 심판을 의식함으로써 품게 된다. 누구든지 죄에 대한 참된 지식에 이르게 되면, 죄를 진심으로 미워하고 혐오하기 시작한다. 그런 다음, 마음 깊이 자신에 대해 불쾌하게 여기며, 스스로 비참하고 버림받은 자라고 고백하게 되며, 다른 사람이 되길 소망하게 된다. 나아가, 하나님의 심판에 대해 지각하게 되면(죄는 곧바로 심판으로 연결되기 때문이다), 충격을 받고 전복되며, 낮아지고 던져진 느낌으로 떨게 된다. 그리고 실망과 절망에 빠지게 된다. 이것이 바로 회개의 첫째 부분으로서 일반적으로 '통회'(contrition)라고 불려지는 것이다. '살리는 일'이란 위로로 이해되는데 믿음에서 생겨난다. 즉, 사람이 죄를 인식하여 엎드리며, 하나님을 두려워하여 충격을 받지만, 이어서 하나님의 선하심—그분의 궁휼과 은혜와 그리스도로 말미암은 구원 등—을 바라보며 스스로 일어나게 되고 마음을 가다듬게 되며 용기를 갖게 된다. 이를테면, 죽음에서 생명으로 돌아서게 된다. … 그러나 '살리는 일'을 불안과 두려움이 진정된 이후에 얻게 되는 마음의 행복감을 뜻한다면, 나는 동의하지 않는다. 그것은 오히려 거룩하고 헌신된 태도로 살고자 하는 열망과 거듭남에서 생기는 열심을 의미한다. 이를테면, 사람이 자기에 대해 죽어 하나님께 대해 살기 시작한다는 말과 같다(*Inst.*, III iii 3).

회개의 정의: 그 요소들에 대한 설명, 육신을 죽이는 일과 영을 살리는 일(5-9)

어떤 사람들은 회개를 '율법의 회개', '복음의 회개' 등으로 분류하기도 하지만, 칼뱅은 성경이 말하는 회개는 오직 하나라고 말하며, 그 의미를 다음과 같이 기술합니다.

회개란, 우리의 삶을 참으로 하나님께로 돌이키는 것이고, 그 돌이킴은 하나님에 대한 순수하고 진지한 두려움에서 생겨난다. 회개는 우리의 육신과 옛 사람을 죽이는 일과 영을 살리는 일로 이루어져 있다. … 또한 요한과 바울은 '회개에 합당한 열매를 맺는 것'(눅 3:8; 행 26:20; 롬 6:4 참조)이라는 표현을 사용하여 이런 종류의 회개를 나타내는 모든 행위를 확증하고 증명하는 삶으로 나아갈 것을 촉구한다(*Inst.*, III iii 5).

좀 더 자세히 설명하자면 이렇습니다. 첫째, 회개는 '우리 자신의 삶을 하나님께로 돌이키는 것'입니다. 이것은 그럴듯한 외양이 아니라 영혼 그 자체 속에서 일어나는 변화, 곧 옛 본성을 떨쳐버리고 새로운 본성에 따라 하나님이 기뻐하시는 행위의 열매를 맺는 것입니다(*Inst.*, III iii 6). 둘째, 회개는 '하나님을 향한 진지한 두려움에서 생겨난다'는 것입니다. 이것은 하나님의 심판을 실제적으로 생각하는 것과, 우리 자신을 하나님의 주권 아래 복속시키고자 하는 마음이 결합된 것입니다. 그렇지 않은 모든 것은 하나님으로부터 권세와 존귀를 도적질하는 것이 됩니다 (*Inst.*, III iii 7). 셋째, 회개는 '죽이는 일'과 '살리는 일'입니다. 다시 말하면, 우리 육체의 본성을 죽이고, 성령의 거룩케 하심을 받아들여 새로운 심령대로 사는 것입니다(*Inst.*, III iii 8).

그런데, 칼뱅은 이 '죽이는 일'과 '살리는 일'을 중생(重生, 거듭남)과 연관을 짓습니다. 이 두 가지는 그리스도 안에 참여함으로써 우리에게 일어납니다.

만일 우리가 진실로 그리스도의 죽음에 참여하면, "우리의 옛 사람이 예수와 함께 십자가에 못 박힌 것은 죄의 몸이 죽어"(롬 6:6), 즉 부패한 원래의 본성이 더 이상 떨치지 못하게 될 것이다. 만일 우리가 그분의 부활에 참여하면,

그로 인해 우리는 하나님의 의義에 합당한 새로운 생명으로 부활하게 될 것이다. 그러므로 요약하자면, 나는 회개를 중생으로 해석하며, 그것의 유일한 목적은 우리 안에서 하나님의 형상을 회복하는 것이다. 그 형상은 아담의 범죄로 인하여 파괴되고 거의 지워졌던 것이다. … 신자들로 이 목적에 이르게 하기 위해, 하나님께서는 그들에게 회개의 경주를 명하시며, 이에 따라 그들은 평생토록 그 경주에 임해야 한다(*Inst.,* III iii 9).

그러므로 칼뱅의 회개는 성화의 과정을 포함하고 있습니다. 그에게 회개는 거룩함을 향해 평생 지속되고 반복되는 것입니다.

신자들은 성화를 경험하지만 이생에서 죄 없는 완전함이란 없음(10-15)

그런데, 평생토록 회개해야 한다는 것은, 결국 우리가 여전히 죄 가운데 있음을 암시합니다. 우리는 중생을 통해 죄의 굴레에서 벗어나 자유함을 얻지만, 그렇다고 육체의 정욕을 충분히 제어할 만큼 완전한 자유를 누리고 있지는 못합니다. 이것을 어떻게 이해해야 하고, 어떻게 우리의 삶에 적용해야 할까요? 이렇게 된 가장 큰 이유는, 우리가 여전히 육체를 입고 죄가 있는 이 세상에서 살아가기 때문입니다. 육체의 본성은 지속적으로 우리를 하나님의 자녀 됨에서 멀어지게 만듭니다. 그렇기에, 우리는 성령의 도움을 받아 육체의 행실을 죽이도록 노력해야 합니다. 다시 말하지만, 회개는 평생에 걸쳐 이루어져야 합니다. 하나님께서 뜻하시고 목적하신 완전한 성화를 향해서 말입니다.

그렇다면, 예수 그리스도를 통해 죄에서 구원받은 우리가 어떻게 여전히 죄의 영향력 아래에 있다는 것일까요? 칼뱅은 이에 대해서 다음과 같이 말합니다.

그러나 죄는 단지 주관하는 것을 그쳤을 뿐이다. 죄는 또한 성도들 안에 거하기를 그치지 않는다. 따라서, 우리의 옛사람이 십자가에 못 박혔고(롬 6:6), 죄의 율법이 하나님의 자녀 안에서는 폐지되었지만(롬 8:2 참조), 그 자취는 남아있다. 그것이 그들을 지배하지는 못할지라도, 그들로 하여금 자신의 연약함을 인식하게 하여 겸손하게 만든다. … 성도들은 이 죄로부터 해방되었으나 하나님의 긍휼이 없다면 죄인들이요 하나님 앞에서 죄책을 지는 것이 당연한 존재들이다(*Inst.*, III iii 11).

즉, 죄의 흔적이 여전히 우리의 육체 안에 남아 있어서, 우리는 여전히 이것과 씨름을 해야 합니다. 이렇게 함으로써, 하나님은 우리를 겸손한 중에 더욱 하나님을 의지하게 하시고, 성령의 도우심을 힘입어 점점 더 거룩함에로 나아가도록 하십니다. 출애굽한 이스라엘 백성들을 생각해 보십시오. 그들은 하나님의 긍휼과 능력으로 완전히 애굽에서 벗어났습니다. 홍해를 건너면서 세례를 받아 완전히 하나님의 백성이 되었습니다. 그럼에도 그들은 여전히 애굽에 대한 흔적을 가지고 다니면서 하나님과 하나님이 세우신 지도자 모세를 거역하고 원망했습니다. 심지어 하나님께서는 친히 시내산에 강림하셔서 말씀을 주시며 더욱 거룩한 하나님의 백성으로 살아가도록 명령하셨지만, 그들은 애굽의 본성을 버리지 않고 끝내 불순종하였습니다. 하나님께서 왜 단번에 자기 백성을 완벽하게 또한 거룩하게 하지 않으시는가에 대한 질문은 우리의 권한이 아님을 알아야 합니다. 다만, 하나님께서 그렇게 하는 것이 자신의 영광을 드러내고 우리를 위해 유익하다고 판단하셨기 때문에 그렇게 하시는 것으로 믿어야 합니다.

다시 말하지만, 이런 육신의 정욕에 우리가 여전히 노출되어 있으므로, 성령이 우리에게 절대적으로 필요합니다. 성령은 사람을 무절제한 방종에 빠지지 않도록 하시며, 옳은 일과 그른 일을 분별하게 하십니다. 또한 성도로 하여금 합당한 정도正道를 걷게 하시고, 그렇게 할 수 있도록 절제節制하게 하십니다(Inst., III iii 14). 이에 대해 칼뱅은 이렇게 말합니다.

첫째, 성령이 우리에게 주어진 것은 거룩케 하심(성화, sanctification)을 위함이다. 즉, 우리를 부정함과 더러움에서 깨끗하게 하여 하나님의 의義에 순종하도록 인도하시기 위함이다. … 둘째, 우리는 그렇게 성령의 거룩케 하심으로 깨끗하게 되지만, 우리의 육체가 거치적거리는 한, 온갖 악행과 많은 연약함에 둘러싸이게 된다. 이상으로 알 수 있다시피, 우리는 완전함과는 거리가 멀기에, 반드시 꾸준히 전진해야 하며, 비록 여러 악행에 얽힐지라도 매일 그것과 싸워야만 한다(Inst., III iii 14).

회개의 열매: 거룩한 삶, 죄의 고백과 사함. 평생 하는 회개(16-20)

하지만 분명한 것은, 누구든지 하나님의 율법을 표준으로 자신의 삶을 진지하게 대할수록 회개의 증거들이 더욱 뚜렷하게 드러난다는 것입니다. 즉 탄식과 눈물, 장식과 화려함을 삼가고 쾌락을 버리는 것과 같은 행위들이 그것인데, 이 모두가 심령이 상할 때에 자연스럽게 생겨나는 것들입니다(Inst., III iii 16).

만일 우리가 우리의 짐 때문에 신음하며 우리의 악행에 대해 애통함으로써 하나님께 놓임을 구하게 된다면, 그때 우리는 마침내 졸음 상태에서 벗어났음을 증명하게 된다(Inst., III iii 18).

그러나 오늘날 이것을 무시하고 마치 자신이 완전한 구원을 받은 양

처신하며 반복되어야 할 일상의 회개를 부정하는 자들이 있습니다. 칼뱅은 이들에 대해 다음과 같이 경고합니다.

> 우리는 주의를 기울여 이 분별을 지켜야 한다. 이는 우리 중 소수의 사람들이 회개하라는 부름을 받을 때에 우리가 부주의함에 빠지지 않도록 하기 위함이다. 마치 육신을 죽이는 일에 더 이상 우리가 관심을 가질 필요가 없다는 듯이 처신할 수 있다. 천박한 욕망이 항상 우리를 괴롭히며, 우리 안에서 반복해서 솟구쳐오르는 악행들로 인하여, 우리는 육신을 죽이는 일에 대한 관심을 늦추어서는 안 된다(*Inst.*, III iii 18).

> 따라서, 우리는 반드시 회개 그 자체를 힘써야 하며 그렇게 되도록 우리 자신을 평생토록 헌신해야 한다. 또한 우리가 그리스도 안에 거하려면, 최후의 순간까지 그것을 추구해야 한다(*Inst.*, III iii 20).

회개나 용서가 없는 죄들(21-25)

그런데, 우리는 회개가 우리의 의지와 노력으로 이루어지는 것이라 생각할 수 있습니다. 그러나 믿음으로 말미암는 회개도 하나님의 값없는 선물임을 분명히 인식해야만 합니다. 왜냐하면, 누구도 하나님께서 택하시고 구원하길 원하지 않으시면 믿음으로 말미암는 회개를 할 수 없기 때문입니다.

하나님께서 죽음에서 끄집어내기를 바라시는 누구에게나 중생케 하시는 성령으로 신속히 행하신다. 엄밀히 말해, 회개는 구원의 원인이 아니다. 그러나 회개가 이미 믿음과 하나님의 긍휼과 불가분리의 관계에 있기에 원인이라고 말할 수 있는 것이다(*Inst.*, III iii 21).

그러나 성경은 용서받지 못하는 죄가 있다고 분명히 말하고 있음을
유의해야 합니다. 곧, '성령을 훼방하는 죄'입니다. 이것에 대해 칼뱅은
다음과 같이 말합니다.

그러므로 나는 말하기를, 성령을 훼방하는 죄를 범하는 자들은 악한 의도를
가지고 하나님의 진리를 거역하는 자들이다. 그들은 하나님의 진리를 분명
히 접하였기에 결코 몰랐다고 주장할 수 없다(*Inst.*, III iii 22).

쉽게 말해, 성령을 통해 하나님의 역사하심과 그분의 진리, 곧 그리스
도와 구원에 대한 비밀을 알았음에도, 순종하지 않고 여전히 죄 가운데
있기를 고집하는 것이 바로 '성령을 훼방하는 죄'입니다. 이런 죄에 빠진
자들은 회개의 가능성을 스스로 없애버리는 자들입니다.

그런데, 회개인 듯하면서도 '거짓인 회개'가 있습니다. 북이스라엘의
아합 왕처럼, 하나님의 진노의 심판을 예고 받아 두려워 떨며 굵은 베를
두르고 금식하여 형벌을 면한 경우입니다(왕상 21:27-29). 그러나 이후의
내용을 보면 알겠지만, 그는 진심으로 회개하지 않았음이 드러납니다.
그 결과, 하나님의 진노는 아합에게 예고했던 그대로 그의 아들 대(代)에
가서 완전히 이루어집니다.

외식(外飾)하는 자들이 종종 잠시 묵인되는 경우들이 있지만, 하나님의 진노는
여전히 그들에게 드리워져 있다. 하나님께서 이렇게 하시는 이유는, 그들을
위함이 아니라 모든 사람들에게 본을 보이기 위함이다(*Inst.*, III iii 25).

따라서, 우리는 참된 회개만이 하나님께서 받으시며, 또한 그것만이 우리에게 유익을 주어 그리스도의 형상을 닮아가는 방법이 된다는 것을 명심해야 할 것입니다.

제4장 ㅣ 스콜라 신학자들의 회개론: 복음의 순전함과는 거리가 멀다. 고해(告解, confession)와 보속(補贖, satisfaction)에 대한 논의

이 장에서는 로마 가톨릭의 회개 교리에 영향을 미친 스콜라 신학이 말하는 회개에 대해 다룹니다. 이들의 주장을 살피면서 오늘날 우리도 잘못 생각하고 있는 회개의 개념이 있다면 그것을 바르게 정리하여야 하겠습니다.

고해(confession)와 통회(contrition)에 대한 스콜라 신학자들의 교리 그리고 그 성경적 근거 (1-6). 고백에 대한 논의들(7-24)

칼뱅은 스콜라 신학자들이 내린 회개悔改의 정의가 불충분하다고 비판합니다. 그들이 내린 정의의 대부분은 '과거에 잘못을 저지른 자신에 대해 슬퍼하거나 그로 인해 자신을 괴롭히는 것'이라는 내용입니다. 후기 스콜라 신학자들의 정의는 더욱 미흡하다고 비판합니다.

그들은 너무나 끈질기게 겉으로 드러나는 행위에 집착하여, 그들의 방대한 저서들에서도 회개란 권징과 내핍(고행)이라는 것밖에는 얻을 것이 없다. 그들이 말하는 회개란, 부분적으로는 육체를 제어하는 것이고, 부분적으로는 책망하는 것이며, 또한 부분적으로는 형벌을 가하는 것이다. 하지만 그들은 경이로울 정도로 내적인 마음의 갱신, 곧 삶의 참된 수정을 일으키는 갱신에 대해서는 침묵한다 … 그들은 다음과 같이 교묘하게 회개를 정의하며 구분하는데, 곧 '통회하는 마음', '입술의 고백', '행위를 통한 보속'이다(*Inst.*, III iv 1).

칼뱅이 이것을 비판한 이유는, 그가 회개에 대해 언급할 때 든 두 가지 중요한 내용, 죽이는 일과 살리는 일이 그 정의에 포함되어 있지 않기 때문입니다. 그러면서 그들이 구분한 위의 세 가지에 대해 부족한 점을 지적합니다.

첫째, '통회痛悔하는 마음'입니다. 칼뱅은 도대체 얼마나 애통해야, 또는 어느 정도까지 슬퍼해야 하나님께서 기뻐하심을 확신할 수 있는지를 질문합니다. 칼뱅은 그것으로는 결코 영혼의 안식을 얻을 수 없다고 말합니다(*Inst.*, III iv 2). 왜냐하면, '통회'는 죄 사함의 원인이 아니라 오히려 회개에 따른 결과이기 때문입니다(*Inst.*, III iv 3). 오직 회개하는 자만이 하나님의 긍휼을 바라보며 자신의 마음을 찢을 수가 있습니다.

둘째, '고백告白'입니다. 누구도 자신의 비참한 처지를 먼저 고백하지 않고는 하나님의 긍휼을 얻을 수도, 그것이 절대적으로 필요함을 고백할 수도 없습니다. 즉, 이 또한 하나님의 은혜로 자신의 죄를 깨닫고 회개하는 자만이 할 수 있는 행동입니다. 그럼에도, 스콜라 신학자들은 이것을 죄 사함의 원인으로 규정하였습니다. 고백(오늘날의 '고해성사告解聖事')을 '사제들'에게 하라고 법法으로 정한 때는 교황 인노켄티우스 3세(Innocent III: 1198~1216)에 이르러서입니다. 그 이전에는 이런 규례가 없었습니다. 칼뱅은 크리소스톰의 말을 인용하며 어떻게 하는 것이 참된 고백인지를 설명합니다.

"… 당신의 양심을 하나님의 임재로 가져가 그분 앞에 펼쳐 놓아라. 당신이 입은 상처들을 주님, 곧 가장 탁월한 의사이신 분께 보여드리고 그분께 치료약을 구하라. 상처들을 그분께 보여드려라. 그러면 그분은 여러분을 꾸짖지 않으시고 지극히 부드럽게 치료해 주실 것이다." 또한 "분명한 것은, 당신은 어떤 사람에게도 말하지 말아야 한다는 것이다. 이는 그가 너를 비난할까 함이다"(*Inst.*, III iv 8).

즉, 참된 고백은 사람이 아니라 하나님께 해야 합니다. 왜냐하면, 그분만이 우리의 죄를 용서하실 수 있으시기 때문입니다(*Inst.*, III iv 9). 하지만, 사람 앞에서도 고백이 필요한 경우가 있습니다. 밧세바 사건이 드러났을 때, 다윗이 한 행동을 생각해 보십시오. 그는 하나님 앞에 철저히 회개했습니다. 그리고 하나님의 영광을 높이고 자신이 계속 낮아지기 위해서, 그리고 사람들의 유익을 위해 자신의 죄를 고백하였습니다(시 51편). 칼뱅도 이런 목적을 위해서는 사람 앞에서 고백하는 것을 거절하지 않습니다(*Inst.*, III iv 10).

또한 개인적인 고백이 아니라 공적公的 고백이 필요할 때도 있습니다. 에스라와 느헤미야의 지도 하에 이스라엘 백성들은 함께 하나님 앞에 자신의 죄를 고백했습니다(느 9장). 뿐만 아니라 에스라와 느헤미야 자신이 마치 자신이 죄를 지은 것처럼 하나님 앞에 이스라엘의 죄를 고백하기도 했습니다. 이것은 공동체의 유익을 위해 필요한 일입니다.

그런데, 야고보서 5장 16절에서 "너희 죄를 서로 고백하라!"고 했는데, 이것은 어떻게 적용해야 할까요? 칼뱅은 이것을 두 가지 의미로 해석합니다. 하나는, 서로를 권면하고 위로하기 위한 의도로, 다른 하나는, 이웃을 위한 의도로 고백을 하라는 것입니다.

첫 번째 종류의 고백은, 심지어 야고보조차도 우리가 누구의 품에 우리의 짐

을 풀어놓아야 할지를 분명하게 결정하지 않았으므로, 교회의 양 떼들 중 가장 적합한 사람들 중 한 사람에게 고백할 기회를 남겨두었다고 볼 수 있다. 하지만, 그들이 자신들 중에서 목회자가 특별히 자격을 갖춘 것으로 판단하는 한, 우리는 그들을 우선 선택해야만 한다. … 즉, 그로 안심하도록 하기 위해, 그는 마땅히 사적인 고백을 자신의 목회자에게 털어놓아야 한다. 또한 위로를 얻기 위해서도 그는 목회자에게 사적인 도움을 구해야 한다. 이렇게 하는 이유는 목회자의 직무가 바로 공적이든지 사적이든지 하나님께 속한 자들을 복음을 가르침으로써 위로하는 것이기 때문이다. 하지만, 그는 항상 다음의 규칙을 준수해야 한다: 그것은 하나님께서 명확하게 밝히지 않은 사안에 대해서는, 양심에게 명확한 멍에를 짊어지게 해서는 안 된다는 것이다 (*Inst.*, III iv 12).

다른 종류의 고백에 대해서는 그리스도께서 마태복음에서 말씀하고 계신다: "그러므로 예물을 제단에 드리려다가 거기서 네 형제에게 원망들을 만한 일이 있는 것이 생각나거든 예물을 제단 앞에 두고 먼저 가서 형제와 화목하고 그 후에 와서 예물을 드리라"(마 5:23-24). 사랑에 대해서는, 그것이 우리의 잘못으로 깨어졌을 때, 우리가 저지른 잘못을 시인하고 그것에 대해 용서를 구함으로써 회복이 된다. 이 경우는 전체 교회를 상대로 상처를 줄 정도로 죄를 지은 사람들의 고백도 포함한다. … 악한 사례로 교회에 상처를 준 사람은 마땅히 그가 상처 준 것을 시인함으로써 교회와 화목을 이루어야 할 것이다(*Inst.*, III iv 13).

두 번째의 경우는 주로 '수찬 정지'(성찬식에 참여하는 것을 일정 기간 막음)를 통해 공적인 회개를 유도하게 됩니다. 이로 보건대, 공적 고백은 공동체가 하나가 되고 화목하게 하는 데 유익하도록 허락된 것임을 알 수 있습니다.

그런데, 스콜라 신학자들은 사제들이 죄인을 매고 풀 수 있는 '열쇠의 권세'를 가지고 있다고 말하면서, 주님이 마태복음 18장 18절을 통해 분명히 말씀하신 바, 교인들이 서로 동등하게 용서하고 묶을 수 있는 권세를 가지고 있음을 부인하였습니다(*Inst.*, III iv 15). 이 부분에 대해서는 『기독교강요』 제4권에서 '교회론'과 관련하여 다시 언급하게 될 것입니다. 다만, 여기서는 성경이 그것을 인정하지 않는다는 것만 알아두시길 바랍니다.5

문제는, 우리가 연약하고 어리석어 우리가 지은 모든 죄를 다 고백하지 못한다는 것입니다. 그러면, 생각나지 않는 죄는 고백에서 제외되었다고 해서 용서받지 못하는 것일까요? 스콜라 신학자들은 이 문제를 해결하기 위해 자신들이 스스로 죄의 목록을 열거하고, 교회가 정해 놓은 형식에 따라 대죄大罪, 소죄小罪, 기타 경미輕微한 죄로 나누었습니다. 칼뱅은 이것을 강하게 비판합니다. "죄의 삯이 사망"(롬 6:23)이라고 했을 때, 이 죄에는 경중輕重이 따로 없기 때문입니다. 중요한 것은 자신이 철저히 죄인임을 하나님 앞에 고백하는 자세입니다. 칼뱅은 참된 고백을 하는 자들에 대해 이렇게 설명합니다.

그러나 내가 말하는 바는 하나님을 참되게 예배하는 자들에 대한 것이다. 그들은 자신이 당한 시험에 넘어진 것을 깨닫는 자들이며, 요한이 한 말, 곧 "우리 마음이 혹 우리를 책망할 일이 있어도 하나님은 우리 마음보다 크시고 모든 것을 아시기 때문이라"(요일 3:20)는 것을 붙들고 탄식하는 자들이다. 그리하여 그들은 우리의 모든 지각을 넘어 모든 것을 알고 계시며 심판하시는

---

5 그래도 빨리 알기를 원한다면, *Inst.*, III iv 20-24를 살펴보시면 됩니다.

분 앞에서 두려워 떠는 자들이다(*Inst.*, III iv 17).

칼뱅은 '완전한 죄의 고백'은 불가능하다고 말합니다. 이것에 집착하게 되면, 오히려 두 가지 폐단이 생김을 주의시킵니다. 그것은 첫째, 오로지 파괴하고 정죄하며 절망에 빠뜨리기만 할 뿐이며, 둘째, 죄를 진정으로 깨닫지 못하게 막아버려, 하나님과 자신에 대해 무지하게 만들어버립니다(*Inst.*, III iv 18). 이에 대한 이유를 이렇게 말합니다.

실제로, 범죄를 하나하나 나열하는 데만 완전히 사로잡혀, 그러는 동안에 그들은 마음 속 깊은 곳에 감춰진 악들을, 그들 자신의 은밀한 죄들과 내적 더러움을 잊어버리게 만든다. 그것을 아는 것이야말로 그들로 자신이 처한 비참함을 깨닫게 하는 것인데 말이다. 그러나 고백을 행하는 가장 확실한 원리는, 우리가 가진 악의 심연이 우리의 이해를 넘어선다는 것을 인정하고 고백하는 것이다. 우리는 그것을 세리의 고백에서 찾을 수 있다: "하나님이여 불쌍히 여기소서 나는 죄인이로소이다"(눅 18:13). … 결국, 다윗이 한 것처럼 부르짖어야 한다: "자기 허물을 깨달을 자 누구리요 나를 숨은 허물에서 벗어나게 하소서"(시 19:12)(*Inst.*, III iv 18).

자신의 부패함에 주의를 기울이지 않고, 겉으로 드러난 것에만 집중하면, 결국 외식하는 자가 되고 맙니다. 그리고 혹 자신이 다 고백하지 못한 죄가 있을까 싶어 결코 마음의 자유와 평안을 누리지 못하게됩니다. 우리는 오직 주의 긍휼하심과 그분의 약속을 의지하며, 참된 믿음과 회개로 하나님께 나아가면 됩니다.

이 점에서 칼뱅은 '비밀고백'(고해) 제도는 필요 없다고 합니다. 이것은 자칫 고백자로 하여금 죄에 대해 더 둔감하게 하며, 오히려 담대하게 죄를 지을 수 있는 틈을 마련할 수 있도록 부추길 수 있기 때문입니다(*Inst.*, III iv 19). 그러나 로마 교황 예찬자들은 열쇠의 권한을 내세워 이것을 합리화합니다(*Inst.*, III iv 20~24).

보속 교리에 대한 로마 교회의 입장(25), 그리스도의 은총만이 죄에 대한 참된 보속이며 양심에 평화를 줌(26-27)

이제는 보속補贖에 대한 것을 살펴보겠습니다. 교황 예찬자들은 이것을 회개의 세 번째 요소로 제시합니다. 그들은 과거의 악행을 중지하여 행위를 더 나은 방향으로 변화시키는 것으로 만족하지 않고, 자신이 지은 죄와 과실에 대해 하나님께 보속(눈물, 금식, 헌금, 구제 등)해야 한다고 주장합니다. 이것은 결국 죄를 용서받기 위해서는 그만한 공로를 쌓아야 한다는 것이 됩니다. 칼뱅은 이것을 '거짓말'이라고 단언합니다(*Inst.*, III iv 25). 왜냐하면, 하나님께서 유일하게 받으시는 보속은 오직 예수 그리스도만이 이루셨기 때문입니다.

성경이 "그리스도의 이름으로"라고 말할 때, 그것이 의미하는 바는 우리가 가져올 것이 아무것도 없고, 우리 자신에 대해 아무것도 주장할 것이 없으며, 오직 그리스도께서 하신 공적(commendation)만을 의지한다는 것이다(*Inst.*, III iv 25).

그럼에도 교황 예찬자들은 세례를 받을 때에 이 땅에서 지은 죄의 형벌이 제거되지만, 세례를 받은 후에는 회개로 인해 형벌이 감면되어 결국 그리스도의 십자가와 우리의 회개가 함께 역사하는 것이라고 말합니다(*Inst.*, III iv 26). 그러나 우리는 오직 예수 그리스도만이 하나님께서 친히 준비하신 어린 양이요, 우리의 죄를 속하기 위해 마련되신 제물이심을 믿어야 합니다. 그렇지 않으면, 칼뱅의 말대로 우리는 보속이라는 자기 의義를 내세워 그리스도의 영광을 빼앗고 심지어 자신의 양심까지 해치게 될 것입니다. 왜냐하면, 그 누구도 그리스도께서 하신 것보다 더 큰 보속을 할 수 없고, 그렇기에 어떤 보속으로도 양심의 죄를 완전히 덜어 버릴 수 없기 때문입니다(*Inst.*, III iv 27).

다양한 구분들과 반론들을 비평적으로 살핌(28-39)

이 허망한 보속의 논리와 관련하여 이제 앞에서 잠깐 언급했던 대죄大罪와 소죄小罪의 허구성에 대해도 살펴보겠습니다.

비록 그들은 언제나 가벼운 죄와 치명적인 죄에 대해 말하면서도 정작 이것을 저것과 분별하지 못하고 있다. 다만, 불경건함과 마음의 부정함을 가벼운 죄로 볼 뿐이다(*Inst.*, III iv 28).

하지만, 이것은 분명 죄의 실체를 잘못 파악하는 것입니다. 칼뱅은 한 가지 죄를 보속하는 데도 하루가 걸린다면, 그 보속을 하는 동안에 짓는 죄는 어떻게 할 것인지를 비꼬아 묻습니다(*Inst.*, III iv 28). 인간의 힘으로 자신의 죄의 문제를 해결하고자 하는 것만큼 어리석은 것은 없습니다. 그럼에도 보속을 주장하는 자의 논리는 더욱 허망하기만 합니다.

그들은 열심히 형벌과 죄책을 구별한다. 그들은 죄책이 하나님의 긍휼하심으로 면제가 되었음을 인정한다. 하지만, 그런 다음에도 형벌은 그대로 남기 때문에, 하나님의 공의가 그것을 갚도록 요구한다고 말한다. 따라서 그들이 견지하는 바는, 보속은 적절히 그 형벌을 면제받기 위해 있다는 것이다 (*Inst.*, III iv 29).

우리는 죄책과 그 형벌이 모두 그리스도로 인하여 사라진다는 것을 분명히 믿어야만 합니다(*Inst.*, III iv 30).

하지만, 성도는 현실의 삶에서 각자가 지은 죄에 대한 하나님의 징벌을 뚜렷하게 경험하게 될 때가 있는데, 이것은 어떻게 설명할 수 있을까요? 그리스도를 믿고 영접함으로써 모든 죄가 없어졌다면, 이런 징벌도 없어야 하지 않느냐고 반문할 수 있을 것입니다. 칼뱅은 이것을 두 가지 심판 개념으로 설명합니다: 보복報復을 위한 심판과 징벌懲罰을 위한 심판.

보복을 위한 심판은, 하나님께서 그분의 원수들에 대한 복수의 심판으로 이해되어야 한다; 그 결과 하나님은 그들을 향해 진노를 발하시고, 그들을 혼란에 빠뜨리시고, 흩으시며, 완전히 멸망시키신다. … 징벌을 위한 심판은 하나님께서 그리 가혹할 정도로 진노하지 않으시고, 완전히 멸망시킬 정도로 보복하지도 않으신다. 따라서 이것을 적절하게 말하면, 형벌 혹은 복수라기보다는 오히려 교정과 훈계로 보아야 한다. 보복을 위한 심판은 재판관의 행동이고, 징벌을 위한 심판은 아버지의 행동이다(*Inst.*, III iv 31).

칼뱅은 전자前者를 통해, 불경건한 자들은 장차 지옥에 들어가 영원한 저주를 맛보게 되는 상태를 미리 경험하게 된다고 합니다. 그들은 믿음이 없으므로 그 괴로움을 변화와 유익을 위한 기회로 삼지 않고 더욱 게헨나의 저주 속으로 들어가게 됩니다. 반면, 후자後者는 믿음으로 받아들일 때, 하나님의 사랑을 증거합니다. 성도들은 이 징벌을 통해 자신의 잘못을 깨닫고 그 징벌을 온유한 심정으로 기꺼이 받아들입니다. 쉽게 말해 하나님의 회초리를 달게 받습니다. 그리고 하나님과의 관계에서 멀어지는 영원한 사망에서 벗어나기 위해 참된 회개에 이르도록 기도하게 됩니다(Inst., III iv 32). 이로써 우리가 분명히 알아야 할 것은, 유사한 고통과 괴로움을 받아도 누구는 더욱 죄 가운데 거하고, 누구는 그리스도를 의지하여 그 죄에서 벗어나려고 한다는 것입니다. 이로써 누가 진실된 믿음을 가지고 있으며, 참된 하나님의 자녀인지를 가늠할 수 있게 됩니다.

> 그러나 하나님의 채찍에 맞음에도 결국에는 유익을 얻는 사람은, 하나님께서 자신이 지은 악행에 대해 진노하고 계심을 생각하면서 또한 그분이 긍휼이 많으시고 자기에게 호의적으로 대하시는 분이심을 생각하는 자이다(Inst., III iv 34).

다만, 우리가 시험에 넘어지지 말아야 할 것은, 하나님의 징벌의 정도가 사람마다 다르게 적용된다는 것입니다(Inst., III iv 35). 이것은 우리의 경험으로도 알 수 있습니다. 어떤 사람은 많이 맞아야 겨우 잘못을 깨닫는 사람이 있는가 하면, 어떤 사람은 적게 맞아도 올바르게 처신하는 사람이 있지 않습니까? 그러나 분명한 것은, 하나님께서는 그분이 사랑하는 자라면 누구나 평생 올바른 삶을 위하여 징계하신다는 점입니다(Inst., III iv 35). 그리고 그 징계를 달게 받은 자는, 더욱 하나님의 사랑과 은혜에 감사하며 더 많이 주님을 사랑하고 그분께 헌신하게 된다는 것입니다.

한편, 보속을 주장하는 자들은, 교묘하게 보속이 하나님께 드리는 죄의 대가가 아니라, 주로 출교黜敎를 당한 자들이 다시 교회로 들어오게 될 때, 그가 회개한 사실을 교회에 확증하기 위해 행하는 공적인 증거라고 주장합니다. 그리고 이것을 고대 교부인 아우구스티누스도 주장했다

(Augustine, *Enchiridion*, xvii, 65)고 합니다(*Inst.*, III iv 39). 하지만, 칼뱅은 실제로 그러하였으나 아우구스티누스 때의 좋게 남아 있던 형식마저도 이들이 변질시켜 그 의미를 완전히 파괴하였다고 비난합니다. 또한 그들의 주장을 뒷받침하기 위해 근거로 드는 아우구스티누스의 이름으로 된 『회개에 대해』(*On Repentance*)라는 책은, 상식을 가진 사람들이 읽어 보면 그의 작품이 아님을 분명히 알 수 있을 것이라고 평가절하합니다(*Inst.*, III iv 39).

　요컨대, 우리는 우리의 죄를 속하기 위한 방법으로 오직 그리스도의 속량만을 믿어야 합니다. 또한 우리가 육체 안에 있으므로, 연약함으로 죄를 지어 하나님의 징벌을 받게 될 때, 오히려 그 징계를 자신의 믿음을 굳건히 세우는 방편으로 삼고 결코 원망하거나 불경건한 자들이 취하는 태도에 빠져 믿음을 저버리지 말아야 할 것입니다.

제5장 ┃ 보속설을 보완하기 위한 장치들: 면죄부와 연옥

　이 부분은 우리가 주의 깊게 살펴볼 필요가 있습니다. 종교개혁의 발단이 되기도 했지만, 칼뱅 시대뿐만 아니라 우리 시대에도 이와 비슷한 이론을 전개하는 이들이 있기 때문입니다. 특별히 이와 관련하여, 우리는 육체의 죽음과 부활 사이에 있는 중간기中間期에 대한 교리敎理도 정리해야 합니다.

면죄부 교리의 오류와 그 악영향(1-5)

　칼뱅은 보속론에서 '면죄부'(免罪符, indulgence)가 파생되었음을 단언합니다. 실제로 교황과 교황 예찬자들은 복음을 무시하여 보속을 이룸에 있어 우리의 능력이 모자란 부분을 면죄부가 보충해준다고 떠들었는데, 이 면죄부가 그리스도와 순교자들의 공로들을 분배하는 역할을 하기 때문이라고 헛된 근거를 댑니다(*Inst.*, III v 1).

> 우리의 대적자들은 그리스도와 거룩한 사도들과 순교자들의 공로를 '교회의 보고寶庫'라고 부른다. … 내가 이미 앞서 언급한 바와 같이, 그들은 이 보고를 관리할 최고 책임이 로마 주교에게 일임되었기에 그가 이 큰 은총들을 분배하는 일을 주관한다고 속인다. 그 결과, 그가 스스로 그것들을 분배하고, 그 일을 다른 사람들에게도 대리할 수 있도록 맡기기도 한다고 말한다. … 그들의 행동에 대해 적절하게 말하자면, 이런 짓들은 그리스도의 피를 모욕하는 짓이요, 사탄의 조롱거리요, 또한 그리스도인들을 하나님의 은혜와 그리스도 안에 있는 생명에서 떠나게 하며, 참된 구원의 길에서 벗어나게 만드는 것이다. 이것은 그리스도의 피가 죄 용서와 화목과 보속을 위해 충분하다는 것을 부인할 때보다 더 불쾌할 정도여서, 만일 그 피가 마치 말라버리고 소모되는 것처럼 모자라기라도 한다면 다른 것으로 공급하고 채워야 한다는 것인데, 어찌 그리스도의 피를 모욕하는 것이 아니겠는가?(*Inst.*, III v 2)

그러나 면죄부의 관행은 처음부터 존재한 것이 아닙니다. 칼뱅은 로마 주교였던 레오 1세(A.D. 440~461년)와 아우구스티누스가 강력하게 반대한 사실을 근거로 댑니다(*Inst.*, III v 3). 우리는 오직 그리스도만이 하나님께서 우리 죄를 위해 내어주신 화목제물임을 알고 믿어, 이와 비슷한 어떤 논리에도 굴복해서는 안 됩니다.

그럼에도, 교황 예찬자들은 골로새서 1장 24절에 기록된 "그리스도의 남은 고난을 그의 몸된 교회를 위하여 내 육체에 채우노라"라는 말씀을 왜곡하여 면죄부를 뒷받침하는 데 사용하였습니다. 실상, '남은 고난'과 '채운다'라는 단어는 보속과 관련된 것이 아니라, 그리스도를 믿는 성도들이 자신의 육체로 감당해야 할 고난苦難을 가리키고 있습니다. 즉, 그리스도께서 자신의 지체인 성도들의 고난을 통해 자신도 고난을 당하신다는 의미입니다. '교회를 위하여'라는 말은 보속을 위해서가 아니라, 교회를 강건하게 세우고 나아가도록 한다는 의미입니다(Inst., III v 4). 그렇다면, 이 헛된 면죄부의 기원은 무엇일까요? 칼뱅은 다음과 같이 기록하고 있습니다.

> 예전에는 참회하는 자들이 감당하기에 벅찬 보다 엄격한 보속이 부과되었다. 그때 그들은 자신들에게 부과된 고행의 강도가 너무 무겁다고 느껴 교회에 경감시켜 달라고 요청했었다. 이때 그런 자들에게 주어진 면제를 '면죄'indulgence라고 불렀다. 그러나 보속을 하나님께 돌린 뒤에는, 그들은 그것을 하나님의 심판으로부터 스스로를 구속시키는 대가라고 말하기 시작했고, 동시에 그 면죄를 속죄하는 치료책으로 전환시켜 그것이 우리가 마땅히 받을 형벌에서 자유하게 하는 것이라고 가르쳤다(Inst., III v 5).

그럴듯한 성경 구절로 뒷받침되는 연옥 교리에 대한 반박(6-10)

이 면죄부와 관련하여 반드시 따라 나오는 것이 '연옥'(煉獄, purgatory) 교리입니다. 연옥이란 죽은 그리스도인들이 정화를 받아 천국으로 가기를 대기하는 장소로서 성경에 근거한 것이 아니라 사람의 상상으로 만들어진 곳입니다. 이 교리 또한 면죄부와 마찬가지로 그리스도의 구속 사역을 모욕하는 것으로 가득 차 있습니다. 왜냐하면, 이것 역시 그리스도의 피 외에 다른 곳에서 죄 사함의 수단을 찾으려 하기 때문입니다. 또한 사람이 죽은 뒤에도 그 죽은 자의 영혼이 죄에 대해 보속할 수 있는 가능성을 열어놓기 때문에 성경의 세계관을 부정하기 때문입니다.

> 그러므로 우리는 반드시 큰소리로 외치되 단지 목소리뿐만 아니라 목구멍과 폐에 이르기까지 외쳐 말하기를, 연옥이란 사탄의 치명적인 허구요, 그리스도의 십자가를 부정하며, 하나님의 긍휼에 참을 수 없는 모욕을 가하는 것이며, 우리의 믿음을 전복하고 파괴시키는 것이라고 말해야 한다(*Inst.*, III v 6).

그럼에도 불구하고 교황 예찬자들은 성경에서 억지로 근거를 찾아 증거로 제시합니다. 첫째, 그들은 마태복음 5장 25-26절의 비유를 근거로 제시합니다.[6] 하지만, 여기에 '옥'이라는 말이 나왔다고 해서 그것을 연옥이라고 해석해서는 안 됩니다. 칼뱅은 이 비유를 율법의 문자적인 것에만 치우친 자들이 당하게 될 위험과 악에 대해 경고하는 것으로 이해합니다. 오히려 그는 "누구든지 말로 성령을 거역하면 이 세상과 오는 세상에서도 사하심을 얻지 못하리라"(마 12:32; 막 3:28-29; 눅 12:10)는 말씀으로 반박합니다. 사람이 살아 있는 동안에 성령을 거역하면 마지막 날에도 죄사함은 없을 것이라는 것이 분명한데, 죽은 뒤에도 보속을 받을 수 있다는 헛된 희망을 주는 것은 옳지 않다고 말합니다. 둘째, 그들은 빌립보서 2장 10절을 근거로 댑니다.[7] 그러나 여기의 '땅 아래 있는 자들'이란 표현은, 연옥에서 보속을 기다리는 자들이 아니라, 그리

---

6 "너를 고발하는 자와 함께 길에 있을 때에 급히 사화하라 그 고발하는 자가 너를 재판관에게 내어 주고 재판관이 옥리에게 내어 주어 옥에 가둘까 염려하라 진실로 네게 이르노니 네가 한 푼이라도 남김이 없이 다 갚기 전에는 결코 거기서 나오지 못하리라."

7 "하늘에 있는 자들과 땅에 있는 자들과 땅 아래에 있는 자들로 모든 무릎을 예수의 이름에 꿇게 하시고".

스도의 통치권이 미치지 않는 영역이 없다는 것을 가르칠 뿐입니다. 오히려 칼뱅에 따르면, 이들은 '마귀'로 보는 것이 더욱 타당합니다(*Inst.*, III v 8). 셋째, 그들은 고린도전서 3장 12-15절의 내용을 근거로 댑니다.8 그들은 여기에 나오는 '불'을 연옥에서 정화하는 불로 받아들입니다. 그러나 대다수의 고대 저자들은 이 불을 '환난' 혹은 '십자가'로 이해하였습니다(*Inst.*, III v 9). 그러나 칼뱅은 이 해석도 받아들이지 않습니다. 그는 여기서의 '불'을 '성령의 시험'을 가리킨다고 봅니다(*Inst.*, III v 9). 그래서 주님의 말씀에 근거를 두지 않는 사람들의 가르침은 결국 성령의 시험을 견디지 못해 무너지게 된다고 봅니다. 이에 따라 15절의 내용도 다음과 같이 해석합니다.

> 그(사도 바울)가 언급하는 자들은 교회를 세우는 자들인데, 이들은 합법적인 기초를 유지하면서도 그 위에 적합하지 않은 것들로 세우는 건축자들이다. 즉, 믿음에 있어 주요하고 필요한 교리들은 제거하지 않되, 그보다 덜 중요하고 덜 위험한 교리에는 빠져, 하나님의 말씀에 자신들이 창안한 것들을 섞는 자들이다. 내가 말하는 바는 바로 그런 사람들에 대한 것이고, 이들은 반드시 자신들이 만들어낸 것들의 소멸과 함께 그들의 공적도 잃게 된다. "그러나 자신은 구원을 받되 불 가운데서 받은 것 같으리라"(고전 3:15). 즉, 그들의 무지함과 망상이 주님께 받아들여진다는 것이 아니라, 그들이 성령의 은혜와 능력으로 인하여 이런 것들에서 깨끗해진다는 것을 뜻한다(*Inst.*,

---

8 "만일 누구든지 금이나 은이나 보석이나 나무나 풀이나 짚으로 이 터 위에 세우면 각 사람의 공적이 나타날 터인데 그 날이 공적을 밝히리니 이는 불로 나타내고 그 불이 각 사람의 공적이 어떠한 것을 시험할 것임이라 만일 누구든지 그 위에 세운 공적이 그대로 있으면 상을 받고 누구든지 그 공적이 불타면 해를 받으리니 그러나 자신은 구원을 받되 불 가운데서 받은 것 같으리라." 실제로 이 본문이 연옥 교리를 뒷받침하는 것으로 활용됩니다.

Ⅲ v 9).

그럼에도, 반대자들은 '죽은 자들을 위해 기도하는 관습'이 1300여 년 동안 지속되어 왔으므로 연옥이 있다고 주장합니다. 하지만, 칼뱅은 성경에 이에 대한 어떤 근거도 없다고 주장합니다(*Inst.*, Ⅲ v 10). 다만, 제 개인적으로 볼 때, 이 논의는 고린도전서 15장 29절의 '죽은 자들을 위해 받는 세례'와 어느 정도 연관을 갖는 것 같습니다.[9] 그런데, 칼뱅은 이것은 죽은 자를 애도하고자 하는 사람의 본성에 기인한 풍습일 뿐, 그것은 미신이며 마땅히 하나님께 정죄당할 일이라고 단언합니다.

우리가 아는 바는, 이교도들 사이에서와 모든 시대마다 죽은 자들을 위한 예식이 있었다는 것과 매년 죽은 자들의 영혼들을 정결케 하는 예식을 거행했다는 것이다. … 의심의 여지가 없는 것은, 이런 미신迷信이 이교도들을 붙잡아 하나님의 심판대 앞에서 정죄당하게 한다는 것이다. 왜냐하면, 그들은 믿는다고 공언하면서도 정작 내세의 삶에 대해서는 간과하였기 때문이다"(*Inst.*, Ⅲ v 10).

문제는 그리스도인들이 이교도들의 이런 풍습을 따라 하면서 생겨났습니다. 교부들도 이 오류에 빠져든 것이 나타납니다. 하지만, 이 교부들은 연옥에 대해서는 확고한 입장을 밝히지 않았고 당시의 관습 때문에 애매한 태도를 취했습니다. 저 유명한 아우구스티누스도 그의 『참회록』(*Confessions*)에서, 모친 모니카가 죽어가며 자신에게 부탁한 바, 예식

---

9 "만일 죽은 자들이 도무지 다시 살아나지 못하면 죽은 자들을 위하여 세례를 받는 자들이 무엇을 하겠느냐 어찌하여 그들을 위하여 세례를 받느냐?"

을 행할 때 자기를 기억해달라고 한 것을 기록하고 있습니다(*Confessions*, IX xi 27; IX xiii 37). 칼뱅은 이것을 모자간의 애정의 표현으로 받아들여야 한다고 봅니다. 한편 아우구스티누스 자신도 이런 풍습을 못마땅하게 여긴 것이 그의 다른 저서인『죽은 자를 돌보는 일』(*The Care to Be Taken for the Dead*)에서 나타납니다. 그는 이런 풍습에 따른 그리스도인들의 열정을 비판하되, 다만 오랜 관습에 따른 것이니 멸시하지 말라는 당부를 하고 있습니다. 오히려 아우구스티누스는 요한복음을 주석하면서 죽은 경건한 자들은 선지자나 사도나 순교자들 못지않게 죽음과 함께 즉시 복된 안식을 누리게 된다고 가르칩니다(*Inst.*, III v 10). 칼뱅은 이것에 주목하며 교황 예찬자들을 반박합니다.

분명한 것은, 사도 바울은 사람의 본성 안에 죽은 자들의 부활이 있음을 설명하기 위해 이런 예를 들었을 뿐이라는 것입니다. 하지만, 교황 제도 하에서는 마치 그것이 거룩함을 나타내는 큰 표지인 양 포장되어 많은 사람을 헛된 논리로 미혹하였습니다.

고대 교회 사람들은 성찬의 교제를 나눌 때 거의 드물게 그리고 하더라도 오직 형식적으로만 죽은 자들을 하나님께 맡기는 기도를 했다. 그러나 현대의 교인들은 열정적으로 죽은 자들을 보살피는 일을 강조하고 있고, 설교를 반복하여 그것을 모든 사랑의 사역보다 더 중요한 것으로 만들어 버렸다(*Inst.*, III v 10).

요컨대, 우리는 현재의 삶을 우리의 믿음을 증명하는 유일한 시간으로 여겨 충실해야 합니다. 결코 죽은 뒤에도 회개할 수 있는 여지가 있다는 생각에 빠져 자신의 영생을 걸고 도박하는 일이 없어야 할 것입니다.

제6장 ┃ 그리스도인의 삶, 우선적으로 성경이 우리에게 촉구하는 것

이제 그리스도인 삶이 어떻게 충실할 수 있는가에 대한 주제로 넘어 왔습니다. 이 부분은 성도의 성화聖化와 관련하여 중요한 부분입니다. 오늘날 많은 그리스도인들이 알면서도 간과하는 부분이기도 합니다.

여기서 칼뱅은 다시 중생重生, regeneration의 목적에 대해 언급하며 시작합니다.

> 우리가 말한 바와 같이, 중생의 목적은 신자들의 삶을 통해 하나님의 의義와
> 그들의 순종 사이에 조화와 일치가 이루어지고 있음을 드러내고, 또한 그들
> 이 하나님의 양자로 받아들여진 것을 확신케 함에 있다(갈 4:5; 벧후 1:10 참
> 조) (*Inst.*, III vi 1).

그리스도인다운 삶에 대해서 설명하려면 많은 노력과 분량이 소요될 것입니다. 하지만 칼뱅은 여기서 다만 경건한 자들이 어떻게 질서 있는 삶을 살아갈 수 있는지, 그리고 그런 삶을 위해 지켜야 할 보편적인 원리가 무엇인지만을 간략하게 제시하고자 합니다.

첫 번째는, 하나님이 거룩하시니 우리도 거룩해야 합니다(레 19:2; 벧전 1:15-16). 칼뱅이 거룩함을 중요하게 생각하는 이유는, 그것이 하나님과 연합을 가능케 하는 끈이 되기 때문입니다.

> 오히려 우리는 마땅히 먼저 하나님과 연합하여 그분의 거룩함으로 가득 채
> 워야 한다. 그런 다음에야 그가 부르시는 곳 어디든지 따를 수 있게 된다. …
> 따라서 성경은 이것이 우리를 부르신 목적, 곧 하나님께서 부르실 때 응답하
> 고자 하는 자가 반드시 바라보아야 할 목적이라고 가르친다(*Inst.*, III vi 2).

두 번째는, 하나님의 구원하신 은혜에 응답하는 삶을 살아야 합니다. 이것은 오늘날 그리스도인들이 많이 간과하는 부분입니다. 입으로만 "주여, 주여!" 떠들고 행위로는 주님을 부인하는 사람은 그리스도인이 될 수 없습니다.

> 우리는 주님에 의해 오직 이 한 가지 조건으로 입양되었다: 즉, 우리의 삶이 그리스도를 드러내는 것이다. 따라서, 만일 우리가 의義를 위해 자신을 드리고 헌신하지 않는다면, 우리는 사악한 배신으로 창조주 하나님을 거역하는 것일 뿐만 아니라 우리를 구원하신 그분까지도 저버리게 된다. … 성령께서 우리를 하나님의 성전聖殿으로 봉헌하셨으므로, 우리는 반드시 우리를 통해 하나님의 영광을 밝히 드러내야 하고, 또한 죄의 더러움에 우리 자신을 물들게 하는 어떤 일도 해서는 안 된다(*Inst.*, III vi 3).

칼뱅은, "진리에 대한 지식은 말에 있지 아니하고 삶에 있다"라고 말합니다(*Inst.*, III vi 4). 이것을 위해 교리教理가 있는데, 칼뱅은 이것이 우리의 마음에 자리 잡아 일상생활에서 선한 변화를 일으켜 하나님께서 기뻐하시는 열매를 '반드시' 맺어야 한다고 강조합니다(*Inst.*, III vi 4).

그렇지만, 우리는 우리 자신이 얼마나 불완전하고 그 목적에 이를 수 없는지 경험으로 잘 알고 있습니다. 그렇다면 어떻게 해야 할까요? 이 목적은 오르지 못할 나무라고 미리 포기해야 할까요? 그럴 수 없습니다! 칼뱅도 우리의 연약함을 알고 있습니다. 그럼에도 불구하고, 성도된 우리는 그 목적을 향해 지속적으로 나아가야만 한다고 주장합니다.

> 하지만 나는 지나칠 정도로 엄격하게 복음적인 완벽함, 곧 나는 그것에 이르지 못했다 하여 누군가를 그리스도인으로 인정하지 않는 그런 엄격함을 요

구하지는 않는다. ··· 그것을 우리 눈앞에 목표로 세우고 열심을 품고 나아가도록 하자. 그것을 우리가 마땅히 싸우고 투쟁해야 할 목표로 정하도록 하자. 하나님께 두 마음을 품는 것은 합당하지 않다. ··· 그러므로 우리는 결코 그치지 말고 주님의 길로 부단히 나아가는 자들이 되자. 그리고 실낱같은 성공일지라도 절망하지 말자; 비록 우리가 바란 것만큼 목표에 이르지 못할지라도, 오늘이 어제보다 낫다면, 그 노력은 결코 헛되지 않다(*Inst.*, III vi 5).

우리가 지닌 육체의 연약함은 육체가 죽음으로써 마치게 됩니다. 그러나 우리 영혼이 하나님과의 충만한 교제 속으로 들어가게 되면, 마침내 그 완전한 목표에 이르게 될 것입니다(*Inst.*, III vi 5).

제7장 | 그리스도인의 삶의 핵심: 자기 부인

예수 그리스도를 통해 하나님께 구원받은 우리는 이제 우리 자신의 것이 아니라 하나님의 것입니다. 하나님의 것이기 때문에 더 이상 자기 마음대로 살아서는 안 됩니다. 그래서 사도 바울도 우리 자신을 하나님께서 기뻐하시는 '거룩한 산 제사'로 드릴 것을 당부하고 있습니다(롬 12:1; 딛 2:11-14).[10] 여기에는 심오한 뜻이 있습니다. 제물祭物은 자신의 삶을 주

---

10 "그러므로 형제들아 내가 하나님의 모든 자비하심으로 너희를 권하노니 너희 몸을 하나님이 기뻐하시는 거룩한 산 제물로 드리라 이는 너희가 드릴 영적 예배니라"(롬 12:1). "모든 사람에게 구원을 주시는 하나님의 은혜가 나타나 우리를 양육하시되 경건하지 않은 것과 이 세상 정욕을 다 버리고 신중함과 의로움과 경건함으로 이 세상에 살고 복스러운 소망과 우리의 크신 하나님 구주 예수 그리스도의 영광이 나타나심을 기다리게 하셨으니 그가 우리를 대신하여 자신을 주심은 모든 불법에서 우리를 속량하시고 우리를 깨끗하게 하사 선한 일을 열심히 하는 자기 백성이 되게 하려 하심이라"(딛 2:11-14).

장하지 못합니다. 오직 바쳐진 그 대상을 기쁘시게 하는 데만 목적을 두어야 합니다. 칼뱅도 이와 같은 취지로 다음과 같이 말합니다.

> … 우리가 하나님께 바쳐지고 헌신된 것은, 이제부터 하나님의 영광을 위한 것이 아니면 생각도, 말도, 묵상도, 행동도 하지 않기 위해서이다. 왜냐하면, 거룩한 것을 세속적인 용도로 사용하는 것은 하나님을 모욕하는 것이 되기 때문이다(*Inst.*, III vi 1).

이렇게 하기 위해서 반드시 우리가 가져야 할 태도가 있습니다. 바로 우리 자신을 버리고 하나님의 인도하심을 받아들이는 것입니다.

> … 유일한 구원의 피난처는 우리 자신을 통해서는 아무것도 하지 않고 계획하지도 않으며 다만 주님이 인도하시는 바를 따르는 것이다. … 그러나 기독교 철학은 이성 대신 성령을 그 자리를 대신케 하여, 그분께 전적으로 굴복하고 복종할 것을 명령한다. 그리함으로써 사람은 더 이상 자기 마음대로 살지 않고, 다만 그리스도께서 그의 안에서 사시며 다스리심을 듣게 된다(갈 2:20)(*Inst.*, III vii 1).

그러나 우리의 악한 본성은 자신을 드러내고자 합니다. 선한 일을 하면서도 하나님이 아닌 눈에 보이는 사람들에게 인정받고자 합니다. 하지만, 예수님께서 말씀하신 바대로, 그런 태도는 하나님께서 미워하시는 바요(눅 16:15), 하나님과의 관계로 결코 이어지지 않는 망령된 행동입니다.

그러나 하나님은 대중적인 인기에 영합하는 자들과 사람들의 칭찬에 들뜬 영혼들을 매우 싫어하신다. 그래서 선포하시기를, 그들은 이 세상에서 이미 자신의 상을 받았노라고 말씀하신다(마 6:2, 5, 16)(*Inst.*, III vii 2).

칼뱅은 이런 상태를 치료하는 유일한 길은 오직 자신을 부인하고, 자신의 생각을 죽이며, 주님이 나에게 요구하시는 일을 행하는 데 온 힘과 마음을 쏟는 것이라고 말합니다(*Inst.*, III vii 2).

한편, 자기 부인이 하나님과의 관계에서 절대 복종과 따름으로 나타난다면, 이웃과의 관계에서는 자신을 낮추고 남을 높이는 것으로 드러납니다.

성경이 우리에게 나보다 남을 낮게 여기고(빌 2:3) 선한 믿음으로 그들에게 전적으로 유익을 끼치라고 명령하지만(롬 12:10 참조), 이 명령은 만일 우리의 마음에서 본성적으로 느끼는 것들을 완전히 비우지 않으면 실현할 수 없는 것들이다. … 모두가 속으로는 자신만의 탁월함에 대한 몇 가지 견해를 가지고 있다. 이처럼 각 개인은 자신에 대해 과장하고, 마음 속에 자기만의 왕국을 품고 있다. 각 사람은 자신을 기쁘게 하려고 하며 다른 사람들의 성격과 도덕성을 비난한다. 그리고 타인과 충돌하는 지점에 이르면, 그가 가지고 있는 독毒을 뿜어낸다. … 그러므로, 우리는 자신의 허물을 부지런히 살펴 스스로 겸손한 상태로 돌아가도록 하자(*Inst.*, III vii 4).

이와 관련하여 칼뱅은 하나님께서 우리에게 은사恩賜로 베푸신 모든 것들을 어떻게 사용해야 하는가를 적절하게 지적합니다.

하지만 성경은 우리를 이끌어 이것들을 넘겨주시되, 우리가 주님께 받은 것이 무엇이든 이런 조건으로 위탁하셨음을 경고하고 있다: 즉 그것들은 교회 공동의 유익을 위해 사용되어야 한다는 것이다. 따라서, 모든 유익들을 합당하게 사용하는 것은 그것들을 다른 사람들과 기꺼이 나누는 것이다. … 우리는 하나님께서 우리에게 부여하신 모든 것에 있어서 청지기이므로, 우리는 그것으로 이웃을 도울 수 있다. 그리고 우리는 우리의 청지기 직무에 대한 회계會計를 받아야 한다. 나아가 청지기직을 올바르게 수행하는 유일한 길은 사랑의 법으로 검증받는 것이다(*Inst.*, III vii 5).

그렇다면, 나에게 해를 가한 사람들, 여전히 악을 행하는 사람들에게는 어떻게 해야 합니까? 칼뱅은 마음에서 우러나오는 사랑으로 그들 안에 숨겨진 하나님의 형상을 바라보고 선을 행하라고 권면합니다.

확실히 정말 어려운 일이면서도 전적으로 인간의 본성을 거스르는 일―우리를 미워하는 자를 사랑하는 것, 그들의 악한 행위를 선으로 갚는 것, 저주하는 자에게 축복하는 것(마 5:44)―을 성취할 수 있는 방법은 한 가지밖에 없다. 즉, 사람의 악한 의도를 생각하는 것이 아니라 그들 안에 있는 하나님의 형상을 바라보아야 한다는 것을 기억하는 것이다(*Inst.*, III vii 6).

이와 관련하여, 악인이 잘 되고 형통하는 것을 볼 때, 시기하며 시험에 드는 경우가 있는데, 칼뱅은 가난과 부귀는 하나님께서 기뻐하시는 뜻을 따라 나누어주시는 것이라고 하며 다음과 같이 권면합니다.

첫째, 하나님께서 주시는 복락이 아닌 다른 방법으로 번영하는 것을 열망하거나 소망하거나 묵상하지 않도록 하자. … 둘째, 주님께서 주시는 복락이 없이도 약간의 영광과 풍요를 누릴 수도 있다(우리가 매일 보듯이 불경건한 자들은 놀랄 만큼 영예와 부를 누리고 있다). 그러나 하나님의 저주를 받고 있는 사람들은 티끌만큼도 행복을 누릴 수 없다. 그러므로 주님의 복락과 상관없이 얻게 되는 모든 것은 결국 불행으로 귀결된다. 우리는 결코 사람을 더 불행하게 만드는 것을 열망해서는 안 된다(*Inst.*, III vii 8).

그럼에도 우리는 현실 속에서 악인들이 우리의 선함을 이용하여 우리가 가진 것을 빼앗고 온갖 어려움 속으로 우리를 던지는 것을 경험할 때가 있습니다. 그러나 칼뱅은 이때에도 하나님의 손을 바라보며, 정의가 이루어질 것을 바라며 인내해야 한다고 주장합니다.

하지만, 이런 일들 중에서도 신자들은 하나님의 호의와 참된 아버지로서의 관대하심을 반드시 바라보아야 한다. … 참된 경건한 자가 따를 원리는, 하나님의 손만이 모든 운명을 선악 간에 심판하시고 다스리신다는 것과 분별 없이 힘을 쏟아붓지 않으시며 다만 지극히 질서 있는 공의로 우리에게 선과 악을 베푸신다는 것이다(*Inst.*, III vii 10).

제8장 ┃ 십자가를 지는 일: 자기 부인의 일부

고난과 시련을 좋아하는 사람은 없습니다. 그것은 그리스도인들도 마찬가지입니다. 하지만, 이런 본성을 따른 결과, 기복적인 신앙을 추구하고, 늘 평안하고 만족해야지만 올바로 신앙생활을 하고 있다고 생각하는 그리스도인들 그리고 그것을 뒷받침하는 번영 신학과 설교가 늘어가는 것은 바람직하지 않습니다. 칼뱅은 그리스도인들은 마음가짐부터 달라야 한다고 강조합니다.

주님께서 택하시고 교제하실 만큼 가치있게 여김을 받는 자들은 누구나, 힘들고 수고하며 불안정한 삶을, 매우 다양한 종류의 악으로 가득 찬 삶을 준비해야만 한다. 하늘 아버지의 뜻은 이와 같이 자녀들을 훈련시키기 위해 그들을 분명한 시험에 두시는 것이다(*Inst.*, III viii 1).

혹시 마음에 불편함을 느끼는 분이 계십니까? 하지만, 칼뱅은 말합니다. 하나님 아버지는 그분의 사랑하시는 아들, 육체를 입은 아들에게 먼저 시행하셨으니 다른 자녀들에게도 똑같이 적용하신다고 말입니다(*Inst.*, III viii 1). 그러나 이에 따른 분명한 위로가 있습니다.

그리스도와 나누는 교제로 인하여 바로 그 고난들은 우리에게 복이 될 뿐만 아니라 우리의 구원을 진작시키는 데도 큰 도움이 된다(*Inst.*, III viii 1).

그렇다면, 왜 우리는 주님과 같은 십자가를 져야만 할까요? 우리가 앞 장에서 살펴본 것들을 생각해 보십시오. 그러면, 우리의 본성, 곧 우리 자신을 드러내려는 본성과 완전히 역행하는 내용들이 많다고 느끼셨을 겁니다. 이처럼, 우리는 우리의 연약함이 분명히 드러나지 않는 이상, 정도 이상으로 우리 자신을, 또한 우리의 덕스러움을 높이게 되어 있습니다(*Inst.*, III viii 2). 그 결과, 육체를 신뢰하고 주님의 은혜를 저버리는 어리석은 교만을 나타내게 됩니다. 주님은 이러한 우리의 본성을 누르시고, 우리가 얼마나 연약하고 무능한 존재인지를 깨닫게 하시고, 오직 그분만을 의지하도록 하기 위해 고난과 시련을 주십니다.

그러나 심지어 가장 거룩한 사람들조차도, 그들이 자신의 힘이 아니라 오직 하나님의 은혜로써만 서 있음을 잘 알고 있을지라도 자신의 꿋꿋함과 일관성에 대해 과신하게 되니, 곧 만일 십자가의 시험을 거쳐 보다 깊이 자기 자신에 대해 아는 것에 이르지 않으면 그렇게 될 것이다(*Inst.*, III viii 2).

그러므로, 십자가는 우리에게 짐인 동시에, 우리로 더욱 주님만을 의지하도록 하는 통로가 됩니다.

십자가는 우리 자신이 자랑하는 바, 우리 자신의 능력이 선하다고 믿는 거짓된 생각을 전복시키며, 우리를 기쁘게 하는 위선을 벗겨내어, 육신 안에서 가지는 위험천만한 신뢰를 강타해 버린다. 또한 십자가는 우리를 가르쳐 겸손하게 하고, 오직 하나님께만 신뢰를 두게 하여 우리로 약해지거나 비굴해지지 않게 해 준다(*Inst.*, III viii 2).

칼뱅은 주님께서 자기 백성에게 고난을 주시는 또 다른 목적에 대해 진술합니다. 즉, **그들의 인내를 시험하고 그들을 훈련하셔서 순종**順從**하게 하는 데 있습니다.** 물론 이것도 하나님이 순종할 수 있도록 하셔야 가능한 일임을 명심해야 합니다. 우리의 본성으로는 도저히 하나님의 뜻에 순종할 수 없기 때문입니다.

내가 주장하는 바, 신자들은 또한 십자가를 통해 순종을 배운다. 왜냐하면, 이렇게 하여 그들은 자신의 종잡을 수 없는 변덕에 따라 사는 것이 아니라 하나님의 뜻에 따라 사는 것을 배우기 때문이다. 분명한 것은, 만일 모든 것이 자기가 원하는 바대로 된다면, 그들은 하나님을 따른다는 것이 무엇인지 알 수 없을 것이다(*Inst.*, III viii 4).

이 내용은 우리에게 자신의 욕망을 따른 버킷리스트(Bucket List) 작성을 재고하도록 요청합니다. 자기가 원하는 대로, 자기가 원하는 목적을 다 이룬들, 하나님의 뜻과 상관없고 또한 그분과도 상관없다면, 그것이 내게 무슨 의미가 있겠습니까? 그리스도인은 자신의 계획과 목적이 아니라, 하나님의 계획과 목적에 순종하는 자들이어야 합니다.

하지만, 명심해야 할 것은, 주님은 우리에게 '자기 십자가를 지고' 자신을 따르라고 하셨습니다. 이것은 각자가 짊어져야 할 십자가의 내용과 분량이 다르다는 것을 의미합니다.

이로 보건대, 어떤 이들은 이런 종류의 십자가를 짊어지고, 다른 이들은 저런 종류의 십자가를 지는 것이 분명하다. 하늘 의사醫師이신 하나님께서는 어떤 이는 더 부드럽게 다루시고, 반면 어떤 이들에게는 좀 더 가혹한 치료법을 써서 깨끗하게 하신다. 그러나 그분의 뜻은 모든 사람을 강건하게 하는 데 있으니, 그분이 내버려 두시고 만지지 않은 채 그냥 두시는 사람은 아무도 없다. 왜냐하면, 하나님께서는 모든 사람을 알고 계시되, 곧 그들 모두가 병에 걸려 있음을 알고 계시기 때문이다(*Inst.*, III viii 5).

이 외에도 우리에게 주어진 십자가는, 때로 하나님께서 우리의 잘못에 대한 징계의 목적인 것도 있습니다. 명심해야 할 것은, 그리스도인들도 징계를 받는다는 것입니다. 하나님의 자녀가 되었으니 징계를 받지 않는다는 것은 대단한 착각입니다. 오히려 우리는 세상 사람들보다 더 확실하게 징계를 받아야 하고, 또한 그렇게 되어야 합니다. 여기에는 이유가 있습니다.

… 곧, 주님께서 우리를 온갖 역경들로 징계하심은 "우리로 세상과 함께 정죄함을 받지 않게 하려 하심"(고전 11:32)이다(*Inst.*, III viii 6).

즉, 하나님께서 우리에게 어려움을 주시는 이유는, 우리의 잘못을 징계하여 세상과 함께 심판받지 않게 하시며 하나님의 성품과 온전한 구원에 **참여토록 하시기 위함입니다.** 따라서, 시련이 닥쳤을 때, 우리는 먼저 우리에게 잘못이 없는지를 돌아보아야 합니다. 만일 주님의 징계가 합당하다면, 겸손하게 기도하며 그분의 징계를 받아들여야 합니다. 그런 태도가 자신의 믿음이 참되며, 또한 자신이 진정 하나님의 자녀인 것을 확신할 수 있게 도와줍니다.

그렇다면 **그 반대의 경우, 곧 우리가 하나님의 의**義**를 위해 고난을 받을 경우에는, 특별한 위로를 경험하게 됩니다.** 우리가 아무런 잘못이 없음에도 하나님의 뜻을 행함으로 조롱과 멸시를 받을 때, 우리는 그것을 핍박으로 여겨서는 안 됩니다. 오히려 자신을 온전한 하나님의 백성으로 인정하신 표로 여기며 기뻐하고 감사해야 합니다.

> 이제, 의義를 위해 핍박을 받는 것은 특별한 위로가 된다. 왜냐하면, 그것은 하나님께서 우리에게 부여하신 엄청난 영광이 되는 사건이기 때문이다. 우리는 그 사건에 참여함으로써 그분의 군사된 특별한 증표를 받게 된다. … 우리는 주님께서 매우 큰 가치를 부여하신 그런 것들보다 현재의 삶에 드리워진 그림자 같고 허망한 유혹들을 더 귀하게 여기는 것을 부끄럽게 여기도록 하자(*Inst.*, III viii 7).

그러므로, 하나님께서 우리에게 주시는 고난과 시련, 곧 십자가를 받아들이지 않고 거부하는 것은, 여전히 자신을 사랑하고 자기 마음대로 하고자 하는 욕망에 사로잡혀 있다는 것이며, 이는 하나님의 뜻과 은혜를 저버리는 행위가 됩니다(*Inst.*, III viii 8).

이 점에서 '인내忍耐'는 우리가 하나님을 향한 경건한 사랑이 있음과 하나님의 뜻에 순종하려는 마음이 있음을 나타내는 통로가 됩니다. 인내는 우리로 하나님의 뜻에 반대되는 모든 것들을 길들이고 정복하게 합니다.

> 그러므로, 우리는 반드시 그렇게 하도록 힘써야 할지니, 만일 우리가 참된 그리스도의 제자들이라면 그렇게 해야 한다. 이는 우리 마음이 하나님을 향한 진정한 경외와 순종에 젖어 능히 하나님과 반대되는 모든 감정들을 길들이고 정복할 수 있게 하려 함이다(*Inst.*, III viii 10).

우리 그리스도인들은 고난과 시련을, 철학자들처럼 우리에게 닥친 불행한 운명 정도로 여겨서는 안 됩니다. 그런 패배주의는 그리스도께서 십자가로 승리하신 것과 전혀 어울리지 않습니다. 오히려 우리는 '운명'이 아니라 '하나님의 섭리'의 관점에서 고난과 시련을 받아들이고 이해하며 인내해야 합니다. 그렇게 될 때, 우리는 세상이 알 수 없는 평안을 누리게 되며, 지극한 고통 가운데서도 하나님 앞에서 기뻐하고 감사할 수 있게 됩니다.

> 하지만 성경이 우리에게 하나님의 뜻 안에서 묵상하라고 한 것들은 그런 것(운명론적 생각들)과는 매우 다르다: 즉, 첫째는 의로움과 공평이요, 그다음에 우리 자신의 구원을 생각해야 한다. 이런 종류에 대해서 그리스도인들은 인내하도록 권면을 받는다. 궁핍이나 추방이나 투옥이나 모욕이나 질병이나 가까운 이를 떠나보내는 것이나 그 밖에 우리를 괴롭히는 어떤 것이든, 우리가 반드시 생각해야 할 것은, 이것들 중 그 어느 것도 하나님의 뜻하심과 섭리가 아니고서는 일어나지 않는다는 것과 하나님께서는 질서 정연한 정

의justice 외에는 아무것도 행하지 않으신다는 것이다(*Inst.*, III viii 11).

명심하십시오. 사랑이 충만하신 하나님은 결코 우리를 낙심시키기 위해 고난과 시련을 주시지 않습니다. 이것만 붙들어도 우리는 능히 인내할 수 있게 됩니다. 만일 그 반대로 생각하는 자들이 있다면, 안타깝지만, 마귀의 생각에 굴복하게 되어 결국 하나님을 원망하고 불평하다가 배신하게 됩니다.

제9장 ㅣ 미래의 삶에 대한 묵상

이 부분도 중요합니다. 왜냐하면, 우리는 앞에서 자기를 부인하고 십자가를 기꺼이 지는 삶에 대해 살펴보았는데, 아무런 소망 없이 그렇게 할 수 없기 때문입니다. 칼뱅은 이 장을 통해, 왜 우리가 이 세상에서 십자가를 기꺼이 질 수 있는지, 그리고 그 십자가 끝에 무엇이 있는지를 설명하고 있습니다.

칼뱅은 여기서 하나님께서 고난과 시련을 주시는 또 다른 목적에 대해 기술합니다.

어떤 종류의 환란이 우리에게 닥칠지라도, 우리는 반드시 이 목적을 언제나 바라보아야 한다: 곧, 우리가 이 세상의 삶을 경멸하는 데 익숙해지고 또한 그렇게 함으로써 미래의 삶을 묵상하도록 하기 위함이다(*Inst.*, III ix 1).

우리가 사는 세상이 온갖 시련으로 점철된다면, 누가 이 세상에서 더 살고 싶겠습니까? 그렇다고 해서, 우리는 하나님을 우리를 고문하시는 분으로 생각해서는 안 됩니다. 그럼, 하나님께서 왜 이렇게까지 하실까요? 그것은 우리가 너무나 어리석어 생각 이상으로 세상에 집착하기 때문입니다. 하나님은 이런 상태를 교정하시기 위해 이 세상의 온갖 비참한 상태를 증거로 제시하셔서 우리로 이 세상의 삶이 헛되다는 것을 깨닫게 하십니다(*Inst.*, III ix 1).

이로 인하여, 또한 우리는 이 세상에서는 추구하거나 소망할 것이 아무것도 없고 다만 싸울 것밖에는 없다고 결론짓는다. 우리가 면류관을 생각할 때는 눈을 들어 하늘을 바라보아야만 한다. 왜냐하면, 다음의 것을 우리가 반드시 믿어야 하기 때문이다: 즉, 만일 우리가 먼저 이 세상의 삶을 멸시하는 태도로 물들어있지 않는다면, 우리의 마음은 절대로 장차 올 삶을 열망하고 숙고하려 하지 않는다(*Inst.*, III ix 1).

칼뱅은 그리스도인이 하늘과 이 땅에 양다리를 걸친다는 것은 있을 수 없다고 주장합니다. 우리가 이 땅의 것을 사랑하게 되면, 어떤 어리석음에 빠지게 되는지 다음의 말로써 우리에게 경고합니다.

사실, 이 두 가지 사이에서 중간 지대란 없다: 세상이 우리에게 필연적으로 무가치하든지, 아니면 세상이 우리를 강력하게 붙잡아 자신을 무절제하게 사랑하게 하든지. … 우리는 마치 이 땅에서 영원토록 불멸할 것을 세울 것처럼 모든 것을 취하려 한다. … 죽음뿐만 아니라 불멸하는 것 자체도 잊어버린 채, 마치 그것들이 우리에게 결코 이르지 않을 것처럼, 또한 우리는 이 땅에서 영원히 살 것처럼 무심하게 돌아가버린다(*Inst.*, III ix 2).

하지만, 우리가 이 세상을 멸시하는 것이 마땅할지라도, 이 땅의 일로 인해 하나님께 불평해서는 안 됩니다. 오히려 하나님께서 이 땅에서 베푸시는 은혜를 인정하면서 감사할 줄 아는 자가 되어야 합니다. 여러분은 광야의 이스라엘 민족을 생각해야 합니다. 그들은 놀라운 은혜를 매일 경험하면서도 원망과 불평을 하였고 조금도 감사하지 않았습니다. 그런 그들이 약속의 땅에 들어갔습니까? 아닙니다! 그들은 약속을 받았고 하나님과 동행했음에도 불구하고, 이 땅의 것에만 집착한 나머지 그 메마른 땅에 묻히고 말았습니다. 반면, 이 세상에서 누리게 되는 작은 것들을 통해 하나님을 인정하는 자들은 더욱 감사함으로 기대하면서 하나님의 약속에 참여하게 되었습니다.

> 하나님께서는 우리에게 영원한 영광의 유업을 온전히 공개하시기 전에, 더 작은 증거들을 보여주심으로써 자신을 우리의 아버지로 나타내시기를 기뻐하신다(*Inst.*, III ix 3).

게다가, 이 땅에서의 삶이 영원한 삶을 준비하기 위한 과정임을 생각할 때, 더욱 하나님께 감사함이 마땅합니다. 우리는 하나님의 선하심을 이 땅에서 미리 조금 맛봄으로써, 더욱 하나님의 온전한 선하심이 드러날 때를 사모하고 소망해야 합니다(*Inst.*, III ix 3).

이것을 앞의 것과 연관시켜 보면, 우리는 이 세상의 삶에 집착하는 정도가 없어지는 것에 비례하여, 더 나은 복락의 삶을 사모하는 마음이 늘어나야 함을 깨달아야 합니다. 누구도 유배지流配地로 떨어지는 것을 원하지 않고, 혹 그곳에 있더라도 다시 회복되거나 더 나은 상태가 되길 원합니다. 마찬가지로, 칼뱅은 우리가 이 세상을 유배지로 보아야 하고, 하나님과 함께 하는 영원한 삶을 소망해야 한다고 강조합니다. 다만, 우리가 하나님의 부르심을 받을 때까지는 우리가 위치한 자리를 굳게 지켜야 합니다(빌 1:20-24 참조).

만일 하늘이 우리의 본향本鄕이라면, 이 땅은 유배지流配地가 아니고 무엇이
란 말인가? … 이 땅의 삶은 주님께서 우리에게 배치하신 초소哨所와 같아서,
우리는 그분이 우리를 다시 부르실 때까지 그 자리를 반드시 지켜야 한다.
… 그러므로 살아도 주를 위해 살고 죽어도 주를 위해 죽는 것이 우리에게
유익이라면(롬 14:8), 우리가 살고 죽는 때에 대해서는 주님의 결정에 일임
하도록 하자. 반면 그런 식으로 우리는 죽음을 열망함과 동시에 미래의 삶을
지속적으로 묵상해야 할 것이다. 장차 올 불멸하는 삶과 비교하면서, 이 세
상에서의 삶을 멸시하고 죄에 얽매여 있는 이 삶을 강하게 부인하도록 하자.
그럴 때마다 우리는 주님을 기쁘시게 할 것이다(*Inst.*, III ix 4).

이렇게 생각하면, 죽음이 결코 우리에게는 두려운 것이 아니라 오히
려 완전한 복락으로 들어가는 관문이라는 것을 깨닫게 될 것입니다. 물
론 죽음이 좋은 것은 아닙니다. 그러나 우리는 본성으로는 그것을 꺼릴
수 있어도 믿음으로는 열렬하게 사모해야 합니다(*Inst.*, III ix 5).

그러나 이것은 인정하도록 하자: 즉, 그 누구도 죽음과 마지막 부활의 날을
즐거움으로 기다리지 않는 자는 그리스도의 학교에서 진보를 이루지 못한
자다(*Inst.*, III ix 5).

따라서, 참된 믿음을 가진 자들은 언제나 어디서나 주님이 오실 그
날, 곧 재림의 날이자 심판의 날을 향해 시선을 돌려야 합니다. 그날에
주님께서 택하셔서 신실한 믿음을 증명한 자들은 그분이 주시는 위로와
복락과 함께 그분과 말할 수 없는 교제를 나누게 될 것입니다. 하지만,

악인들은 비록 이 세상에서 온갖 영화榮華와 부富를 누리며 평안히 살았다 할지라도, 하나님께 버려져 영원한 고통에 들어가게 될 것입니다: "너희로 환난을 받게 하는 자들에게는 환난으로 갚으시고 환난을 받는 너희에게는 우리와 함께 안식으로 갚으시는 것이 하나님의 공의시니 주 예수께서 자기의 능력의 천사들과 함께 하늘로부터 불꽃 가운데에 나타나실 때에 하나님을 모르는 자들과 우리 주 예수의 복음에 복종하지 않는 자들에게 형벌을 내리시리니 이런 자들은 주의 얼굴과 그의 힘의 영광을 떠나 영원한 멸망의 형벌을 받으리로다"(빌 1:6-9).

진실로 우리는 그 날을 바라보면서, 이 땅에서 하나님께서 주신 저마다의 십자가를 지고 즐겁게 나아가야 합니다.

제10장 | 우리가 이 세상과 그 유익을 사용하는 방법

이 장에서, 칼뱅은 우리가 이 세상의 삶을 어떤 자세로 살아가야 하는지를 설명합니다. 특히 하나님께서 우리에게 주신 은사들을 어떻게 사용해야 하는지를 잘 가르쳐 주고 있습니다.

칼뱅이 제시하는 핵심적인 방법은, 우리가 이 세상을 그저 지나가는 곳으로, 우리 자신을 나그네로 여겨야 한다는 것입니다.

> 주님께서 친히 말씀으로 이 기준을 마련해 주셨는데, 주님은 자신의 백성들
> 에게 이 땅의 삶은 일종의 나그네의 삶이요, 그것은 하늘 나라를 향해 신속히
> 나아가는 도상에 있음을 가르치신다(레 25:23; 대상 29:15; 시 39:13;
> 119:19; 히 11:8~10, 13~16; 13:14; 벧전 2:11)(*Inst.*, III x 1).

그렇다고 지나치게 엄격하게 적용해서, 꼭 필요한 것만, 우리의 삶에 필수적인 것만을 취해야 한다는 주장에 대해서는 칼뱅이 비인간적이라며 거부합니다. 왜냐하면, 하나님께서는 그 창조하신 것들을 필수적인 용도 외에 다른 용도로도 주셨기 때문입니다. 이에 따라 세상을 사는 첫 번째 원칙을 제시합니다.

이것이 우리의 원칙이 되게 하자: 하나님께서 주신 은사들을 사용하는 것은, 그것을 주시는 분이 우리를 위해 창조하시고 예정하신 목적에 따라 사용한다면 잘못을 범하는 것이 아니다. 왜냐하면, 하나님께서는 그것들을 우리의 유익을 위해 창조하셨지 우리의 파멸을 위해 만드신 것이 아니기 때문이다 (*Inst.*, III x 2).

이에 따라, 칼뱅은 하나님이 주신 온갖 음식물은 우리의 생명을 위해 필수적인 것임과 동시에 우리의 기쁨과 만족을 주기 위한 것이며, 풀과 나무들도 그 필수적인 용도 외에 아름다운 향기와 신선한 공기를 제공해 주기 위한 것도 된다고 설명합니다(*Inst.*, III x 2).

다만, 칼뱅은 우리에게 육체의 정욕을 경계하고 절제하라고 당부합니다. 이렇게 하지 않으면, 우리는 영혼에 대해서는 별로 관심을 가지지 않게 됩니다. 따라서, 칼뱅은 비록 확실한 규칙이나 기준은 정하지 않지만, 우리에게 베푸신 하나님께 감사를 드림과 함께 두 번째 원칙을 제시합니다.

즉, 가능한 적게 탐하는 것이다. 반면, 그 반대로 넘쳐나는 부를 과시하고자 하는 욕구를 끊어내도록 지속적으로 노력하며, 방탕을 꺼리며, 우리에게 주신 것들이 도리어 장애물이 되지 않도록 부지런히 경계해야 한다(*Inst.*, III x 4).

세 번째 원칙은, 모든 부분에 있어 부족함을 경험하는 사람들을 위한 것입니다. 실상, 우리가 사는 세상에서 이런 사람들이 훨씬 더 많습니다. 칼뱅은 그들에게 다음과 같이 말합니다.

별로 가진 것이 없는 자들은 그런 것들이 없이도 인내함으로 살 수 있는 바를 알아서 그들이 무절제한 욕망에 사로잡혀 곤란을 겪지 않도록 해야 한다. 만일 그들이 이 절제의 법을 지키면, 주님의 학교에서 상당한 진보를 이루게 될 것이다(*Inst.*, III x 5).

이것은 결코 적용하기 쉬운 내용이 아닙니다. 하지만 왜 이렇게 말하는지 이해는 됩니다. 없어서 있는 사람을 바라보는 사람들은, 단순한 동경의 시선을 넘어 시기와 원망의 시선으로 바라보고, 자신의 처지를 불평하며, 이에 따라 자신이 원하는 것을 얻기 위해 더욱 죄에 빠질 수 있기 때문입니다.

이와 관련하여 칼뱅은 앞에서 살펴본 청지기론을 떠올리게 하여, 하나님이 각 사람에게 주신 모든 것들에 대해 반드시 정산精算하심을 아는 것이 필요하다고 권면합니다.

모든 물질은 하나님의 호의로 우리에게 베풀어진 것이고, 우리의 유익을 위해 정해진 것이다. 따라서, 그것은 이를테면 우리에게 위탁된 것이기에, 우리는 반드시 그것을 어느 날엔가 정산해야만 한다. 그러므로 우리는 반드시 그것을 정리하되 이 말씀이 우리 귀에 계속해서 울리도록 해야 한다: "네가 보던 일을 셈하라"(눅 16:2)(*Inst.*, III x 5).

이것은 칼뱅이 주장하는 마지막 원칙으로서, 소명召命을 기억하고 존중하라는 것입니다. 청지기가 자신의 위치와 직무를 정확히 인식하고 충실할 때, 자신을 절제하고 마침내 주인에게 칭찬을 받는 것처럼, 우리 각자도 자신에게 주어진 분량에 충실할 때, 이 세상의 흐름에 휘둘리지 않고 오직 하나님만 바라보며 나아가게 됩니다. 그리고 그렇게 할 때, 우리에게 닥치는 어려움들도 하나님께서 지워 주시는 것으로 알고 불평하지 않게 됩니다.

> 각자가 그의 삶에서 온갖 불편과 근심과 염려와 불안 꺼리들을 참고 감수하게 될 때, 그는 하나님께서 그에게 지워진 짐을 훌륭하게 감당한 것이 된다. 이렇게 함으로 독특한 위로가 우리에게 주어진다: 즉, 당신이 당신의 소명을 따르는 한, 그 맡은 일이 아무리 천하고 추해도 하나님의 눈에는 밝게 빛나고 매우 귀한 것으로 여김을 받게 되리라는 것이다(*Inst.*, III x 6).

제11장 | 믿음으로 말미암는 칭의(稱義, Justification): 용어 정의와 문제의 요점

이 장부터는 믿음으로 말미암는 칭의의 문제를 깊이 있게 다룹니다. 재미있는 것은 칼뱅이 성화에 대해 다룬 다음에 비로소 칭의를 다룬다는 점입니다(롬 8:30 참조). 몇 장에 걸쳐 길게 다루므로, 주의를 기울여 읽는 것이 필요합니다. 칼뱅이 단순한 것을 이처럼 자세히 다루는 것은, 당시에 이 칭의를 잘못 이해하는 사람들이 많아 방종으로 흘렀기 때문입니다. 이런 현상은 오늘날이라고 해서 다르지 않습니다. 그러므로, 우리에게 주신 하나님의 은혜를 올바르게 알기 위해 칭의의 문제를 바르게 짚고 넘어가야 하겠습니다.

칭의와 중생, 그 용어의 정의(1-4)

우리는 믿음으로 그리스도의 의義를 우리 것으로 삼을 수 있습니다. 이것은 매우 중요한데, 그리스도의 의가 우리에게 주어짐으로 인해 하나님께서 우리를 '의롭다'라고 인정해주시기 때문입니다. 우선, 칼뱅은 믿음으로 말미암는 두 가지 은혜에 대해 다음과 같이 설명합니다.

첫째, 우리는 그리스도의 흠 없음으로 인하여 하나님과 화목하게 되어 하늘에 계신 하나님을 재판관이 아닌 은혜로우신 아버지로 섬기게 된다. 둘째, 그리스도의 영으로 거룩하게 된 우리는 흠 없는 순결한 삶을 키워가게 된다. 이 두 번째 은혜, 곧 중생重生에 대해서는 이미 충분히 말하였다(Inst., III xi 1).

이제 본격적으로 칭의稱義에 대해 다루겠습니다. 칼뱅은 이 칭의야말로 믿음을 받쳐주는 근거라고 말합니다(Inst., III xi 1). 그런데, 이것의 정확한 개념은 무엇일까요? 칼뱅은 이렇게 말합니다.

그러므로 우리는 칭의를 한 마디로, 하나님께서 우리를 의인으로 인정하셔서 그분의 사랑 안에 받아들이시는 것이라고 설명한다. 그리고 칭의는 죄를 씻는 것과 그리스도의 의를 우리에게 전가轉嫁하는 것으로 이루어져 있다(Inst., III xi 2).

즉, '칭의'는 고발당한 자의 죄책을 사면赦免하여 그가 무죄하다는 것을 확인하는 것입니다. 그런데, 이것은 우리가 정말 죄가 없기 때문이 아

니라 그리스도의 의義를 우리에게 전가시켜 우리를 사면하시기에, 우리
는 스스로 의롭다고 할 수 없지만, 오직 그리스도 안에서 의로운 자로 인
정받는 것입니다(*Inst.*, III xi 3). 이 칭의의 결과로 우리는 하나님과 화목
하게 되어 그분에게 받아들여집니다.

> 그(바울)가 가르치는 복음의 요체는, 우리를 하나님과 화목하게 함에 있다.
> 이것은 그리스도를 통해 하나님께서 기꺼이 우리를 은혜 안에 받아들이시
> 기 때문인데, 하나님은 우리의 죄들을 우리에게로 돌리지 않으신다(고후
> 5:18~20)(*Inst.*, III xi 4).

오시안더의 '본질적 의'에 대한 논박(5-12)

하지만, 사람의 악한 본성은 이것을 온전하게 하나님의 은혜로 돌리
기를 싫어하고 교묘하게 사람에게 무언가 자격이 있는 것처럼 포장하려
고 합니다. 그래서 각종 이상한 오류誤譯들이 생겨납니다. 칼뱅이 그 예로
드는 것이 오시안더Osiander의 '본질적 의essential righteousness'라는 것입니
다. 이것은 그리스도의 순종과 희생으로 우리에게 주어진 의로 만족하
지 않고, 우리가 그리스도의 본질과 성품을 모두 주입받았으므로, 하나
님 안에서 본질적으로 의로운 자들이라는 것입니다(*Inst.*, III xi 5). 이것
은 일종의 '혼합론混合論'으로서, 하나님께서 자신을 우리에게 주입시켜
우리를 자신의 일부로 삼는다는 논리입니다. 얼마나 그럴 듯합니까? 그
러나 참된 칭의는, 하나님께서 그의 본질 속에서 우리와 연합하심으로
써 우리가 하나님의 의에 참여하게 된다고 말합니다(*Inst.*, III xi 5). 비
슷한 것 같다구요? 의義가 어떤 방향으로 작용하는지를 보십시오. 오시
안더의 논리는 죄 사함과 중생에 대한 개념을 잘못 이해하는 데서 비롯

되었습니다. 그의 논리에 따르면, 하나님께서 우리에게 주입되어 우리는 더 이상 죄를 지을 수 없는 존재가 된다는 것입니다. 따라서, 더 이상 회개도 필요 없고, 더 이상 중생의 과정도 거칠 필요가 없게 됩니다. 오늘날 어떤 기독교 이단들의 논리와 매우 비슷하지 않습니까? 이들은 '의롭다 하심을 받다'라는 말을 '의롭게 만드신다' 혹은 '실제로 의롭게 된다'라는 말로 착각합니다(Inst., III xi 6). 물론 칭의稱義와 중생重生, 곧 성화聖化의 과정은 분리分離될 수 없습니다. 그럼에도 불구하고, 이 둘은 구분區分이 되어야 합니다. 칼뱅이 예로 든 것처럼, 태양의 빛과 열기는 분리될 수 없지만, 구분되는 것과 같은 이치입니다(Inst., III xi 6). 이 부분은 조금 후에 다시 칼뱅이 다루게 됩니다.

더 나아가, 오시안더는 '믿음이 곧 그리스도다!'라고 선언합니다(Inst., III xi 7). 하지만 믿음은 의를 받는 수단에 불과합니다. 칼뱅이 예를 든 것처럼, 질그릇과 그 안에 담긴 보물의 관계라고 할 수 있습니다. 그럼에도 불구하고, 오시안더의 논리는 그리스도의 육체로 인한 사역을 가치 없게 만들어 버립니다. 왜냐하면, 그는 하나님의 본질이 우리가 그리스도를 영접함으로써 우리에게 직접 주입된다고 말하기 때문인데, 이런 논리는 그리스도의 인성人性보다는 신성神性에 더 무게를 둡니다. 하지만 칼뱅은 단호하게 말합니다.

> 그러므로 첫째, 나는 그리스도께서 "종의 형체를 지니셨을 때"(빌 2:7) 의를 이루셨고, 둘째, 그분이 아버지께 드린 순종을 통해 우리를 의롭다 하신다(빌 2:8)고 말한다. 따라서 그분은 이것을 우리를 위해 행하시되, 그분의 신성에 따른 것이 아니라, 그분에게 부여된 경륜에 따른 결과이다(Inst., III xi 8).

여기서 말하는 '경륜經綸'은 그리스도의 인성人性을 가리킵니다. 진실로 그리스도께서는 육체로 오셔서, 육체의 순종과 희생을 통해 우리의 의가 되셨습니다. 온전한 '행위行爲의 의義'를 이루신 분은 오직 예수 그리스도뿐입니다. 우리는 다만 그분이 이루신 의를 믿음으로 말미암아 은혜로 받을 뿐입니다. 그래서 예수 그리스도는 성만찬의 떡과 포도주를 통해 그분의 육체로 이루신 일들을 기념하고 우리에게 지속적으로 받아들일 것을 명령하셨습니다. 이것은 그리스도 자신의 육체로 우리에게 베푸신 의와 구원을 인치시고 확실히 보증하는 것입니다(Inst., III xi 9). 중요한 것은, '그리스도의 것'이 '우리의 것'이 된다는 것입니다.

게다가 오시안더의 주장은, 현실에서 경험하는 우리의 죄악된 본성과도 맞지 않습니다. 여기서 앞에서 미루었던 부분을 이야기해야 하겠습니다. 오시안더는 칭의와 중생을 섞어버렸습니다. 그리고 이것을 '이중적인 의double righteousness'라고 합니다. 그의 논리에 따르면, 우리 자신이 이미 신적 본질을 가졌기 때문에 더 이상 죄를 지어서는 안 됩니다. 하지만, 우리의 현실은 그렇지 않습니다. 우리는 여전히 죄를 짓습니다. 그렇기에 오시안더의 주장은 구원에 대한 확신을 오히려 흐리게 만들어 버립니다. 아니면, 양심을 스스로 무디게 만들고 고장나게 합니다. 행위에 더욱 집착하게 만들어 자신이 의로운 것을 증명하도록 애쓰게 만듭니다. 하지만, 아무리 노력해도 스스로의 힘으로는 완전한 행위의 의를 이룰 수 없습니다. 그 결과는 무엇이겠습니까? 하나님의 심판대 앞에서 절망을 경험하는 것뿐입니다. 그러므로 칼뱅은 다음과 같이 정리합니다.

> 요약하면, '두 가지 종류의 의'라는 것으로 포장하여 불쌍한 영혼들로 하여금 하나님의 단순한 긍휼 안에서 평안을 누리게 하지 않는 자는 누구나, 그리스도에게 가시 면류관을 씌우는 자들이다(막 15:17 등)(Inst., III xi 12).

선행이 칭의를 위해 효과를 발휘한다는 스콜라 학자들에 대한 반박
(13-20)

이처럼 칭의를 얻음에 있어서 행위와는 일절 관계가 없지만, 그럼에도 행위가 칭의에 유효하다고 스콜라 철학자들은 말합니다. '스콜라'라는 것은 '(그리스도교) 학교'를 의미하는데, 스콜라 철학은 신앙을 이성으로 규명하고자 하는 움직임으로 기원후 800-1400년경까지 이어졌습니다. 이것은 얻을 수 있는 진리 전체에까지 그 범위를 확대하였습니다. 그러나 스콜라 철학이 너무나 이성에 치우치다 보니, 믿음으로 접근해야 하는 것까지 합리적으로 설명을 하려다 오히려 복음과 멀어지게 되었습니다. 칼뱅은 그들의 주장을 이렇게 설명합니다.

> 그들에 의하면, 사람은 믿음과 행위로 의롭다 하심을 얻게 되는데, 이때의 행위는 자신의 것이 아니라 그리스도의 선물이요 중생의 열매라는 것이다 (*Inst.*, III xi 14).

이들의 주장은 자신을 그럴듯하게 보이려는 사람의 마음에 부합하고 있습니다. 우리는 작은 선행을 하고 마치 자신에게 의가 있는 것처럼 내세우길 좋아하기 때문입니다. 칼뱅은 이러한 경향을 '펠라기우스주의'를 답습하는 것이라고 비판합니다(*Inst.*, III xi 15). 펠라기우스는 그리스도인들이 도적적 태만에 빠져있는 것을 개선할 생각으로, 인간은 악하여 죄를 지을 수밖에 없다는 주장을 거부하고 인간이 자유의지로 선과 악을 선택할 수 있다고 주장하였습니다. 의도는 그럴듯했지만, 결국 하나님의 은혜를 의지하기보다는 사람의 행위를 강조하게 되어 정죄당하였습니다. 그는 418년 카르타고 공의회에서 파문을 당하였습니다.

(참고로 이때 아담이 죽는 것은 죄의 결과가 아닌 육체를 입은 자연적인 한계성 때문에 죽는 것이라고 주장한 것도 정죄당했습니다.)[11] 칼뱅이 주장하는 바는, 스콜라 철학도 결국에는 사람이 스스로 옳은 일을 하여 의를 이룰 수 있다고 가르쳐 복음의 의에 위배된다는 것입니다. 그리고 다음과 같이 칭의의 과정에 대해 설명합니다.

> 먼저, 하나님께서는 황송하게도 죄인들을 그분의 순결하고 값없이 베푸신 선으로 품어주시는데, 그들 안에는 그분으로 하여금 궁휼을 베풀도록 촉구하는 것 외에는 아무것도 발견할 수 없다. 하나님께서 이렇게 행하심은 사람이 선행에 있어 전적으로 무능함을 보셨기 때문이며, 사람에게 은혜를 베푸실 이유를 친히 자신에게서 찾으시기 때문이다. 그런 다음, 하나님은 죄인들을 감동하시고 자신의 선하심을 깨닫게 하셔서, 자기 행위에 절망감을 느끼는 그로 하여금 자신의 구원을 하나님의 궁휼에 온전히 맡기게 하신다. 이것이 바로 믿음에 따른 경험이니, 곧 그 믿음을 통해 죄인은 구원에 이르게 되며, 복음의 가르침으로부터 그가 하나님과 화목하게 되었음을 깨닫게 된다: 이때 그리스도의 의義를 매개로 하며 죄 사함을 받을 때에 의롭다 하심을 받게 된다. 그리고 비록 하나님의 영靈으로 중생할지라도, 그는 자신을 위해 축적된 영원한 의를 생각하며 그가 한 선행이 아니라 온전히 그리스도의 의만 의지하고자 한다(*Inst.*, III xi 16).

칼뱅은 이것을 로마서 10장 5-9절까지의 말씀[12]을 인용하며 뒷받

---

11 Louis Berkhof, *Systematic Theology*, 권수경 · 이상원 옮김, 『벌코프 조직신학』 (고양: 크리스챤 다이제스트, 2008), 450-51.
12 "모세가 기록하되 율법으로 말미암는 의를 행하는 사람은 그 의로 살리라 하였거니와 믿음으로 말미암는 의는 이같이 말하되… 네가 만일 네 입으로 예수를 주로 시인하며 또 하나님께서

침합니다. 이에 따르면, 율법은 행위를 따라 의를 인정하고, 복음은 행위와 무관하게 값없이 의를 베풀어준다는 사실에 있음이 분명히 드러납니다. 우리가 확실히 알아야 할 것은, 우리가 아무리 착한 일을 한다 할지라도, 하나님의 의를 이루는 데는 턱없이 모자란다는 것입니다. 그럼에도 그 보잘것없는 행위에 의지하여 하나님의 의를 얻고자 하는 것은 칭의 교리가 가르치는 바가 결코 아닙니다.

어떤 분은 말할 것입니다: "그렇다면, 그리스도인들의 선행은 아무런 의미가 없단 말입니까?" 그렇지 않습니다. 그러나 그 의미는 우리 스스로가 인정하는 것이 아니라 하나님께서 인정하시는 것에 의존합니다.

> 비록 행위들이 높임을 받을지라도, 그 가치는 그 행위 자체가 아니라 그 행위에 대한 하나님의 인정하심에서 정해진다. … 따라서 그것은 하나님의 자비하심에서 나온 것이니, 곧 그 행위들이 의義라는 이름과 그것에 해당하는 상급의 가치를 가지는 것이 이로 말미암음이다. 그리고 이 한 가지 이유로, 행위들은 가치를 지닌다. 왜냐하면, 그 행위들을 통해 사람은 자신이 하나님께 순종하고 있음을 보일 수 있기 때문이다(*Inst.*, III xi 20).

죄는 오직 그리스도의 의를 통해서만 제거됨(21-23)

또한, 어떤 이단은 그리스도를 믿음으로 인해 하나님의 영을 공유하게 되어 의롭게 된다는 주장을 합니다. 매우 그럴듯해 보이지만, 칼뱅은 이것 역시 강하게 반박합니다. 사람은 오직 믿음으로 그리스도가 이루신 의義를 전가轉嫁받음으로써만 의롭게 됩니다(*Inst.*, III xi 23). 요컨대, 우

그를 죽은 자 가운데서 살리신 것을 네 마음에 믿으면 구원을 받으리라"(롬 6:5-6, 9).

리가 하나님께 의롭다 인정을 받는 것은 결코 우리에게서는 어떤 요인도 찾을 수 없고, 오직 그리스도의 의로 말미암는 은혜의 결과임을 명심해야 합니다.

제12장 | 우리는 반드시 마음을 높여 하나님의 심판대를 향해야 하며 그리함으로 그분의 값없는 칭의를 확고히 해야 한다

　앞에서 우리는 칭의의 개념을 살펴보았습니다. 하지만, 우리 본성은 여전히 자신의 행위를 드러내고 그것으로 자신을 사람들 앞에서 의롭게 보이려고 합니다. 칼뱅은 이것을 완전히 불식시키기 위해, 이 장章에서 우리를 하나님의 심판대 앞으로 데려갑니다. 그리고 그 심판대 앞에서 순전한 자신의 행위 중 어떤 것으로 자신을 의롭다고 주장할 수 있는지를 생각해 보라고 말합니다. 우리는 하나님의 절대적인 기준 앞에 자신을 내려놓고 오직 그분의 은혜만을 구하는 태도로 임해야만 합니다.

　그러므로, 먼저 이 사실이 우리에게 상기되어야 한다: 즉, 우리가 논의하고 있는 것은, 인간 법정에서의 의義가 아니라 하늘의 재판정에 속한 의義에 관한 것이다. 이것을 말하는 이유는, 우리가 자신의 보잘것없는 기준으로 행위의 순수함을 측량하여 하나님의 심판을 만족시키려 하지 않도록 하기 위함이다. … 요컨대, 이런 모든 논의는 어리석고 미약하다. 만일 모든 사람이 하늘의 심판을 앞에 두고 자신의 죄를 인정하며, 용서받기를 바라고서 기꺼이 엎드려 자신이 무가치함을 고백하지 않는다면 말이다(*Inst.*, III xii 1).

　우리는 우리 자신을 생각 이상으로 과장되게 생각하고 매우 그럴듯하게 여기는 경향이 있습니다. 그래서 여전히 남들과 비교하면서 '그래도 내가 너보다는 낫다'라는 생각을 합니다. 그러나 그것은 교만驕慢입니다. 사람이 아무리 뛰어난 선행을 할지라도, 하나님께는 아무것도 아닙니다. 그것으로는 결코 '의롭다'고 판단을 받지 못합니다. 선행으로는 결코 천국에 들어갈 수 없는 이유가 여기에 있습니다.

> 그렇다면, 우리는 공허한 확신 따위에 현혹되어서는 안 된다. 비록 우리가 스스로 생각하기에 다른 사람보다 같거나 혹은 우월하다고 할지라도, 하나님께는 아무것도 아니다(*Inst.*, III xii 2).

칼뱅은 이것을 태양을 빗대어 말합니다. 밤중에 아무리 큰 달과 수많은 별들이 빛을 낼지라도, 태양이 떠오르면 그 모든 광채는 사라지고 맙니다. 이처럼 사람들이 자랑하는 의義나 공로도 하나님 앞에서는 아무것도 아닌 것이 됩니다. 무엇보다, 하나님은 사람들이 그럴듯하게 행동하는 동안, 그 내면을 면밀히 살피셔서 숨은 동기를 파악하시는 분이십니다.

> 즉, 사람이 밖으로 나타난 의義의 가면을 쓰고 스스로 칭찬하고 있는 동안, 주님께서는 그 마음에 숨겨진 불결함을 저울질하고 계신다(*Inst.*, III xii 5).

그렇다면, 이제 우리는 어떻게 해야 할까요? 하나님 앞에서 어떤 자세를 취해야 마땅할까요? 우리에게는 어떤 선한 것도 없으니, 오직 겸손한 자세로 하나님의 긍휼을 의지해야 합니다. 칼뱅은 이와 관련하여 겸손謙遜을 정의하면서 이렇게 말합니다.

오히려 겸손이란, 우리의 마음을 거짓없이 굴복시키는 것이요, 자신의 비참하고 궁핍함을 깨달아 진정으로 무너져내린 상태이다. … 그러나 겸손한 자들, 곧 하나님께서 구원하기로 작정하신 자들은 하나님 안에서 소망을 두는 것 외에는 아무것도 남기지 않는다(*Inst.*, III xii 6).

따라서, 참된 겸손에는 자신을 드러내려는 마음이 조금도 있어서는 안 됩니다. 오직 주님만을 붙잡는 것만 남아야 합니다. 그럴 때, 주님은 우리를 불쌍히 여기시고 우리를 받아주십니다.

만일 우리가 우리 안에 있는 황폐함을 경험하지 못한다면, 우리는 결코 그분 안에 있는 충분한 위로를 얻지 못할 것이다.… 사람이 스스로 만족하는 한, 그만큼 하나님의 은혜를 막아버리게 된다(*Inst.*, III xii 8).

제13장 | 값 없는 칭의 교리에서 유념해야 할 두 가지

내게 아무런 공로나 자랑할 것이 없고, 오로지 예수 그리스도를 믿음으로 붙듦으로 하나님의 의롭다 하시는 판단을 받는다는 칭의 교리는, 우리에게 큰 유익을 줍니다. 이것을 위해 칼뱅은 특히 두 가지를 유념해야 한다고 말합니다.

즉, 주님의 영광은 약화되지 않고 그대로 유지되어야 한다. 또한, 그분의 심판에 직면하여 우리의 양심이 평안한 안식과 고요한 평정을 가져야 한다(*Inst.*, III xiii 1).

우리에게 아무런 자랑거리가 없으므로, 우리는 오직 주님만을 자랑하게 되고, 나아가 이 모든 것을 주관하시는 하나님께 감사를 돌리게 됩니다. 이런 감사가 고백되지 않는다면, 그 사람은 이미 마음으로 하나님의 영광을 덮어버리고 빼앗는 자입니다. 칼뱅은 심지어, 이런 사람들은 하나님을 대적하여 자랑하는 자라고까지 말합니다(*Inst.*, III xiii 2). 하나님을 대적하고서 어찌 평안을 누릴 수 있겠습니까? 그러므로 칼뱅은 오직 주님만을 의지하는 자가 누릴 평안에 대해 이렇게 말합니다.

오히려, 믿음을 가진다는 것은 지속적인 확신과 완벽한 신뢰로 마음을 강화하는 것이며, 자신의 발을 두어 쉬게 할 곳을 갖는다는 것이다(고전 2:5; 고후 13:4 참조)(*Inst.*, III xiii 3).

그러므로, 우리는 그리스도께 붙들려 있다는 것으로 기뻐하고 만족하게 여기며 감사해야 합니다. 나보다 강하신 분이 나를 붙잡고 계시므로 어떤 상황에서도 흔들리지 않을 수 있습니다. 너무 수동적인 태도라고 생각되십니까? 맞습니다. 그러나 진정한 칭의의 교리를 안다면, 오히려 칭의 문제에 있어서는 철저히 수동적이어야 합니다. 칼뱅도 이것을 이렇게 표현합니다.

칭의에 관한 한, 믿음은 단지 수동적인 것으로서, 우리에게 있는 어떤 것으로 하나님께로 가져가 하나님의 호의를 회복하는 것이 아니라, 오직 우리에게 부족한 것을 그리스도로에게서 받는 것이다(*Inst.*, III xiii 5).

제14장 | 칭의의 시작과 과정

이 장章에서는 칭의에 대한 전반적인 진행 과정에 대해 다룹니다. 이 부분은 가급적 원래의 내용을 그대로 읽어 보시면 좋겠습니다. 그러면, 칭의가 단지 하나님께서 우리를 의롭게 여기시는 것 이상의 의미와 목적을 가지고 있음을 깨닫게 될 것입니다. 왜냐하면, 칭의는 하나님의 자녀로서 완성을 향해 나아가는 첫걸음에 불과하기 때문입니다. 여기서는 그 전반적인 여정을 간략하게나마 정리해 보겠습니다.

사람은 본성적으로 죄 가운데 죽었기에 구속이 필요함(1-6)

우선, 칼뱅은 사람들이 저마다 자신의 의義를 주장하기 때문에, 이런 사람을 네 부류로 나눈 뒤, 그 사람들이 어떤 의를 추구하는지를 보여줍니다: (1) 하나님을 아는 지식을 받지 못하고 우상숭배하는 사람들, (2) 성례에 참여하지만 여전히 부정한 생활을 하는 자들, 곧 입으로는 신앙을 고백하면서도 행위로는 하나님을 부인하는 명목상의 그리스도인들, (3) 헛된 외식으로 자신의 악함을 감추는 사람들, (4) 하나님의 성령으로 중생하여 참된 거룩함을 추구하는 사람들(Inst., III xiii 1).

일반적으로 모든 자연인은 선善이라고는 단 한 군데서도 찾을 수 없습니다(창 8:21). 성경은 이런 사람들을 '육신'으로 정의합니다(창 6:3). 바울은 이것을 갈라디아서 5장 19-21절에서 더 자세히 설명하고 있습니다: "육체의 일은 분명하니 곧 음행과 더러운 것과 호색과 우상 숭배와 주술과 원수 맺는 것과 분쟁과 시기와 분냄과 당 짓는 것과 분열함과 이단과 투기와 술 취함과 방탕함과 또 그와 같은 것들이라"(Inst., III xiii 1). 그러나 사람은 자신을 그럴듯하게 보이려는 본성이 있기 때문에 이런 육신의 특성들을 감추거나 그럴듯하게 포장을 합니다.

어떤 분은 "선행을 하는 사람들은 뭐냐? 그들도 악인이라면, 그들이 하는 행위는 아무런 의미도 없다는 것이냐? 그렇다면, 왜 우리에게 복을 받을 테니 선행을 하라고 말하느냐?"라고 질문할 수 있습니다. 이에 대해 칼뱅은 그렇게 할 수 있게 하시는 분이 바로 하나님이심을 주장하면서 매우 단호하게 말합니다.

> 덕행의 겉모양이 조금이라도 그분에게 은혜를 입기에 합당하기 때문이 아니다. 다만 그것이 하나님을 기쁘시게 하여 그만큼 그분이 얼마나 진정한 의를 높이시는가를 증명하기 위함이다. 심지어 겉으로 그럴듯하게 꾸며낸 의로움이라 할지라도, 그분은 일시적인 보상을 베푸시지 않는 법이 없으시다. 이로써 우리가 인정할 수밖에 없는 것이 있다: 즉, 모든 덕행—혹은 덕이라고 할 수 있는 것들—은 하나님의 선물이라는 것이다. 왜냐하면, 그 어떤 것도 하나님께로부터 나오지 않는다면 어떤 식으로든 칭찬할 가치가 없기 때문이다(*Inst.*, III xiii 2).

우리가 주의해야 할 것은, 우리는 사람이 선행을 하는 행동 자체만 보지만, 하나님은 그 행위를 하는 동기와 그 행위가 지향하는 목적도 보시는 분이시라는 것입니다. 동기와 과정과 목적 모두, 하나님께 인정받는 것이 얼마나 어려운지는 이제 분명해졌을 것입니다. 그러므로 칼뱅은 다음과 같이 말하며 우리를 칭의의 필요성으로 인도합니다.

> 이로써 우리가 쉽게 알 수 있는 것은, 사람이 무엇을 생각하고 계획하거나 실행하든지 먼저 믿음으로 말미암아 하나님과 화목하기 전에는 그것들이 저주받은 상태라는 것이다. 즉, 의에 대해서는 그 어떤 가치도 가지지 않을

뿐만 아니라 확실히 저주를 받기에만 합당할 뿐이다(*Inst.*, III xiv 4).

이처럼 사람은 절망적인 상태에 있습니다. 칼뱅은 이러한 절망을 '차라리 돌에서 기름이 흘러나오기를 기다리는 것이 더 쉽다'라고 표현하였습니다(*Inst.*, III xiv 5). 그래서 하나님께서 먼저 우리에게 오셔서 자비를 베푸셔야만 합니다. 이것이 성경 전체가 주장하는 바입니다.

> 진리는, 우리가 칭의를 받아 그분과의 친교 속으로 받아들여지지 않고서는,
> 우리 모두가 죽을 인생이요 하나님의 철천지 원수임을 증거하고 있다(롬
> 5:10; 골 1:21 참조)(*Inst.*, III xiv 6).

따라서, 우리가 할 일은, 우리를 먼저 찾으시는 그분 앞에 겸손하게 우리 자신을 내려놓고 도움을 구하는 것입니다. 그럴듯하게 자신을 가장하여 의로운 척하는 것은 일절 도움이 되지 않습니다. 오히려, 우리는 하나님께서 우리의 모든 부정함과 악을 씻어주시기를 바라며 자신을 내어드려야만 합니다(고전 6:11 참조). 그럴 때, 우리의 구원은 시작됩니다. 그리고 그 순간 우리는 하나님의 은혜로 죽음에서 생명으로 옮겨지게 됩니다.

> 우리 구원의 시작은 일종의 부활, 곧 죽음에서 생명으로 옮겨지는 것이다.
> 왜냐하면, 그리스도를 위해 우리에게 그리스도를 믿도록 믿음이 주어지는
> 그 때에, 마침내 우리는 죽음에서 생명으로 옮겨가기 시작하기 때문이다
> (*Inst.*, III xiv 6).

여기까지가, 처음 분류했던 첫 번째에 해당하는 사람들, 곧 자연인의 상태에 있는 사람들이 어떻게 주의 도움을 받게 되는지에 대한 설명입니

다. 다음에는 우리가 일반적으로 경험하는 그리스도인들, 즉 두 번째와 세 번째 부류의 사람들에 대해 살펴보겠습니다.

저주 아래 있는, 위선자와 명목상의 그리스도인들(7-8)

칼뱅은 이 사람들에 대해 아직 하나님의 영으로 중생하지 못한 사람들이라고 말하며, 그 증거로 불순한 양심을 들고 있습니다.

모든 불경건한 사람들 그리고 특히 모든 외식하는 자들은 어리석은 확신에 사로잡혀 있다. 왜냐하면, 그들은 아무리 자신의 마음이 불결한 것들로 가득 차 있음을 인식할지라도, 여전히 자신이 무언가 그럴듯한 행동들을 보여주기만 하면 그것이 지닌 가치가 하나님께 멸시를 받지 않으리라고 생각하기 때문이다(*Inst.*, III xiv 7).

칼뱅은 이런 사람들에게 하나님 앞에서는 행위가 아니라 어떤 사람인가가 더욱 중요하다고 가르칩니다.

따라서, 그들이 말하고 가르친 바는 참되니, 곧 누구든지 행위로서는 하나님의 은혜를 받을 수 없다는 것이다. 하지만 반대로, 행위가 그분을 기쁘시게 할 때는 오직 사람이 먼저 그분의 은혜를 받을 때뿐이다(*Inst.*, III xiv 8).

오직 믿음으로만 의롭다 하심을 받은 중생한 자들(9-11)

그렇다면, 하나님 앞에서 참된 성도가 되면, 그가 하는 행위는 하나님 앞에서 의롭다고 말할 수 있을까요? 칼뱅은 이와 관련하여 네 번째 부류에 속한 사람들의 특징에 대해 설명합니다.

우리는 실제로 거룩해진다. 즉, 참으로 순결한 삶으로 주님께 드리고, 우리의 마음을 율법에 순종하는 것으로 형성해간다. 그 목적 곧 우리의 특별한 소원은 그분의 뜻을 섬기는 것이며 모든 수단을 통해 그분의 영광만을 높이는 것이다(*Inst.*, III xiv 9).

그러나 사람이 아무리 순결한 마음으로 선행을 할지라도, 거기에는 육체의 불순물이 섞일 수밖에 없습니다. 당연히 율법은 언제나 우리를 정죄할 구실을 우리가 한 행위에서 발견합니다. 즉, 성도가 아무리 올바른 것을 한다고 하여도, 상급을 얻을 만하다고 주장할 것이 아무것도 없습니다. 따라서, 성도는 아무리 마음을 다해 옳은 일을 한다고 할지라도, 그것을 자신의 의로 삼거나 주장해서는 안 됩니다.

우리는 반드시 다음 두 가지 사항을 주장해야만 한다: 첫째, 경건한 사람이 행하는 행위 중, 만일 하나님의 엄격한 판단에 따른다면 정죄 받지 않을 것이 결코 없다. 둘째, 만일 그런 행위가 있다 할지라도(사람으로서는 불가능하다), 여전히 인정을 받을 수 없다. 왜냐하면, 그 행위를 한 당사자가 짊어지고 있는 죄들로 인해 그것이 연약해지고 오염되었기 때문이다(*Inst.*, III xiv 11).

스콜라 신학자들의 반론과 성인들의 잉여공로설에 대한 재반박(12-21)

스콜라 학자들은 그리스도를 믿음으로 의롭다 함을 받아 하나님과 단번에 화목을 이루지만, 그 후 선행으로 하나님 앞에서 의인으로 인정되며, 그 공로로 받아들여진다고 주장합니다. 하지만, 우리는 이런 거짓

말을 결코 받아들여서는 안 됩니다. 오직 성도들은, 모든 일을 함에 있어서 감사함과 믿음으로 하나님 앞에서 행하기를 힘써야 합니다. 그 어떤 행위도 우리를 의롭게 하지 못합니다. 다만, 우리는 믿음으로 하나님께서 기뻐하신다고 여기는 일들을 할 뿐입니다. 그리고 그것이 성도의 마땅한 도리입니다(눅 17:10).

이 점에서 소위 성인聖人이라고 말해지는 자들이 이룬 공로, 특히 잉여剩餘 행위가 우리를 도울 수 있다는 말은 일고一顧의 가치도 없음이 분명해집니다.

> 우리는 다음의 사실을 반드시 완전하게 받아들여야만 한다: 즉, 하나님의 율법 안에서는 하나님께 영광을 돌리거나 이웃을 사랑하고자 하는 생각에 이르게 하는 것이 아무것도 없다. 하지만, 만일 그것이 율법의 일부라면, 우리가 필요에 의해 제약을 받는 것이므로, 자발적인 자유에 의한 것이라고 자랑하지 않도록 하자(*Inst.*, III xiv 14).

그렇다면, 우리가 선행善行을 해야 하는 이유 혹은 목적은 무엇일까요? 칼뱅은 성도들이 자신의 믿음을 강건하게 하거나, 하나님께 위로를 받기 위해서라고 말합니다.

> 그 하나는 자기들의 선의善意를 악인들의 악의惡意와 비교하여 승리에 대한 확신을 갖기 위해서인데, 이는 자기들의 의로움을 드러내기 위함이 아니라 그들의 대적들이 마땅히 받을 저주를 드러내기 위함이다. 다른 하나는, 다른 이들과 비교하지 않고, 스스로 하나님 앞에서 자신을 살핌으로써 자기들의 양심의 순수함이 그들에게 얼마간의 위로와 확신을 가져다주기 때문이다 (*Inst.*, III xiv 18).

무엇보다 성도들은 선행을 함으로써, 자신들이 주님께 택함을 받은 자녀라는 것을 확신하게 됩니다.

그러므로 성도들이 양심의 깨끗함으로 자신의 믿음을 강건하게 하고, 그것 (선행)으로 기뻐할 기회를 얻게 되는데, 이렇게 함은 그 행위들의 열매로 그들이 주님께 자녀들로 택함을 받은 자들임을 스스로 인식하게 되기 때문이다(*Inst.*, III xiv 19).

칼뱅은 여기서 성도들이 자신들이 하는 선행善行을 어떻게 인식해야 하는지를 보여줍니다. 그것은 하나님의 선하심을 깨닫게 하는 선물膳物이자 그들을 택하시고 부르신 증표證票라는 것입니다(*Inst.*, III xiv 20). 그러므로, 우리는 각자의 삶과 행위를 잘 살펴야 합니다. 만일 선한 열매가 없다면, 즉 하나님의 영광을 드러내고 이웃에게 선한 영향력을 끼치고 있지 않다면, 자신의 믿음과 구원은 헛된 꿈에 불과합니다.

이 모든 것을 종합하여, 칼뱅은 구원에 관한 칭의와 행위의 관계를 다음과 같이 정리합니다.

우리의 구원의 유효적有效的 원인은 하나님 아버지의 사랑에 있고, 질료적質料的 원인은 성자 하나님의 순종에 있으며, 수단적手段的 원인은 성령의 조명하심, 즉 믿음에 있으며, 목적目的的 원인은 하나님의 크신 자비하심의 영광에 있다(*Inst.*, III xiv 21).

제15장 ᅵ 행위의 공로에 대한 자랑은 의를 베푸신 하나님을 향한 찬양과 구원의 확신을 파괴한다

이 장에서는 행위의 '공로'에 집착하는 우리의 본성을 좀 더 깊이 있게 다룹니다. 특히, 행위가 칭의를 위해서는 의미가 없지만, '그래도 하나님께 자비를 얻을 만한 자격은 되는 것이 아닌가'라는 문제를 집중해서 다룹니다. 이것은 더 실제적인 문제입니다. 왜냐하면, 우리는 악인이 하나님께 은혜를 입는 것을, 선한 사람이 하나님께 응답을 받는 것보다 더 싫어하기 때문입니다. 그리고 우리 안에는 여전히 자신이 한 선행을 근거로 '나는 하나님께 더 큰 은혜와 사랑을 받을만한 자격이 된다'라는 생각을 하고 있기 때문입니다. 그러나 칼뱅은 이 모든 것에 대해 우리가 주장할만한 것은 아무것도 없다고 강력하게 선언합니다.

이것을 설명하기 위해 먼저 다루는 것은, '공로功勞'라는 말이 지닌 해악害惡입니다.

> 분명한 것은, 이 말은 지극히 교만한 용어라는 것이다. 이것은 하나님의 은혜를 흐리게 하고, 사람들에게 사악한 교만을 불어넣는 것 외에는 하는 것이 없다. ⋯ 공로에 대해서는, 공로로는 부족하다는 것을 아는 것으로 충분하다 (*Inst.*, III xiv 2).

앞장에서도 언급했지만, 우리가 한 선행은 우리에게서 비롯된 것이 아니라 하나님의 선물입니다. 그리고 그것은 하나님의 자녀로서 응당 해야 할 일에 불과합니다. 그럼에도 하나님은 그 행위를 우리가 한 것으로 인정해 주십니다. 그렇다고 우리가 먼저 '우리 것'이라 자랑해서는 안 되며, 마땅히 하나님께 영광을 돌려야 합니다. 칼뱅은 그것을 이렇게 설명합니다.

그러나 하나님께서는 우리에게 베푸신 그 선행들을 '우리 것'이라 부르신다. 그리고 그것들이 주님께 받아들여질 뿐 아니라 또한 상급도 주어질 것이라고 증거하신다. 이것은 그 큰 약속을 힘입어 마땅히 해야 할 의무이며, 선을 행하다가 약해지지 않도록 용기를 가지게 하며(갈 6:9; 살후 3:13 참조), 또한 하나님의 크신 자비하심을 진정한 감사의 마음으로 받아들이게 한다. 의심할 수 없는 것은, 행위에 있어 칭찬할 만한 것이 무엇이든지 그것은 하나님의 은혜라는 것이다; 그 어느 것 하나도 우리에게 돌릴 권리는 없다(*Inst.*, III xv 3).

칼뱅이 말하는 바는, 선행에 대한 공로는 결코 하나님의 것과 사람의 것으로 나눌 수 없으며, 전적으로 하나님께만 돌려야 한다는 것입니다. 왜냐하면, 선행에 가치를 부여하시는 분이 하나님이시기 때문입니다 (*Inst.*, III xv 3). 그래서 우리는 우리가 한 일로 사람들에게서 영예를 얻을 때, "하나님께 영광을 돌립니다"라고 해야 합니다.

그렇다면, 성경에서 우리의 선행을 독려하고, 마치 그것을 우리의 공로로 돌리는 듯한 말씀들(예를 들면, 히브리서 13장 16절[13])은 어떻게 보아야 할까요? 이미 우리의 모든 행위가 우리 자신의 공로로 삼을 수 없다는 것을 알았으니, 그런 말씀을 다른 식으로 해석해서는 안 됩니다. 즉, 그 말씀들은 우리의 믿음을 더욱 확고하게 하고, 장차 받을 상급을 주목하게 하여, 이 세상을 인내하며 지나갈 수 있게 하시는 하나님의 자비하심을 담고 있다고 보는 것으로 족하게 여겨야 할 것입니다.

---

13 "오직 선을 행함과 서로 나누어 주기를 잊지 말라 하나님은 이 같은 제사를 기뻐하시느니라."

칼뱅은 이것과 관련하여 오해의 소지가 있는 고린도전서 3장 11절을 인용합니다: "이 닦아 둔 것 외에 능히 다른 터를 닦아 둘 자가 없으니 이 터는 곧 예수 그리스도라." 여기에 '터'라고 해서, 우리가 무슨 일을 더 해서 쌓아야 한다는 의미가 아닙니다. 이것은 이미 그리스도께서 우리의 구원을 위해 모든 것을 이루셨기 때문에 우리가 더 이상 할 것이 아무것도 없다는 것을 뜻합니다. 따라서 칼뱅은 이 말씀을 이렇게 해석하고 적용합니다.

> 간단히 말해, 그리스도께 속한 것이 우리 것이고, 우리는 모든 것을 그분 안에서 소유하고 있으므로, 우리 안에는 아무것도 없다는 의미다. 분명히 말하지만, 만일 우리가 주님께 거룩한 성전으로 자라길 바란다면 반드시 이 터 위에 지어야만 한다(*Inst.*, III xv 5).

반복해서 말합니다. 우리는 그리스도께 접붙임을 받지 않는 이상 선행으로 하나님을 기쁘시게 할 수 없습니다. 요한일서 5장 12절에 따라, 그리스도가 없는 사람은 영적으로 죽은 자인데, 그런 자가 어떻게 믿음으로 말미암는 선행을 할 수 있겠습니까? 따라서, 우리는 선행을 통해 공로를 얻을 기회를 얻는 것이 아니라, 그리스도의 모든 공로 그 자체를 얻게 됩니다. 그분의 공로가 우리에게 전해지기 때문입니다(*Inst.*, III xv 6). 그렇다고, "예수 그리스도께서 이미 모든 공로를 이루셨으니 우리는 선행을 할 필요가 없다"라고 말해서는 안 됩니다. 오히려, 우리는 하나님의 뜻대로 행하므로 그분께 기쁨을 드리는 줄 알아 믿음으로 더욱 선행을 해야 합니다(*Inst.*, III xv 7). 그것이 구원받은 자의 본분이기 때문입니다. 나아가 세상은 우리의 선행을 통해 우리가 참으로 하나님의 자녀인 것을 알게 됩니다(마 7:20 참조)(*Inst.*, III xv 8).

제16장 | 칭의의 교리에 오명을 씌우려는 교황 예찬자들의 거짓 비난에 대한 반박

아마 이 부분은 지금도 로마 가톨릭과 첨예하게 대립하는 부분이라고 봅니다. 세상은 교리가 아니라 눈에 보이는 대로 판단하기에 오히려 칭의 교리를 굳게 붙잡고 있는 자들을 한심하다는 듯 바라봅니다. 하지만, 그들이 선행으로 자신의 의로움과 공로를 쌓을 수 있다고 가르치는데, 우리가 칭의의 교리를 저버리고 당장 사람들의 인정을 받기 위해 눈으로 보이는 행위에만 치중한다면, 결국 그들과 다를 바가 없어지게 됩니다. 오히려 우리는 올바른 칭의 교리 위에서 더욱 선행을 행함으로 사람이 아니라 하나님께 먼저 인정받는 자들이 되도록 노력해야 합니다. 칼뱅도 이것을 유념하며, 짧지만 신경을 써서 본 장을 기술하고 있습니다.

이것은 한 마디로, 어떤 불경건한 자들의 부끄러움을 모르는 행동이라고 반박하는 것으로 충분하다. 그들은 우리가 선행을 폐지한다고, 또한 사람들을 미혹하여 선행을 하지 못하게 한다고 중상모략한다. 이는 우리가 사람은 행위로서는 의롭다함을 얻지 못하고, 행위로서는 구원에 대한 공적을 이루지 못한다고 말하기 때문이다. 또한 우리를 공격하여 의에 이르는 길을 너무 쉽게 만든다고 말하는데, 이는 우리가 칭의가 값없는 죄 사함에 있다고 가르치기 때문이다. 그리고 이런 미혹으로 사람들을 죄를 짓도록 끌어들여 이미 너무나 죄에 치우친 자들로 더욱 죄를 짓게 한다고 비방한다. … 그러나 만일, 오히려 행위가 장려되고 강화된다면 어찌할 것인가? 왜냐하면, 우리는 선행이 결여된 믿음이나 선행 없는 칭의를 꿈도 꾸지 않기 때문이다. 오직 이것만이 중요하다: 믿음과 선행이 필히 서로 굳게 결합되어 있음을 인정할지라도, 우리는 여전히 칭의를 선행이 아니라 믿음에 둔다(*Inst.*, III xvi 1).

우리가 믿음으로 의롭다 하심을 받는다고 할 때, 그것은 단지 그리스도의 공로를 나의 것으로 받아들인다는 것뿐만 아니라, 그분의 거룩하심도 받아들인다는 것을 의미합니다. 오늘날 많은 그리스도인들이 이 부분을 간과하여, 열매 맺는 삶을 살지 못하고 있습니다. 하지만, 칼뱅은 칭의와 거룩함을 나타내는 선행은 결코 분리될 수 없다고 주장합니다.

> 그러므로 그리스도께서는 의롭다 하신 자들을 또한 거룩하게 하신다. … 왜냐하면, 우리가 그리스도 안에 참여하므로 의롭다 하심을 얻는데, 거룩함은 의로움과 함께 포함되어 있기 때문이다(*Inst.*, III xvi 1).

그러나 대적자들은 상급에 대한 소망을 제거하면, 사람들은 곧바로 방종放縱하게 될 것이라고 주장합니다. 하지만, 이것은 하나님과 그분의 뜻을 알지 못하기 때문에 오해하는 것입니다. 하나님은 우리가 상급이 없더라도 온전하게 하나님만을 바라고 예배하길 원하십니다. 그런 점에서 상급을 바라고 신앙생활을 한다면, 그것은 매우 잘못된 결말을 낳게 됩니다.

> 하나님께서는 아무것도 바라지 않는 예배와 조건 없는 사랑을 받기 원하신다. 분명히 말하지만, 그런 예배자는 상급을 받을 모든 소망이 끊어질 때에도 여전히 그분을 섬기는 것을 그치지 않는 자이다. … 우리로 더욱 강력하게 거룩하도록 부름에 있어 "주를 향하여 이 소망을 가진 자마다 그의 깨끗하심과 같이 자기를 깨끗하게 하느니라"(요일 3:3)라는 요한의 말을 다시 듣는 것보다 더한 것이 있는가?(*Inst.*, III xvi 2)

즉, 우리가 하나님의 은혜를 기억한다면, 선행을 하는 것이 정상입니다. 다시 말하지만, 마땅히 해야 할 것을 가지고 자신의 공로로 삼고 심지어 주장한다면, 이보다 어리석은 일이 어디에 있겠습니까?

그리고 믿음으로 값없이 죄 사함을 받는다는 교리는 자칫 사람을 더욱 범죄하게 만든다고 하는데, 결코 그렇지 않고 그럴 수도 없습니다. 만일 그런 자가 있다면, 믿음을 배신하는 자요, 구원을 스스로 박차버리는 자입니다. 오히려, 그리스도의 피가 얼마나 고귀한 줄 안다면, 그리고 자신의 모든 것으로도 그것을 대체할 수 없다는 것을 안다면, 더욱 죄를 경멸하고 멀리하고자 노력하게 됩니다(*Inst.*, III xvi 4).

제17장 ǀ 율법의 약속과 복음의 약속의 일치

본 장의 내용은 1권 9장 1-4절에 나오는 내용들과 많은 부분에서 겹칩니다. 하지만, 칼뱅이 다시 이 내용을 반복하는 이유는, 칭의의 교리가 여전히 궤변가들이 주장하는 율법의 행위에 도전을 받고 있기 때문입니다. 또한, 율법의 약속들은 폐기된 것인가라는 질문을 받기 때문입니다. 그래서, 그는 여기서 칭의 교리의 관점에서 복음과 율법의 관계를 다시 정리하고 있습니다.

율법과 연관된 행위: 고넬료(Cornelius)의 예(例)(1-5)

칼뱅은 먼저 칭의와 행위의 문제를 짚고 시작합니다.

우리가 칭의를 행위와 따로 둔 것은, 선행을 하지 말게 하거나 그 행위가 선하다는 것을 부인하기 위함이 아니다. 오히려 그 행위들을 의지하거나 자랑하거나 구원의 근거로 삼지 않도록 하기 위함이다. 우리의 확신과 자랑과 구원의 유일한 닻은 다음의 사실에 있다: 즉, 하나님의 아들이신 그리스도께서 우리 것이다. 또한 우리가 그리스도 안에서 하나님의 자녀들이며 천국의 상속자들이고, 우리 자신이 가지고 있는 가치에 의해서가 아니라 하나님의 은혜로 영원한 복락의 소망으로 부르심을 받았다는 것이다(*Inst.*, III xvii 1).

그렇다면, 궤변가들이 말하는 것처럼 칭의 교리는 하나님이 율법을 통해 약속하신 것들을 무효로 만드는 것일까요? 그러나 이들은 율법을 지킬 때 받게 되는 복락에만 관심을 기울이고, 그것을 지키지 못했을 때 받게 되는 저주에 대해서는 생각하지 않습니다. 칼뱅이 칭의 교리를 강하게 주장하는 이유가 여기에 있습니다. 왜냐하면, 그 누구도 율법을 온전히 이룰 수 없기 때문입니다. 아무리 복된 약속이 주어진들, 사람으로서는 저주를 일으키는 행위를 더 많이 하니, 어찌 하나님 앞에서 의롭다 주장하며 약속된 복을 구할 수 있겠습니까? 그러나 그리스도께서 율법을 온전히 이루셨기에, 우리는 그분을 믿음으로 그분의 것을 나의 것으로 받아들임과 동시에, 양심의 속박에서 벗어나 자유롭게 율법을 지킬 수 있게 되었습니다. 칭의 교리는 바로 이것을 가르치고 있습니다.

이런 방식으로, 율법 안에서 우리에게 제공된 약속들은, 만일 하나님의 선하심이 복음을 통해 우리를 돕지 않으셨다면 모두 효력을 잃고 헛된 것이 되고 말았을 것이다(*Inst.*, III xvii 2).

칼뱅이 말하는 것을 주의하십시오. 우리는 자꾸 우리가 누릴 복락에 대해 관심을 기울이지만, 그것은 구원받은 자가 받게 될 은혜입니다. 따라서 복락보다 구원이 우선이 되어야 합니다. 그런데, 그 구원은 결코 우리 힘으로 얻을 수 없고, 오직 하나님의 은혜로, 우리를 의롭다 하셔서 받아주심으로 가능해집니다. 그렇기에 칼뱅은 칭의 교리를 율법을 지켜 얻게 되는 복락의 약속보다 더 앞세우는 것입니다.

> … 하지만 그는 동시에 우리의 부패함이 율법을 지킴에서 얻게 되는 그 유익
> 을, 믿음으로 인한 또 다른 의를 얻기 전까지는, 누리지 못하게 한다는 것을
> 생각해야 한다(*Inst.*, III xvii 2).

칼뱅도 율법을 지키는 자에게 약속된 복락이 신자들의 행위에 따라 주어지는 것을 인정합니다. 다만, 그가 강조하는 바는, 주님께서 무슨 이유로 우리의 행위를 인정하시는가를 늘 생각해야 한다는 것입니다. 가장 큰 이유는, 우리가 주님을 믿음으로 하나님께 받아들여졌기에, 하나님은 우리의 불완전한 행위도 용납하시고 받으시기 때문입니다(*Inst.*, III xvii 3). 예를 하나 들어보겠습니다. 부모는 어린 자녀가 미숙하고 실수를 해도, 무언가를 해 보려고 노력하는 것을 기뻐하며 격려합니다. 보잘것없는 행위에도 풍성한 상을 주기도 합니다. 이유는 간단합니다. 바로 '내 자녀'이기 때문입니다. 마찬가지로, 우리가 예수 그리스도로 인하여 하나님의 자녀가 되었기 때문에, 우리가 그분을 위해 그분이 기뻐하시는 것을 행하려고 노력하는 것을, 그 미숙함에도 불구하고 받아들이시고 때로는 과분한 상급까지 주시는 것입니다.

하지만, 궤변가들은 고넬료의 예(例)를 통해, 먼저 선행을 베풂으로 준비가 되어야지만 하나님의 은총도 받을 수 있다고 주장합니다(행 10장 참조). 확실히 고넬료는 베드로를 통해 복음을 듣기 전, 많은 구제와 선행을 함으로 하나님께 인정을 받았습니다. 게다가 그는 일반적인 경우와 달리, 먼저 성령 세례를 받고 그다음에 물세례를 받았습니다. 하지만,

칼뱅은 고넬료의 경우는 특수한 것이지 일반적인 것이 아니라고 말합니다. 게다가 베드로가 고넬료가 자신을 초대한 이유를 들었을 때 무엇이라 고백하였습니까?: "베드로가 입을 열어 말하되 내가 참으로 하나님은 사람의 외모를 보지 아니하시고 각 나라 중 하나님을 경외하며 의를 행하는 사람은 다 받으시는 줄 깨달았도다"(행 10:34-35). 즉, 고넬료의 경우에는, 그가 이방인이었지만 참되게 하나님을 경외함이 인정되어, 하나님께서 긍휼을 베푸시어 그를 받아들이기로 이미 작정하신 상태였습니다. 결코 그가 선행을 많이 해서, 기도를 많이 하기 때문에 그를 구원하신 것이 아닙니다. 그가 하나님께 받아들여졌다면, 곧 율법의 행위로 인정받는 사람인데, 굳이 또 복음을 듣게 할 필요가 무엇일까요? 복음을 통해 그로 더욱 믿게 하고, 그 믿음을 통해 더욱 선행을 하도록 하기 위해서입니다. 그래서 베드로를 그에게 보내신 것입니다. 이 점에서 그가 복음을 듣고 성령을 받은 것은, 하나님께서 그를 받아주시고 그에게 베푸신 것들을 인치는 것에 불과하였습니다.

> 그에게 하나님을 기쁘시게 한다고 말해지는 모든 것들은 하나님의 은혜로 받은 것들이다. 그러니 그가 그런 수단들을 통해 자신의 노력으로 은혜를 받도록 자신을 준비했다는 것은 말도 되지 않는다(*Inst.*, III xvii 4).

> 그러나 우리가 언제나 꼭 기억해야 할 것은, 하나님께서 신자들의 행위를 근거로 '받아들이심'은 오직 하나님 자신이 그 행위들의 근원이시기 때문이고, 또한 그분의 너그러우심에 은혜를 더하셔서 하나님 자신이 친히 베푸신 선행들을 향해 자신이 '받으시는' 증거를 보여주시기 때문이라는 것이다(*Inst.*, III xvii 5).

칭의를 행위와 연관시키는 것처럼 보이는 구절들(6-15)

칼뱅은 성경의 말씀을 살피기 전에, 독자들에게 다음과 같은 주의를 당부합니다.

> 하나님께서 우리에게 영생의 은혜를 베푸시는 목적은, 우리로 하여금 그분을 사랑하고 경외하며 존귀히 여기도록 하시기 위함이다. 그래서 어떤 긍휼의 약속이 성경에 있든지 그 목적을 지향하며, 우리는 이러한 은혜들의 주인 되신 분께 경외와 존귀를 드려야 한다. 그러므로, 우리는 그분의 율법을 지키는 자들에게 하나님께서 선을 베푸신다는 말씀을 들을 때마다, 하나님의 자녀들이 그 말씀들로 인하여 영원히 행해야 할 의무가 주어졌음을 기억해야 한다. 또한 우리가 바로 다음과 같은 이유로 양자가 되었음을 기억하도록 하자: 곧 그분을 우리의 아버지로 경외하기 위함이다. 따라서 우리는 양자된 자로서의 권리를 포기할 것이 아니라, 도리어 우리를 부르신 소명을 향해 더욱 열심을 내야만 한다(*Inst.*, III xvii 6).

다시 말하지만, 오직 칭의로 의롭다 하심을 받은 자만이 하나님의 자녀가 되고, 하나님의 자녀가 된 자들은 또한 성령의 은혜와 도우심으로 우리가 하나님의 자녀가 된 표지標識를 선행으로 나타내야 합니다.

하지만, 성경에는 '행위로 의롭다 함을 얻는다'라는 말씀들(신 6:25; 24:13; 시 106:30-31 등)이 있는데, 이것은 어떻게 이해해야 할까요? 칼뱅도 이 문제를 잘 알고 있습니다. 하지만, 그것을 전혀 이상하게 여기지 않습니다. 이미 앞에서도 다루었지만 다시 말합니다. 중요한 것은, 그 행위는 '순종'을 전제로 한다는 것인데, 안타깝게도 우리 중 그 누구도 온전하게 순종하여 순종에 따른 의를 얻을 자가 없는 것이 문제가 됩니다.

그러므로, 결국에는 다시 믿음으로 말미암은 칭의가 모든 행위의 기초가 된다는 것만을 확인하게 될 뿐입니다.

이렇게 보면, 가장 많은 논란이 되는 야고보서의 말씀들도 이해가 됩니다: "우리 조상 아브라함이 그 아들 이삭을 제단에 바칠 때에 행함으로 의롭다 하심을 받은 것이 아니냐 네가 보거니와 믿음이 그의 행함과 함께 일하고 행함으로 믿음이 온전하게 되었느니라 이에 성경에 이른 바 아브라함이 하나님을 믿으니 이것을 의로 여기셨다는 말씀이 이루어졌고 그는 하나님의 벗이라 칭함을 받았나니 이로 보건대 사람이 행함으로 의롭다 하심을 받고 믿음으로만은 아니니라"(약 2:21-24).

칼뱅은 궤변가들이 여기서의 '믿음'이라는 말과, '의롭다 하심'이라는 말을 오해하고 있다고 주장합니다. 즉, 아브라함의 경우를 일반 사람들에게 함부로 적용했다는 것이 문제라는 것입니다. 아브라함은 진실로 하나님을 믿었습니다. 믿었기에 하나님을 경외하고, 그분이 하신 말씀에 순종하여 하나밖에 없는 아들까지 바치려고 하였습니다. 하지만, 야고보가 경계하고 있는 '믿음'은 어떤 것입니까? 쉽게 말해 '속 빈 강정같은 믿음'입니다. 믿음으로 말미암는 순종의 행위가 수반되지 않는, 단지 '지식적인 믿음'을 경계하고 있습니다. 야고보는 그런 믿음은 귀신들도 가지고 있다고 반박합니다(약 2:19). 따라서, 야고보의 말은 오히려 칼뱅의 진술, 곧 선행은 믿음을 증명하는 표지標識라는 것을 더욱 뒷받침할 뿐입니다.

> 분명한 것은, 야고보 자신은 의의 전가imputation에 대한 것이 아니라 의를 선포한 것에 대해 말하고 있다는 것이다. 마치 이렇게 말하는 것과 같다: "참된 믿음으로 의로워진 자들은 그들의 의로움을 순종과 선행으로 증명한다. 그들은 벌거벗은 채로 상상으로 만든 믿음의 가면을 쓰지 않는다"(*Inst.*, III xvii 12).

또한 칼뱅은 시편에 의인들이 악인들의 횡포 때문에 자신들의 의로움을 보고 도와달라고 탄원하는 내용들이 많이 나오는 것을 인정합니다(시 7:8, 17:1, 17:3, 18:20, 26:1, 26:10-11 등). 하지만, 그는 이것도 그들이 하나님 앞에서 의롭다고 주장하는 것이 아니라, 악인과 비교하였을 때 자신들이 좀 더 하나님 앞에서 의롭다고 인정해주셔서 도와달라는 것으로 이해해야 한다고 주장합니다(Inst., III xvii 14). 나아가 신약성경에는 사도들이 성도들의 완전함을 위해 기도하는 내용들이 많이 나오는데(살전 3:13, 5:23; 엡 1:4 등), 칼뱅은 이것이 성도들의 마땅한 삶의 목표이지만, 죄악된 육체를 벗어버리고 주님과 연합할 때만이 이루어지는 목표하고 설명합니다(Inst., III xvii 15). 하지만 여기서도 중요한 것은, 자신의 힘으로는 결코 그 목표를 이룰 수 없고, 오직 하나님의 도우심과 은혜로만 가능하다는 것입니다.

> 그러나 '완전함'이라는 딱지를 성도들에게 적용하려는 자들이 있는데, 만일 이들이 아우구스티누스가 직접한 다음의 말에 동의한다면, 굳이 그와 더불어 고집을 피우며 싸우지는 않겠다: "우리가 성도들의 덕을 완전하다고 부를 때에, 이 완전함에는 또한 진리와 겸손함 모두에서 불완전함을 인정하는 것이 포함된다"(Inst., III xvii 15).

그러므로, 하나님의 은혜로 말미암는 칭의는 성도들의 모든 행위의 근간이 되는 것이 더욱 분명해집니다.

제18장 ﹒행위의 의는 상급을 잘못 추론한 결과이다

여기서는, 행위가 결코 우리의 의로움을 인정받는 근거가 되지 않는데, 어떻게 상급에 대한 근거는 될 수 있는지에 대해서 다룹니다. 또한 주님께서는 각 사람이 행한 대로 갚으시겠다고 반복해서 말씀하셨는데(마 16:27; 25:34-36; 롬 2:6; 고전 3:8; 고후 5:10 등), 이것이 의미하는 바가 무엇인지를 밝히고 있습니다.

칼뱅은 먼저, '상급'이라고 해서 그것이 구원의 원인으로는 될 수 없음을 단정합니다. 무엇보다 이것은 종이 수고했다고 주는 '삯'이 아니라 하나님의 자녀들에게 주어지는 '기업'이라고 합니다(갈 4:30 참조; *Inst.*, III xviii 1).

> 우리는, 이를테면, 말씀들이 얼마나 규정된 용어들을 사용하여 우리에게 영원한 복락의 근거를 행위가 아니라 하나님께서 우리를 양자로 삼으신 것에 두라고 신중하게 경고하는지를 보게 된다(*Inst.*, III xviii 2).

그런데, 주님은 우리가 무슨 행위를 하기 전에 값없이 주신 것을, 또한 행위에 대한 상급으로도 주시겠다고 약속하셨는데, 그렇다면 이것은 우리를 희롱하는 것일까요? 이것에 대해 칼뱅은 다음과 같이 말합니다.

> 주님이 뜻하시는 바는, 우리가 선행으로 연단을 받아, 제공된 것들 혹은 열매들, 즉 소위 주님께서 약속하신 것들을 묵상하게 하시고, 또한 그것들을 통해 하늘에서 우리에게 주어질 것들에 대해 복된 소망을 갖도록 우리를 재촉하시는 것이다. 그래서 그 약속들의 열매가 행위에 따라 할당되게 하셔서, 그 익은 열매를 우리로 누리게 하신다(*Inst.*, III xviii 3).

다만, 칼뱅은 포도원 주인이 품꾼들을 고용하여 포도원에 넣은 비유 (마 20:1-16)를 들어, 우리에게 약속으로 주어진 상급이 결코 공로의 문제로 귀속되지 않도록 주의를 당부하고 있습니다.

> 그러므로 그들은 또한 … 땀을 흘리며 많은 수고를 하였지만, 늦게 온 사람들보다 많이 받지 못한 것에 대해, 그것이 수고에 대한 대가가 아니라 은혜의 선물임을 알아야 한다(*Inst.*, III xviii 3).

그렇다면, 상급을 약속하신 목적은 무엇입니까? 칼뱅은 이렇게 대답합니다.

> 그들이 이런 큰 환란과 어려움 중에 넘어지지 않도록 하기 위해, 주님은 그들과 함께 하시고, 그들을 경계하여 그들의 머리를 더 높이 들어 시선을 더 멀리 향하게 해서 세상에서는 보지 못하는 복락을 그리스도 안에서 바라보도록 하신다(*Inst.*, III xviii 4).

즉, 상급을 약속하신 이유는, 우리로 이 세상에서 끝까지 인내할 수 있도록 우리의 믿음을 분발케 하시기 위함입니다. 그러나 또 다시 말하지만, 이런 행위는 우리가 하나님의 자녀로 받아들여졌기 때문에, 즉 우리가 용서함을 받았기 때문에 가능합니다. 행위의 의는 칭의에 근거하지 않고서는 아무런 의미와 효력을 낳을 수 없습니다!

그렇다면, 왜 주님은 부자 청년이 구원을 얻기 위해 무엇을 해야 하는지에 대해 질문했을 때, "계명을 지키라!"고 하셨을까요?(마 19:16-17) 이에 대해 칼뱅은, 그리스도께서는 자신에게 질문을 한 사람의 수준에 맞추어 답을 하셨을 뿐이지, 그것이 결코 행위의 의를 지시하는 것은 아니라고 대답합니다. 그가 방법을 물었으니, 그의 수준에 맞게 합당한 방법에 대한 대답을 하셨을 뿐입니다(*Inst.*, III xviii 9). 하지만, 주님께서는 모든 계명을 지켰다고 자신하는 청년에게, 곧바로 그에게 부족한 것이 무엇인지를 정확하게 짚어주심으로, 그 영혼의 실체를 폭로하셨습니다. 결국, 주님의 마지막 요구(재산을 처분하여 가난한 자들에게 나누어주고 주님을 따르는 것)을 실천하지 못한 청년은 힘없이 돌아섬으로써, 그가 자신하는 행위의 의가 얼마나 보잘것없고 하나님의 기준에 부족한 것인지를 절감하였습니다. 그런 이유로 칼뱅은 행위의 의가 결코 자랑할 것이 아님을 강조합니다.

> 그러므로, 행위를 따라서는 결코 의롭게 될 수 없다. 만일 줄곧, 이를테면 일평생 동안, 단 한 번도 실수 없이 그 노선대로 행하지 않는다면 그러하다 (*Inst.*, III xviii 10).

우리는 단 한 번의 실수와 잘못과 죄악으로도 죽음의 형벌을 받기에 충분하다는 것을 늘 명심해야 합니다. 그렇기에 하나님께서 그리스도로 말미암아 우리에게 베푸시는 칭의의 은혜는 참으로 귀한 것입니다.

제19장 | 그리스도인의 자유

이 장은 오늘을 살아가는 '죄에서 자유한' 그리스도인이 반드시 읽어보아야 합니다. 오늘날 많은 그리스도인들이 주님의 희생을 통해 받은 자유를 합당하지 않게 사용하는 경향이 있습니다. 우리가 칭의의 교리를 알았으니, 이제는 우리가 받은 자유로 어떻게 살아야 하는지도 알아야만 합니다.

그리스도인의 자유 교리의 필요성(1-3)

칼뱅은 이 문제가 절실한 문제라고 규정하고 있습니다.

> 하지만, 우리가 말한 바와 같이, 만일 이 자유를 올바로 이해하지 못하면, 그리스도도, 복음의 진리도, 영혼의 내적 평안도, 올바르게 아는 것이 아니다 (*Inst.*, III xix 1).

칼뱅은, 칭의 교리를 올바르게 알았다고 한다면, 자신이 받은 자유를 어떻게 사용해야 하는지도 알고 실행해야 한다고 주장합니다. 특히, 반대자들이 칭의 교리를 비방하여 사람들로 방종에 빠지도록 할 위험이 있다고 한 것을 떠올려 이 내용을 살피면 더욱 유익이 있을 것입니다. 칼뱅도 이 부분을 깊이 유념하고 있습니다. 그는 그리스도인의 자유를 세 부분으로 나눕니다. 그 첫 번째 것은 이것입니다.

> 첫째는, 신자의 양심은 하나님 앞에서 얻은 칭의에 대해 확신을 구하면서도, 율법을 능가해야 하고, 율법보다 나아가되, 율법의 의는 잊어버려야 한다 (*Inst.*, III xix 2).

조금 어렵지요? 앞에서 살폈던 내용을 다시 떠올려야 합니다. 우리는 끝까지 하나님의 긍휼에만 의지해야 하고, 자신의 행위에 의존하거나 그것을 자랑해서는 안 됩니다. 위의 말은 이것입니다: 우리는 율법을 지키되 억지로가 아니라, 율법이 하라고 명령해서가 아니라, 우리를 구원하신 하나님의 은혜에 합당하게 응답하여 자유롭게 지킨다는 것입니다. 그리고 그것을 당연하게 여기며 자신을 내세울 근거로 삼지 않습니다. 이것을 칼뱅은 이렇게 표현하고 있습니다.

> 그리스도인의 삶 전체는 일종의 경건함godliness을 익히는 것이어야 한다. 왜 나하면, 우리는 거룩함에로 부름을 받았기 때문이다(살전 4:3, 7; 엡 1:4 참 조). 율법의 역할은 사람들에게 자신의 의무를 알려주어, 그들로 거룩함과 순전함을 향한 열심을 불러일으키는 데 있다(*Inst.*, III xix 2).

양심의 자유는 율법의 강요 없이도 기꺼이 순종한다(4-6)

두 번째 부분은, 첫 번째와 연결되는데, 우리가 율법을 준수하는 것은 억지로가 아니라 자발적으로 하나님의 뜻에 순종한다는 것입니다.

> 두 번째 부분은, 첫 번째에 의존하는데, 그것은 양심이 율법을 준수하되, 율 법의 요구에 어쩔 수 없어서가 아니라 율법의 멍에로부터 자유하여 기꺼이 하나님의 뜻에 순종한다는 것이다(*Inst.*, III xix 4).

우리는 이 순종이 어떻게 가능한가를 알아야 합니다. 곧 성부 하나님 께서 우리를 진실로 사랑하시고 위하신다는 것을 알고 경험했을 때, 우 리는 하나님께서 우리에게 주신 율법을 그분을 사랑하는 마음으로 지킬 수 있습니다. 그래서 사랑은 율법을 지킬 수 있는 근거이자 율법의 완성 입니다. 우리는 하나님을 사랑하기에 율법을 지키고, 그 결과도 하나님 을 사랑하는 것입니다. 그래서 비록 부족할지라도 하나님께서 우리가 한 것을 기쁘게 받으실 것을 확신해야 합니다.

자녀 된 우리가 굳게 확신해야 하는 것은, 우리가 드리는 섬김의 행위가 아무리 작고 보잘것없고 불완전할지라도, 지극히 자비하신 아버지께서는 그것들을 열납하신다는 것이다(*Inst.*, III xix 5).

반면, 이것은 이런 의미도 가지고 있습니다.

왜냐하면, 우리가 진정으로 하나님을 경외함으로 행하지 않는다면, 하나님께서는 우리가 행한 그 어떤 것도 자신을 경외한 것으로 여기지 않으시기 때문이다(*Inst.*, III xix 5).

즉, 우리는 미리 우리가 불완전하고 부족함이 있을 것이라 단정하지 말고, 정말 최선을 다해 하나님을 사랑하는 마음으로 율법을 지켜야 합니다. 그럴 때, 그것이 '하나님의 기준'에는 미치지 못할지라도, 하나님은 우리의 행위를 기쁘게 받아주십니다. 여러분이 부모라면, 이것이 무슨 의미인지 더 쉽게 이해하실 수 있을 것입니다.

우리 자신을 진정 하나님의 자녀라고 생각한다면, 우리는 마땅히 하나님의 기쁨이 되도록 노력해야 합니다. 이것은 오직 죄에서 자유한 자만이 누릴 수 있는 은총입니다. 칭의를 받은 우리는 더 이상 율법의 기준으로 판단 받지 않습니다. 그러나 우리는 우리 자신이 누구인가를 나타내야 합니다. 왜냐하면, 우리는 우리가 행하는 것으로 우리의 믿음을 증명할 수 있기 때문입니다.

우리가 율법 아래에 있지 않으므로 '죄를 지어도 된다'라고 추론하는 자들은, 이 자유가 그들과는 아무런 상관이 없다는 것을 알아야 한다. 왜냐하면, 이 자유의 목적은 우리로 선을 행하도록 하는 데 있기 때문이다(*Inst.*, III xix 6).

'중립적인 것들'에 대한 자유(7-9)

세 번째 부분은, '중립적인 것들'(adiaphora, ἀδιάφοροι)에 관한 것입니다. 과연 중립적인 것이 있을 수 있는가에 대해 질문하실 수 있는데, 여기서 말하는 '중립'은 예수 그리스도와 그분의 가르침과 복음에 포함되지 않은 외형적인 것들에 대한 것입니다. 예를 들면, 생활환경, 의복, 음식 등과 관련된 것입니다. 하지만, 이것 역시 우리가 어떤 태도로 사용하느냐가 중요합니다. 우리의 양심이 이런 것에 얽매이면, 계속 다른 것과 연계하여 미혹될 수 있기 때문입니다.

여기서 비중 있는 문제가 시작된다. 왜냐하면, 하나님의 뜻이 우리의 모든 계획과 행동보다 선행되어야 하는데, 여기에 제기되는 문제가 그 하나님께서 우리가 이것을 혹은 저것을 사용하기를 원하시는가에 관한 것이기 때문이다. 그 결과로, 어떤 이들은 낙심하여 혼란의 구덩이에 빠지게 된다; 어떤 이들은 하나님을 무시하고 그분을 향한 두려움을 저버리면서 자신의 길을 가다가 이미 만들어진 길을 찾지 못하고 반드시 멸망하게 되기도 한다(*Inst.*, III xix 7).

그래서, 칼뱅은 이하에서 몇 가지 항목에 걸쳐 그리스도인의 자유를 어떻게 사용해야 하는지에 대한 지침을 제공합니다. 먼저 대상이 지닌 목적에 부합하는가에 대한 것을 다룹니다. 이것이 그리스도인의 자유에서 일종의 큰 원칙이라고 보면 될 것 같습니다.

요약하자면, 우리는 이 자유를 어떤 방향으로 사용해야 할지를 알고 있다: 즉, 우리는 하나님께서 주신 선물들을 사용하되 그분이 우리에게 주신 목적에 따라, 양심의 거리낌이나 마음의 꺼리는 것 없이 사용해야 한다. … 하지만 기억해야 할 것은, 하나님의 자비하심에 따라 그것들을 사용할 경우에는 반드시 덕德, edification을 세우도록 하나님께 복종해야 한다는 것이다(*Inst.*, III xix 8).

칼뱅은 이렇게 말함으로써, 그리스도인의 자유를 행사하는 문제는 모두 영적인 문제임을 암시합니다. 이런 점에서 그리스도인에게 '중립적인 것들'은 없다고 보아야 합니다. 모두가 하나님과의 관계에서 그분의 영광을 드러내고, 성도들의 유익을 위해 사용해야 하기 때문입니다. 그러나 우리가 이렇게 할 때 양심의 자유와 평안을 누리게 됩니다.

그러나 우리는 반드시 주의를 기울여 살펴보아야 하는데, 즉 그리스도인의 자유는 그 모든 부분이 영적인 것이라는 점이다. 이것이 갖는 모든 힘은, 하나님 앞에서 두려워 떠는 양심에게 평안을 주는 것이다. … 그러므로 모든 사람은 궁핍하든, 평범하든, 부유하든, 자신의 처지에 맞게 살도록 하자. 이렇게 함으로써 모든 사람들이 기억해야 할 것은, 하나님께서 우리가 살도록 공급하시되, 그것은 사치를 위한 것이 아니라는 점이다. 그리고 그리스도인의 자유가 지닌 법칙을 이것으로 간주하도록 하자: 바로 사도 바울에게서 배운 것인데, 우리가 처한 상황이 무엇이든 만족하는 것이다; '비천에 처할 줄도 알고 풍부에 처할 줄도 알아 모든 일 곧 배부름과 배고픔과 풍부와 궁핍에도 처할 줄 아는 일체의 비결을' 배우는 것(빌 4:11-12)(*Inst.*, III xix 9).

그리스도인의 자유와 연약한 자의 관계 그리고 상처를 주는 문제 (10-13)

그런데, 그리스도인의 자유는 개인에게만 국한되는 문제가 아닙니다. 내가 자유를 행사함으로 상대방에게도 영향을 주게 됩니다. 칼뱅은 특히 이것을 믿음이 연약한 자와 관련하여 다룹니다.

> 그들이 마땅히 생각해야 할 것은, 그들이 지닌 자유로 얻을 수 있는 새로운 것이란 없으며, 다만 하나님 앞에서 행사해야 하며, 또한 그것은 자유를 행사하는 만큼 그것을 삼가는 것도 자유에 속한다는 점이다. … 하지만, 형제의 연약함을 고려하지 않고 자유를 행사한다면, 그들로 재앙에 가까울 정도로 넘어지게 하는 것이 된다. … 하지만, 때때로 우리의 자유를 사람들 앞에서 드러내는 것이 중요한 경우가 있다. 이것을 나도 인정한다. 그러나 우리는 최대한 주의를 기울여 반드시 이 한계를 지켜야 한다. 그래서 우리는 하나님께서 우리에게 특별히 위탁하신 믿음이 연약한 자들을 돌보는 것을 포기하지 말아야 한다(*Inst.*, III xix 10).

하지만, 결국에는 상대방이 상처를 입는 일이 발생하게 됩니다. 그런데, 칼뱅은 이것을 두 가지로 구분합니다: 믿음이 약한 자가 받는 상처와 바리새인이 받는 상처. 전자前者는 말 그대로 다른 사람의 부주의함으로 받게 되는 상처를 말합니다. 후자後者는 상대방이 잘못하지 않았지만, 그것을 받아들이는 쪽이 자기 기준대로 판단하여 스스로 상처를 입는 것을 말합니다. 칼뱅은, 전자前者에 대해서는 우리가 기꺼이 용서를 구하고 사랑으로 상대방을 섬기는 것으로 해결할 수 있다고 합니다. 하지만, 후자後着의 경우는, 주님의 "그냥 내버려 두라!"는 가르침을 따라야 한다고 권면합니다(*Inst.*, III xix 11). 왜냐하면, 그는 자신의 기준을 쉽게 포기하려 하지 않기 때문입니다.

하지만, 누가 믿음이 약한 자인지 바리새인과 같은 사람인지 알 수 있단 말입니까? 칼뱅은 이것을 바울이 디모데에게는 할례를 베풀고(행 16:3), 디도에게는 할례를 베풀지 않은 것(갈 2:3)으로 설명합니다. 디모데에게 할례를 베푼 것은, 바울이 믿음이 없거나 약한 자들에게 나아가 전도하려고 하기 위함이었습니다. 반면, 디도에게 할례를 금한 것은, 거짓 교사들이 율법의 행위를 강조하므로, 그들의 뜻에 굴복하지 않기 위함이었습니다. 디도의 경우에 대해 칼뱅은 다음과 같이 말합니다.

우리는 거짓 사도들의 부당한 요구로 인해 믿음이 약한 자들을 위협하게 된다면, 우리의 자유를 강하게 주장할 필요가 있다. … 이것보다 더 명확한 원칙은 없다: 만일 이웃에게 덕을 세울 결과를 위해서라면, 우리는 그 자유를 사용해야 한다. 하지만, 이웃에게 도움이 되지 않는다면, 그 자유를 내려놓아야 한다(*Inst.*, III xix 12).

즉, 우리는 믿음이 약한 자를 보호하기 위해 그리스도인이 가진 자유를 적극적으로 행사해야 합니다. 이때 상처를 입게 되는 지체들은 유념하지 않아도 됩니다(*Inst.*, III xix 13). 이로 인하여 인간의 권위를 침범하게 되는 일이 있더라도 상관없습니다. 예를 들어, 기독교 이단의 우두머리가 우리가 있는 예배당에 들어와 자신의 교리대로 행할 때 우리가 그것을 방관한다고 상상해 보십시다. 우리는 자유를 행사했다고 변명하겠지만, 그것은 하나님을 사랑한 것도 아니고 믿음이 약한 자를 도운 것도 아니라 사탄의 행위를 도운 것이 되지 않겠습니까?

전통과 시민 정부와의 관련성에서의 자유와 양심(14-16)

또한 이런 문제는 전통과 사회법과 관련해서 자주 제기됩니다. 그러나 칼뱅은 전혀 타협하지 않습니다.

> 법과 규례의 굴레에 얽매여 있어서 사람을 기쁘게 하는 상태에 있다면, 그것은 확실히 그리스도인의 양심의 자유에서 이탈한 것이다(갈 5:1, 4 참조) (*Inst.*, III xix 14).

여기서 칼뱅은 '두 왕국 이론the two Kingdoms'을 꺼냅니다. 하나는 영적인 통치가 이루어지는 곳으로 경건과 하나님을 예배하는 일에 훈련을 받습니다. 다른 하나는 세속적인 국가의 통치를 받는 곳인데, 개인이 국가의 시민으로서 행해야 할 의무들에 대해 훈련을 받습니다. 후자後者에 대해서는 『기독교강요』 제4권 마지막 장에서 다시 언급하게 될 것입니다. 다만, 칼뱅은 이 둘을 잘 분별해야 한다고 충고합니다.

> 이것들 중에서 우리가 마땅히 구별해야 할 것이 있다. 즉, 하나님의 말씀과 일치하여 합법적인 것으로 여겨야 할 것과, 반대로 경건한 자들 가운데 두어서는 안 될 것을 구분해야 한다(*Inst.*, III xix 15).

예를 들자면, 로마 황제가 그리스도인들을 박해하며 변절할 것을 요구할 때, 그리스도인들이 왜 죽음을 각오하면서까지 자신들의 신앙을 유지했는지를 생각해 보십시오. 우리는 마땅히 우리가 머무는 이 세상의 제도에 순종해야 합니다. 하지만, 그것이 우리의 믿음을 위협할 때는, 우리는 더욱 마땅히 하나님께서 기뻐하시는 것을 분별하여 그것에 순종해야 합니다. 이것과 관련하여 '양심conscience'이 대두됩니다.

> … 또한 그들이 하나님의 심판에 대한 지각을 가져, 그것이 그들에게 증인이
> 되어 그들의 고소告訴된 죄를 하나님의 법정 앞에서 숨기지 못하게 만들 때,
> 그 지각을 가리켜 양심이라고 부른다(*Inst.*, III xix 15).

칼뱅이 이 말을 하는 것은, 우리가 우리에게 있는 자유를 행사한다고
변명하지만, 양심이 우리의 진심을 하나님께 고하게 될 것이므로 조심
해야 한다는 것을 가르치기 위함입니다. 그만큼 양심은 철저하게 하나
님과 관계된 것입니다(*Inst.*, III xix 16).

> 바울은 이 말들을 통해 양심이란, 하나님을 섬기고자 하는 살아있는 성향이
> 며, 경건하고 거룩하게 살도록 진지하게 노력하는 것이라고 설명한다(*Inst.*,
> III xix 16).

요컨대, 그리스도인인 우리에게는 그리스도로 말미암은 자유가 있
습니다. 우리가 이 자유를 이웃의 덕을 위하고 하나님을 사랑하는 데 사
용한다면, 다른 사람이나 세상의 제도에 얽매일 필요는 없습니다. (선한
사마리아인이 한 행위를 생각하십시오.) 결국에는 우리의 양심이 하나님 앞
에서 그 모든 일에 대해 판단을 받게 될 것이기 때문입니다.

제20장 | 기도: 믿음의 주된 활동 그리고 기도로써 공급받는 하나님의 유익들

우리는 칭의 교리를 통해, 우리에게는 하나님의 의義를 얻을 만한 무엇도 없으며 오직 예수 그리스도를 믿음으로, 하나님께서 긍휼히 베푸시는 은혜로 말미암아 의롭게 된다는 것을 알게 되었습니다. 이것은 또한 중요한 내용을 우리에게 암시하는데, 우리 안에는 하나님께 속한 선한 것들을 얻을 무엇도 없다는 것입니다. 그러면 어떻게 우리가 원하는 바 좋은 것들을 얻을 수 있습니까? 그것 또한 하나님의 은혜로 얻을 수 있습니다. 그 수단이 무엇일까요? 바로 '믿음의 기도'입니다. 칼뱅은 이 기도를, 칭의 교리에 따른 자연스러운 우리의 반응이라는 관점에서 접근합니다. 그리고 엄청난 분량을 할애하여 매우 자세하게 다룹니다. 칼뱅이 이렇게 하는 이유는, 이단과 사이비들이 기도를 남용하거나 잘못 사용하도록 가르치기 때문입니다. 우리는 그의 지침을 참고해, 어떻게 기도할지를 배우고 익혀야 하겠습니다.

기도의 본질과 가치(1-3)

먼저, 칼뱅은 기도는 '성도가 마땅히 해야 할 일'이며, 나아가 '믿음의 표현'이라고 말합니다.

… 아직도 하나님께 나아가 구하지 않는다면(이것은 우리에게 유익이 조금도 없다), 그것은 어떤 사람이 땅 속에 보물이 감추어져 있다는 말을 들은 후에도 그냥 방치하는 것이나 다름없다. 따라서, 사도는 하나님을 부르는 것에 무관심한 믿음은 참된 믿음이 아니라는 것을 보여주기 위해 이렇게 정리해

놓았다: 믿음이 복음에서 나오는 것처럼, 믿음을 통해 우리의 마음이 하나님의 이름을 부르게 되어 있다(롬 10:14~17; *Inst.*, III xx 1).

그러므로 기도의 유익으로 말미암아, 우리는 하늘 아버지께서 우리를 위해 쌓아두신 풍성한 것들을 얻게 된다(*Inst.*, III xx 2).

보통 우리는 기도를, 우리의 간구를 하나님께 아뢰는 정도로만 생각하지만, 하나님께서도 성도의 기도를 통해 자신이 우리와 함께 하시는 분이심을 증거하십니다.

요컨대, 우리는 기도를 통해 그분을 부르게 되며, 그분은 자신을 우리에게 온전히 나타내시는 분으로 계시하시게 된다. 그 결과로 놀라운 평강과 안정이 우리의 양심에 찾아든다(*Inst.*, III xx 2).

그럼에도, 어떤 사람은 왜 기도해야 하는지에 대해 질문을 던집니다. 이런 질문의 근거는, 하나님께서 우리가 기도하기 전에 이미 모든 것을 알고 계신다는 것입니다. 칼뱅은 이런 사람은 기도하는 목적과 그 유익에 대해 알지 못하고 있다고 말합니다.

왜냐하면, 그분이 기도를 정하신 것은 자신을 위한 것이 아니라 우리를 위한 것이기 때문이다. 하나님께서 뜻하시는 것은 —이것은 마땅하다— 사람이 원하고 자신의 유익에 도움이 되는 모든 것들이 하나님께로부터 온다는 것을 인정하는 중에, 사람이 하나님께 당연히 드려야 할 것을 드리는 것이며, 또한 기도로써 그것을 증명하는 것이다(*Inst.*, III xx 3).

즉, 우리는 기도를 함으로써, 하나님을 더욱 분명히 인식하고 그분을 향한 우리의 믿음을 강화시키게 됩니다. 이에 따라, 칼뱅은 기도의 유익에 대해 여섯 가지로 정리하고 있습니다.

첫째, 기도는 우리의 마음에 열심을 가지게 하며, 하나님을 찾고 그분을 사랑하며 섬기고자 하는 소망으로 불타오르게 해 준다. 또한 우리가 당면하게 되는 모든 필요를 가지고 거룩한 닻과 같으신 그분께 갈 수 있게 해준다. 둘째, 기도는 우리가 그분을 부끄러운 증인으로 만드는 모든 것들을 욕망하거나 바라지 않도록 해준다. 또한 우리의 모든 소원들을 그분의 눈앞에 내어놓는 것을 배우며, 나아가 우리의 온 마음을 그분께 쏟아놓는 법을 배우게 해준다. 셋째, 기도는 우리로 그분의 은택들을 진실하고 참된 감사로 받도록 준비하게 해준다. 또한 기도는 그 은택들이 하나님의 손에서 오는 것임을 상기시켜 준다(시 145:15-16 참조). 넷째, 더욱이 기도는 우리가 구한 것들을 받았을 때, 하나님께서 우리의 기도에 응답하셨음을 확신하게 해준다. 우리는 하나님의 친절하심을 더욱 간절한 마음으로 묵상하게 된다. 다섯째, 기도는 동시에 우리가 기도로 얻었다고 생각하는 것들을 큰 기쁨으로 맞아들이게 해준다. 마지막으로, 기도는 우리의 연약한 정도에 따라 다르게 경험되지만, 하나님의 섭리를 확증하게 해준다(*Inst.*, III xx 3).

반면, 칼뱅은 우리가 기도를 하지 않을 때는, 하나님과의 관계가 소원해지는 것도 유념해야 한다고 말합니다.

… 그러나 그분이 행동하지 않으시고, 마치 우리를 잊으신 것처럼 대하실 때가 있는데, 곧 우리가 나태하여 기도하지 않는 것을 그분이 보실 때이다 (*Inst.*, III xx 3).

올바른 기도의 법칙(4-16)

이어서 칼뱅은 올바른 기도의 법칙 내지는 순서에 대해 다룹니다. 이 것은 반드시 그렇게 하라는 것보다는, 참된 기도를 하기 위한 지침으로 받아들이면 우리에게 유익이 될 것입니다.

이것을 첫째 법칙으로 삼도록 하자: 하나님과 대화를 나누는 사람으로서 합 당한 정신과 마음의 자세를 가져야 한다. … 내가 말하고자 하는 바는, 우리 는 외부의 염려들을 자신에게서 제거해야 한다는 것이다. 곧, 우리의 정신을 방황하게 하는 것, 이리저리 몰고 다니며 정신을 하늘에서 멀어지게 해 땅에 내리꽂는 것들을 떨쳐버려야 한다(*Inst.*, III xx 4).

한마디로 말해, 오직 하나님께 집중하도록 자신의 마음과 몸의 자세 를 가다듬어야 합니다. 하지만, 이것이 쉽지 않다는 것을 기도해 보신 분 들은 잘 아실 겁니다. 이것은 고도의 집중력이 필요합니다. 다만, 우리가 하나님 앞에, 그분의 은혜를 받는 중에 더 받기 위해 나아간다는 것을 잊 지 않는다면 가능하게 될 것입니다. 만일 여러분 자신이 윗사람을 만나 무엇을 구해야 한다고 생각해 보십시오. 그 사람 앞에서 다른 생각과 방 만한 태도를 취할 수 있겠습니까? 따라서, 우리가 지금 하나님께 기도하 고 있다는 것, 그 크신 하나님께서 나의 기도를 듣기 위해 자신을 낮추고 계신다는 것을 아는 자만이 기도에 집중할 수 있습니다.

그러므로, 우리는 깨닫는 자가 되자. 오직 기도하기 위해 자신을 합당하게 준비한 사람들만이 하나님의 위엄에 감동되어 그들이 가지고 갈 지상의 염 려와 집착하는 것으로부터 자유함을 얻게 된다. … 요약하면, 하나님께서는 더 큰 관대함으로 우리를 대하시고, 우리를 부드럽게 초대하셔서 우리 마음에 품고 있는 염려의 짐들을 벗어버리게 하시는데, 만일 그분의 빛나고 비교할 수 없는 유익들이, 우리가 현재 지니고 있고 우리에게 다가온 다른 것들을 압도하지 못하게 된다면, 우리는 변명의 여지가 없게 될 것이다. 따라서, 우리는 우리의 생각과 노력을 기도에 전념할 수 있도록 쏟아야 한다(*Inst.*, III xx 5).

칼뱅은 이와 관련해서 한 가지 더 첨언添言합니다.

우리가 다음으로 주목해야 할 것은, 하나님께서 허락하시는 것보다 더한 것을 구해서는 안 된다는 것이다. … 우리가 마음의 열심을 하나님께로 반드시 돌려야 하는 것처럼, 우리 마음의 욕망도 그 뒤를 따라야 한다. … 이러한 연약함을 돕기 위해 하나님께서는 우리에게 성령을 주셔서, 마치 기도의 교사인 것처럼, 무엇이 옳고 또한 우리의 감정을 어떻게 다루어야 할지를 말씀해 주신다(*Inst.*, III xx 5).

요컨대, 첫째 법칙이 의미하는 바는, 우리가 기도할 때, 하나님께 기도함을 잊지 않아 정신과 마음의 상태를 바르게 하고, 오직 합당한 것을 구할 수 있도록 성령님을 의지해야 한다는 것입니다.
다음으로, 칼뱅이 주장하는 기도의 법칙은, 참된 필요를 가지고 하나님께 절실하게 구하여야 한다는 것입니다.

두 번째 법칙을 살펴보자: 우리가 간구할 때, 항상 우리 자신의 부족함을 느껴야 하고, 또한 우리가 구하는 모든 것들이 얼마나 우리에게 필요한지를 진지하게 숙고해야 하며, 구하는 바를 얻고자 하는 진정한 바람, 아니 열정적인 소망으로 구해야 한다(*Inst.*, III xx 6).

칼뱅은 우리가 진정으로 필요한 것이 아님에도 하나님께 기도로 구한다면, 그것은 결국 하나님을 조롱하는 것이 될 수 있다고 말합니다. 왜냐하면, 그것은 하나님 앞에서 겉치레로 자신을 나타내는 것이기 때문입니다(*Inst.*, III xx 6).

하지만, 현실적으로 우리의 필요와 기도의 열정이 늘 같이 가는 것은 아니지 않습니까? 실제로, 우리는 정말 간절함이 없이 가볍게 툭 던진 기도가 즉각 응답되는 것을 경험하기도 하지만, 정말 필요하다고 생각되어 간절히 기도하는 것은 더디게 혹은 아예 응답받지 못하는 것을 경험하기도 합니다.

그러나 칼뱅이 말하는 '진정한 필요'란 나의 욕구가 아니라 하나님과 그분의 은혜에 대한 것입니다. 즉, 그는 우리가 매 순간 하나님과 그분의 은혜를 간절히 필요로 하는 기도를 해야 한다고 주장합니다. 칼뱅은 그런 모든 상황을 "하나님을 만날 기회"라는 다윗의 말(시 32:6)에서 찾으며, 또한 "항상 기도하라"(엡 6:18)와 "쉬지 말고 기도하라"(살전 5:17)도 그런 의미로 해석하고 있습니다(*Inst.*, III xx 7).

그런데, 이런 하나님을 의식하는 기도에는 반드시 '회개'가 수반될 수밖에 없습니다. 거룩하신 하나님을 필요로 하는데, 진정으로 회개하지 않는다면, 어떻게 그 기도가 하나님께 상달될 수 있겠습니까?

… 악한 양심은 기도의 문을 닫아 버린다. 이러한 사실로 미루어보건대, 오직 하나님께 참으로 예배하는 자만이 바르게 기도할 수 있으며, 또한 그 기도가 하나님께 상달된다는 것을 알게 된다. 따라서, 우리 각자 기도할 때에, 우리가 지은 악행들을 싫어하며, (어떤 것은 회개가 없이는 일어날 수 없음을

알아) 거지의 인격과 심정으로 기도해야 한다(*Inst.*, III xx 7).

이와 관련하여 칼뱅이 주장하는 **세 번째 법칙**은, 자신에 대한 헛된 망상이나 자신을 높이거나 드러내는 생각을 철저히 버려야 한다는 것입니다. 왜냐하면, 기도는 하나님의 긍휼에 의지하기 때문입니다.

… 하나님 앞에서 기도하길 원하는 사람은 겸손한 중에 온전한 영광을 하나님께 돌리되, 자신의 영광을 구하는 모든 생각들을 버리고, 자신이 가치 있는 존재라는 생각도 던져 버리며, 마지막으로 자신이 신뢰하는 모든 것─우리 자신을 뭐라도 되는 것으로 여기는 것, 그 아주 작은 것까지도─을 치워버려야 한다. 그렇지 않으면 우리는 헛되이 자만하게 되어 그분의 임재 앞에서 망하게 될 것이다"(*Inst.*, III xx 8).

우리는 반드시 어리석은 환자처럼 되어서는 안 된다. 그는 오직 증상을 치료하는 데만 관심을 기울이고, 그 질병의 뿌리에 대해서는 무관심하다(*Inst.*, III xx 9).

하지만, 때때로 우리는 상대방으로부터 박해를 받거나 잘못이 없음에도 누명을 쓰거나 모욕을 당하게 되는 경우가 있는데, 그때는 우리의 의로움을 하나님 앞에 내세우며 기도할 수 있지 않습니까?(왕하 20:3, 시편 38:3 등) 다윗도 그런 기도를 많이 하였지 않습니까?

맞습니다. 그런데, 칼뱅은 성경에 그런 표현이 쓰인 것은 일차적으로 자신들이 중생한 하나님의 자녀라는 사실을 하나님께 알리는 용도라고 말합니다.

이런 표현을 사용하여 그들이 의도하는 바는, 그들이 중생한 존재로서 하나님의 은혜를 받고 하나님의 약속에 참여하는 종이자 하나님의 자녀임을 주장하는 것 외에 아무것도 아니다(*Inst.*, III xx 10).

물론, 사람은 악인과 비교하여 상대적인 의로움을 주장할 수 있을 것입니다. 그럼에도 불구하고, 우리가 지금까지 칭의의 교리를 살펴본 대로, 우리는 자신에게는 어떤 공로도 없음을 인정하고, 오직 하나님의 긍휼을 의지하며 기도해야 합니다. 잊지 마십시오. 기도는 오직 하나님의 긍휼과 그분의 은혜를 의지하는 것입니다.

기도의 네 번째 법칙은, 기도 응답에 대한 확실한 소망을 갖고 기도해야한다는 것입니다. 그리고 이런 소망은 자신의 현재 영적 상태가 아니라 하나님의 신실하신 약속에 근거해야 합니다.

네 번째 법칙은, 우리가 자신을 낮추고 참된 겸손으로 나아가야 하지만, 그럼에도 우리의 기도가 응답되리라는 분명한 소망을 가지고 기도해야 한다는 것이다(*Inst.*, III xx 11).

신자들은 아무리 엄청난 죄의 무게로 짓눌리거나 심란할지라도, 또한 하나님의 은혜로 받은 모든 것들을 빼앗겼을 뿐만 아니라, 수많은 범죄로 인해 그를 두렵게 할지라도, 그들은 하나님께 나아가는 것을 그쳐서는 안 된다; 이런 느낌은 그들을 하나님께 나아가 호소하는 것을 막지 못한다. 왜냐하면, 그분께 나아갈 수 있는 다른 방도가 없기 때문이다(*Inst.*, III xx 12).

즉, 하나님의 아버지 되신 사랑에 힘입어, 그들은 기쁘게 자신을 하나님의 돌보심에 의탁한다. 그리고 그들은 주저하지 않고, 그분이 거저 약속하신 도움을 간청한다. 이때 그들은 마치 자신을 부끄러움에 던진 것처럼 여전히 생각 없는 확신으로 뻔뻔스럽게 구는 것이 아니라, 오히려 그들은 계속해서 약속의 사다리를 올라가며, 그러면서도 자신을 낮추어 하나님께 애원한다 (*Inst.*, III xx 14).

그렇지만, 하나님께서 무작정 모든 기도에 응답하시는 것은 아닙니다. 어떤 경우에는 하나님께서 우리가 잘못 드리는 기도까지도 들어주실 때가 있으십니다. 예를 들어, 우리가 너무나 억울한 일을 당해 상대방이나 원수를 저주하는 기도를 할 경우가 있습니다(삿 9:20; 16:28; 시 109편). 혹은, 광야의 이스라엘 백성들처럼 하나님을 원망하며 자신의 욕망을 실현하기 위해 기도할 때도 있습니다(출 17:7). 그러나 칼뱅은 이런 경우는 특수한 경우이며, 또한 이 경우에도 그럴 수밖에 없는 필연적인 사정이 있다고 말합니다(*Inst.*, III xx 15). 그래서, 이것을 일반화해서는 안 된다고 주장합니다. 다만, 우리가 하나님을 기쁘시게 하는 기도를 하지 못할 때, 그 기도는 우리 자신에게도 전혀 유익이 되지 않음을 명심해야 합니다. 예컨대, 이스라엘 백성들은 광야 생활을 하는 중에 하나님을 원망하여 자신들이 원하는 바를 다 받았음에도 불구하고, 광야에서 망하고 말았습니다: "그러므로 여호와께서는 그들이 요구한 것을 그들에게 주셨을지라도 그들의 영혼은 쇠약하게 하셨도다"(시 106:15).

한편, 하나님께서는 신자들의 기도뿐만 아니라, 불신자들의 간청에도 응답하십니다. 그들은 분명 하나님의 뜻대로 구하는 것이 아니라, 자신의 욕망을 따라 기도하는 것이 분명함에도 말입니다. 이에 대해 칼뱅은 이렇게 말합니다.

… 그것은 이런 상황을 통해 그분의 자비로우심을 강조하고 조명하는 역할

을 한다. 그분은 불신자들이 기도하더라도 거절하지 아니하신다. 그리고 이 것은 그분의 참된 예배자들을 자극하여 더욱 기도하게 하는 역할을 한다. 그 들이 보기에 심지어 불신자들도 때때로 좋은 것을 얻기 위해 부르짖지 않는 가?(*Inst.*, III xx 15)

이렇게 우리가 기도의 법칙에 대해 알았지만, 여전히 우리는 죄 가운데 있어서 잘못된 기도를 드릴 때가 많습니다. 그렇다면 어떻게 해야 할까요? 칼뱅도 이 모든 법칙을 완전히 적용하여 기도하는 사람은 아무도 없다고 말합니다(*Inst.*, III xx 16). 칼뱅은 우리가 처한 현실을 정확하게 짚고 있습니다. 그는 우리가 여전히 잘못을 행하는 것을 알고, 또한 우리가 그것을 인식할지라도 제대로 회개하지도 않아 자신에 대해 불만족스러워하는 것을 압니다. 혹은 우리가 회개할지라도 진심으로 통회하지 않는 것도 압니다. 그래서 기도할 때 언제나 이 문제를 놓고 하나님께 용서를 구해야 한다고 말합니다(*Inst.*, III xx 16). 하나님께서도 이것을 아십니다. 그럼에도 우리의 부족함과 연약함을 기꺼이 용납하시며 우리가 지속적으로 기도할 수 있도록 격려하십니다.

비록 사탄이 온갖 수단을 동원하여 길을 막고 그들로 기도하지 못하게 할지라도, 그들은 뚫고 지나가야 한다. 또한 확실히 설득해야 할 것은, 비록 모든 장애물로부터 자유롭지는 못할지라도, 그들의 노력은 하나님을 기쁘시게 하고 그들의 간구도 용납되리라는 것이다. 만일 그들이 노력하고 목표를 향해 힘쓰면, 비록 즉각적인 응답은 얻지 못하더라도 하나님께서는 그 기도를 확실히 받아주신다(*Inst.*, III xx 16).

그리스도께서 간구하심(17-20)

하지만, 결국 우리는 우리 자신에 대해 확신하지 못하게 됩니다. 왜냐하면, 우리가 죄인임을 알기에, 또한 하나님께서는 죄인의 기도를 듣지 않으신다는 것을 알기에, 더욱 절망감과 두려움과 수치심으로 기도하게 되기 때문입니다. 그래서 칼뱅은 우리의 중보자 되시며 대언자가 되시는 예수 그리스도를 바라보고 의지하라고 권면합니다(요 14:13; 16:24).

하나님을 부르는 자들을 위해 세워진 한 가지 법칙과 그분을 부르는 자들에게 주어진 한 가지 약속은, 하나님께서 기도를 들으신다는 것이다. 그래서 또한 우리는 특별히 그리스도의 이름으로 그분께 간청하게 된다(*Inst.*, III xx 17).

진실로, 우리가 유일한 중보자 되시는 예수 그리스도를 의지하고 그분의 도움으로, 그분의 뜻에 합한 기도를 하면, 비록 우리가 여전히 죄를 범하는 자들일지라도, 하나님께서는 우리의 기도를 들어주십니다.

성인(聖人)들의 중보를 주장하는 교리에 대한 반박(21-27)

이 부분에서 칼뱅은 오직 예수 그리스도만이 우리의 중보자가 되심을 강조합니다. 강조하는 이유는, 당시 로마 가톨릭 교회가(지금도 이 관행은 계속 유지되고 있습니다) 예수 그리스도 외에 성모 마리아를 위시한 다른 성자나 천상의 존재들을 의지하여 기도하는 관행을 의식하고 있기 때문입니다.

… 우리는 그리스도가 아닌 다른 방도로 하나님께 간구할 수 있다는 것을 꿈

도 꾸지 말자. 오직 그리스도만이 길이시다(요 14:6). 혹은 우리의 기도가 다른 이름으로 하나님께 받아들여진다는 생각도 하지 말자. 성경은 다른 모든 것을 물리치고 오직 그리스도께로만 향할 것을 촉구하며, 또한 우리의 하늘 아버지의 뜻은 만물을 그리스도 안에서 함께 모으시는 것이다(골 1:20; 엡 1:10). 그러므로, 오직 우리에게 열려진 유일한 통로이신 그리스도를 떠나 성자들을 통해 하나님께 다가가려는 것은 우매함의 극치이며 말로 표현할 수 없는 미친 짓에 불과하다(*Inst.*, III xx 21).

중보기도의 사역은 또한 그리스도에게 고유한 사역이며, 어떤 기도도 이 중보자의 거룩하게 하심이 없다면 하나님을 기쁘시게 할 수 없다. … 심지어 신자들이 하나님 앞에서 서로를 위해 기도한다 할지라도, 그것은 그리스도의 그 고유한 중보기도 사역을 전혀 손상시키지 않는다. 왜냐하면, 모든 신자들은 이 그리스도의 중보기도 사역에 의지하여 자신과 다른 이들을 하나님께 의탁하기 때문이다(*Inst.*, III xx 27).

기도의 종류: 사적인 기도와 공적인 기도(28-30)

그렇다면, 우리는 과연 기도의 범위를 어디까지 정해서 할 수 있을까요? 칼뱅은 이것을 사적인 부분과 공적인 부분으로 나누어 설명을 합니다.

먼저 사적인 기도에 대해 살펴보겠습니다. 칼뱅은 우리가 이런 기도를 할 때, 기원과 감사를 병행해야 하며, 성경을 근거로 하여 이 두 가지 기능을 끊임없이 사용하라고 말합니다.

간구와 간청을 하면서, 우리는 소원을 하나님 앞에 쏟아놓게 되며, 하나님의 영광이 확장되는 것과 그분의 이름이 드러나는 이 두 가지를 구하며, 또한 우리에게 유익이 되는 은택들을 구한다. 그리고 감사를 드리면서, 우리는 우리에게 베푸신 하나님의 은혜들에 대해 합당한 찬양을 드리며, 우리에게 임하는 모든 선한 것들에 대해 하나님의 너그러우심을 송축한다(*Inst.*, III xx 28).

여기서도 나오지만, 우리가 이렇게 기도할 수 있는 이유는, 우리 주 예수 그리스도의 중보로 말미암는 하나님의 풍성하신 자비 때문입니다. 우리는 여전히 죄를 짓기 때문에 기도로 나아가는 것을 방해받지만, 그럼에도 우리는 하나님의 자비하심을 믿고 의지하면서 기도할 수 있습니다. 그래서, 우리가 하나님께 드릴 찬양과 감사는 끊어지는 법이 없습니다.

실제로, 신자들이 하나님께 그분의 이름을 위해 무언가를 해주시기를 간구할 때마다, 자신의 이름으로는 아무것도 얻을 자격이 없음을 고백해야 하며, 그렇게 함으로써 그들은 감사를 드리지 않을 수 없음을 인정해야 한다. 그리고 그들은 하나님께서 베푸신 은택을 올바르게 사용하며, 그 은혜를 전하는 전령이 되겠노라고 약속하게 된다(*Inst.*, III xx 28).

다음으로, 칼뱅은 공적인 기도에 대해서 언급합니다. 그는 이것이 반드시 필요하지만, 여러 사람들을 위한 기도이기 때문에 위험 요소도 있다고 말합니다. 하나는 질서에 관한 것이고, 하나는 외식함에 대한 것입니다.

공적인 기도는 지속적으로 할 수 있는 것도 또한 다른 곳에서 할 수 있는 것도 아니어서, 모든 성도들이 공통으로 합의한 바에 기초해 동의한 질서를 따라 해야 한다(*Inst.*, III xx 29).

이같이 말만 많고 유치한 기도는 하나님을 조롱하는 것이 되므로, 교회가 그 것을 금하여 마음 깊은 곳에서 진지하게 우러나오는 것 외에 울려 퍼지지 못 하게 하는 것은 결코 놀라운 일이 아니다(*Inst.*, III xx 29).

그리고 이와 관련하여 칼뱅은 사적인 기도와 공적인 기도를 연계하 여, 사적인 기도를 제대로 하지 못하는 자가 공적인 기도에 참여하는 것 을 경계하고 있습니다. 이것은 공적 기도를 꺼리는 성도들이 마땅히 참 고해야 할 내용입니다.

마지막으로 우리가 반드시 고려해야 하는 것은, 누구든지 경건한 자들이 모 이는 거룩한 모임에서 기도하기를 거절한다면, 그런 사람은 사적으로, 혹은 은밀한 곳에서, 혹은 집에서 기도한다는 것이 무엇인지를 모르는 사람이라 는 것이다. 또한, 홀로 그리고 사적으로 기도하는 것을 태만히 하는 자는 아 무리 공적인 모임에 자주 참석할지라도, 그가 하는 기도는 단지 바람에 날리 는 것일 뿐이다. 왜냐하면, 그는 사람들이 말하는 의견을 하나님의 은밀한 판단보다도 더 높이기 때문이다(*Inst.*, III xx 29).

그렇다고 해서, 여기서 말하는 거룩하고 공적인 모임의 장소를 일차 적으로 교회 건물로 생각해서는 안 됩니다. 물론 건물을 당연히 전제하 지만, 칼뱅은 그것보다 함께 모이는 사람들을 더욱 우선시합니다.

만일 이것이 교회 건물을 적법하게 사용하는 것이라면, 확실한 것은, 우리는 그 건물들을 하나님께서 거하시는 처소로 여기거나, 거기서 기도해야지만 하나님께서 우리에게 더 귀를 기울이시는 것처럼 여기거나 ―수 세기 전의 사람들이 그렇게 생각하기 시작했다― 혹은 교회 건물들에 무슨 은밀한 거룩함이나 다른 것들이 있다고 여기거나 하는 것은 반드시 경계해야 한다는 것이다. 왜냐하면, 우리 자신이 참된 하나님의 성전이기 때문이다. 만일 우리가 하나님의 거룩한 성전에서 하나님께 기도하려면, 우리는 반드시 우리 속에 있는 것으로 기도해야 한다.… 그리고 심지어 유대인들에게 성전을 주신 것은, 하나님의 임재를 성전 벽 속에 가두기 위함이 아니라 그들로 참된 성전의 모습을 묵상하도록 훈련시키기 위함이다(*Inst.*, III xx 30).

기도하는 중에 사용하는 노래와 방언(31-33)

이와 관련하여, 칼뱅은 기도할 때 음성을 발하고 노래하는 것도 마음에서 우러나오는 것이 아니면 하나님 앞에 아무런 가치가 없다고 말합니다.

이로부터 또한 매우 확실한 것은, 음성과 노래가 기도하는 중에 끼어드는 경우가 있는데, 그것이 마음의 깊은 감동으로 흘러나오지 않는 것이면 적어도 하나님께는 아무런 가치도 유익도 없다는 것이다. 반면, 그것들이 입술이나 목구멍에서만 나오는 것이라면 하나님의 진노가 우리에게 임할 것이다. 왜냐하면, 이러한 행위는 하나님의 지극히 거룩하신 이름을 모욕하며 하나님의 위엄을 조롱하는 처사로 여겨지기 때문이다(*Inst.*, III xx 31).

그렇다고, 칼뱅이 무턱대고 이것을 정죄하는 것이 아닙니다. 그도 마음이 불안정하여 무언가의 도움을 받아야만 집중할 수 있음을 인정합니다. 그런데, 그런 목적에 기여하지 않는다면 주의해야 한다고 당부하고 있습니다. 또한 이것은 공적으로 기도하는 경우에 공동체를 위해 더욱 유익하다고 말하고 있습니다.

그러나 혀의 주된 사용은, 신자들이 함께 모여 드리는 공적인 기도에서 이루어지며, 신자들이 동일한 목소리로, 이를테면 한 입으로 함께 하나님께 영광을 돌리고 한 마음과 한 믿음으로 하나님을 예배하도록 하는 데 있다(*Inst.*, III xx 31).

다만, 칼뱅은 우리가 노래를 부르며 기도할 때, 노래의 가사보다는 곡조曲調에 치우치지 않도록 주의해야 한다고 주장합니다. 심지어 그는 어거스틴의 말을 인용하여 가급적 노래하는 자가 사람에게 말하는 것처럼 조용히(혹은 단조롭게) 부르는 것이 확립되었으면 좋겠다는 바람을 나타내기도 하였습니다.

그러므로 이것이 적당하게 유지된다면, 노래하는 것은 의심할 여지 없이 지극히 거룩하고 유익한 습관이라고 할 수 있다. 다른 한편으로, 그런 노래가 단지 귀에만 감미롭고 기쁘도록 작곡된다면, 교회의 위엄에도 어울리지 않을 뿐 아니라 하나님을 극도로 불쾌하게 하는 것이 아닐 수 없다(*Inst.*, III xx 32).

이 부분에 대해 오늘날 많은 사람들이 칼뱅을 매우 고지식한 사람이라고 평가할 수도 있을 것 같습니다. 실제로 현대 교회 예배는 자극적인 음악을 많이 사용하는 경향이 있기 때문입니다. 하지만, 우리의 경험으로도 사람들이 열정적으로 찬양은 하지만, 그 삶이 참되고 온전히 하나님께 드려지지 않는다는 것을 알고 있습니다. 또한 곡조에 이끌려 흥분한 채 공허한 기도만 하는 사람들을 많이 보았습니다. 따라서, 칼뱅의 말이 아주 틀린 것은 아닙니다. 그러므로, 우리는 칼뱅이 말하고자 하는 바에 주목하여 기도든 노래든, 온전히 하나님께 드리는 것이 되도록 주의를 기울여야 할 것입니다.

또한 우리는 공적인 기도와 관련하여 방언 기도에 대해서도 올바른 지식을 가져야 합니다. 지금도 몇몇 교회에서 방언 기도를 하지 않는 성도는 참 기도를 하는 것이 아니라는 말을 하여 성도들을 혼란에 빠뜨리고 있습니다. (그런데 방언의 은사는 모든 은사의 목록 중에 제일 나중에 나오고 있음을 주의하십시오. 고전 12:4-11 참조.) 듣기로는 다른 사람들의 눈치가 보여 거짓으로 방언 기도를 하는 사람들도 있다고 하니, 이것은 오히려 사람들을 미혹하여 신앙생활을 그릇 행하게 하는 원인이 되고 있음이 분명합니다. 성경(특히 고린도전서 14장)은 결코 그런 식으로 말하고 있지 않으며, 칼뱅도 마찬가지입니다. 그는 모국어로 기도하라고 권면합니다.

공적인 기도는 마땅히 온 교회에 덕을 세우기 위해 시행되어야 하는데, 이해할 수 없는 말로는 어떤 유익도 얻을 수 없다. … 그러나 우리가 반드시 의심하지 말아야 할 것은, 공적인 기도든 사적인 기도든, 마음이 담기지 않는 방언은 하나님을 심히 불쾌하게 만드는 것이라는 점이다. 게다가, 그 마음이라는 것도 마땅히 열정 어린 생각으로 불을 밝혀 방언으로 말하고자 하는 모든 것을 능가할 수 있어야 한다. 최종적으로 우리가 붙들어야 하는 것은, 방언은 심지어 사적인 기도에서도 필요하지 않다는 것이다. 단, 내적인 감정이 충분한 힘을 갖지 못하여 스스로는 일어나지 않거나, 그 감정이 너무도 격렬하게 일어나서 방언이 저절로 이루어지는 경우는 예외다(*Inst.*, III xx 33).

칼뱅은 방언과 관련하여 더 언급하지는 않습니다. 하지만, 성경과 칼뱅의 진술의 맥락을 통해 볼 때, 방언은 교회 전체의 유익보다는 자신의 영적 생활과 기도 생활을 위해 유익한 것이므로, 함께 모여 기도할 때 의

도적으로 방언을 하는 것은 옳지 않습니다. 단, 성령의 감동이나 감정의 분출로 자연스럽게 나오는 방언은 어쩔 수 없습니다. 하지만 그럴지라도, 다른 사람이 기도하는 것에 방해되지 않도록 소리를 절제하는 것이 좋습니다. 대부분 방언 기도를 하시는 분들은 저마다 과시하듯이 소리를 높이는 특징이 있습니다. 저는 참되게 방언으로 기도를 하면서도 조용히 기도하며 다른 성도들에게 피해를 주지 않으려는 성도들을 보았는데, 참으로 감사함을 느꼈습니다. 방언을 하는 여러분은 스스로 유익을 얻고 기도했다는 자부심을 느끼겠지만, 옆에서 기도하는 이들은 여러분의 기도로 인해 시험을 받아 거짓으로 방언 기도를 하고자 하고, 혹은 불쾌한 마음이 들어 더 이상 기도하지 못하게 된다면 어떻게 되겠습니까? 물론 그리스도인 각자는 자신의 은사를 자유롭게 사용할 권리가 있습니다. 하지만, 권리가 있다고 해서 교회의 덕을 해치고 상대방의 신앙생활에 걸림돌이 되는 일을 해서는 안 됩니다. 교회는 이런 분들을 위해 함께 기도할 때는 음악을 크게 틀어 오직 자신의 목소리만 들을 수 있도록 돕거나, 아니면 이런 분들을 위한 기도의 공간을 따로 만들어두는 것이 좋겠습니다.

주님이 가르치신 기도(34~49)

이하부터는 '주님이 가르치신 기도'(이하 주기도문)에 대해 다룹니다. 지금까지는 기도의 방법에 초점을 맞추었다면, 기도의 내용과 형식에도 어느 정도 지침이 필요하기에, 칼뱅은 예수님께서 제자들에게 가르치신 기도의 모범을 들어 설명을 합니다.

주님은 우리를 위해 한 가지 형식을 처방하셨으니, 곧 우리가 하나님께 구할

수 있는 모든 것과 우리에게 유익이 되는 모든 것과 우리가 구할 필요가 있는 모든 것을 하나로 제시해 놓으셨다(*Inst.*, III xx 34).

칼뱅은 주기도문이 우리가 기도를 드리는 대상이신 하나님 아버지에 대한 내용과 그분께 드리는 여섯 가지 간구의 형식으로 이루어져 있다고 설명합니다.

(1) 하늘에 계신 우리 아버지

이것은 모든 기도를 그리스도의 이름으로 오직 하나님 아버지께만 올려드려야 한다는 것을 뜻합니다. 또한 우리가 하나님을 '우리 아버지'라고 부를 수 있다는 것은, 우리가 그리스도의 은혜로 말미암아 하나님의 양자가 되었음을 확증해 줍니다(*Inst.*, III xx 36). 우리는 이 호칭에 힘입어 하나님의 사랑을 의지하고 그분을 신뢰하며 기도로 나아갈 수 있게 됩니다.

그러므로, 어떤 주저함이 우리를 방해할 때마다, 우리는 그분께 우리의 두려움을 교정시켜 달라고 구하는 것을 잊지 말도록 하자. 그리고 그분이 우리 앞에 성령을 두셔서 우리로 담대하게 기도할 수 있도록 인도하고 계심을 기억하도록 하자(*Inst.*, III xx 37).

또한 주님은 '우리' 아버지라고 말씀하시며, 성도 상호 간의 관계가 어떤 것인지도 분명히 밝히셨습니다. 우리는 함께 아버지께 기도하기에, 그에 따른 유익도 함께 나눔으로써 돈독해져야만 합니다. 즉, 우리는 하나님 아버지께 무엇을 구하든, 자신만을 위해서 구해서는 안 되며, 공동체를 늘 염두에 두어야 합니다.

만일 우리 모두에게 아버지가 한 분이시라면(마 23:9) 그리고 우리의 몫으로 주어지는 모든 좋은 것들이 그분께로부터 오는 것이라면, 필요한 경우가 생길 때마다 서로 기쁨으로 또한 전심으로 나눌 수 있어야 하며, 그렇게 하지 못하도록 하는 것이 있어 우리 사이를 분열시키는 것이 있어서는 안 된다(Inst., III xx 38).

그럼에도 불구하고, 이것은 우리로 특별히 자신과 어떤 사람들을 위해 기도하지 말라는 것이 아니다. 다만, 우리의 마음이 이 공동체로부터 관심을 물리거나 공동체에 대한 생각을 옆으로 제쳐두어서는 안 되고, 언제나 공동체와 연계하여 언급해야 한다(Inst., III xx 39).

그리고 주님은 하나님 아버지를 '하늘에 계신' 분으로 묘사하고 계십니다. 그러나 이것은 하나님께서 하늘에 한정되어 계시다는 것을 뜻하지 않습니다. 이것은 우리의 지각을 뛰어넘는 모든 곳에 하나님께서 계시다는 것을 의미합니다.

그러나 우리의 마음이 우둔하여 다른 것으로는 말할 수 없는 하나님의 영광을 품을 수가 없다. 그 결과 '하늘'이라는 말로써 그 영광을 표현하였다. … 하나님은 모든 장소를 초월하여 계시므로 우리가 그분께 구할 때마다 우리는 반드시 우리의 몸과 영혼이 인식할 수 있는 범위를 뛰어넘어야 한다. 둘째로, 이 '하늘'이라는 표현으로 하나님께서 온갖 부패나 변화의 가능성을 초월하여 계시다는 것을 보여준다. 마지막으로 이것이 의미하는 바는, 하나님께서 온 우주를 포용하고 붙드시며, 자신의 권능으로 다스리신다는 것이다. 그러므로 이것은 하나님께서 무한히 위대하시고 높으시며, 이해의 범위를 능가하는 본질을 가지시며, 권능이 한이 없으시고, 영원히 불멸하신다고 말하는 것과 같다(*Inst.*, III xx 40).

(2) 첫 번째 간구: 아버지의 이름을 거룩하게 하시며

칼뱅은 하나님의 이름이 그 어떤 참람함이나 방해에도 불구하고 거룩하시다고 말합니다(*Inst.*, III xx 41). 그럼에도 불구하고, 우리가 이것을 구해야 하는 이유는 우리가 기도하면서 그것에 대해 늘 관심을 가져야 하기 때문입니다.

요컨대, 우리는 하나님께서 마땅한 영광을 받으시기를 원해야 한다. 사람은 결코 그분에 대해 말하거나 생각할 때 최고의 경의를 표해야만 한다. … 그러나 간구는 또한 이 목적을 지향해야 한다: 곧, 이 거룩한 이름을 먹칠하는 모든 불경건이 제거되고 없어지게 되는 것이다. 하나님의 이름을 거룩히 여기는 일을 흐리게 하거나 감소시키는 모든 중상과 모욕이 사라지는 것이다. 모든 신성모독을 잠재우는 중에, 하나님께서 더욱 더 그분의 위엄을 밝히 비추시기를 바라는 것이다(*Inst.*, III xx 41).

(3) 두 번째 간구: 아버지의 나라가 오게 하시며

여기서 말하는 '나라'는 하나님의 주권에 복종하는 것과 하나님의 다스림이 함께 포함된 개념입니다.

하나님의 다스리심은, 자신을 부인하고 세상과 지상의 삶을 경멸하는 사람들, 그리고 하늘의 삶을 열망하기 위해 자기 자신을 그분의 의로우심에 맡기는 자들에게 있다. 그러므로 이 나라에는 두 부분이 있다: 첫째는, 하나님께서 성령의 권능으로 그분을 대적하여 발악하는 모든 육신의 정욕을 교정하시는 것이다. 둘째는, 우리의 모든 생각들을 그분의 다스리심에 순종하도록 하는 것이다(*Inst.*, III xx 42).

그러므로, 하나님의 질서가 아니라 자신의 뜻과 질서를 따르는 자는 결코 이 기도를 할 수가 없고, 한다 할지라도 아무런 의미가 없습니다. 왜냐하면, 그는 자신의 삶과 행동으로 그 나라를 부인하기 때문입니다. 따라서, 이 간구에는 자신을 부인하고자 하는 결단이 내포되어 있습니다.

그러므로, 이 기도는 우리를 하나님으로부터 분리시켜 그분의 나라가 우리 안에서 확장되는 것을 막는 세상의 부패로부터 물러나게 하는 것이어야 한다. 동시에 육신을 죽이는 열심을 불러일으키는 것이어야 한다. 마지막으로, 십자가를 지도록 우리를 가르치는 것이어야 한다(*Inst.*, III xx 42).

(4) 세 번째 간구: 아버지의 뜻이 하늘에서와 같이 땅에서도 이루어지게 하소서

칼뱅은, 여기서 말하는 '뜻'은 자발적인 순종이 따르는 것을 의미한다고 봅니다. 이렇게 말함은 이 간구가 의도하는 바를 생각할 때 당연합니다. 어떻게 하나님의 뜻이 하늘에서와 같이 땅에서도 이루어질 수 있겠습니까? 그것은 자신을 부인하고 오로지 하나님의 뜻에 자발적으로 순종하고자 하는 사람들을 통해 가능해집니다.

요약하면, 우리는 우리 자신에게서 아무것도 바라지 않고 다만 하나님의 영이 우리 마음을 주관하시기를 바라야 한다. 그리고 우리가 성령의 내적인 가르치심을 받는 동안, 우리는 하나님을 기쁘시게 하는 것들을 사랑하며, 또한 그분이 싫어하시는 것들을 미워하는 것을 배워가게 된다. 그 결과, 우리의 소망은 하나님의 뜻에 합하지 않는 것은 무엇이든지 어떤 경우에도 무익한 것으로 여기는 것이 된다(*Inst.*, III xx 43).

이로써, 첫 번째로부터 세 번째 간구까지는 우리의 모든 기도 속에 오로지 하나님의 영광을 위하는 마음과 또한 그것을 위해 우리 자신을 부인하는 마음이 있어야 하는 것을 명백히 보여주고 있습니다.

그러므로, 하나님의 영광을 높이고자 하는 이러한 바람과 열심 없이, "아버지의 이름을 거룩하게 하시며", "나라가 오게 하시며", "뜻이… 땅에서도 이루어지게 하소서"라고 기도하는 사람들은 자신이 하나님의 자녀와 종들 중에 있는 것으로 생각해서는 안 된다. 그리고 이 모든 것들이 그런 사람들의 동의와 상관없이 이루어질 것이기 때문에, 그 결과는 그들의 혼란과 파멸로 나타날 것이다(*Inst.*, III xx 43).

(5) 네 번째 간구: 오늘 우리에게 일용할 양식을 주시고

칼뱅은 이 간구를 드릴 때, 앞의 내용과 무관한 것을 구해서는 안 된다고 말합니다. 즉, 우리는 앞에서 오직 하나님의 영광을 위하고, 아버지의 뜻을 이루도록 간구했는데, 여기에서 자신의 욕망을 채우는 기도를 해서는 안 된다는 것입니다. 따라서, 칼뱅은 이 기도에 제한이 걸려 있다고 말합니다.

즉, 하나님께서 우리에게 어떤 유익을 베푸시든지 그분의 영광을 드러내고자 하는 의도가 없이는 그것을 구하지 말아야 한다. 왜냐하면, 그분을 위해 살고 죽는 것보다 더 합당한 것은 아무것도 없기 때문이다(롬 14:7-9)(*Inst.*, III xx 44).

칼뱅이 이렇게 말하는 이유는, 우리가 육체의 걱정거리를 온전히 하나님께 맡겨드림으로써 더 높은 차원의 것들(예컨대, 구원과 영생)에 대한 소망을 지속적으로 품을 수 있기 때문입니다. 이런 기도를 드리는 자들은, 광야에서 이스라엘 백성들이 한 것처럼 구하지 않게 되고, 오직 하나님께서 매일 공급하시는 것을 족하게 여기며 참된 목적과 올바른 태도로 삶을 감당할 수 있게 됩니다. 무엇보다 우리가 이런 자세를 가질 때, 우리가 받은 모든 것들이 주의 은혜로 이루어졌음을 겸손하게 고백할 수 있게 됩니다.

그러나 우리는 일용할 양식을 구하되, 곧 우리의 하늘 아버지께서 우리에게 배분하시는 분량에 만족하며, 불법적인 수단을 통해 이득을 얻으려 하지 말아야 한다. 반면, 우리가 반드시 붙잡아야 하는 것은 하나님께서 주신 것은 우리에게 은사로 주어졌다는 것이다. … '일용할'이나 다른 복음서의 '날마다' 그리고 '매일의'라는 형용사는 무상한 것들에 대한 욕망을 억제시켜 준다. 우리는 일반적으로 그런 것들에 한없이 욕망이 불타오르며, 또한 거기에 다른 악한 것들이 덧붙여진다. … 그러므로 아무리 양식과 음료가 우리에게 풍부하게 있고, 심지어 우리의 창고와 저장고가 가득 찰 때에도, 우리로서는 언제나 일용할 양식을 구해야 한다. … 그러나 일용할 양식으로 만족하지 않고 억제되지 않는 정욕으로 온갖 것들을 열망하거나, 혹은 이미 풍부한 중에 있거나, 혹은 자신들이 쌓아 둔 부요함으로 태평함에도 하나님께 간구하는 것은 그분을 조롱하는 것이 된다. … 우리가 구하는 것을 받는다는 것은 하나님의 값없이 주시는 선물임을 의미한다. 그것이 어떤 식으로 우리에게 주어질지라도, 심지어 그것이 우리 자신의 기술과 근면함을 통해 얻은 것처럼 보일 때에도 마찬가지다. 왜냐하면, 우리의 수고에 따라 번성하는 것도 오직 그분의 복락으로 말미암기 때문이다(*Inst.*, III xx 44).

이렇게 기도드릴 때, 하나님께서는 적절한 필요를 따라 우리가 구하지 않은 것도 또한 풍성하게 채워주실 것입니다.

(6) 다섯 번째 간구: 우리 죄를 용서하여 주시고

칼뱅은 다섯 번째 간구부터는 하늘의 삶과 관계된 것들을 우리에게 제시하고 있다고 합니다. 하나는, 죄 사함에 대한 것이고, 다른 하나는 우리를 지키시고 보호하시는 것에 관한 것입니다.

주님은 죄^罪를 '빚^{debts}'이라고 하시는데, 이것은 우리 힘으로는 우리가 지은 죄를 도저히 탕감받을 수 없다는 것을 보여줍니다.

주님은 죄를 '빚'이라고 부르신다. 왜냐하면 우리는 죄에 대한 형벌을 빚지고 있으며, 또한 이런 용서하심을 통해 탕감받지 않는 한 어떤 방법으로도 그것을 해결할 수 없기 때문이다. 이러한 용서하심은 하나님의 값 없는 자비로우심에서 기인한다. 하나님은 관대하게 우리가 진 빚들을 없애주시며, 우리에게 지불을 요구하지 않으시고, 그 자신의 자비로 인하여, 대속물로 단번에 자신을 내어주신 그리스도 안에서 스스로 탕감하신다(*Inst.*, III xx 45).

하지만, 여전히 어리석은 자들은 자신의 죄가 많지 않다고 생각합니다. 특히 이런 생각은 자기가 미워하거나 악하게 여기는 사람과 비교할 때 더욱 강화됩니다. 하지만, 칼뱅은 이런 생각에 일침을 놓습니다.

용서를 구할 필요를 느끼지 않아도 될 정도로 스스로 완전하다고 상상하는 자들에 대해서는, 귀가 가려워서 오류를 범하는 자들을 제자로 삼게 하라. … 그리스도께서는 모든 제자들에게 죄를 고백하라고 가르치시는데, 이렇게 하심은 그분이 죄인 외에는 아무도 용납하지 않으시기 때문이다. … 하나님께서는 점차 그분의 형상을 우리 안에서 회복시키기를 기뻐하신다. 어떤 식으로든 우리의 육체에 언제나 약간의 얼룩이 남아 있게 되므로 그에 대한 치유가 절대적으로 필요하다(Inst., III xx 45).

그런데, 이 간구에는 단서 조항 같은 것이 붙어 있습니다: "우리가 우리에게 잘못한 사람을 용서하여 준 것 같이." 이것을 어떻게 이해해야 할까요? 칼뱅은 다음과 같이 말합니다.

우리에게 행한 범죄나 과실을 용서하는 권세가 우리에게 있는 것이 아니다. 왜냐하면, 그 권세는 오직 하나님께만 속한 것이기 때문이다(사 43:25 참조). 다만 우리가 용서한다는 것은 이런 것이다: 기꺼이 우리 생각에서 분노와 증오와 복수하고 싶은 욕망을 지워버리는 것이며, 또한 기꺼이 부정의에 대한 기억도 망각 속에 사라지게 한다는 뜻이다. … 마지막으로, 우리가 반드시 주목해야 할 것이 있다. 여기에 붙은 조건, 즉 "우리가 우리에게 잘못한 사람을 용서하여 준 것 같이 우리 죄를 용서하여 주시고"라는 조건은, 우리가 다른 사람을 용서해주어야 하나님의 용서를 받을 자격이 되는 것으로 덧붙여진 것이 아니라는 것이다. 오히려 이 말씀으로 주님께서 의도하신 바는, 부분적으로는 우리의 연약한 믿음을 위로하기 위함이다. 즉, 이 말씀을 덧붙이신 것은 우리를 확신시키기 위한 증표인데, 만일 우리 마음이 모든 증오와 질투와 복수를 비워버리고 깨끗하게 된다면, 우리가 다른 사람을 용서했다는 의식이 확실하듯이, 그분이 우리의 죄를 기꺼이 용서하신 것도 그만큼 확실하다는 것이다(*Inst.*, III xx 45).

한편 이것은, 여전히 우리에게 해를 가한 사람을 향해 분노하고 적개심을 품는 자들은 하나님의 자녀가 될 수 없다는 의미도 됩니다(*Inst.*, III xx 45). 그러므로, 우리는 용서하되 모든 판단을 하나님께 맡기고 온전한 하나님의 사람으로 살아가도록 힘써야 합니다.

(7) 여섯 번째 간구: 우리를 시험에 빠지지 않게 하시고, 악에서 구하소서

칼뱅은 우리가 현실 속에서 너무나 많은 시험을 당하고 있음을 주지周知시킵니다. 보통 우리는 '시험'이라는 말을 들으면, 불행이나 고통이나 시련 등을 생각하지만, 칼뱅은 우리의 마음과 관심을 하나님에게서 멀어지게 만드는 모든 요소들과 환경을 '시험'의 범주에 넣습니다. 이 범주의 한편에는 온갖 풍요로움과 부富, 건강, 형통함 등이 있고, 다른 한편에는 빈곤, 멸시, 장애, 재난 등이 있습니다. '악惡'은 그런 시험에 빠진 자가 처한 모든 상황이나 상태, 곧 하나님을 떠난 상태를 의미합니다.

현재 시험의 형태들은 실제로 많고 다양하다. 우리 마음이 품고 있는 악한 생각이든, 우리를 준동하여 율법을 범하게 하든, 자신의 무절제한 정욕이든, 마귀의 충동질에서 나오든, 이 모든 것들이 시험에 속한다. 또한 본성 자체로는 악하지 않지만, 마귀의 궤계를 통해 시험이 되는 것들도 있다. 그 때, 마귀는 우리 눈 앞에 자신의 외양을 드러냄으로써 우리로 하나님에게서 떠나게 만든다(약 1:2, 14; 마 4:1, 3; 살전 3:5)(*Inst.*, III xx 46).

따라서, 우리가 어떤 상황과 환경에 있든지, 우리 마음과 정신이 하나님과 그분과 맺는 관계를 지향하지 않게 되고 오로지 지금 눈앞에 있는 현실에만 급급하게 된다면, 그것은 자신이 시험에 들어가는, 혹은 이미 시험에 든 상태라고 볼 수 있습니다.

하지만, 어떤 분은 그런 상황들이 오히려 하나님의 시험일 수 있다고도 말합니다. 그렇다면, 어떻게 하나님의 시험인지 마귀의 시험인지를 분별할 수 있을까요? 칼뱅은 이렇게 구분합니다.

> 그러나 하나님은 이렇게 시험하시고, 사탄은 저렇게 시험한다. 사탄은 파괴하고, 정죄 받고, 혼란케 하고, 내어 쫓기도록 하기 위해 시험한다. 하지만 하나님은 자신의 자녀들임을 증명하실 목적으로 그들의 신실함을 시험하신다. 그리고 그들을 연단으로 강건케 하신다. 즉, 하나님은 그들의 육신을 죽이고 정결케 하며, 뜸을 뜨시듯 태우신다(*Inst.*, III xx 46).

그럼에도 불구하고, 실제 상황에서 이것을 분별하는 것은 쉽지 않습니다. 중요한 것은, 어떻게 판단할 것인가가 아니라, 어떻게 믿음으로 대처할 것인가 하는 것입니다. 요셉을 생각해 보십시오. 그는 자신의 의지에 상관없이 악한 상황과 환경으로 내몰렸습니다. 그렇지만, 그는 그 상황 속에서도 하나님을 떠나지 않고 도리어 하나님을 붙잡고 그분이 기뻐하시는 삶의 자세를 유지했습니다. 다윗도 마찬가지입니다. 그도 억울하게 사울 왕에게 쫓겨 다니며 온갖 고생을 하였지만, 하나님께서 싫어하시는 것을 하지 않기 위해 발버둥을 쳤습니다. 핵심은 이것입니다: 그 상황 속에서 나는 하나님을 붙잡을 것인가? 혹은 하나님을 떠날 것인가? 전자이면, 우리는 믿음으로 하나님께서 우리를 연단하시는 시험으로 받아들입니다. 후자이면, 우리는 마귀의 시험에 빠져 우리가 하나님을 믿지 않음을 드러내게 됩니다.

그런데, 칼뱅은 시험을 분별하고 믿음으로 감당하는 것은 결코 우리의 능력에 달려 있지 않다고 말합니다. 즉, 주님께서 "우리를 시험에 빠지지 않게 하시고, 악에서 구하소서"라고 기도하라고 하시는 것은, 철저하게 하나님의 도움을 의지해야 함을 우리로 깨닫게 하시기 위함입니다.

여기서 우리가 반드시 주의를 기울여 주목해야 할 것은, 영적 전쟁에서 그 큰 용사 마귀와 싸우며 그의 힘과 맹습을 견디는 것은 우리의 힘으로 되지 않는다는 것이다. … 그러나 우리가 만일 주님께서 우리와 함께 하시고 우리를 위해 싸우신다는 것을 알면, 우리는 잠잠하게 '그분의 전능하심에 기대어 용감하게 행할' 수가 있다(시 60:12; 107:14 참조). … 그러나 이 간구에는 처음 볼 때보다 더 많은 것이 담겨 있다. 왜냐하면, 만일 하나님의 성령께서 사탄과의 싸움에서 우리의 힘이 되신다면, 우리가 성령으로 충만해져서 우리 육신의 연약함을 모두 버리기 전에는 결코 승리할 수 없다는 것이 되기 때문이다(*Inst.*, III xx 46).

그런데, 야고보는 하나님께서 우리를 시험하지 않으신다고 했는데 (약 1:13), 앞의 내용과 충돌하는 것이 아닐까요? 우리는 야고보가 말하는 내용의 맥락을 잘 살펴보아야 합니다. 이단과 사이비들은 자기 입맛에 맞는 구절만을 뽑아 사람들을 미혹하지만, 우리는 결코 그렇게 해서는 안 됩니다. 다시 해당 본문을 보실까요: "사람이 시험을 받을 때에 내가 하나님께 시험을 받는다 하지 말지니 하나님은 악에게 시험을 받지도 아니하시고 친히 아무도 시험하지 아니하시느니라." 칼뱅은 이렇게 설명합니다.

> 야고보가 의도하는 바는, 다만 우리가 마땅히 우리 자신에게 돌려야 할 악들
> 을 하나님께 전가하는 것은 무익하고 부당하다는 것이다. 왜냐하면, 우리 자
> 신은 그 책임이 우리에게 있음을 알고 있기 때문이다(*Inst.*, III xx 46).

하나님은 당신의 선하신 뜻을 따라, 우리를 온갖 상황에 던져 넣으십
니다. 참된 믿음을 가진 자들은 하나님의 은혜의 도움을 힘입어 그 시험
을 통해 더욱 믿음이 강건해지겠지만, 불신자들과 외식으로 신앙생활
하는 자들은 걸려 넘어져 하나님을 배신하고 자신이 믿지 않음을 드러
내게 될 것입니다. 이 점에서 이 여섯 번째 간구는, 진정한 믿음을 가지
고 있는 자들, 혹은 그런 믿음을 갈구하는 자들이 할 수 있는 기도임이
틀림없습니다.

(8) 주기도문의 마지막 부분이 의미하는 것: 나라와 권능과 영광이 영원히 아버
지의 것입니다

칼뱅은 이 내용을 성도가 모든 상황에서 기도할 수 있는 이유 혹은
근거로 이해합니다.

> 우리가 아무리 비참하게 된다 할지라도, 또한 비록 완전히 무가치한 상태에
> 있으며, 칭찬받을 만한 것이 없다 할지라도, 우리에게는 언제나 기도할 이유
> 가 있으며 응답의 확신이 있다. 왜냐하면, 나라와 권능과 영광은 언제나 우
> 리 아버지께 있기 때문이다(*Inst.*, III xx 47).

즉, 참된 하나님의 자녀인 우리는, 비록 현실에서는 전혀 그리고 도무지 그렇게 느낄 수 없다 할지라도, 믿음으로 하나님께서 그 상황을 주관하고 계시며 우리를 위해 일하신다는 것을 확신하고 하나님의 도우심을 바라며 기도할 수가 있습니다. 이런 기도를 하는 자들을 사탄과 지옥의 권세가 이길 수가 없습니다. 초대교회와 모든 시대의 믿음의 순교자들이 그렇게 승리하였습니다. 무엇보다도 이 기도를 가르쳐주신 우리 주님께서 그렇게 기도하셨고, 가르쳐 주셨으며, 승리하셨습니다.

그렇다면, 우리는 이 주기도문에 다른 내용을 첨가해서 사용해도 될까요? 칼뱅은 주기도문을 가르쳐주신 분이 바로 우리의 주님이시기 때문에, 또한 성부 하나님께서 친히 당신의 아들의 말을 들으라고 말씀하셨기에 우리가 무언가를 더 첨가하는 것은 옳지 않다고 말합니다.

그러므로, 이 기도는 모든 면에서 완전하기에 이것과 아무런 관련이 없는 어떤 이질적이거나 이방적인 것들을 첨가해서는 안 된다. 그것은 불경건하며 무가치하여 하나님의 인정을 받지 못한다(*Inst.*, III xx 48).

그러나 칼뱅은 글자 하나하나에 얽매일 필요는 없다고 합니다. 성경에는 수많은 기도의 형식과 내용들이 나타나는 것이 분명하니까요. 우리는 주기도문을 가지고도 기도할 수 있지만, 자유롭게도 기도할 수 있습니다. 다만 칼뱅이 말하고자 하는 바는, 주님께서 가르치신 기도를 그 내용에 있어 우리가 임의로 바꾸어서는 안 된다는 것입니다. 그리고 우리가 드리는 기도의 내용도 여기에 맞추어야 한다고 말합니다.

주기도문에 대해 가르칠 때 우리가 의도하는 바는 오직 이것이다: 곧, 이 기도에 요약된 형태로 포함되어 있는 것 외에는 어떤 기대나 요구나 그밖에 다른 것을 구해서는 안 된다는 것이다. 비록 표현은 완전히 다를지라도 그 의미가 달라져서는 안 된다. 성경이 담고 있는 모든 기도들과 경건한 사람들의 가슴에서 우러나오는 기도들은 분명 주기도문과 일치한다(*Inst.*, III xx 49).

기도와 관련된 기타 문제들(50~52)

칼뱅은 우리가 늘 깨어 기도해야 하지만, 우리의 연약함 때문에 가급적 시간을 정해두고 기도하는 것이 좋다고 권면합니다(*Inst.*, III xx 50). 하지만, 오히려 이것에 얽매여 시간을 지키는 것이 미신처럼 되어버려, 기도시간을 지키는 것 자체를 하나님께 의무를 다하는 것처럼 여겨서는 안 된다고 말합니다. 기도시간을 정해 놓는 것은, 어디까지나 영적으로 자극하여 진실하게 하나님께 우리 마음을 쏟아놓기 위함임을 명심해야 합니다.

> 그러나 이것은 시간을 미신적으로 준수하는 것이 되어서는 안 된다. 마치 기도하는 것을 하나님께 빚이라도 진 것처럼 해서도 안 되고, 그 나머지 시간을 우리 마음대로 해도 되는 것으로 생각해서도 안 된다. 오히려, (시간을 정해 두는 것은) 우리의 연약함을 감독하고 훈련이 되도록, 계속해서 자극을 주기 위한 것으로 여겨야 한다"(*Inst.*, III xx 50).

그리고 우리가 쉬지 말고 기도하기 위해서, 주어진 모든 상황에서 하나님을 인식하고 적절하게 그 마음을 드릴 수 있도록 영적으로 깨어있어야 합니다.

우리가 특별히 주의를 기울여야 하는 것은, 역경으로 인하여 우리가 억눌리거나 다른 이들이 억눌리는 것을 볼 때마다 즉시 요동하지 말고 간절한 마음으로 하나님께 나아가야 한다는 것이다. 또한 우리가 형통하거나 다른 사람의 일이 잘 될 때에는 마땅히 하나님께 찬양과 감사를 드려 거기에 하나님의 손길이 있음을 우리가 인정한다는 것을 증거해야 한다(*Inst.*, III xx 50).

앞에서 배운 대로, 우리는 미신적으로 기도해서도 안 되지만, 어느 특정한 상황에 하나님을 묶어두거나 내가 원하는 시간과 장소, 그리고 어떤 방법으로 무엇을 해달라고 지정해서 구하는 것도 피해야 합니다. 그것은 나를 하나님보다 우위에 두는 것이 되기 때문입니다(*Inst.*, III xx 50).

마지막으로 칼뱅은 기도 응답에 대한 것을 다룹니다. 빨리 응답될 때는 문제가 되지 않습니다. 문제는 더디게 응답될 때입니다. 이에 대해 칼뱅은 몇 가지 지침을 줍니다.

자기 열정에 도취되는 것을 습관화한 자들은 하나님을 부르다가 하나님께서 그 기도를 즉시 들어주셔서 도와주지 않으시면, 즉각 하나님께서 진노하시고 자신을 대적하신다는 망상에 사로잡혀 기도 응답에 대한 모든 소망을 상실하고 기도마저 중지해 버린다. 그러나 우리는 오히려, 우리 자신을 잘 절제하여 고른 마음을 유지하는 중에 우리의 소망을 연기함으로써, 성경이 우리에게 강하게 권하고 있는 그 인내를 따라야 한다. … 또한 우리는 하나님을 시험하지 말고, 우리의 부패한 욕심으로 하나님을 조르지도 말자. 그렇게 되면 하나님께서 우리를 향해 진노하시게 된다. 이것은 많은 사람들에게서 볼 수 있는 흔한 것인데, 그들은 어떤 조건을 걸고 하나님과 모종의 언약을 맺는다. 그런 다음, 마치 그분이 자기의 욕심을 채워주는 종인 것처럼, 그분을 자기가 정해 놓은 법칙에 구속시키려고 한다(*Inst.*, III xx 51).

우리는 이와 관련하여, 광야에서 이스라엘 백성들이 하나님을 시험하다가 멸망한 것을 상기해야 합니다. 그들은 고집스럽게 주장하여 자기가 원하는 것을 얻었지만, 그것은 오히려 하나님의 진노와 저주의 결과로 나타났습니다. 따라서, 우리는 겸손하게 기도하며 하나님의 응답을 구해야 합니다.

그런데, 현실적으로 아무런 응답을 경험하지 못하면 어떻게 됩니까? 하나님께서는 반드시 응답하신다고 하셨는데 말입니다. 그런 경우에는 하나님께서 내가 원하는 방식이 아니라 다른 방식으로, 또한 내가 구한 것보다 더 좋은 것을 이미 주셨지만 깨닫지 못하고 있는지 돌아보아야 합니다.

> 뿐만 아니라, 하나님께서 우리의 기도를 들어주실 때에도 언제나 우리의 요구하는 형태 그대로 들어주시는 것은 아니다. 오히려 우리를 긴장 속에 두시는 것처럼 보이지만 놀라운 방식으로 우리의 기도가 헛되지 않음을 보여주신다. … (요한일서 5장 15절의 약속과 관련하여) 하나님께서 우리의 소원을 들어주지 않으실 때에라도, 그분은 여전히 우리의 기도에 친절히 주의를 기울이고 계시므로 그분의 말씀에 의지한 소망은 결코 우리를 실망시키지 않을 것이다(*Inst.*, III xx 52).

따라서, 우리는 하나님의 뜻대로 구하면 반드시 응답받을 것을 믿고 소망과 인내로 기도해야 합니다. 무엇보다 끝까지 겸손한 자세를 유지해야 합니다.

제21장 | 영원한 선택: 하나님은 어떤 이들은 구원에 이르도록, 어떤 이들은 멸망에 이르도록 예정하셨다

예정 교리의 중요성: 추정과 꺼림, 그 모두를 배제함(1-4)

본 장부터 24장까지는 예정(선택) 교리에 대해 다루고 있습니다. 이 것은 칼뱅의 교리에서 매우 중요한 부분입니다. 또한 사람들로부터 많은 비판을 받고 있는 부분이기도 합니다. 가장 큰 이유는, 하나님은 사랑 이신데, 처음부터 누구를 구원하고 버리실지를 정하시고 자신의 뜻을 실행한 것은 모순이라는 것입니다. 하지만, 칼뱅의 예정론은 철저하게 성경에 근거한 교리입니다. 무엇보다 이 예정론은 전체적인 '구원론' 안에 배치되어 있습니다. 그것이 의미하는 바는, 예정론은 우리의 구원이 전적으로 하나님께 달려있다는 것이며, 또한 그렇게 구원받은 자들의 믿음을 북돋아 힘든 현실을 인내하게 하여 마침내 하나님의 자녀로 승리케 하고, 그들이 받은 구원을 더욱 확실케 하기 위한 목적을 가지고 있다는 것입니다. 즉, 처음부터 이 교리는 구원받지 않는 자들, 곧 예수 그리스도를 부정하고, 복음을 받아들이지 않는 자들에게는 아무런 의미도 없습니다. 그러므로, 우리는 이 교리를 우리의 믿음을 더욱 확고하게 하는 데 사용해야 합니다.

우리가 그분의 영원한 선택을 알게 되기 전에는, 우리의 구원이 하나님의 값 없는 긍휼의 우물에서 흘러나온다는 사실을 우리가 마땅히 알아야 할 만큼 결코 분명하게 납득할 수 없을 것이다. 영원한 선택은 다음의 대조되는 사실 을 통해 하나님의 은혜를 밝혀주고 있다: 즉, 그분은 무차별적으로 모든 사 람을 다 구원의 소망으로 받아주시는 것이 아니라, 어떤 사람들에게는 구원을 베푸시고 다른 사람들에게는 거부하신다는 것이다(*Inst.*, III xxi 1).

많은 사람들이 이 진술을 오해하고 싫어합니다. 하지만, 우리가 명심해야 할 것이 있습니다. 우리는 모두 죄인입니다. 그래서 반드시 모두 죽습니다. 슬프게도, 그런 운명을 선택하고 결정한 것은 다름 아닌 우리 자신입니다. 첫 사람 아담이 하나님의 말씀과 경고를 무시하고 자신의 욕망을 좇아 금지된 열매를 먹었습니다. 그 결과 하나님의 말씀과 경고대로 죽게 되었습니다. 아담의 후손으로 태어난 모든 사람들도 동일한 운명에 처했습니다. '왜 아담의 죄를 내가 져야 하는가?'라고 생각할지 모르지만, 모든 인류는 아담과 같은 본성을 갖고 있으며, 그렇기에 동일한 죄를 지으며, 심지어 더 큰 죄를 짓습니다. 따라서, 모든 사람은 아담을 탓하기 전에 자신의 악한 본성을 직면하고 자신이 죽을 수밖에 없는 죄인이라는 것을 인정해야 합니다. 이 인정을 할 때에만, 위의 진술이 무엇을 의미하는지 알 수 있습니다. 위의 진술은 결코 하나님이 제멋대로 하시는 분이 아니시라, 죽을 수밖에 없는 우리를 불쌍히 여겨 그중에 얼마를 구원하기로 결심하셨다는 것을 뜻합니다. 그러므로, 위의 진술은 하나님이 잔인하신 분이 아니라 오히려 자비로우신 분이심을 드러내고 있습니다. 다만, 그렇게밖에 표현할 수 없어서 믿지 않는 자들에게는 큰 거부감으로 다가오게 되는 겁니다. 그러나 칼뱅은 예정이 하나님의 자비하심을 드러내는 것이라고 분명히 말하고 있습니다.

우리의 구원이 순전히 하나님의 자비하심에서 비롯된다는 것을 분명히 하기 위해, 우리는 반드시 선택의 과정을 거슬러 올라가야만 한다(*Inst.*, III xxi 1).

그럼에도 불구하고, 칼뱅은 사람들이 여전히 무지함 때문에 혹은 완고한 마음 때문에 이 교리를 제대로 받아들이려 하지 않는다는 것을 잘 알고 있습니다. 그러나 앞에서도 언급했지만, 예정 교리는 전적으로 우리로 겸손케 하여 하나님의 자비하심을 인정하고 그분을 경외하며 경이롭게 바라보도록 하는 데 목적이 있습니다.

하나님께서 자신 안에 감추어두신 것들을 사람이 샅샅이 찾아내려고 하고, 그 숭고한 지혜를 영원부터 밝히려 하는 것은 합당치 않다. 하나님께서는 우리로 경외케 하려 하심이지 이것을 통해 또한 우리를 경이로움으로 채우고자 하시는 것을 이해하기를 원하지 않으신다(*Inst.*, III xxi 1).

그런데, 이 예정 교리를 제대로 알기 위해서 우리가 주의해야 할 것이 있습니다. 성경이 정한 범위 내에서, 즉 하나님께서 계시하신 말씀을 통해서만 살펴야 합니다. 그렇지 않으면, 통제되지 않은 상상력은 감히 하나님의 주권까지 판단하는 지경에 이를 것입니다. 칼뱅도 이것을 지적합니다.

자, 그러므로 무엇보다 이것을 염두에 두도록 하자: 하나님의 말씀이 계시하는 것 외에 예정에 대한 다른 지식을 추구하는 것은, 길도 없는 황무지를 걸어가려는 것(욥 12:24 참조)이나 어둠 속에서 보려는 것 못지않게 미친 짓이다(*Inst.*, III xxi 2).

또한 모세는 오직 다음과 같은 이유로 백성들에게 한계를 지킬 것을 가르치고 있다: 즉, 죽을 인생이 하나님께서 숨기신 것을 침범하는 것은 합당하지 않다(*Inst.*, III xxi 3).

어떤 분은, '그렇다면, 왜 이리 복잡하고 어려운 것을 알아야 하는가? 그냥 내가 구원받았음을 믿으면 되지 않는가? 괜히 들쑤셔서 믿음 생활을 힘들게 하면 어떻게 되는가?'라고 생각할 것입니다. 그러나 우리의 믿음 생활은 온갖 위협과 유혹과 그럴듯한 교리의 미혹으로 둘러싸여 있습니다. 칼뱅은 오히려 우리의 믿음을 더욱 확고히 하기 위해서라도 예정 교리를 반드시 이해해야 한다고 말합니다.

그들은 말하기를, 이러한 논의들은 경건한 사람들에게 위험한 일이라고 한다. 왜냐하면, 권면을 훼방하기 때문이고, 믿음을 흔들기 때문이며, 마음 자체를 혼란스럽게 하고 두렵게 하기 때문이라는 것이다. 하지만 이런 말은 터무니없다(*Inst.*, III xxi 4)!

이유는 간단합니다. 하나님께서 성경에 아무런 이유 없이 예정에 대한 것을 말씀하시지 않으셨기 때문입니다. 특히 에베소서 전체는 이 예정 교리로 가득 차 있습니다. 하나님은 우리에게 유익이 있기 때문에 예정에 대한 것을 말씀하셨고, 그렇기에 우리는 이에 대해 침묵해서도 무시해서도 안 됩니다. 오히려 정확히 알아 자신의 믿음에 유익이 되도록 자기 것으로 삼아야 합니다.

예정의 정의와 내용(5-7)

먼저, 예지豫知, foreknowledge와 예정豫定, predestination을 구분할 필요가 있습니다. 쉽게 말하면, '예지'는 하나님께서 미리 모든 것을 알고 계신다는 것이고, '예정'은 하나님께서 자신이 할 일을 미리 영원토록 작정(God's eternal decree)하신다는 의미입니다. 어떤 사람은 이 모두가 하나님께 속해 있음을 알면서도 굳이 예지를 예정의 원인이라고 말합니다. 하지만, 칼뱅은 그런 개념을 거부합니다.

우리를 반대하는 자들, 특히 예지를 예정의 원인으로 만들려는 자들은 수많은 사소한 반론으로 예정을 덮어버리려 한다. 사실 우리는 예지와 예정 둘 모두를 하나님 안에 둔다. 하지만 그중 하나를 다른 하나에 종속시킨다는 것은 터무니없다. 우리가 예지를 하나님께 돌릴 때 우리가 의도하는 바는, 만물이 언제나 하나님의 시야에 있었고 영원토록 그런 상태로 있어서 하나님의 지식에서 보면 미래나 과거에 속한 것이 없고 모든 것이 현재라는 의미다. … 그리고 이 예지는 온 우주와 모든 피조물에까지 미친다. 우리는 예정을 하나님의 영원한 작정이라고 부르는데, 그것으로 하나님께서는 각 사람이 어떻게 될 것인지에 대해 스스로 결정하셨다(*Inst.*, III xxi 5).

하나님은 멸망을 향해 제동 없이 가고 있는 우리를 불쌍히 여기셔서 그분의 뜻으로 구원하기로 하셨으니, 이것이야말로 참된 은혜가 아닐 수 없습니다. 예정은 이런 은혜를 깨달은 자로 하여금 하나님의 은혜에 더욱 합당한 영광과 삶을 돌리게 하는 좋은 자극제입니다.

하나님께로부터 은사를 받은 모든 자들은 그 은사들을 하나님께서 값없이 베푸시는 사랑으로 여긴다(*Inst.*, III xxi 5).

하나님은 그 놀라운 은혜를 보여주시기 위해 많은 민족 중에서 이스라엘 백성을 선택하셨습니다. 이것은 그들에게 무언가 선하고 하나님을 기쁘시게 하는 것이 있어서가 아니라, 하나님께서 그렇게 하기로 결심하셨기 때문입니다. 이스라엘에 대한 것은 결국 우리에 대한 것이기도 합니다.

즉, 아브라함에게 속한 같은 민족 중에서도 하나님께서는 누구는 거절하시고, 그러면서도 그의 자손들 중에 다른 사람들을 교회 안에 간직하심으로 지키신다는 것을 보여주신다. … 민족 전체를 택하심으로 하나님께서 이미 보여주셨으니, 곧 그분은 단지 자비를 베푸심으로 자신이 어떤 법에도 매여 계시지 않고 자유하시며, 그 결과 은혜의 배정도 사람의 요청에 따를 필요가 없다. 이처럼 하나님의 은혜가 평등하지 않다는 것이 값없는 것임을 증명하고 있다(*Inst.*, III xxi 6).

요컨대, 아브라함의 씨를 일반적으로 택하신 것은, 하나님께서 그 많은 사람들 중에 일부에게 베푸시는 더 큰 은택에 대한 일종의 눈에 보이는 상징이다. 이것은 바울이 왜 그토록 주의 깊게 육체를 따라 아브라함의 자손 된 자들을, 이삭의 모범을 따라 부르심을 받은 영적 자녀들과 구별하는지를 알게 해 준다(갈 4:28; *Inst.*, III xxi 7).

그렇다면, 구원받은 자는 이 하나님의 예정 가운데 있고, 하나님의 뜻은 영원히 변하지 않으므로, 자신이 받은 구원도 결코 취소되지 않음이 분명해집니다. 그러나 이것은 여러분이 아무리 악한 짓을 저질러도 구원이 유효하다는 뜻이 아닙니다. 어리석은 자들은 그렇게 생각하고, 반대자들도 이런 논리를 내세워 예정 교리를 비난합니다. 하지만, 은혜를 입은 자가 그 은혜를 배반할 수 있습니까? 여러분은 스스로 배은망덕한 자라는 평가를 받고 싶습니까? 그것이 구원의 도리에 합당하다고 생각합니까? 따라서 예정 교리는 우리의 믿음을 더욱 굳게 하여 어떤 상황에서도 하나님의 구원받은 자녀로 살아가도록 합니다. 하나님의 자녀들은, 바울이 말한 바대로, 결코 죄 가운데 있을 수 없습니다(롬 6:1-2).

제22장 | 성경의 증거들이 예정 교리를 확증함

선택은 공로에 대한 예지가 아니라 하나님의 주권적인 목적에 따른 것임(1-6)

앞에서 하나님의 주권에 의한 예정을 강조했음에도, 많은 사람들이 그 성도가 행할 공로를 미리 예지하셨기 때문에 하나님께서 그를 구원하시는 것이라는 잘못된 생각을 합니다. 분명히 말하지만, 인간의 그 어떤 노력이나 공로도 하나님의 은혜를 받는 조건이 될 수 없습니다. 칼뱅은 이 장에서 그것을 더욱 분명하게 다루고 있습니다.

일반적으로 이런 사람들은 하나님께서 각자가 이룰 공로들을 미리 보시고서 거기에 따라 사람들을 구별하신다고 생각한다. … 이들은 이처럼 선택을 예지라는 휘장으로 덮어놓음으로써 그것을 모호하게 할 뿐만 아니라 그 기원이 다른 곳에 있는 것처럼 가장한다(*Inst.*, III xxii 1).

바울이 "창세 전에 그리스도 안에서 우리를 택하사"(엡 1:4a)라고 가르칠 때, 그는 사람에게 선택받을 가치가 있었다는 식의 생각을 일절 배제하고 있다(*Inst.*, III xxii 2).

사람들이 공로를 이야기하는 것은, 여전히 하나님 앞에서 자신을 그럴듯한 존재로 내세우기 위함입니다. 또한 구원받았다고 스스로 자부하는 사람들은 자신이 판단하기에 버림받았다고 생각하는 사람들의 행동을 함부로 비난하는데, 이것 역시 예정론을 잘못 이해하고 있는 것입니다. 정말 구원받았다면, 그는 하나님 앞에서 겸손할 것입니다. 또 그러한 겸손은 자신에게는 구원받을 만한 어떤 요소도 없다는 것을 고백하는 것으로 나타날 것입니다. 나아가, 오직 자신의 삶에서 구원받은 자의 증표를 조용히 나타내는 데 노력할 것입니다. 그러므로 칼뱅은 '거룩함'은 공로가 아니라 선택의 결과라고 분명히 말합니다.

> 바울은 이렇게 말한다: "하나님이 우리를 구원하사 거룩하신 소명으로 부르심은 우리의 행위대로 하심이 아니요 오직 자기의 뜻과 영원 전부터 그리스도 예수 안에서 우리에게 주신 은혜대로 하심이라"(딤후 1:9)(*Inst.*, III xxii 3).

칼뱅은 이것을 증명하기 위해 로마서 9장 11-13절의 말씀을 인용합니다.

> 그러나 바울은 무엇이라고 했는가? "그 자식들이 아직 나지도 아니하고 무슨 선이나 악을 행하지 아니한 때에 택하심을 따라 되는 하나님의 뜻이 행위로 말미암지 않고 오직 부르시는 이로 말미암아 서게 하려 하사 리브가에게 이르시되 큰 자가 어린 자를 섬기리라 하셨나니 기록된 바 내가 야곱은 사랑하고 에서는 미워하였다 하심과 같으니라"(롬 9:11-13; 창 25:23 참조). 만일 이 형제들을 이렇게 구분하는 일에 예지가 조금이라도 작용했다면, 때에 대한 언급은 분명 적절한 것이라 할 수 없다. … 그러나 사도는 계속해서 이런 난제를 해결하여 가르치기를, 야곱에 대한 선택은 행위가 아니라 하나님의 부르심에서 연유한 것이라고 말한다. 행위를 다루면서 그는 미래나 과거의 때를 논하지 않는다(*Inst.*, III xxii 4).

이를 통해 칼뱅은 신자들의 구원이 오직 하나님의 선택의 결정으로 이루어진 것이며, 이는 결코 행위가 아니라 값없이 부르시는 은혜의 결과임을 강조합니다(*Inst.*, III xxii 5).

> 사실 다른 경우를 보더라도, 하나님께서는 언제나 의도적으로 장자의 권리를 무시하는 것처럼 보이신다. 이렇게 하심은 자랑할 수 있는 모든 이유를 육체에서 제거하시기 위함이다(*Inst.*, III xxii 5).

그러니, 하나님의 뜻 안에서 구원을 받은 우리는 얼마나 놀라운 은혜를 받은 자들입니까? 예정론은 하나님의 놀랍고 일방적인 은혜를 강조하는 교리임이 분명히 드러나지 않습니까? 혹 공로를 이야기해야 한다면, 오직 하나님의 공로밖에는 말할 것이 없지 않습니까?

> 또한 그 베드로는 자신의 편지를 받는 신자들을 가리켜 하나님의 미리 아심을 따라 택하심을 받은 자들이라고 부르는데(벧전 1:2), 하나님께서 자신을 위해 자녀로 삼고자 하시는 자를 지정하신 그 은밀한 예정을 그같이 적절하게 표현하고 있다(*Inst.*, III xxii 6).

선택의 기초에 대한 반론을 반박함(7-11)

하나님의 뜻에 근거한 이 예정의 교리가 주는 든든함은 실로 놀라운 것입니다. 그것을 칼뱅은 예수님이 하신 말씀을 빌려 이렇게 표현합니다.

> … "아버지께서 내게 주시는 자는 다 내게로 올 것이요"(요 6:37), "나를 보내신 이의 뜻은 내게 주신 자 중에 내가 하나도 잃어버리지 아니하고 마지막 날에 다시 살리는 이것이니라"(요 6:39). … 그러나 그리스도께서는 오직 이 점

만을 강조하신다: 곧, 비록 수많은 무리들이 버림을 받아 온 세상이 흔들린다 할지라도, 선택의 사실이 절대로 흔들리지 않게 하신다는 하나님의 굳건한 계획은 하늘보다도 더 안정되어 있다. 택하신 자들은 하나님께서 자신의 독생자를 주시기 전에 이미 아버지의 것이었기 때문이다(*Inst.*, III xxii 7).

그렇다면, 아우구스티누스의 말은 여전히 진리로 남게 된다: "하나님의 은혜는 택함 받기에 합당한 자들을 발견하는 것이 아니라 그런 자들을 만드는 것이다"(*Inst.*, III xxii 8).

하지만, 어떤 이는 성경은 모든 사람을 복음에로 초대했는데, 예정 교리는 결국에는 하나님께서 원하신 자들만 선택했다는 것이 되므로 모순이 생긴다고 반박을 합니다. 이에 대해 칼뱅은 다음과 같이 말합니다.

자, 내가 이 박사들이란 사람들에게서 알고 싶은 것은, 과연 설교만으로, 혹은 믿음만으로 하나님의 자녀가 만들어질 수 있는가 하는 것이다. 확실한 것이 요한복음 첫 장에서 나타난다: "영접하는 자, 곧 그 이름을 믿는 자들에게는 하나님의 자녀가 되는 권세를 주셨으니"(요 1:12). 여기에는 혼란케 하는 잡다한 것이 없다. 오히려 특별한 지위가 신자들에게 주어지고 있으니, 곧 "이는 혈통으로나 육정으로나 사람의 뜻으로 나지 아니하고 오직 하나님께로부터 난 자들이니라"(요 1:13)라는 것이다(*Inst.*, III xxii 10).

우리는 초대와 응답을 구별해야 합니다. 분명 하나님께서는 복음을 온 세상에 전하심으로 참된 생명과 영광에 초대하십니다. 하지만, 사람들은 자신의 욕망과 완고한 마음에 사로잡혀 복음을 듣고도 믿음에 참여하지 않습니다. 혹은 초대에는 응했지만, 그것을 참된 믿음과 결합시키지 못함으로 바리새인들처럼 겉으로만 신자인 체하다가 결국에는 멸망하기도 합니다. 그렇다면, 구원받지 못한 결과의 책임을 모든 사람에게 복음을 전하신 하나님께 돌려야 할까요? 그 당사자에게 돌려야 할까요? 이로써 우리가 더욱 분명히 알 수 있는 것은, 오직 하나님께서 택하시고 믿음의 은혜를 부어주신 자만이 온전한 구원에 참여할 수 있다는 것입니다. 그리고 그런 자들을 하나님은 결코 버리지 않으시고 반드시 구원하십니다. 그것이 바로 예정론이 말하고자 하는 바입니다.

> 어떤 사람도 스스로 양이 될 수 없고 오직 하늘의 은혜로써만 된다. 또한 주님께서 가르치시는 바는, 우리의 구원이 영원히 확실하고 안전하다는 것이다. 이는 하나님께서 무한하신 권능으로 지키시기 때문이다(요 10:29). 따라서 주님은 불신자들은 자신의 양이 아니라고 결론지으신다(요 10:26). … 이제 내가 인용한 증거들이 견인堅忍, perseverance을 말하고 있으므로, 그 증거들은 동시에 선택의 변함 없는 항구성恒久性을 입증하고 있다(*Inst.*, III xxii 10).

그러므로 선택받은 자는 하나님께 모든 영광을 돌리지 않을 수 없습니다. 한편, 선택이 궁극적으로 하나님의 영광을 나타내는 것이라면, 그 반대인 유기遺棄도 하나님의 영광에 기여합니다. 어떤 점에서는 그 유기를 하나님의 자비를 거역한 사람들의 책임으로 돌리는 것이 합당하지만, 칼뱅은 바울의 본을 따라 오직 하나님께 영광을 돌리고 있습니다.

> 대신에 사도 자신은 다른 해결책으로 만족해한다. 즉, 버림받은 자들은 그들을 통해 하나님의 영광이 드러나도록 끝까지 세움을 받는다고 말이다. 마지막으로, 사도는 "하나님께서 하고자 하시는 자를 긍휼히 여기시고 하고자 하

시는 자를 완악하게 하시느니라"(롬 9:18)라는 말씀을 결론에 첨가하고 있다(*Inst.*, III xxii 11).

이에 대한 반박이 워낙 거세므로, 칼뱅은 장을 바꾸어 좀 더 깊이 있게 이 문제를 다룹니다.

제23장 | 이 교리가 언제나 부당하다는 고소에 대한 반박

우리가 사는 세상은 차별을 싫어합니다. 나아가 그 차별을, 어떤 존재를 부정하는 것으로 여겨 매우 혐오합니다. 그래서 이 선택에 따른 유기遺棄, reprobation에 대한 문제도 그런 식으로 접근합니다. 그들이 생각하는 바는 이것입니다: "왜 하나님이 사람을 차별하시는가?" 그러나 앞에서도 언급했지만, 우리는 모두, 누구도 예외 없이, 평등하게, 스스로 죽음을 향해 달려가고 있습니다. 하나님은 그런 사람들 중에서 구원하시는 분이십니다. 마치 타이타닉호에 수많은 승객들이 있었지만, 구조를 받은 사람은 일부에 국한되었던 것처럼 말입니다. 그렇다고, 우리가 그들을 구조한 사람들을 고소하고 비방해야 마땅할까요? 아닙니다. 우리가 분명히 인지해야 할 것이 있습니다. 곧, 하나님께서 모든 사람에게 구원의 기회를 주시지 않는 것도 아니고, 이미 죄에 사로잡힌 사람 모두가 그 구원의 기회를 받아들이는 것도 아니라는 겁니다. 그러므로, 선택에 따른 유기는 빛과 그림자의 관계처럼 필연적입니다. 칼뱅도 다음과 같이 말합니다.

실제로 많은 사람들이 마치 하나님의 책망을 회피하고 싶어 선택의 교리를 받아들이지만, 누군가 정죄를 받는다는 것은 부인한다. 그러나 그들의 이런 처사는 매우 무지하고 유치하다. 왜냐하면, 선택 자체는 유기가 없으면 성립될 수 없기 때문이다. 하나님께서는 그분이 구원하기로 정하신 자들을 따로 두신다; 그렇다면 소수에게만 베풀어 주는 선택을 나머지 사람들이 우연이나 자기의 노력으로 얻는다는 것은 엄청나게 터무니없다(*Inst.*, III xxii 1).

이처럼 칼뱅이 유기를 매우 과격하게 말하므로, 사람들은 거부감이 들 수밖에 없습니다. 그러나 실상은 하나님께서 버리시는 것이 아니라, 사람들이 자신의 생각과 방법을 고집한 나머지 하나님과 그분의 방법을 거부하는 것입니다. 그래서 누구도 자신의 멸망을 하나님의 책임으로 돌릴 수 없습니다. 에스겔 선지자는 이렇게 선포합니다: "주 여호와의 말씀이니라 내가 어찌 악인이 죽는 것을 조금인들 기뻐하랴 그가 돌이켜 그 길에서 떠나 사는 것을 어찌 기뻐하지 아니하겠느냐 만일 의인이 돌이켜 그 공의에서 떠나 범죄하고 악인이 행하는 모든 가증한 일대로 행하면 살겠느냐 그가 행한 공의로운 일은 하나도 기억함이 되지 아니하리니 그가 그 범한 허물과 그 지은 죄로 죽으리라 그런데 너희는 이르기를 주의 길이 공평하지 아니하다 하는도다 이스라엘 족속아 들을지어다 내 길이 어찌 공평하지 아니하냐 너희 길이 공평하지 아니한 것이 아니냐"(겔 18:23-25).

이처럼 각 사람이 멸망하는 것은 누구 탓이 아니라 자기 탓입니다. 다만, 그것을 합리적으로 다 설명할 수 없기에, 칼뱅은 선택과 유기 모두 하나님의 뜻으로 돌립니다.

그러나 우리가 지금까지 가르침을 받은 대로, 긍휼을 베푸시는 것이 하나님의 손에 있는 것처럼 완악하게 하시는 것도 하나님의 손에 있고 또한 그분의 뜻이다(롬 9:14 이하). … 나는 적어도 다음의 아우구스티누스의 가르침을 지지한다: "하나님께서는 늑대들의 무리로부터 양들을 만드시는 곳에서, 더 크신 권능으로 은혜를 베푸사 그들을 개혁하여 그들의 완악함을 억제하신다. 따라서, 하나님께서 완고한 자들을 회심시키지 않으시는 것은, 그분이 더 크신 은혜를 드러내지 않으시기 때문이다. 그분이 베풀기를 원하신다면 그 은혜는 부족함이 없다"(*Inst.*, III xxii 1).

첫 번째 반론: 선택 교리가 하나님을 폭군으로 만든다

그렇지만 어리석은 자들은 끝까지 사람에게 어떤 희망이라도 있는 듯이, 하나님께서 조금 더 기다려주셔야 하지 않느냐고 말합니다. 심지어 죽은 다음에라도 무언가 기회가 주어져야 하지 않느냐고 말합니다. 하지만 명심하십시오. 우리는 이미 그분의 기회 속에서 살아가고 있고, 우리는 무수한 선택을 하되, 좋은 것보다는 스스로 망치는 선택을 할 때가 더 많습니다. 안타까운 것은, 그것을 억지로 하는 것이 아니라, 자신의 자유로 그렇게 한다는 것입니다. 성경은 그것을 '완악하다' 혹은 '강퍅하다'라는 말로 표현하고 있습니다. 성경 출애굽기에 나오는 애굽왕 바로를 보십시오. 그는 하나님께서 보여주시는 표적을 몸소 경험함에도 불구하고, 하나님께서 주신 회개의 기회를 스스로 차 버렸습니다. 하나님께서는 완악하고자 하는 자를 완악하게도 하시고, 은혜를 베푸셔서 돌이키기도 하십니다. 그것은 순전히 하나님의 뜻이므로, 우리가 하나님을 판단할 수 없습니다.

그렇지만, 여전히 이것을 받아들이지 못하는 자들은, 마치 자신들이 하나님을 위하는 사람들인 양 행세하며, 예정 교리를 인정하는 것은 하나님을 폭군으로 만드는 것이라고 반박합니다. 이런 논리는, 자신들이 여전히 잘못이 없고 선하다는 착각을 계속 품고 있다는 것을 보여줍니다. 그렇겠지요. 아담 이후로 사람은 스스로 '하나님처럼' 되어, 자신이 절대적인 기준이 되었기에, 자신의 잘못은 보이지 않고 남의 잘못만 크게 보는 경향이 있습니다. 이런 죄악된 본성을 버리지 않는 한, 예정 교리에 대해 계속 불만을 표출할 수밖에 없고, 하나님이 하시는 일이 마음에 들 수가 없습니다. 그러나 옳고 그름과 죄와 선을 구별하고 판단하시는 분은 오직 하나님 외에는 없습니다. 그분만이 유일하신 기준이자 판단자이십니다. 내가 잘못이 없다고 하더라도 모든 법과 규범의 근원이신 하나님께서 "유죄다!"라고 하시면 유죄인 것입니다.

> 하나님의 뜻이야말로 그분이 뜻하시는 의로움에 대한 최고의 기준이다. 그분이 뜻하신다는 사실 자체만으로 그것을 의롭다고 해야만 한다. 그러므로, 누군가가 왜 하나님께서 그렇게 하셨느냐고 묻는다면, 우리는 이렇게 대답해야만 한다: 왜냐하면, 그분께서 그것을 뜻하셨기 때문이다(*Inst.*, III xxiii 2).

> 하지만, 만일 주께서 죽도록 예정하신 모든 자들이 그들의 본성적인 상태로 인해 죽음의 심판 아래 있다면, 그들이 그것에 대해 부당하다고 불평할 것이 무엇인가?(*Inst.*, III xxiii 3)

따라서, 우리는 하나님의 결정과 심판을 비난할 수 없습니다. 이런 점에서 하나님의 예정은 우리에게 신비로 다가옵니다. 신비이므로, 그것을 억지로 풀려고 해서는 안 됩니다.

나는 아우구스티누스가 한 말과 동일하게 말하겠다: "주께서는 분명히 미리 아신 자들로 멸망에 들어가도록 그들을 창조하셨다. 이런 일이 일어난 것은 그분이 그렇게 뜻하셨기 때문이다. 그러나 왜 그렇게 하셨는지는 우리의 이성으로 탐구할 바가 아니니, 이는 우리가 이해할 수 없기 때문이다"(*Inst.*, III xxiii 5).

두 번째 반론: 선택이 사람의 책임을 제거한다

모든 것이 하나님의 뜻이라면, 어떻게 내가 구원받은 줄을 알 수 있을까요? 현재 여러분이 어떤 삶을 살고 있는지로 증명됩니다. 여러분이 구원받는 믿음을 하나님으로부터 받았다면, 그분의 영이 인도하시는 것에 순종하며 거룩한 열매를 맺는 데 이르게 될 것입니다. 그러므로, 어리석은 자들이 말하는 바, 예정 교리는 사람의 책임을 제거하며 게으르게 만든다는 것은 반박할 가치도 없습니다. 예수님의 말씀을 인용해서 새롭게 적용한다면, 선한 사람은 계속 선한 일을 할 것이고 악한 사람은 계속 악한 일을 할 것입니다(마 12:35). 하지만, 각자는 자신의 행위로 하나님이 의로우신 것을 증명하게 될 것입니다.

한편, "그렇다면 하나님은 사람의 타락도 예정하신 것이냐?"라는 질문이 일어날 수 있습니다. 맞습니다. 하나님은 그것도 예정하셨습니다. 그것은 하나님께서 자신의 형상을 따라 사람을 창조하셨지만, 그 연약한 육체에 완전한 자유를 주시는 것을 통해, 선악을 아는 나무의 열매를 금하시는 명령을 주실 때 이미 예견된 것입니다.

나는 다시 묻고 싶다: 만일 하나님께서 그렇게 되기를 원하신 것이 아니라면, 아담의 타락이 어쩔 수 없이 그토록 많은 사람들을, 그들의 어린 자녀들을 포함하여 함께 영원한 죽음 속에 처한 것이 어떤 연유로 발생했단 말인가?

… 나도 고백하지만, 그 작정은 실로 가공할 만한 것이다. 그러나 아무도 부인할 수 없는 것은, 하나님께서 사람을 창조하시기 전에 그 사람의 종말이 무엇인지를 미리 아셨으며, 또한 그분이 작정하심으로 그렇게 정해 놓으셨기 때문에 결과적으로 미리 보셨다는 것이다(*Inst.*, III xxiii 7).

우리는 왜 하나님께서 이런 작정을 하셨는지 이해할 수 없습니다. 다만, 예수 그리스도의 나심과 고난당하심과 죽으심, 부활과 승천과 영광에 들어가심도 그 작정에 포함되었음을 볼 때, 성경의 표현대로 우리 믿음의 자녀들은 그 예수 그리스도 안에서 이미 예정된 것이 분명합니다. 하나님께서 자신의 친아들도 그렇게 하기를 원하셨다면, 우리가 더 무엇을 말하고, 무엇을 불평하겠습니까? 오직 불평하고 책망할 대상은 자기 자신뿐이니, 우리 중 그 누구도 하나님 앞에서 변명하거나 핑계치 못할 것입니다.

그렇다면, 사람은 자신의 악한 의도로 주님께 받은 순결한 본성을 타락시킨 것이다; 또한 타락으로 인해 그의 후손 모두를 그와 더불어 멸망으로 이끌었다. 따라서 우리는 마땅히 인간 본성의 부패—이것이 우리의 참모습에 가깝다—에서 정죄당한 이유에 대한 증거를 찾아야 하며, 하나님의 예정 안에 감추어지고 완전히 이해할 수 없는 어떤 원인을 찾아서는 안 된다(*Inst.*, III xxiii 8).

세 번째 반론: 하나님은 편파적이시다

이 부분은 이 장을 시작하면서 간단히 언급했습니다. 그런데 칼뱅이 보다 자세히 다루고 있으니, 살펴보는 것이 좋겠습니다. 하나님이 사람을 차별하실까요? 예, 차별하십니다. 그러나 그 차별은 우리가 경험적으로 알고 있는 차별과는 다릅니다. 왜냐하면, 하나님은 사람의 '외모'를 보지 않으시기 때문입니다(행 10:34; 롬 2:11; 갈 2:6).

첫째, 성경은 하나님께서 사람들을 향해 편파적이시라는 것을 부인하는데, 이것은 그들이 판단하는 것과는 다른 의미에서 그렇다. 왜냐하면, 성경에서 '사람'person이라는 말은 '인간'man을 뜻하지 않고 인간 속에 있는 것, 곧 눈에 띄는 것, 관례상 호감이나 친근감이나 위엄을 일으키거나 혹은 증오나 경멸과 불명예를 일으키는 것을 의미한다(*Inst.*, III xxiii 10).

따라서, 여기서 말하는 하나님의 차별이란, 그분 자신에게서 나오는 선택과 의지에 따른 차별을 의미합니다. 우리는 사람의 외양을 보고 차별하지만, 그분은 결코 우리가 가진 지식이나 능력이나 배경을 '보지 않으시고' 그분이 원하시는 대로 사람을 택하십니다. 이렇게 하심은 육체의 교만을 낮추시기 위함입니다.

네 번째 반론: 선택의 교리가 올바른 삶을 향한 열심을 파괴한다

칼뱅은 이것에 대해 아주 명확하게 답변하고 있습니다.

그러나 바울은 우리가 택하심을 받은 것이 이 목적에 있다고 가르친다: 즉, 우리가 거룩하고 흠이 없는 삶을 사는 것이다(엡 1:4). 만일 선택의 목적이 거룩한 삶에 있다면, 우리는 선택을 아무것도 하지 않는 구실로 삼기보다는 오히려 그 목적에 우리의 마음을 두게 하며 또한 열정적으로 마음을 두도록 자극해야 한다. … 유기된 자들에 속하는 자는 누구든지, 마치 천한 것을 위해 예비된 그릇들처럼(롬 9:21 참조), 계속 범죄를 저질러 그들을 향한 하나님의 진노를 그치게 하지 않으며, 그래서 명확한 징표로 하나님의 심판이 이미 그들에게 선언된 것을, 아무리 그들이 헛되이 애써 저항할지라도, 확증하게 된다(*Inst.*, III xxiii 12).

따라서, 자신은 구원받았다고 하며 거룩한 삶에 대해 열정을 소유하지 않거나, 오히려 죄를 지어도 무감각하게 있다면, 그 사람은 심히 착각하고 있는 자이며, 구원에서 아주 멀어져 있음을 모르고 있는 사람입니다. 하지만, 오늘날 많은 이들이 이런 착각의 늪에 빠져있습니다.

다섯 번째 반론: 선택의 교리가 모든 훈계를 무의미하게 만든다

이것은 조금 전에 살펴본 내용과 연결되어 있습니다. 그러나 참된 믿음을 가진 자는 겸손하기에 자신의 삶을 올바르게 인도하는 모든 훈계에 귀를 기울이고 태도를 가다듬습니다. 하지만, 어리석은 자와 교만한 자들은 올바른 훈계를 들어도 무시하고 자기 고집대로 행합니다. 누구에게 책임이 있습니까? 훈계를 하는 사람입니까? 그것을 받아들일 것인가 아닌가를 결정하는 사람입니까? 당연히 후자에게 책임이 있습니다.

그만한 이유가 있어서 그리스도께서는 "귀 있는 자는 들으라!"(마 13:9)고 말씀하신다. 그러므로, 귀 있는 자들에게 권면하고 설교할 때에 그들은 기꺼이 순종하지만, 귀가 없는 자들에게는 다음의 기록된 것이 이루어진다: "듣기는 들어도 깨닫지 못할 것이요"(사 6:9)(*Inst.*, III xxiii 13).

그렇다면, 이제 우리는 어떤 자세를 취해야 할까요? 칼뱅은 아우구스티누스의 말을 인용하여 다음과 같이 말합니다. 이 장을 마무리하면서 우리도 이것을 마음에 담아두면 좋겠습니다.

> "우리는 누가 예정된 자들의 수數에 들었는지, 또 누가 그렇지 않은 자인지를 알지 못하기에 모든 사람들이 구원받기를 원하는 마음을 가져야 한다." 그래서 우리는 우리가 만나는 모든 자들이 우리의 평안에 함께 참여하는 자들이 되도록 노력하여야 할 것이다. 그러나 우리의 평안은 평안의 아들에게만 임하게 될 것이다(눅 10:6; 마 10:13 참조)(*Inst.*, III xxiii 14).

제24장 ㅣ 선택은 하나님의 부르심을 통해 확증되며, 악인은 그들에게 정해진 합당한 멸망을 자초한다

앞에서 예정 교리에 대한 것들을 대략 다루었으므로, 이제는 여러분이 감을 잡았을 것입니다. 다시 말하지만, 예정 교리는 믿지 않는 자들에게는 계속해서 의심과 불평과 원망할 구실을 만들어내도록 유도하지만, 믿는 자들에게는 그만큼 자신이 받은 구원이 확실하다는 것을 보여줍니다. 따라서 이제부터 논의되는 것들은, 예수 그리스도를 믿어 구원에 참여한 자들, 나아가 참으로 하나님의 나라를 바라보며 현실에서 하나님의 통치를 받아들이는 자들을 위한 것임을 알아야 합니다. 그리고 믿는 자들은 자신의 믿음을 확증하는 기회로 삼아야 합니다. 이렇게 미리 말씀드리는 이유는, 전개되는 내용이 믿지 않는 사람들 입장에서는 끊임없이 의심을 일으키는 내용으로 가득하기 때문입니다.

선택과 부르심 그리고 그리스도와의 친교 속으로 들어감(1-5)

칼뱅은 하나님의 선택이 '부르심'을 통해 비로소 세상과 우리에게 드러난다고 말합니다.

분명한 사실은 하나님께서는 부르심을 통해 선택을 확증하신다는 점이다. 그렇게 하지 않으면 선택은 그분 자신 안에 감추어져 있을 수밖에 없다. 따라서, 그 부르심을 가리켜 그분의 '인증'認證, attestation이라고 칭하는 것이 적절할 것이다(*Inst.*, III xxiii 1).

그렇다고, 이 부르심이 구약성경에 나오는 것처럼 하나님께서 직접 사람들을 개별적으로 찾아가셔서 "이제부터 너는 내 종이다"라고 하는 식으로 전개되지는 않습니다. 칼뱅은 오늘날 이 부르심은 '말씀의 선포'와 '성령의 조명하심'이 동반된다고 말합니다.

또한, 부르심의 본성과 경륜 자체가 명확하게 이 사실을 입증하고 있다. 왜냐하면 부르심은 말씀의 선포뿐만 아니라 또한 성령의 조명하심으로 이루어져 있기 때문이다(*Inst.*, III xxiii 2).

그런데, 칼뱅은 '내적 부르심'(inner call)이야말로 우리를 속일 수 없는 구원의 보증이라고 말합니다(*Inst.*, III xxiv 2). 이 '내적 부르심'은 하나님께서 내게 주신 성령의 효과적인 역사하심을 뜻하는데, 쉽게 말하면 우리가 하나님의 뜻에 순종하는 것으로 우리가 하나님께 속한 사람임을 알 수 있다는 것입니다.

이에 따라 우리는 자신의 믿음에 대해 재고再考할 필요가 있습니다. 우리는 예수 그리스도를 '믿음으로' 구원을 얻는데, 예정 교리에 의하면 이 믿음조차도 하나님께서 우리에게 은혜로 주신 선물임이 분명해집니다. 이것은 우리가 앞에서 쭉 살펴본 대로, 사람에게는 어떤 이유로든 구원 얻을 만한 근거나 공로가 없다는 것을 생각해 보면 당연한 결과입니다. 믿음은 선택의 결과이지, 조건이 아닙니다. 그래서 칼뱅은 다음과 같이 말합니다.

> 그러나 선택이 우리가 복음을 받아들인 후에야 비로소 효력을 발생하며, 그 타당성이 생겨난다고 말하는 것은 잘못되었다. 우리는 마땅히 복음을 받아들이는 데에서 선택이 확실함을 구해야 한다(*Inst.*, III xxiv 3).

그러므로, 우리는 오직 믿음으로 하나님께서 나를 구원에로 부르셨음을 믿고, 그 믿음으로 어떤 환경에서도 하나님의 뜻에 순종하며 자신의 믿음을 마칠 수 있도록 해야 합니다(*Inst.*, III xxiv 4). 이런 믿음으로 행하는 사람은 자신을 하나님께 속한 사람이라고 확신할 수 있고, 또한 확신해도 됩니다. 하지만, 마귀가 자주 우리의 확신을 방해하고 무너뜨리려 합니다. 우리의 육신은 연약해서 실제로 자주 자신을 구제불능이라고 생각하며 도저히 하나님의 자녀라고 인정하지 못하게 됩니다. 이것 또한 믿음의 근거를 자신에게서 찾으려 하는 또 다른 모습입니다. 그러므로 칼뱅은 이런 경우를 만날 때마다 예수 그리스도를 찾으라고 권면합니다.

> 먼저, 하나님 아버지의 긍휼하심과 자비하신 마음을 구하려면, 우리의 시선을 그리스도께로 돌려야 한다. 그분께만 하나님의 영이 머무시기 때문이다(마 3:17 참조). 만일 우리가 구원과 생명과 하늘 나라에서의 영생을 구한다

면, 우리가 피할 다른 이는 없으니 곧 우리가 바라는 바, 오직 그분만이 삶의 근원이시고 구원의 닻이시며 하늘 나라의 상속자이시다. … 만일 이것이 우리의 궁극적인 목적이라면, 이미 그분 안에서만 얻었고 또한 오직 그분 안에서만 찾을 수 있는 것을 그리스도 밖에서 찾는다는 것이 얼마나 미친 짓이겠는가?(*Inst.*, III xxiv 5)

그리스도의 보호 아래 선택받은 자들에 대한 **견인은 확실하다**(6-11)

그 누구도, 그 무엇도 하나님보다 크고 능력이 많은 존재는 없습니다. 예수 그리스도는 아버지의 권세와 능력을 위임받으신 분이십니다. 따라서 그 어떤 것도 그리스도의 보호 아래 있는 것을 빼앗을 수 없습니다. 예정의 교리가 주장하는 바가 바로 이것입니다. 우리는 그분의 보호 아래 안전합니다.

그들에게는 그리스도께서 자신의 이름을 아는 지식으로 조명하셔서 그분의 교회의 품속에 들어오게 하시고, 또한 그분의 돌봄과 지키심 속으로 받아들이신다. 그분이 받아들이는 모든 자들은, 아버지께서 아들에게 맡기시고 위탁하셔서 영생에 이르도록 지키게 하셨다(*Inst.*, III xxiv 6).

하지만, 예정 교리는 참된 믿음을 가진 자들에게 유효하다는 것을 다시 강조할 필요가 있습니다. 입으로만 주님을 시인하는 것으로는 부족합니다. 이 부분이 오늘날 개신교회가 잃어버린 복음의 정신입니다.

실제로 바울 자신은 우리에게 지나친 확신을 갖지 말라고 말한다: "선 줄로 생각하는 자는 넘어질까 조심하라"(고전 10:12). 또한, 네가 접붙임을 받아 하나님의 백성의 일원이 되었느냐? 그러면 "높은 마음을 품지 말고 도리어 두려워하라"(롬 11:20)라고 말한다. 왜냐하면, 하나님께서는 너를 다시 끊어내시고 다른 가지를 접붙이실 수 있기 때문이다(롬 11:21-23). 마지막으로, 바로 이런 경험을 통해 배우는 바는, 그 부르심과 믿음은 만일 견인堅忍, perseverance이 첨가되지 않으면 별로 중요하지 않다는 것이다. 그런데, 견인은 모든 사람에게 적용되는 것은 아니다(*Inst.*, III xxiv 6).

그러므로, 자신이 믿음으로 말미암는 구원을 은혜로 받은 자라고 확신하는 사람은, 저마다 구원에 합당한 열매를 맺으려 힘쓰고, 그 믿음을 끝까지 지키기 위해 늘 깨어서 기도해야 합니다. 입으로는 주님을 시인하면서 행위로 부인하는 자는 가룟 유다와 다를 바가 없습니다. 칼뱅도 이것을 재차 강조합니다.

그러나 날마다 일어나고 있는 바는, 그리스도께 속한 것처럼 보였던 자들이 그분에게서 다시 떨어져 나가 멸망을 재촉한다는 것이다. 실제로 그리스도께서는 아버지께서 자기에게 주신 자들 중에 하나도 멸망하지 않을 것이라고 선포하신 그 동일한 구절에서 멸망의 자식은 거기서 제외하고 계심을 볼 수 있다(요 17:12). 참으로 그러하다. 그러나 그와 똑같이 분명한 사실은 그런 자들은 결코 마음을 다하는 신뢰, 곧 우리의 선택을 확실하게 해 주는 신뢰로 그리스도를 붙잡은 적이 없다는 것이다(*Inst.*, III xxiv 7).

어떤 분은 좀 더 구체적으로 어떤 믿음을 가져야 하는지 혹은 어떤 태도가 삶에서 드러나야 하는지 알려달라고 하실지 모르겠습니다. 칼뱅이 하는 말을 참고하십시오.

바울은 그리스도인들의 단순한 확신을 금하는 것이 아니라 우둔하고 순전한 육체에 대한 자랑을 금할 뿐이다(고전 10:12 참조). 그런 자랑은 교만과 건방짐과 다른 사람들을 경멸하는 태도를 낳고, 하나님을 향한 겸손과 경외를 없애버리며, 받은 은혜를 잊어버리게 만든다. … 그러나 우리가 다른 곳에서 보았듯이, 우리의 소망은 미래, 심지어 죽음을 넘어서까지 이어진다. 그러므로 우리에게 일어날 일에 대해 의심하는 것만큼 그 소망의 본질과 모순되는 것은 없다(*Inst.*, III xxiv 7).

한마디로 말해, 참된 믿음을 가졌다고 확신하는 자는 자신을 하나님 앞에서 낮추며, 믿음의 형제를 존중하며, 장래 받을 구원의 소망을 끝까지 품으며 현실을 그리스도인의 삶으로 인내해야 합니다.

그럼에도 불구하고, 혼란을 겪고 있는 분이 계시리라 생각됩니다. 하나님의 예정이 확고하면, '하나님의 부르심이 어떻게 변질될 수 있는가?'라고 말이지요. 그러나 주님께서는 "청함을 받은 자는 많되 택함을 입은 자는 적으니라"(마 22:14)라고 말씀하셨습니다. 이 부분을 칼뱅은 두 가지 부르심으로 정리하고 있습니다.

일반적인 부르심이 있으니, 그것은 곧 하나님께서 외적인 말씀 선포를 통해 모든 사람들을 동등하게 자신에게로 초대하시는 것을 말한다. 심지어 사망에 이르는 냄새가 될 자들에게도 그렇게 하신다(고후 2:16 참조). 그리고 그런 경우에 그들은 더 엄격한 정죄를 당하게 된다. 다른 종류의 부르심은 특별하다. 그것은 대개 신자들에게만 베푸시는 것으로서, 성령의 내적인 조명을 통해 선포된 말씀을 그 마음속에 거하게 하신다. 그러나 때로는 잠시 동안만 거기에 참여하게 하시는 경우도 있다. 이 경우는 때가 되면 그분은 그들의 감사하지 않는 태도로 말미암아, 그들을 공의로 버리시고 치셔서 더 큰 소경으로 만드신다(*Inst.*, III xxiv 8).

칼뱅은 구체적인 설명을 위해 마태복음에 기록된 혼인 잔치의 비유 (마 22:1-14)를 통해 설명합니다. 그곳에는 부름을 받았지만, 합당한 혼인 예복을 입지 않고 예식에 참여한 사람이 등장합니다. 그런 사람이 부르심을 받았지만, 참된 믿음으로 생활하지 않는 자들입니다.

이 구절은, 내가 인정하는 바, 믿음을 고백하고 교회에 들어왔으나 그리스도의 거룩함으로 옷 입지 않은 자들에게 적용되는 것으로 이해되어야 한다. 하나님께서는 이렇게 모욕하는 자들을, 심지어 암적인 존재들을 영원히 참지 않으시고 그들의 천박함에 합당한 대로 바깥 어두운 데로 내어쫓으실 것이다(*Inst.*, III xxiv 8).

이 부분에서 우리는 가룟 유다를 다시 생각하게 됩니다. 하지만, 다른 사도들도 예수님을 배신하였고, 베드로는 심지어 예수님을 강하게 부인까지 했음에도 증인의 반열에 섰으니, 단순히 드러난 것으로는 그 부르심과 택하심이 일치하는지의 여부를 우리로서는 쉽게 알 수 없습니다. 그러나 확실한 사실은, 주께서는 자신이 택한 사람을 마침내 지키시고 구원하신다는 점입니다.

만일 여러분이 그들을 살펴보게 되면, 그들도 아담의 후손이며 그들도 다른 사람들과 똑같이 부패한 냄새를 풍기는 것을 보게 될 것이다. 그들이 전적으로 그리고 심지어 완전한 불경건에 이르지 않는 것은 그들이 선함을 타고났기 때문이 아니라, 하나님의 눈이 그들의 안전을 감찰하시고 그분의 손을 그들에게 펼치시기 때문이다(*Inst.*, III xxiv 10).

어떤 사람들은 하나님께서 '선택의 씨앗'(seed of election)을 원하는 사람들에게 심어놓으셨는데, 이 씨의 힘으로 하나님을 알고 경외하게 된다고 말합니다. 하지만, 칼뱅은 그것을 강력하게 부인합니다. 모든 사람은 예외 없이 자기 욕심대로 행하며 율법의 저주 아래에 있습니다.

그렇다면, 호기심이 강한 사람들이 성경과 상관없이 스스로 상상해낸 이런 논리들은 버려야 한다! 그러나 성경이 우리에게 간직하게 하시는 바를 굳게 잡아야 한다: "우리는 다 양 같아서 그릇 행하여 각기 제 길로 갔거늘"(사 53:6). 즉 우리는 모두 멸망할 자들이라는 것이다. 주님께서는 이들을 멸망의 구덩이에서 끄집어내기로 결정하셨지만, 그분이 정하신 때까지 미루어 두셨다: 다만 용서받지 못할 모독의 죄에 빠지지 않도록 그들을 보호하신다 (*Inst.*, III xxiv 11).

버림받은 자들을 다루시는 하나님의 방법(12-17)

선택받은 자들과 달리 버림받은 자들은 일반적으로 하나님의 말씀을 듣지만 깨닫는 능력이 없으며, 오히려 그 마음이 둔해져 더욱 악해지고 자기 마음대로 산다는 특징이 있습니다. 즉, 그들은 원래의 부패함 그대로의 상태로 남아 있고자 합니다.

그렇다면, 지극히 높으신 심판주께서는 그분의 예정을 이루시나니, 곧 그분이 그들을 소경의 상태로 남겨 두셔서 정죄 받게 하시고 그분의 빛 가운데 참여하지 못하게 하신다(*Inst.*, III xxiv 12).

우리는 다음의 사실을 부정할 수 없다. 즉, 하나님께서 조명하지 않기로 하신 자들에게는 그분의 가르침을 수수께끼로 싸두시는데, 이렇게 하심은 그들로 더 큰 어리석음에 던져넣는 것 외에는 어떤 유익도 얻지 못하게 하려 하심이다(*Inst.*, III xxiv 13).

불경건한 자들은 이런 말을 듣게 되면, 하나님께서 마치 폭군처럼 잔혹한 오락을 위해 비참한 존재들을 학대하고 있다고 불평합니다(*Inst.*, III xxiv 14). 하지만, 아담이 타락한 이후로 모든 사람은 정죄 받은 상태임을 그들은 애써 부정하려고 합니다. 그리고 에스겔서 33장 11절을 인용하며, 하나님께서는 모든 사람이 구원받기를 원하신다고 하면서 왜 자신과 같은 자들에게는 회개의 문을 열어주시지 않느냐고 항변합니다. 이에 대해 칼뱅은 단호하게 이 말씀을 정리합니다.

그러므로 우리는 선지자의 교훈을 다음의 것으로 여기도록 하자. 즉, 죄인의 죽음이 하나님께는 기쁨이 되지 않으며, 하나님께서는 그들이 감동을 받아 회개하자마자 그들을 용서하실 준비가 되어 있음을 신자들로 하여금 믿게 하려는 것이며, 또한 악인들의 경우에는 하나님의 그 크신 자비와 선하심에 응답하지 않았으므로 그들의 죄과가 두 배로 가중된다는 것을 느끼게 하고자 한다는 것이다. 따라서 하나님의 긍휼하심은 언제나 나아가 회개하는 자를 받아들일 것이다. 그러나 모든 선지자들과 사도들은 물론 에스겔 자신도 누구에게 회개가 주어지는지를 분명히 가르치고 있다(*Inst.*, III xxiv 15).

이와 함께, 칼뱅은 "하나님은 모든 사람이 구원을 얻으며 진리를 아는 데에 이르기를 원하시느니라"(딤전 2:4)라는 말씀에 대해서도 설명을 합니다. 여기서 말하는 '모든 사람'이란, 칼뱅에게 있어 말 그대로 악인과 선인을 포함한 모든 이들을 말하는 것이 아니라 '특정한 계층의 사람들'을 한정해서 구원하시는 것이 아니라는 의미로 받아들입니다.

이 말씀으로 바울이 분명히 의미하고자 하는 것은, 다만 하나님께서는 어느 특정 계층의 사람들에게만 구원에 이르는 길을 닫아두신 것이 아니라, 오히려 그분의 긍휼하심을 그렇게 부어주셔서 구원을 받지 못하는 계층이 하나도 없게 하셨다는 것이다(*Inst.*, III xxiv 16).

그런데, 어째서 하나님은 '모두'라고 말씀하시는가? 그것은 경건한 자들의 양심이 더 안정을 누리게 하려 함이니, 곧 믿음이 주어진다면 죄인들 사이에 아무런 차이가 없다는 것을 깨달을 때이다. … 그러므로 하나님의 긍휼하심이 복음을 통해 이 두 종류의 사람들 모두에게 제시되므로, 믿음—하나님의 조명하심—이야말로 경건한 자들과 불경건한 자들을 구분하여 주는 것이며, 그 결과 경건한 자들은 복음의 역사를 느끼게 되고, 불경건한 자들은 복음에서 아무런 유익도 얻지 못하게 된다. 그리고 조명하심 그 자체가 또한 하나님의 영원한 선택을 그 법칙으로 삼고 있다(*Inst.*, III xxiv 17).

그럼에도 불구하고, 여전히 이 예정 교리에 대해 불만을 가진 사람들이 있습니다. 그들은 마치 자신들이 정한 대로 하나님이 존재하셔야 하고, 판단하셔야 하고, 행동하셔야 하는 것처럼 몰아댑니다. 그런 그들에게 바울은 예정 교리가 지닌 신비에 대해 말하고자 다음과 같이 질문합니다: "이 사람아, 네가 누구이기에 감히 하나님께 반문하느냐?"(롬 9:20).

하지만, 우리는 이것만큼은 꼭 기억해야 할 것입니다. 예정 교리는 믿는 자들로 하여금 자신이 받은 구원이 확실하다는 것을 가르치기 위한 것이지, 모든 사람을 합리적으로 설득하기 위해 있는 것이 아닙니다. 그래서 칼뱅은 다음과 같이 말합니다.

예정을 올바르게 이해하게 되면, 믿음을 흔드는 것이 아니라 오히려 최고로 확증해 준다(*Inst.*, III xxiv 9).

제25장 | 최후 부활

이 장은 그리스도인이 가져야 할 궁극적인 소망에 대해 이야기하고 있습니다. 우리는 앞에서 예정 교리를 살피면서, 참된 성도는 어떤 어려움 속에서도 하나님의 은혜와 보살핌 속에서 자신의 믿음을 굳건히 지킨다고 하였습니다. 하나님은 성도들이 그렇게 할 수 있도록 참된 소망을 주십니다. 성도는 그 소망을 붙잡기에 믿음을 유지해 나가게 됩니다. 따라서, 이 장의 내용은 매우 중요합니다.

최후 부활 교리에 대한 논증(1-4)

오늘날 많은 그리스도인들이 참된 소망을 모른 채 살아갑니다. 그리스도인의 바람은 결코 이 세상에 속한 것이 되어서는 안 됩니다. 이 세상은 지나가는 것이고, 그 어느 것도 우리가 가져갈 수 있는 것은 없습니다. 그럼에도 불구하고, 우리가 이 세상에 여전히 남겨져 살아가는 이유는 참된 소망을 가져 인내를 이루기 위함입니다. 우리가 바라야 할 유일한 참된 소망은 하나님과의 온전한 연합입니다.

그렇다면, 바로 이것이 우리가 처한 상황이다: "신중함과 의로움과 경건함으로 이 세상에 살고 복스러운 소망과 우리의 크신 하나님 구주 예수 그리스도의 영광이 나타나심을 기다리게 하셨으니"(딛 2:12-13)(*Inst.*, III xxiv 1).

고대 철학자들은 최고선(the sovereign good)에 대해 열정적으로 토론했고 심지어 그들 사이에서 그것 때문에 논쟁까지 했었다. 그러나 플라톤을 제외하고는 아무도 사람의 최고선은 하나님과의 연합임을 깨닫지 못했다. 플라톤도 그 본질에 대해서는 아주 조금이라도 알지 못했다. … 비록 이 지상에서 나그네 생활을 하고 있을지라도, 우리는 유일하고 완전한 행복을 알고 있다. 이 행복이 우리의 마음을 점점 더 밝혀서 그 연합을 사모하게 하되, 그 연합이 완전한 열매를 맺을 때까지 그렇게 한다. 그래서 나는 오직 부활에 자신의 마음을 두는 자들만이 그리스도의 은택의 열매를 받는다고 말한다 (*Inst.*, III xxv 2).

그런데, 이런 소망에 참여하기 위해서는 필연적으로 지금 우리의 육체를 벗어버리고 예수 그리스도의 부활에 참여해야만 합니다. 하지만, 이미 썩은 육체가 다시 살아난다는 것은 이성적으로 믿기 어렵습니다. 왜냐하면, 그리스도를 제외하고는 역사상 그 누구도 그런 부활에 참여한 자가 없었기 때문입니다. 따라서, 성경은 이런 어려움을 극복할 수 있도록 두 가지 도움을 주는데, 하나는 그리스도의 부활이요, 또 하나는 하나님의 전능하심입니다(*Inst.*, III xxv 3).

이제 우리가 부활을 생각할 때마다 그리스도의 형상을 우리 앞에 두어야 한다. 우리에게서 취한 본성으로 그분은 죽을 수밖에 없는 인생을 완전히 사셨고, 불멸성을 획득하셨으니, 그분이 바로 장차 올 우리의 부활의 보증이 되신다(*Inst.*, III xxv 3).

그런데, 어떻게 예수 그리스도의 부활이 우리의 부활이 될 것이라고 말할 수 있습니까? 이에 대해 로마서 8장 11절이 대답을 해 주고 있습니

다: "예수를 죽은 자 가운데서 살리신 이의 영이 너희 안에 거하시면 그리스도 예수를 죽은 자 가운데서 살리신 이가 너희 안에 거하시는 그의 영으로 말미암아 너희 죽을 몸도 살리시리라."

즉, 예수 그리스도 안에 계셨던 성령께서 그분을 살리신 것처럼, 우리에게 거하시는 동일한 성령께서 우리의 죽은 몸도 다시 살리실 것입니다. 칼뱅은 이 성령을 '생명'이라고 말합니다.

> 바울은 우리 안에 거하시는 성령을 가리켜 '생명'이라고 부르는데, 이는 성령을 주신 목적이 바로 우리 속에 있는 것을 살리는 데 있기 때문이다. … 그러므로 그리스도께서 다시 사신 것은 장차 올 삶에서 우리를 벗으로 삼으시기 위함이다. 그분은 아버지로 말미암아 부활하셨는데, 이는 그분이 교회의 머리이셨고, 또한 아버지께서 아들이 교회와 분리되기를 결코 허용하지 않으시기 때문이다. 그분은 성령의 능력으로 부활하셨으니, 그분은 그리스도와 친교 중에 있는 우리를 살리는 분이시다. 마지막으로, 그분이 부활하신 것은 그분이 '부활이요 생명'이고자 하심이었다(요 11:25)(*Inst.*, III xxv 3).

여전히 수많은 사람들이 지금까지도 예수 그리스도의 부활을 의심하지만, 성경은 그 부활의 실체를 목격한 사람들의 증언과 그에 대한 긍정적이든 부정적이든 그 반응을 통해 예수님이 참으로 부활하셨다는 것을 뒷받침하고 있습니다. 이것은 각 복음서의 마지막 부분을 자세히 살펴보면 확실해집니다(*Inst.*, III xxv 3 참조).

무엇보다 예수 그리스도의 부활이 참될 수밖에 없는 것은, 그분을 죽음에서 일으키신 하나님께서 전능하신 분이시기 때문입니다.

> 바울은 다음과 같이 이것을 간단하게 가르치고 있다: "그는 만물을 자기에게

복종하게 하실 수 있는 자의 역사로 우리의 낮은 몸을 자기 영광의 몸의 형체와 같이 변하게 하시리라"(빌 3:21)(*Inst.*, III xxv 4).

칼뱅은 이 새로운 몸으로의 변화를 바울이 언급한 자연의 이치로 설명합니다.

"어리석은 자여 네가 뿌리는 씨가 죽지 않으면 살아나지 못하겠고 또 네가 뿌리는 것은 장래의 형체를 뿌리는 것이 아니요 다만 밀이나 다른 것의 알맹이 뿐이로되 하나님이 그 뜻대로 그에게 형체를 주시되 각 종자에게 그 형체를 주시느니라"(고전 15:36-38). 씨가 자라는 것을 통해, 바울은 우리가 부활의 형상을 분별할 수 있다고 말하고 있으니, 이는 부패를 거쳐 곡식이 나오기 때문이다(*Inst.*, III xxv 4).

그러므로, 우리는 하나님께서 그 능력으로 자신의 아들을 살리심과 같이, 우리도 그리스도 안에서 다시 살리실 것이라는 확신을 가져야만 합니다. 예수 그리스도께서 지금도 살아계신 것은 바로 그것을 우리로 확실히 알게 하시기 위함인 줄 믿어야 합니다. 우리가 해야 할 일은, 우리 뜻대로 이런저런 시기를 따질 것이 아니라 하나님께서 정하신 때에 당신의 나라를 회복하실 때까지 기다리는 것입니다(*Inst.*, III xxv 3).

부활에 대한 각종 반론들에 대한 반박(5-9)

위에서 간단히 언급했지만, 여전히 사람들은 육체의 부활을 잘 받아들이지 않습니다. 이에 대해 칼뱅은 몇 가지 객관적인 증거를 댑니다. 곧, 인류에게 '매장하는 풍습'이 지금까지 남아 있는데 이것이 죽음 이후 부활이 있음을 본능적으로 알고 있는 증거라고 합니다.

> 그러나 이 엄청난 무지가 아무에게도 변명의 구실이 되지 않도록 하기 위해,
> 사람들은 믿을 수 없는 본성의 충동에 의해 언제나 눈앞에서 부활의 형상을
> 봐왔음을 지적해야 하겠다. 새로운 생명에 대한 전조가 아니라면 왜 매장하
> 는 풍습을 신성불가침한 것이라고 여기는가?(*Inst.*, III xxv 5)

조금 생뚱맞은 느낌이 들 수도 있습니다. 칼뱅이 더 이상 깊게 논리를
전개하지 않으므로 여기에 담긴 의미를 추론할 수밖에 없습니다. 경험
상 사람들은 죽은 자를 매장하며 본능적으로 다음 세계를 소망합니다.
물론 그렇지 않은 사람도 있지만, 대체적으로 그것은 민족을 초월하여
공통적으로 가지고 있는 것입니다. 그렇지 않다면, 죽은 자를 표시하는
무덤을 지금까지 돌보고 보존할 이유가 없는 것이지요. 심지어 성경에
나오는 고대의 족장들도 죽은 자를 매장하는 것을 신성시하였습니다.
그래서, 칼뱅은 사람들 마음속에 본능적으로 부활에 대한 기대가 심겨
져 있다고 주장하는 것입니다.

한편, 칼뱅은 잘못된 종말론에 대해서도 일침을 가하는데, 그 대표적
인 것이 '천년왕국설'입니다. 이것은 예수님이 재림하셔서 천 년 동안 세
상을 다스린다는 것인데, 칼뱅은 그리스도의 통치를 단지 1천 년으로 제
한하는 것은 매우 잘못된 논리라고 주장합니다. 또한 요한계시록 20장
4절에 기록된 '천千'이라는 수는 상징적인 것이라고 말합니다.

> '천千'이라는 수는(계 20:4) 교회의 영원한 복락에 적용할 것이 아니라, 교회
> 가 지상에서 수고하는 동안 맞이하게 될 온갖 고난에 적용해야 한다. 반대
> 로, 성경은 택함을 받은 자들의 복락과 악인이 당할 형벌은 끝이 없다고 선포

한다(마 25:41, 46)(*Inst.*, III xxv 5).

칼뱅이 이것을 강조하는 이유는, 천년왕국설이 내포하고 있는 '만유구원론'의 그림자를 경계하기 때문입니다. 어리석은 자들은 그리스도의 통치를 1천 년으로 제한함으로써 그리스도의 영광과 성도의 복락도제한해 버리는데, 문제는 이것이 악인들의 형벌도 제한해 버리는 결과를 낳게 됩니다. 악인들의 형벌이 끝나게 되면 그들도 하나님이 정하신복락에 참여한다는 결론에 이른다는 것이지요.

심지어 소경조차도, 만일 악인이 영원한 형벌에 처하게 되면 하나님을 지나치게 잔인한 분으로 만들까 싶어 염려하는 이 사람들이 얼마나 어리석은 이야기들을 하고 있는지를 알고 있다. … 그러면서 그들은 말하기를, 자기들의 죄가 일시적이라고 한다. … 이러한 모욕은 도저히 참을 수 없다. 하나님의 위엄이 아무리 형편없이 존중될지라도, 그것을 한 영혼의 멸망보다 더 가치없는 것으로 경멸하고 있으니 말이다(*Inst.*, III xxv 5).

또 칼뱅이 천년왕국설을 신랄하게 비판하는 이유는, 이것과 관련하여 죽음 이후의 상태에 대한 만연한 미신을 경계하기 위함입니다.

이 외에도 왜곡된 호기심을 가진 사람들은 두 가지 다른 망상을 일으켰다. 어떤 이들은 마치 전인全人이 죽도록 되어 있는 것처럼 영혼이 육체와 함께 부활할 것이라고(즉, 영혼도 함께 죽는다고) 생각하였다. 다른 이들은 영혼이 불멸하다는 것에는 동의하면서도 그 영혼들이 새로운 육체로 옷 입게 되어 있다고 주장한다. 이와 같이 그들은 원래의 육체의 부활을 부인하고 있다(*Inst.*, III xxv 6).

이 내용은 1권 15장 2절에서도 약간 다룬 바가 있습니다. 칼뱅이 대적하는 것은 결국 육체가 영혼보다 우위에 있다는 논리입니다. 칼뱅의 입장에서는 육체가 죽음으로써 영혼도 함께 죽는다는 것은 어불성설입니다. 성도의 육체는 죽음으로 썩지만, 그 영혼은 하나님과 함께 합니다(고후 5:8). 즉, 사람은 죽음으로써 모든 것이 끝나는 것이 아닙니다. 죽음 이후에는 또 다른 상태가 기다리고 있습니다.

> 그리고 또한 영혼이 육체를 벗어날 때에 그 본질을 여전히 유지하지 못하고 복된 영광을 누릴 능력도 가지고 있지 않다면, 그리스도께서는 십자가에 함께 달린 강도에게 다음과 같이 말씀하시지 않으셨을 것이다: "오늘 네가 나와 함께 낙원에 있으리라"(눅 24:43)(*Inst.*, III xxv 6).

그러나 칼뱅은 여기서 죽음 이후의 상태에 대해 더 이상 깊게 다루지 않습니다. 그는 성경이 정한 한계에 만족하고자 합니다.

> 영혼이 거하는 장소에 대해서는, 이에 못지않게 어리석고 무익하다. 왜냐하면, 우리는 영혼이 육체처럼 동일한 면적을 소유하지 않는다는 것을 알기 때문이다. 성도들의 영혼들의 복된 모임을 '아브라함의 품'(눅 16:22)이라고 부른다는 사실은, 우리의 이 나그네길이 끝난 후에 신실한 공통의 믿음의 조상에 의해 영접되며, 또한 그는 믿음의 열매를 우리와 함께 나누게 되리라는 것을 확신시켜 주기에 충분하다. 한편, 성경은 곳곳에서 우리에게 그리스도의 재림을 기대하며 기다리라고 명령하고 있고 그때에 가서야 영광의 면류관이 주어질 것이라고 하므로, 우리는 하나님께서 우리를 위해 정해 놓으신 한계로 만족하도록 하자: 즉, 경건한 자들의 영혼은 그들의 싸움의 수고를 마쳐 복된 안식에 들어가고, 거기서 약속된 영광을 즐거움으로 기뻐하며 기

다리며, 그리하여 구속자이신 그리스도께서 재림하시기까지 모든 것들이 미결 상태에 있다는 사실로 만족하도록 하자. 버림받은 자들의 운명은 의심의 여지 없이, 유다가 마귀에 대해 지정한 것과 동일하다: 즉, 그들은 정한 형벌을 받기 위해 끌려갈 때까지 사슬에 매여 갇혀 있게 된다(유 1:6)(*Inst.*, III xxv 6).

그런데, 칼뱅은 영혼이 새로운 몸을 입는다는 것에 대해서는 반박을 이어갑니다. 이런 말이 나오는 이유는, 영혼은 몸 없이는 존재할 수 없다고 생각하기 때문입니다. 특히 마니교도들은 극단적인 이원론적 입장을 고수한 까닭에 육체를 혐오하여, 그 육체가 부활한다는 것을 인정하지 않습니다. 하지만, 칼뱅은 성도는 구원을 받은 까닭에 그 믿음으로 더욱 거룩함에 참여해야 할 책임이 있다고 주장합니다. 그 거룩함은 전인全人, 곧 육체와 영혼의 모든 것을 포함합니다. 즉, 성도는 참된 구원에 참여하기 위해서 자신의 남은 육체와 영혼도 더욱 거룩하게 보존해야 합니다.

그러나 먼저, 바울이 신자들에게 육체와 영혼의 모든 더러운 것을 깨끗이 씻으라고 명하고 있으므로(고후 7:1), 다른 곳에서 선언하는 심판은 이것의 결과가 된다: "각각 선악 간에 그 몸으로 행한 것을 따라 받으려 함이라"(고후 5:10). 이것은 고린도 교인들에게 쓴 것과도 일치한다: "예수의 생명이 또한 우리 죽을 육체에 나타나게 하려 함이라"(고후 4:11). 이러한 이유로, 다른 구절에서 바울은 하나님께서 그들의 영혼뿐만 아니라 육체까지도 "그리스도께서 강림하실 때"까지 흠 없이 보전해 주실 것을 기도하고 있다(살전 5:23). 이것은 전혀 놀랍지 않다! 왜냐하면, 정말로 터무니없는 것은 하나님께 성전으로 바쳐진 성도들의 몸이(고전 3:16) 부활의 소망도 없이 더러움 속에서 썩어지게 된다는 것이기 때문이다. ⋯ 동일하게, 바울은 우리에게 주님을 몸과 영혼으로 순종하라고 권면하는데, 이는 몸과 영이 모두 하나님께 속한 것이기 때문이다(고전 6:19, 20). 분명하게도 이것은, 이를테면 하나님께 거룩하게 구별되었다고 주장한 것이 저주를 받아 영원히 부패하게 되는 것은 있을 수 없다는 뜻이다(*Inst.*, III xxv 7).

이런 주장의 당연한 결말은, 우리가 가지고 있는 이 육체로 다시 부활하게 되리라는 것입니다. 이것은 우리가 맞이하게 될 심판과도 깊은 연관이 있습니다.

성경보다 지금 우리가 입고 있는 육체의 부활에 대해 더 분명하게 정리해주는 것도 없다. "이 썩을 것이 반드시 썩지 아니할 것을 입겠고 이 죽을 것이 죽지 아니함을 입으리로다"(고전 15:53). … 지금 바울은 우리를 감싸고 있는 몸을 가리키면서 그것들이 썩지 아니할 것을 입겠다고 약속하고 있으니, 이는 새로운 몸이 생긴다는 것을 공개적으로 부인하는 것이다. … 왜냐하면, 바울은 그의 편지를 읽을 자들에게 분명히 선언하기를, 그들의 삶은 하나님 앞에서 반드시 결산하게 될 것이라고 한다. 만일 새로운 몸을 입고서 심판대 앞에 나아가게 된다면, 이것은 말이 되지 않게 된다. … 왜냐하면, 하나님께서는 사람을 구성하는 네 가지 원소에서 새로운 물질이 나타나게 하시는 것이 아니라, 죽은 사람들을 그 무덤에서 불러내시는 것이기 때문이다(*Inst.*, III xxv 7).

또한, 칼뱅은 그리스도의 부활에 성도들이 참여한다는 사실에 근거하여 새로운 몸을 입는다는 주장을 일축합니다.

게다가, 만일 우리가 새로운 몸을 공급받는다면, 어떻게 머리와 지체들이 서로 연결되겠는가? 그리스도께서 다시 살아나셨다: 그분이 자신을 위해 새로운 몸을 부여받으셨는가? 아니다. 그분은 미리 "너희가 이 성전을 헐라 내가 사흘 동안에 일으키리라"(요 2:19)고 예언하신 그대로 부활하셨다. 그분은 전에 지니셨던 그 죽을 몸을 다시 받으셨다. ⋯ 그리스도 자신의 죽으심을 우리의 육체로 짊어지고 있는데, 그 육체가 그리스도의 부활에 참여하지 못한다는 것보다 이상한 말은 없다(*Inst.*, III xxv 7).

그들이 말하는 '새로운 몸'이란 결국 부활할 때 새롭게 창조된 육체를 가지게 된다는 것을 뜻합니다. 그러나 이것은 성경의 뒷받침을 받지 못하는 생각입니다. 성경은 오히려 "그리스도 예수를 죽은 자 가운데서 살리신 이가 너희 안에 거하시는 그의 영으로 말미암아 '너희 죽을 몸'도 살리시리라"(롬 8:11)고 증거하고 있습니다. 그러므로 우리는 더욱 현재 우리가 가진 몸으로 거룩하기를 힘쓰며 하나님께 영광을 돌려야 합니다.

심지어 아이들조차도 이런 방식으로 '부활'과 '다시 산다'는 말을 이해하고 있다. 왜냐하면, 우리는 새로 창조된 무언가를 "다시 살아났다"라고 말하지 않기 때문이다. ⋯ '잠자다'라는 단어도 동일한 뜻을 내포하고 있다. 왜냐하면, 그것은 오직 몸에만 적용되기 때문이다. 이런 까닭에 무덤을 '침소'寢所, cemetery라고 부른다(*Inst.*, III xxv 8).

하지만, 동일한 몸으로 부활한다고 하여 실망하는 사람들이 있을 수 있습니다. 현재 장애를 가지고 있거나, 불의의 사고로 원래의 모습을 상실한 분들이 그러합니다. 그런데, 칼뱅은 몸은 동일하나 질적으로 완전히 다른 몸을 가지게 될 것이라고 말합니다. 예수 그리스도의 부활한 몸을 생각해 보십시오.

희생 제물로 드리신 그리스도의 동일한 육체가 다시 살아난 것이지만, 질적인 면에서는 너무나 뛰어나서 마치 완전히 다른 것처럼 되었다(*Inst.*, III xxv 8).

그리고 예수님께서 온갖 고초로 상하셨지만, 십자가 상흔을 제외한 나머지 부분은 온전해지신 것으로 볼 때, 현재 장애를 가진 분들도 그날에는 온전해질 것입니다.

이제 악인의 부활에 대해 살펴보겠습니다. 앞에서도 언급한 바 있지만, 악인들도 부활합니다. 하지만 그들은 영광에 참여하기 위해서가 아니라 심판을 받기 위해 부활합니다.

하나는 심판의 부활이요, 또 하나는 생명의 부활이 될 것이다(요 5:29). 그리스도께서 오셔서 "양과 염소를 구분"하실 것이다(마 25:32)(*Inst.*, III xxv 9).

악인들은 하나님께서 베푸신 모든 은혜를 올바르게 자신의 삶에 적용하지 않고 하나님의 존재와 그분의 뜻을 거부한 책임을 반드시 지게 될 것입니다. 즉, 하나님은 우리가 살아있을 동안에 선인이든 악인이든 동일한 은혜를 베푸셨습니다. 하지만, 악인들은 동일한 은혜를 누리면서도 하나님께 감사하지 않고 오히려 자기 욕심대로 행하며 다른 사람을 해한 책임을 져야만 합니다.

그러므로 우리가 확실히 인정하는 바는, 그리스도와 그분의 지체들에게 합당한 것들이 악인에게도 풍성하게 부어진다는 것이다. 이렇게 함은 그것들이 그들의 정당한 소유가 되게 하기 위함이 아니라 그들로 변명하지 못하게 하기 위함이다. 악인들이 종종 뚜렷한 증거들을 통해 하나님의 호의를 경험하고, 때로는 경건한 자들의 모든 복들이 그늘에 가리기도 하지만, 이런 일들이 결국 악인들에게는 더 큰 정죄로 다가오게 된다. … 만일 그들이 심판대 앞으로 나아와 자신들의 완고함에 대해 형벌을 받지 않게 된다면, 죽음으로써 소멸되는 것은 너무나 가벼운 형벌이 될 것이다. 그들에 대한 보복은 끝이 없을 것이며 그들 자신이 일으킨 하나님의 분노에 합당하게 당하게 될 것이다(*Inst.*, III xxv 9).

영원한 복락과 영원한 형벌의 상태(10-12)

성도가 명심해야 할 것은, 주님의 재림은 단순히 심판하기 위해서가 아니라 자신의 지체들로 하여금 그분의 완전한 영광과 복락에 참여케 하기 위함이라는 것입니다. 따라서, 성도들은 진실로 주님의 재림을 간절히 사모해야 합니다. 그런 마음이 없다면, 지금 자신의 믿음이 정말 진실된 것인지 의심해 보아야 합니다.

만일 주님께서 자신의 영광과 권능과 의를 택한 자들과 공유하시는 것이라면, 혹은 자신을 그들에게 주셔서 그들로 누리게 하시는 것이라면 그리고 더 경이롭게도 그들을 자신과 하나가 되게 만드시는 것이라면, 우리는 모든 종류의 행복이 이런 은혜 속에 다 포함되어 있다는 사실을 기억하도록 하자 (*Inst.*, III xxv 10).

다만, 칼뱅은 각자가 누리게 될 영광이 다를 것이라고 말합니다.

우리는 성경의 다음 가르침을 논란의 여지가 없는 것으로 받아들여야 한다. 즉, 하나님께서 당신의 은사들을 세상의 성도들에게 다양하게 나누어 주시고, 그들에게 서로 다르게 빛을 비추어 주시는 것처럼, 하나님께서 그 자신의 선물들로 면류관을 씌워 주실 그 하늘의 영광도 동등하지 않을 것이다 (*Inst.*, III xxv 10).

이 부분은 조금 논란이 있을 것이라 생각됩니다. 마태복음 20장에 나오는 포도원 비유를 보면, 많이 수고하였다고 하더라도 다른 대접을 받는 것은 아니라고 되어 있으니 말이지요. 하지만, 예수님이 수고한 것이 다르고, 사도들이 헌신한 바가 다르며, 성도들이 충성한 바가 각기 다른 것을 생각할 때, 영광이 다르게 주어질 것이라는 말에 우리가 이의를 제기할 수는 없을 것입니다. 그 예라고 할 수 있는 다니엘서 12장 3절은 이렇게 되어 있습니다: "지혜 있는 자는 궁창의 빛과 같이 빛날 것이요 많은 사람을 옳은 데로 돌아오게 한 자는 별과 같이 영원토록 빛나리라." 칼뱅도 자신의 논리를 뒷받침하면서 이 구절을 인용하고 있습니다.

그럼에도 많은 질문을 던지실 수 있습니다. 하지만, 여기서도 칼뱅은 성경이 정한 한계를 넘어서려고 하지 않습니다. 그는 오직 성경에 계시된 것을 토대로만 생각하고, 헛된 탐구심에 사로잡히는 것을 거부합니다. 정말 우리가 알아야 할 것은, 앞으로 일어날 모든 일에 대해서가 아니라, 현재 주어진 현실에서 어떻게 믿음을 감당해야 하는가에 대한 것이어야 합니다.

거대한 무리들 중에서 극소수만이 어떻게 하늘에 들어가는지에 대해서 관심을 가진다. 하지만, 모두가 미리 거기서 무슨 일이 일어날 것인지 알기를 열망한다. 거의 모두가 자신들이 이미 승리한 것에 대해서는 상상하면서도 정작 전투를 함에 있어서는 게으르고 꺼려한다(*Inst.*, III xxv 11).

그래서 칼뱅은 이 장을 끝내면서 경고할 의도로 악인들이 처하게 될 영원한 상태를 다시 언급합니다.

자, 악인을 향해 하나님께서 내리시는 보복의 엄중함을 어떤 묘사로도 정당하게 다룰 수 없기에, 그들이 당할 고통과 고초는 물리적인 것들을 빌려 비유적으로 우리에게 표현되고 있다. 즉, 어둠과 슬피 울며 이를 가는 것(마 8:12; 22:13), 꺼지지 않는 불(마 3:12; 막 9:43; 사 66:24), 죽지 않고 심장을 갉아 먹는 벌레(사 66:24) 등이다(*Inst.*, III xxv 12).

악인들이 이런 형벌을 받는 이유는, 그들이 하나님을 버린 까닭에 하나님과 누리는 교제에서 완전히 끊어졌기 때문입니다. 그 결과, 하나님께서 창조하신 모든 것으로부터도 버림을 받아 맹렬한 진노와 화를 받게 됩니다.

왜냐하면 첫째, 하나님의 불쾌함은 맹렬하게 타오르는 불같아서, 거기에 닿는 모든 것을 삼키고 빨아들이기 때문이다. 둘째, 모든 피조물들이 충실히 하나님을 섬겨 그분의 심판을 실행에 옮기므로, 주님께서 공개적으로 진노를 보이시는 자들에게 하늘과 땅과 바다와 생물들과 모든 존재하는 것들이, 그리고 불꽃 속에 존재하는 모든 것들이 말 그대로 그들에게 극심한 진노로 파괴시키려고 무장하기 때문이다(*Inst.*, III xxv 12).

그러므로, 모든 성도들은 하나님을 경외하며, 하나님이 베푸신 은혜에 합당한 열매를 맺어서 자신이 받은 구원을 확증해야 합니다. 때로 세상의 현실이 그것을 방해하겠지만, 최후 부활에 대한 소망을 간직하며 끝까지 인내해야 합니다. 예정론 다음에 최후 부활에 대한 내용이 나오는 이유가 바로 거기에 있습니다.

제 4 권

하나님께서 우리를
그리스도의 공동체로 인도하시고
그 안에 보존하시는
외적인 수단 혹은 도움들

제4권은 성령께서 성도를 이 세상에서 지키시고 보존하시기 위해 사용하시는 수단들에 대해 다루고 있습니다. 가장 먼저가 교회요, 그다음이 성례전이요, 마지막으로 국가입니다. 칼뱅은 이 수단들에 대해 다루면서 거짓된 교회, 성례전 그리고 국가에 대해서도 다룹니다. 이것은 당시 사회상을 많이 반영하고 있으며, 특히 로마 가톨릭교회와 날카로운 대립을 보여줍니다. 세부적인 내용들을 다 다루지는 않겠지만, 우리는 오늘날의 상황에 잘 대입하면서 이 내용들을 살피고, 그에 따른 신앙의 유익을 얻어야 하겠습니다.

제1장 | 우리가 반드시 연합을 지켜야 할 모든 경건한 자들의 어머니 인 참된 교회

신자의 어머니인 거룩하고 보편적인 교회(1-4)

오늘날 많은 그리스도인들이 교회에서 신앙생활을 하다가 마음의 상처를 입습니다. 그런데 이 상처를 그리스도와 믿음 안에서 잘 갈무리를 해야 하는데, 그렇게 하지 못하고 결국 교회를 나와 홀로 신앙생활을 하는 분들이 있습니다. 그리고 인터넷이나 TV를 통해 예배를 드리면서, 개인적으로 헌금도 하며 나름 신앙생활을 대신하려는 분들이 계십니다. 그러나 이것은 매우 잘못된 태도입니다. 왜냐하면, 그런 분들은 교회의 목적과 이유를 잘 모르고 있기 때문입니다.

> 그렇다면, 먼저 교회부터 시작해보자. 하나님께서는 이 교회의 품으로 당신의 자녀들을 모으시길 기뻐하셨으니, 그들이 유아와 어린아이의 상태에 있는 동안 교회의 도움과 사역을 통해 그들을 양육하실 뿐만 아니라, 그들이 성숙하여 마침내 믿음의 목표에 도달하기까지 어머니와 같은 돌봄으로 인도하시기를 기뻐하신다(*Inst.*, IV i 1).

즉, 우리 중 그 누구도 완전히 홀로 설 수 있는 자가 없기에, 하나님께서는 교회를 통해 우리의 온전함을 이루게 하십니다. 우리는 교회를 통해 천국의 삶을 배우고 훈련하며, 하나님의 자녀로서의 자질을 갖추게 됩니다. "예수는 좋지만, 교회는 싫다"라고 하시는 분은, 앞에서도 살펴보았지만, 마치 혼인예식에 참여하였음에도 자기 고집대로 자신의 예복만을 주장하는 분과 같습니다. 우리는 그런 사람의 결말이 무엇인지 잘 알고 있습니다.

사도신경에는 "거룩한 공교회를 믿습니다"라는 고백이 담겨져 있습니다. 이 교회에는 눈에 보이는 가시적^{可視的} 교회뿐만 아니라, 죽은 자들을 포함하여 하나님께서 택하신 모든 자들을 가리키는 보편^{普遍} 교회가 있습니다(*Inst.*, IV i 2). 사도신경이 말하는 '공교회^{catholic church}'는 보편 교회를 의미합니다. 오늘날 많은 교단과 그에 속한 많은 지교회들이 있는

데, 우리는 이단과 사이비를 제외한 그 모든 교회가 그리스도 안에서 한 몸을 이루는 지체임을 잊지 말아야 하며, 쓸데없는 경쟁이 아니라 서로 축복하고 믿음을 격려하는 자들이 되어야 합니다. 우리는 모두 몸되신 그리스도를 위하는 자들로 부름을 받았기 때문입니다. 그래서 사도신경에는 또한 "성도가 서로 교통하는 것(the communion of saints)을 믿습니다"라는 고백이 나오는 것입니다. 우리는 이 교통함을 통해 그리스도를 몸으로 하는 통일성統一性을 유지할 수 있습니다.

첫째, 교회는 하나님의 택하심으로 서 있기에, 하나님의 영원한 섭리가 흔들리거나 실패할 수 없는 것처럼, 교회도 그러하다. 둘째, 교회는 그리스도의 견고하심에 어떤 방식으로 연결되어 있다. 그리스도께서는 자신을 믿는 자들이 자신에게서 갈라져 나가도록 허락하시지 않으시며, 또한 그분의 교회가 흩어져 찢어지도록 허용하지도 않으신다. … 마지막으로, … '교통'이라는 단어 자체 속에 풍성한 위로가 있다. 왜냐하면, 주님께서 교회와 우리에게 베풀어주시기로 결정하신 것이 무엇이든 그것이 우리에게 속한 것이 되므로, 우리의 소망은 교회가 받는 그 모든 은택들로 인해 강화된다(*Inst.*, IV i 3).

그래서, 칼뱅은 교회를 신자의 어머니라고 표현합니다. 그리고 교회의 필요성을 매우 강조합니다.

이 어머니가 우리를 자궁으로 잉태하고, 낳고, 가슴의 젖으로 우리를 양육하지 않는다면, 또한 마지막으로 그 보살핌과 인도로써 우리가 죽을 육체를 벗고 천사들처럼 되기까지 우리를 지키지 않는다면(마 22:30), 우리가 생명으로 들어갈 다른 방법은 없다. 우리가 가진 연약함이 우리의 모든 삶 동안 교회라는 학교의 학생으로 있게 하고 거기서 이탈하지 못하게 한다. 더 나아가, 선지자 이사야(37:32)와 요엘(2:32)이 증거하는 바대로, 그 어머니의 품을 떠나서는 죄 사함이나 구원에 대한 소망을 가질 수가 없다. ··· 이 말씀을 통해 볼 때, 하나님 아버지의 호의와 신령한 삶의 특별한 증거는 오직 그분의 양떼에게만 주어지므로, 교회를 떠난다는 것은 언제나 재앙에 가까운 일이 된다(*Inst.*, Ⅳ i 4).

교회의 사역자들, 특히 설교하는 자들을 경멸하지 말라(5-6)

전능하신 하나님은 얼마든지 우리를 순식간에 그리스도의 장성한 분량에 이르게 하실 수 있으십니다. 그러나 그렇게 하지 않으시고, 그분은 교회에 여러 사역자들을 세우셔서 그들을 통해 성도들을 교육하고 양육하기를 기뻐하셨습니다. 칼뱅은 이런 사역자들을 귀하게 여겨야 한다고 말합니다.

우리는 하나님께서 자신의 백성들을 한순간에 완전하게 만드실 수 있음을 안다. 그럼에도 불구하고 그분은 오로지 교회의 교육을 통해 장성한 자들로 자라나기를 원하셨다. 우리는 그 방법을 보게 되는데, 곧 하늘의 법칙을 설교하는 일을 목사들에게 맡기셨다는 것이다. 또한 우리는 모든 신자들이 동일한 규범 아래 양육을 받는 것을 보며, 온유하고 가르치는 영을 받아 이 기능을 행하도록 지정받은 교사들이 자신들을 다스리도록 허락하는 것을 본다(*Inst.*, Ⅳ i 5).

심지어 칼뱅은 하나님께서 세우신 사역자들에게 순복하여 그 가르침을 받아들이지 않는 자들이 멸망하는 것은 당연하다고 말합니다.

이로부터 다음의 것이 따르는데, 곧 교회의 손을 통해 그들에게 전달되는 하나님의 영적 양식을 물리치는 모든 자들은, 기갈과 굶주림으로 죽어 마땅하다는 것이다. 바울이 "믿음은 들음에서 나는 것"(롬 10:17)이라고 지적한 것처럼, 하나님께서는 오직 그분의 복음을 도구로 하여 우리에게 믿음을 불어 넣으신다(Inst., IV i 5).

칼뱅은 하나님께서 복음의 사역자들을 세우신 데는, 사역자들이 가진 연약함 때문에 성도들의 믿음과 순종을 시험하시기 위한 목적도 있음을 밝히고 있습니다.

한편으로, 하나님께서는 우리가 순종하는지를 그 선한 시험을 통해 증명하고자 하시니, 곧 우리가 그분이 세운 사역자들의 말을 마치 하나님께서 친히 말씀하시는 것처럼 듣는지를 보고자 하신다. 다른 한편으로, 그분은 또한 우리의 연약함을 그런 방식으로 보완하신다. 곧, 우리에게 뇌성을 발하셔서 도망치게 하기보다는 우리를 그분께로 이끄시기 위해 해석자들을 통해 인간의 방식으로 우리에게 말씀하시기를 더 선호하시는 것이다. … 말씀을 가르치도록 부르심을 받은 자들이 미천한 것 때문에, 말씀의 권위가 약해진다고 생각하는 자들은 자신들의 감사할 줄 모르는 마음을 스스로 드러내게 된다. 왜냐하면, 하나님께서 인류에게 베풀어주신 많은 탁월한 은사들 중에서, 사람들의 입과 혀를 친히 거룩하게 구별하셔서 하나님의 음성이 그들 가운데 울려 퍼지게 하시는 것이야말로 독특한 특권이다. 그러므로, 우리는 하나님의 명령과 친히 그분의 입으로 선포하시는 구원의 도리를 순종함으로 기꺼이 받아들이기도록 하자(Inst., IV i 5).

칼뱅은 설교야말로 성도들을 연합시켜주는 신성한 끈이므로, 이것을 무시하는 자들은 스스로 치명적인 오류와 몹쓸 망상에 현혹된다고 경고합니다(*Inst.*, IV i 5). 주로 배도자背道者들이 그런 행태를 부리는데, 오늘날 사탄의 자녀들인 악한 이들이 교회를 분열시킬 때 말씀을 맡은 목회자를 공격하는 이유가 바로 여기에 있습니다. 성도들을 하나되게 하는 설교를 못하게 하는 것만큼 확실하게 교회를 분열시키는 수단이 없기 때문입니다.

> 이보다 훨씬 더 혐오할만한 태도는 바로 배도자들의 그것인데, 이들은 교회를 분열시키고자 하는데 열정을 가지고 있어서 양 떼들을 우리에서 몰아내어 늑대들의 입에 던져넣으려 한다. 우리는 반드시 바울이 한 말씀을 붙들어야 하니, 곧 교회는 오직 외적인 설교를 통해서만 세워지며, 또한 성도들은 오직 하나의 끈으로만 모아질 수 있다는 것이다: 하나로 연합하여 배우고 전진함을 통해, 그들은 하나님께서 세우신 교회 질서를 유지하게 된다(엡 4:12 참조)(*Inst.*, IV i 5).

칼뱅은, 하나님께서 우리에게 성소聖所를 허락하신 이유도, 모든 성도들이 한 곳에 모여 함께 말씀을 듣고 믿음의 정진을 이루도록 하기 위함이라고 말합니다(*Inst.*, IV i 5). 그렇다면, 참된 말씀이 없는 성전은 더 이상 하나님도 믿음도 없다는 것이 분명해집니다.

하지만, 때로 사역자들이 그 연약함과 불안함을 노출시킬 때가 있습니다. 어쩔 수 없습니다. 사역자들도 사람이니까요. 하지만, 그렇다고 해서 사역자들은 그것을 핑계로 대어서는 안 됩니다. 오히려 모든 상황에서도 더욱 하나님의 사역자답게 서서 올바른 하나님의 말씀을 전하기 위해 노력해야 하며, 자신의 연약함에 대해서는 늘 겸손함과 정직함으로 대처해야 합니다. 분명한 사실은, 하나님께서 그들을 통해 역사하신다는 것입니다. 사역자들은 이것을 명심하고, 또한 자신을 통해 역사하시는 분이 누구인지를 알아(골 1:29 참조), 늘 하나님을 경외하며 자신의 사역을 감당해야 합니다. 또한 성도들은 사역자들의 연약함에도 불구하고, 그들을 하나님께서 세우신 줄로 믿고 따를 때, 유익을 얻게 됨을 명심해야 합니다.

반면, 하나님께서 세우신 목사들이 전하는 영의 가르침 안에서 자신을 내보이는 자들은 누구나, 그 결과로서, 선한 이유를 가지고 이런 방식의 가르침이 하나님을 기쁘시게 한다는 것과 또한 선한 이유로 이 온유함의 멍에가 신자들에게 부과되었음을 알게 된다(*Inst.*, IV i 6).

가시적(可視的) 교회: 그 구성원과 표지(7-9)

'교회'라는 말은 두 가지 의미를 가집니다. 하나는 하나님께 택함받은 모든 무리들을 가리키는 것이고, 다른 하나는 현재 온 땅 위에서 그리스도를 믿어 하나님을 예배하는 자들의 무리를 가리킵니다.

성경은 교회에 대해 두 가지로 말씀하고 있다. 때때로 '교회'라는 용어가 뜻하는 바는, 실제로 하나님의 임재 안에 있다는 것인데, 그 임재 안으로는 누구도 들어가지 못하고 다만 양자 됨의 은혜를 입어 하나님의 자녀가 된 자들과 성령의 거룩하게 하심으로 말미암아 그리스도의 지체가 된 자들만 들어갈 수 있다. 그렇다면, 실제로 교회에는 현재 이 땅에 살고 있는 성도들만이 아니라 세상이 시작된 이래로부터 택하심을 받은 모든 자들이 포함된다. 그러나 종종 '교회'라는 이름은 온 땅 위에 퍼져있는 모든 무리들, 곧 한 분 하나님과 그리스도께 예배드린다고 고백하는 자들을 지칭하기도 한다. 우리는 세례를 받음으로 그분 안에서 믿음을 시작한다. 주님의 성찬에 참여함으로써 우리는 참된 교리와 사랑으로 하나가 되었음을 증거한다. 주님의 말씀으로 우리는 일치를 이루며, 말씀을 전하기 위해 그리스도에 의해 제정된 사역들이 보존된다(*Inst.*, IV i 7).

여기서 전자前者를, 조금 어렵지만 눈으로 볼 수 없다고 하여 '불가시적 교회'라고 하고, 후자後者를 우리가 경험할 수 있다하여 '가시적 교회'라고 합니다. 그런데, 이 가시적 교회에는 신자인 척하는 자들도 섞여 있음을 명심해야 합니다.

이 교회 안에는 많은 위선자들, 곧 그리스도와는 아무 관계가 없고 단지 이름과 외양으로만 그리스도인인 자들이 섞여 있다. 그들은 야심에 차 있고, 탐욕스러우며, 시기하며, 나쁘게 말하며 그리고 매우 성결하지 못한 삶을 사는 자들이다. 그런 자들은 잠시 용납되는데, 이는 유능한 재판관을 통해서도 이들의 유죄를 밝혀 처벌할 수 없기 때문이거나 엄격한 권징이 언제나 그 행해야 할 바대로 시행되지 못하기 때문이다(*Inst.*, IV i 7).

우리가 예정 교리를 보았지만, 참된 믿음을 가진 자만이 끝까지 하나님의 은혜로 자신의 믿음을 지키며 자신이 하나님께 속한 자임을 증거하게 될 것입니다(*Inst.*, IV i 8). 하지만, 사람들은 그것을 알지 못하므로, 하나님께서는 참된 교회를 알아볼 수 있는 표지標識를 주셨습니다.

어디서든 하나님의 말씀이 순전하게 선포되고 그 말씀을 들으며, 그리스도께서 정하신 바에 따라 성례가 시행되면, 거기에는 의심의 여지 없이, 하나님의 교회가 존재한다(엡 2:20 참조)(*Inst.*, IV i 9).

여기서 '보편 교회'(the church universal)라는 개념이 나옵니다. 이것은 불가시적 교회와는 다른 것입니다. 즉, 현재 지상에 있는 교회로서 곳곳에 흩어져 있지만, 위에서 진술한 표지를 가지고 있는 교회를 말합니다. 비록 흩어져 있지만, 신적 교리의 한 가지 진리에 동의하며 동일한 신앙의 끈으로 연결되어 있습니다(Inst., IV i 9). 이 보편 교회에 속한 것인지를 알 수 있는 방법 중 하나는 동일한 신앙고백을 하는가 하는 것입니다. 이 보편 교회에 속해 있는 신자들은 정식재판을 통해 출교를 당하기 전에는 그 교회에 속하게 됩니다. 이 외에도 교회를 알아보는 몇 가지 표지들이 있습니다.

이런 표지를 가지는 한, 결점이 있다 하더라도 버려지지 않는다: 분열의 죄(10-16)

우리는 말씀 전파와 성례의 시행 그리고 동일한 신앙고백을, 교회를 분별하는 표지로 살펴보았습니다. 칼뱅은 여기에 '교회의 권위에 복종하는 것'을 추가합니다. 이것은 오늘날 많이 약화되었고, 그 결과 많은 교회에서 시끄러운 잡음이 일어나고 있습니다.

> … 누구도 교회의 권위를 무시하고 교회의 경고를 업신여기며 그 훈계에 저항하거나 그 징계를 가벼이 여겨서는 안 된다. 교회를 버리고 그 통일성을 깨뜨리는 일은 더욱 안 된다. … 교회에서 분리된다는 것은 바로 하나님과 그리스도를 부인하는 것이다. … 하나님의 독생자께서 우리와 언약으로 맺으신 혼인 관계를 망령된 불충으로 깨뜨리는 것보다 더 악랄한 것은 없다(엡 5:23-32 참조)(Inst., IV i 10).

칼뱅이 이런 표지를 정리한 것은, 성도들로 하여금 참교회를 분별하고, 함부로 그 교회에서 분리되지 않아야 함을 가르치기 위함입니다. 물론 교회마다 약간의 오류가 있을 수는 있습니다. 그러나 신앙과 구원을 무너뜨리지 않는다면 약간의 이견異見들은 용납해야 합니다.

더욱이, 교리나 혹은 성례를 시행하는 데에 약간의 잘못이 끼어들 수 있다. 하지만, 그것이 우리를 교회와의 교제로부터 소원하게 해서는 안 된다. …그러나 모든 사람들이 어느 정도 무지에 싸여 있으므로, 우리는 어떤 교회도 남기지 않든지, 혹은 신앙의 요체에 해를 가함도 없고 구원을 잃어버리지도 않는다면 그런 문제들 안에서 일어난 잘못을 눈감아주어 모르는 척 나아가야만 한다(*Inst.*, IV i 12).

현실 교회에서는 약간의 교리적 문제뿐만 아니라 도덕적인 결함도 발생합니다. 하지만, 이것을 참지 못하고 "이런 교회는 더 이상 교회가 아니다!"라고 말하며 교회를 떠나는 사람들이 있습니다. 비록 그것이 정당한 외침일지라도, 이런 태도는 옳지 않습니다. 교회의 주인은 그리스도시며 그분이 그 문제에 대해 친히 심판하실 것입니다. 칼뱅은 이런 태도를 가진 사람들이 가진 문제점을 '교회의 거룩함'에 대해 잘못 생각하고 있기 때문이라고 말합니다. 그들은 이 세상에서는 결코 그들이 바라는 교회를 갖지 못할 것입니다.

하지만, 만일 주님께서 교회가 심판의 날이 이를 때까지 무수한 악들 —악한 자들의 불순물로 그 무게를 더한 것— 아래 수고해야 한다고 선포하셨다면, 그들이 아무 흠도 없는 교회를 찾으려 하는 것은 헛된 일이다(*Inst.*, IV i 13).

성경만 보더라도 그것은 분명해집니다. 아무리 초대교회가 거룩하고 탁월했을지라도, 고린도 교회와 갈라디아 교회 같은 예들은 교회가 교리적 오염과 도덕적인 부패가 있었음을 보여줍니다. 그럼에도 불구하고, 사도 바울은 이들 교회를 주님의 교회이자 거룩한 교회라고 말하였습니다. 왜냐하면, 주님께서 순결한 말씀과 성례전을 통해 그 교회를 붙잡고 계셨기 때문입니다.

> 그러나 교회는 그들 가운데 존재하고 있었다. 왜냐하면, 말씀과 성례의 사역이 거기서 부인되지 않는 채로 남아 있었기 때문이다. 그렇다면, 누가 감히 그런 악행의 십분의 일도 책임 지울 수 없는 이들 모임에게서 '교회'라는 명칭을 빼앗아 갈 수 있겠는가?(*Inst.*, IV i 14)

하지만, 교회의 거룩함을 주장하는 어떤 이들은, 사도 바울이 그런 교회를 향해 강하게 질책했다는 것을 이유로 자신들의 입장을 정당화합니다. 실상 목회자들이 도덕적 부패를 일으키는 자들을 엄정하게 대하지 않고 오히려 관용을 베풂으로 문제를 악화시키는 경우가 있기는 합니다. 칼뱅도 이것을 인정합니다. 그러나 칼뱅은 그럴지라도 참된 성도는 자신을 살펴 말씀을 듣고 성찬에 참여하는 것을 게을리해서는 안 된다고 말합니다.

> 그러나 악인과 함께 주님의 성찬에 참여하는 것이 불경건한 일이라고 생각한다면, 그들은 바울보다 더 경직되어 있는 셈이다. 왜냐하면, 바울은 우리에게 거룩하고 순결하게 성찬에 참여하라고 촉구하면서도, 서로를 살펴거나 혹은 각 개인이 온 교회를 살피라고 말하지 않기 때문이다. 다만 각자는 자신을 살피라고 말하고 있을 뿐이다(고전 11:28). … 각 개인은 누구를 받

아들이며 누구를 거부할 것인지를 결정할 권한이 없다. … 그러므로 누군가가 다른 사람의 부정함에 오염된다고 말한다면 이는 악한 것이다. 왜냐하면, 그는 성찬에 접근하는 것을 막을 수도 없고, 또한 막아서도 안 되기 때문이다 (*Inst.*, IV i 15).

더 나아가, 칼뱅은 도덕적 부패를 일으킨 자들을 배제하려는 자들에게서 교만과 오만함과 거룩에 대한 그릇된 생각을 볼 수 있다고 일침을 가합니다. 그는 아우구스티누스가 한 말을 인용하여 자신의 주장을 뒷받침합니다.

… "다른 사람들의 허물을 싫어해서가 아니라, 자신들의 주장을 관철하려는 마음 때문에, 이 악의 자녀들은 자신들의 이름에 얽매인 이 연약한 일반의 무리들을 이리저리 끌고 다니려 하거나 적어도 나누려고 애쓴다." … "긍휼히 여기며 할 수 있는 한 교정시켜라. 인내하면서 참고 사랑으로 아파하며 교정할 수 없는 것에 대해 슬퍼하라. 하나님께서 고치시거나 교정시키시거나 혹은 추수 때에 가라지를 뿌리째 뽑으시며 쭉정이를 채질하실 때까지 그렇게 하라(마 13:40; 3:12; 눅 3:17)"(*Inst.*, IV i 16).

그렇다고 칼뱅이 교회의 적합한 치리와 재판제도를 무시하는 것은 아닙니다. 주님께서는 성도를 재판하는 일에 관여하는 모든 성도 가운데 함께 하실 것을 분명히 약속하셨습니다(마 18:20).

교회의 불완전한 거룩함이 분열을 정당화할 수 없고, 도리어 그것이 용서를 훈련할 수 있는 기회를 제공한다(17-22)

이제 분명히 알았겠지만, 교회는 거룩하되 우리가 생각하는 정도로 거룩하지는 않습니다. 그럼에도 교회는 거룩합니다. 칼뱅은 이것에 대해 이렇게 말합니다.

교회는 거룩하니, 곧 날마다 거룩을 향해 나아간다는 점에서 그리고 아직 완전하지 않다는 점에서 그러하다(Inst., IV i 17).

그렇다면, '연약한 교회가 무너질 수도 있는 것 아닌가?'라고 생각할 수 있습니다. 하지만, 교회는 주님의 몸이므로 주님께서 붙드십니다. 그래서 결코 완전히 무너지거나 망할 수 없습니다.

여전히 우리가 반드시 굳게 붙잡아야 할 것은, 창세로부터 주님께서 그분의 교회를 가지지 않으신 적이 단 한 번도 없다는 것이다. 심지어 세상이 끝날 때까지도, 주님께서 교회를 소유하지 않으시는 때는 한 번도 없을 것이다(Inst., IV i 7).

구약성경에 나타난 선지자들과 그들이 대면했던 공동체를 생각해 보십시오. 그들은 하나님을 부인하는 악한 무리들을 보면서도 자신을 그들 속에 여전히 두며 그들이 거룩해지기를 위해 노력했습니다.

결과적으로, 하나됨을 유지하고자 하는 열심 외에는 그 어떤 것도 그들이 분열하도록 만드는 것을 막지 못했다. 하지만, 만일 거룩한 선지자들이 그들이 저지른 악행들, 그것도 한두 사람이 아니라 거의 모든 사람들이 저지르는 악행들에도 불구하고 그들 자신을 교회로부터 분리시키는 것을 꺼려했었다면, 모든 사람들의 도덕성이 우리의 기준에 미치지 못한다거나 심지어 기독교 신앙고백을 가지고 다툰다는 그 이유 때문에 우리가 곧장 교회의 교제로부터 감히 물러나려 한다면, 스스로 지나친 주장을 하고 있는 셈이다(*Inst.*, IV i 18).

그러므로 우리는 조심해야 합니다. 결코 악한 사람들 때문에 자신의 신앙생활과 성도들과의 믿음의 교제를 그만두어서는 안 됩니다. "그들 때문에"라는 핑계는 주님 앞에서 결코 통하지 않습니다.

다음의 두 가지 사실을 확고히 하도록 하자. 첫째, 교회의 ―하나님의 말씀이 선포되며 성례가 시행되는 곳의― 외형적인 교제를 자발적으로 저버리는 자는 변명의 여지가 없다. 둘째, 몇 사람이나 많은 사람들의 악행이 있다 할지라도, 하나님께서 정하신 의식들이 시행되는 곳에서 어떤 식으로든 우리의 믿음을 정당하게 고백하는 것이 방해받아서는 안 된다. 왜냐하면, 경건한 자들의 양심은 다른 사람, 곧 목사든 평신도든 누구의 부정함 때문에 상처를 입지 않기 때문이다; 또한 부정한 자들이 시행한다고 해서 그 성례가 거룩하고 올바른 사람에게 덜 순결하고 덜 유익한 것도 아니기 때문이다(*Inst.*, IV i 19).

한편, 우리는 악행을 저지르는 사람들을 함부로 판단해서는 안 됩니다. 하나님께서 우리에게 명하신 것은 용서가 먼저이기 때문입니다. 상대방이 그 용서에 응하지 않으면 그것은 다른 문제입니다. 오히려 당신이 정죄하고 판단함으로 인해 교회에 합당한 사람이 아니라는 것을 나타내서는 안 됩니다. 성도는 언제나 교회의 연합을 위해 서로 짐을 져야 합니다.

이제 나는 말하기를, 먼저 해야 할 것은 교회를 세우는 것이어야 한다는 것이다. 죄 사함이 없이도 교회가 존재할 수 있다는 것이 아니라, 주님께서 오직 성도들의 교제 속에서 그분의 긍휼하심을 약속하셨기 때문이다. 그렇다면, 용서는 우리에게 교회와 하나님 나라에 들어가는 첫걸음이 된다. 그것이 없이는 하나님의 언약도, 하나님과의 연합도 없다(*Inst.*, IV i 20).

저도 잘 압니다. 감정적으로는 이런 연합을 이룰 수 없다는 것을요. 하지만, 주님께서 어떻게 우리를 용서하셨는지를 생각해야 합니다. 이것은 그리스도인이라면 늘 잊지 말아야 합니다. 우리는 그분을 닮도록 부름을 받았기에, 교회 공동체 안에 있을 때 서로를 너그럽게 대해야 합니다.

그래서, 우리가 하는 바 평생토록 죄의 흔적들을 가지고 다니는데, 만일 우리가 우리 죄를 용서하시는 주님의 끊임없는 은혜로 말미암아 지탱되지 않는다면, 우리는 단 한 순간도 교회 안에 거하지 못하게 될 것이다. 하지만, 주님께서는 자신의 자녀들을 영원한 구원에로 부르셨다. 그러므로, 그들은 마땅히 그들의 죄에 대해 언제나 용서가 준비되어 있다는 것을 생각해야 한다. 결과적으로, 우리가 확고하게 믿어야 하는 것은, 하나님의 관대하심과 그리스도의 공로와 또한 성령의 거룩케 하심을 통해, 우리의 죄들이 용서받았고 또한 날마다 용서를 받게 된다는 것이다. 우리가 받아들여졌고, 또한 교회의 몸으로 접붙임을 받았기 때문이다(*Inst.*, IV i 21).

여기서 우리가 생각해야 할 것은, 주님께서 베드로에게 주셨다는 열쇠의 의미입니다. 그것은 베드로 개인에게 주신 것이 아니라, 교회에게 주신 권한입니다. 마귀는 죄를 가지고 사람들을 무너뜨리나, 교회는 서로 죄를 용서할 수 있는 권한을 부여받았기에, 지옥의 권세가 어떻게 할 수가 없습니다. 이 개념을 반드시 명심해야, 다음에 나오는 로마 가톨릭의 잘못된 교리에도 대처할 수가 있습니다.

> 따라서, 우리는 여기서 세 가지를 주목해야 한다. 첫째, 하나님의 자녀들이 아무리 거룩함에 뛰어날지라도, 그들은 여전히 ―죽을 육체 속에 거하는 동안에는― 죄 사함이 없이는 하나님 앞에 능히 설 수가 없다. 둘째, 이런 은혜가 교회에 속해 있기 때문에 우리가 교회와의 교제 가운데 있지 않고서는 그것을 누릴 수 없다. 셋째, 그 은혜는 교회의 사역자들과 목사들을 통해 복음의 선포나 성례의 시행을 통해 우리에게 베풀어진다. 그리고 여기서 주님께서 신자들의 공동체에게 주신 열쇠의 권세가 뚜렷하게 나타난다(*Inst.*, IV i 22).

신자들의 공동체 안에서 행해진 용서의 사례들(23-29)

지금도 기독교 이단들 중에는 구원받은 후에는 결코 죄 사함을 위한 회개나 기도가 필요하지 않다고 주장하는 이들이 있습니다. 그것은 매우 잘못된 주장입니다. 예전에는 노바티아누스파^{Novatiaists}가 그런 주장을 했고, 칼뱅 당시에는 재세례파^{Anabaptists}가 그런 주장을 했습니다. 이들은 세례를 받는 즉시 천사들처럼 흠이 없는 완전한 존재가 되므로, 그 이후에 타락한다면 다시는 용서받지 못한다고 주장합니다. 그렇다면 생각해 보십시오. 분명히 살면서 죄를 짓는데, 이들은 혹 버림을 당할까 싶어 오히려 마땅히 해야 할 회개를 하지 않고 자신은 구원받았으니 괜찮다는 식으로 애써 넘기려 합니다. 결국 이들은 자신의 양심을 옥죄고 마침내 죄를 지어도 무덤덤하게 넘겨버리게 되어, 결국 그토록 피하고 싶었던 끔찍한 심판과 멸망을 맞이하게 됩니다. 칼뱅은 주님의 말씀을 인용하면서 이런 태도를 강하게 질책합니다.

주님께서는 성도들이 자신의 죄를 고백할 것을 요구하신다. 그것도 일평생
지속적으로 말이다. 그리고 주님은 용서를 약속하신다. 죄에서 면제되었다
고 말하며 혹은 그들이 넘어졌을지라도 스스로 완전히 은혜로부터 자신을
배제하다니 도대체 그런 담대함의 정체는 무엇인가? 주님은 우리에게 일곱
번씩 일흔 번까지라도 용서하라고 하셨는데 누구에게 그렇게 해야 하는가?
우리의 형제들이 아닌가?(마 18:21-22) … 그러므로 주님은 한두 번만 아니
라, 사람들이 자신의 범죄 사실을 깨닫고 가슴을 치며 그분께 부르짖을 때마
다 용서하신다(*Inst.*, IV i 23).

구약성경에도 하나님께서 잘못을 뉘우치는 자들을 용서하시는 예가
많습니다. 대표적인 경우가 다윗입니다. 그는 왕이었지만, 밧세바에 대
한 음욕 때문에 엄청난 죄를 지었고, 나단 선지자가 지적하자 진심으로
뉘우쳤습니다. 하나님은 회개하는 다윗을 용서해주셨습니다. 모세는 어
떻습니까? 거역하는 이스라엘 백성을 위해 하나님께 기도했고, 하나님
은 그 기도를 받으시고 용서해주셨습니다. 무엇보다 하나님이 율법으로
정하신 속죄 제사 제도가 하나님이 용서하시기를 기뻐하신다는 것을 증
명합니다.

주님께서 죄를 위해 매일 희생제사를 드릴 것을 법으로 제정하신 것은 헛된
것이 아니다(민 28:3 이하). 왜냐하면, 만일 주님께서 자신의 백성들이 계속
해서 죄라는 질병을 짊어질 것을 예견하지 않으셨다면, 그분은 결코 이런 치
료책을 세우지 않으셨을 것이다(*Inst.*, IV i 25).

신약성경에서는 너무나 많은 예를 찾을 수 있습니다. 예수님의 수제자였던 베드로는 주님을 세 번이나 부인했지만 용서를 받았습니다. 사도 바울은 예수님과 교회를 핍박했지만 주님을 만나 회심했고, 주님은 그를 용서하시고 심지어 자신의 사역자로 삼으셨습니다. 그래서 사도들이 복음을 전하면서 그토록 "회개하라!"라고 선포했던 것입니다. 칼뱅은 사도신경의 순서를 통해서도 죄 사함의 은혜가 교회에 있음을 언급합니다.

> 마지막으로, 우리는 사도신경에 언급된 그 순서를 통해서도 죄 사함의 은혜가 계속해서 그리스도의 교회에 남아 있음을 배우게 된다. 왜냐하면, 이를테면 교회가 세워진 다음에야, 죄 용서가 거기에 더해지기 때문이다(*Inst.*, IV i 27).

어떤 이들은 "그것은 실수로 지은 죄, 모르고 지은 죄에나 적용되는 것이지 고의로 지은 죄에는 적용되지 않는다"라고 말할지도 모릅니다. 하지만, 하나님께서 모세에게 주신 율법을 보면, 고의로 범한 죄에 대해서도 속죄받을 수 있는 의식을 따로 정해두신 것을 알 수 있습니다(레 6:1 이하). 앞에서도 언급했지만, 다윗이 밧세바를 범한 것은 모르고 지은 죄가 아니라 고의로 지은 죄입니다. 그럼에도 그가 진심으로 뉘우치고 회개했을 때, 하나님은 용서해주셨습니다. 우리는 죄 용서를 가로막는 어떤 궤변에도 휘둘려서는 안 됩니다.

> 그러므로, 우리는 하나님의 자비하심에 이르는 길을 우리의 무정함으로 가로막지 않도록 하자(*Inst.*, IV i 28).

한편 히브리서 6장 4-6절에는 돌이킬 수 없는 범죄에 대해 기술하고 있습니다. 하나님의 풍성한 구원의 은혜를 경험했음에도 배교하는 자들은 다시 회개케 할 수 없다는 내용입니다. 이것을 어떻게 이해해야 할까요? 이것은 문자 그대로 보기보다는 회개가 하나님의 은혜로운 역사임을 강조하는 것으로 이해해야 합니다. 즉, 하나님께서 깨우치지 않으시면, 그는 결코 배교한 죄에서 돌이키지 못하고 영원히 멸망의 상태에 빠진다는 것입니다. 이에 대한 예(例)는 베드로와 가룟 유다를 드는 것으로 충분할 것입니다. 다만, 우리가 해야 할 일은, 혹 하나님의 은혜로 돌아올 자들을 위해 너무 가혹한 징계를 내려 그들이 낙심하지 않도록 하는 것입니다(*Inst.*, Ⅳ i 29).

제2장 | 거짓 교회와 참 교회의 비교

참된 교리와 예배에서 벗어난 로마 교회의 주장이 참된 교회에 대한 것을 무효화시킴(1-6)

본 장부터 칼뱅은 당시의 로마 교회에 대한 비판을 시작합니다. 우리는 이 내용들을 통해 비단 당시의 로마 가톨릭교회뿐만 아니라, 오늘날 거짓 교회와 이단들에 대한 것들도 분별할 수 있어야 하겠습니다.

우리는 앞에서 올바른 말씀 선포와 성례전이 행해진다면, 약간의 교리적 오류와 도덕적 흠결에도 불구하고, 그 교회는 참된 교회라고 배웠습니다. 그렇다면, 잘못된 교리로 설교가 행해지고 성례가 올바르게 시행되지 않는 교회는 거짓 교회라는 것을 알 수 있습니다.

그러나 신앙의 보루에 거짓이 침투해 들어오고 필수적인 교리의 요체가 전복

되며, 성례의 시행이 파괴되면, 교회의 죽음은 반드시 뒤따른다. 마치 사람이 목구멍을 찔리거나 심장에 치명적인 상처를 입으면 죽는 것과 같다. … 또한, 만일 참된 교회가 진리의 기둥과 터라면(딤전 3:15), 거짓말과 기만이 지배하는 곳에서는 어떤 교회도 존재할 수 없다는 것이 확실하다(*Inst.*, IV i 1).

칼뱅은 로마 교회가 순수한 말씀 사역 대신 거짓말이 섞인 사악한 통치를 행하고 있다고 일갈합니다.

말씀의 사역 대신 거짓말이 섞인 사악한 정부가 지배하고 있어서 부분적으로는 순수한 빛을 꺼뜨리며, 부분적으로는 질식시키고 있다. 주님의 성찬을 대신하여 가장 추악한 신성모독이 도입되었다. 하나님께 드리는 예배가 여러 가지 참을 수 없는 것들에 의해 훼손되었다. 교리—이것이 없으면 기독교가 설 수 없다—가 완전히 묻혀서 추방되었다. 공적인 집회들이 우상과 불경건의 학교가 되어 버렸다(*Inst.*, IV ii 2).

당시의 로마 가톨릭은 자기들만 사도적 계승을 한 참된 교회라고 주장했는데, 칼뱅은 이것을 매우 언짢게 생각했습니다. 이들은 순수한 말씀에 순종하지 않고 인간의 전통만을 강조했기 때문입니다. 칼뱅은 유대인들이 교회의 외형적인 모습을 갖추었을지라도 그리스도를 품지 않았기에 교회가 아니었듯이, 참된 교회는 겉으로 드러나는 것에 있지 않다고 주장하였습니다.

왜냐하면, 만일 그들이 겉으로 나타나는 고백을 자랑한다면, 이스마엘 또한 할례를 받은 상태였기 때문이다. 만일 그들이 옛날 것을 주장한다면, 이스마엘은 장자였다. 그러나 우리는 그가 내어쫓긴 것을 보게 된다. 그 이유를 찾자면, 바울은 오직 순결하고도 적법한 교리의 씨로 난 자만이 하나님의 자녀로 인정을 받기 때문이라고 지적한다(롬 9:6-9). … 그러나 특별히 교회 조직에 있어서는 가르침을 배제하고 오직 사람만을 계승하는 데 머무는 것보다더 터무니없는 것은 없다(*Inst.*, IV ii 3).

칼뱅이 강조하는 것은 동일합니다. 교회는 그럴듯한 외형이 아니라참된 말씀과 올바른 성례전이 행해지는 것을 표지로 삼아야 합니다. 그것이 없다면, 아무리 뭐라고 위협하고 떠들어대든 그리스도의 교회가아닙니다.

그러므로, 비록 그들이 성전과 제사장직과 기타 외양적인 것들을 제시한다할지라도, 이것은 단순한 사람들의 눈을 어둡게 하는 허무한 반짝거림이며,우리를 조금도 감동시킬 수 없으며, 하나님의 말씀이 있는 곳에 존재하는 교회를 발견하지 못하게 한다. 왜냐하면, 하나님의 말씀이야말로 우리 주님께서 친히 인치신 항구적인 표시이기 때문이다: "무릇 진리에 속한 자는 내 음성을 듣느니라"(요 18:37)(*Inst.*, IV ii 4).

당시 로마 가톨릭은 종교개혁을 일으킨 개신교에 대해 안 좋은 평가를 내리면서, 사람들에게 이단이나 분리주의자들이라고 가르쳤습니다.하지만 칼뱅은 진정한 이단과 분리주의자들이 어떤 사람인지를 이렇게밝힙니다.

불화를 조장하고 교회의 교제를 파괴하는 자들을 이단이나 분리주의자들이라고 부른다. 지금 이 교제는 두 가지 끈으로 지탱되니 곧 건전한 교리의 일치와 형제 사랑이다. 그러므로 아우구스티누스는 이단과 분리주의자들을 이런 종류의 구별점으로 구분한다: 이단들은 거짓 교리로 믿음의 신실성을 타락시키는 자들이다. 하지만 분리주의자들은, 때로는 동일한 믿음을 갖고 있으면서도 교제의 끈을 끊어버리는 자들이다. 그러나 또한 반드시 주목해야 할 것은, 이런 사랑의 연합이 믿음의 일체에 의존하고 있어서 그것이 믿음의 시작이요 끝이며, 유일한 규칙이 된다는 점이다. 그러므로 우리는 다음의 것을 기억하도록 하자. 즉, 교회의 일체에 대한 명령이 주어질 때마다, 다음의 것이 요구된다: 우리의 마음이 그리스도와 함께 할 때, 우리의 의지도 그리스도 안에서 서로의 덕을 세우기 위해 연결되어야 한다(*Inst.*, IV ii 5).

칼뱅은 이렇게 말하면서 종교개혁을 통해 로마 가톨릭과 결별하는 것은 참된 그리스도께 나아가기 위한 불가피한 조치였음을 강조합니다.

내게는 우리가 그리스도께로 가기 위해서는 그들에게서 물러나는 것이 불가피했다는 것으로 충분한 사유가 된다(*Inst.*, IV ii 6).

예배와 권한을 놓고 로마 교회를 고대 이스라엘과 비교하다(7-11)

칼뱅은 과거 이스라엘이 우상으로 점철되었음에도 율법의 가르침과 제사장 제도와 성전에서의 제사가 유지되고 있었던 것을 당시의 교회 상황에 접목시킵니다. 즉, 고대 이스라엘도 당시 로마 가톨릭처럼 우상의 횡포를 강요하고 있었지만, 그럼에도 불구하고 올바른 말씀과 성례를 표지로 하는 참된 교회가 남아 있었다는 것입니다. 그런데 이 말을 곱씹어 보면, 당시 로마 가톨릭은 온갖 부정함과 부패함으로 가득했다는 뜻임을 알 수 있습니다.

그러면 이제 교황 예찬자들로 그들이 할 수 있는 만큼 부인하게 해보자. 그들이 아무리 자신들의 잘못을 경감시키려 할지라도, 그들의 신앙적 상태는 여로보암 시대의 이스라엘 왕국만큼 부패하고 더럽혀져 있다. 오히려 그들이 더 심한 우상숭배를 행하고 있다(*Inst.*, IV ii 9).

그럼에도 불구하고 그들은 그들의 부정한 기도와 성례와 의식에 참여할 것을 강제하고, 그리스도께서 모든 교회에게 주시는 존귀와 권세와 재판권이 오직 자기들에게만 있다고 강조합니다(*Inst.*, IV ii 1). 칼뱅은 이러한 태도를 경멸합니다.

그러므로 우리는 결론짓기를, 경건한 자들 사이에서 이루어지는 교회의 교제를 다음의 경우에까지 확대해서는 안 된다는 것이다. 즉, 만일 그것(기도와 성례와 의식 등)이 신성모독적이고 타락한 의식으로 퇴보하여 그들이 무모하게 따라야만 하는 것이 된다면 말이다(*Inst.*, IV ii 9).

칼뱅이 이렇게 말하는 것은 로마 교회는 더 이상 교회가 아니라는 것을 말하고자 함입니다.

동일한 방식으로, 만일 누군가가 현재의 모임들—우상숭배와 미신과 불경건한 교리로 오염된 모임들—을 교회(그리스도인들이 반드시 견지해야 할 온전한 교제를 하고 있는 교회들 그리고 심지어는 교리의 일치를 이루고 있는 교회들)로 간주한다면, 그는 매우 심각한 오류를 범하고 있는 셈이다. 왜냐하면, 만일 그들이 교회라면, 열쇠의 권세는 그들의 수중에 있는 것이 되기 때문이다. 하지만 그 열쇠는 말씀과 불가분리인데, 그 말씀은 이미 그들 가운데서 파괴되었다(*Inst.*, IV ii 10).

제4권_ 하나님께서 우리를 그리스도의 공동체로 인도하시고 그 안에 보존하시는
외적인 수단 혹은 도움들 | 371

하지만, 칼뱅은 로마 가톨릭 안에 여전히 교회의 흔적이 남아있다고 말합니다. 칼뱅은 그들을 향해 적그리스도라는 말을 서슴지 않지만, 그럼에도 두 가지 이유로 하나님의 언약이 유지되고 있다고 말합니다.

첫째, 주님은 언약의 증거인 세례를 거기서 유지되게 하셨다. 주님께서 친히 말씀하셔서 구별하신 것이기에, 사람들의 불경건함에도 불구하고 그 효력이 유지되게 하셨다. 둘째, 그분의 섭리로써 다른 흔적들이 남아 있게 하셔서 교회가 완전히 멸절되지 않게 하셨다. 건물이 무너질 때도 그 기초와 그 잔재는 남아 있듯이, 주님께서는 적그리스도로 인해 당신의 교회가 기초까지 혹은 기초가 땅에 드러나도록까지는 파괴되지 않도록 하셨다(*Inst.*, IV ii 11).

이로써 칼뱅은 로마 가톨릭에 대해 이중적인 태도를 취합니다. 그는 그들을 향해 교회라는 명칭을 붙이는 것을 반대합니다. 하지만 그들 안에도 여전히 교회가 남아 있다는 것은 인정합니다.

우리가 아무리 교황 예찬자들에게 교회라는 명칭을 붙이기를 단호히 거부할지라도, 그들 중에 교회들이 존재한다는 것에 의심을 가지는 것은 아니다. 오히려, 우리는 참되고 합법적인 교회의 구성에 대해 문제를 제기하는 것뿐이다. 그것은 교제 가운데 성례(이것은 신앙고백의 증표다)뿐만 아니라 또한 특히 바른 교리를 필요로 한다. 다니엘(단 9:27)과 바울(살후 2:4)은 예언하기를, 적그리스도가 하나님의 성전에 자리를 잡고 앉을 것이라고 했다. 우리로서는, 로마의 교황이야말로 그 사악하고 가증스러운 왕국의 수괴首魁요 기수旗手라고 여긴다. … 정리하자면, 우리는 그들을 다음의 한도 내에서 교회라 칭한다. 즉, 주님께서는 그들 속에 여전히 자기 백성의 남은 자들을 보존하고 계신다. 아무리 그들이 비참하게 완전히 흩어져 있을지라도 말이다.

그리고 교회로서의 몇 가지 표지가 남아 있는 한 그러하다. 특히 그 표지들은 그 효력이 마귀들의 간계나 인간의 부패함으로도 파괴할 수 없다. 하지만 반대로, 이 논의에서 특별히 관심을 기울여야 하는 그 표지들이 그들 안에서 지워져 버렸다면, 나는 그들의 모임에 참석하는 개인이든지 혹은 전체든지 합법적인 교회의 형태를 가지지 않는다고 단언한다(*Inst.*, IV ii 12).

제3장 | 교회의 교사들과 사역자들, 그들의 선출과 직무

하나님께서 주신 사역: 그것이 지닌 고결하고도 필요한 역할들(1-3)

우리는 교회를 통해 신앙생활을 하면서, 우리를 위해 세워진 사람들을 가볍게 생각하고 대해서는 안 됩니다. 그들은 우리의 신앙의 진보를 이루기 위해 꼭 필요한 사람들입니다. 그들은 주님께서 자신의 뜻을 이루기 위해 사용하시는 도구입니다. 하지만, 예전과 달리 오늘날 이렇게 생각하는 사람들이 많이 줄어들었습니다. 어느새 교회 안에서 성도들은 고용주, 사역자들은 피고용인이라는 인식이 자리 잡아가고 있습니다. 그 결과, 주님께서 세우신 사역자들을 가볍게 대하는 이들이 많습니다. 그러나 칼뱅은 사역자들과 그들의 역할을 매우 중요하게 여겼습니다.

주님께서는 사역자들에게 이 직무를 맡기시고, 또한 그 직무를 수행할 수 있도록 은혜를 베푸시며, 그들을 통해 교회에게 자신의 은사들을 나누어주신다: 또한 주님은 자신이 세우신 그 직무에 성령의 권능을 드러내심으로 자신의 임재를 나타내시고, 그리하여 그 직무가 헛되거나 미련한 것이 되지 않도록 하신다. … 그러므로 누구든지 우리가 말하는 이 질서와 이런 종류의 다스림을 폐지하려 하거나 필요 없는 것으로 무시해 버리면, 그 사람은 교회를 몰락시키거나 폐허로 만들고 무너뜨리려고 노력하는 셈이다. … 이 땅의 교회를 보존하는 데에는 사도적 직분과 목회의 직분이 필수적이다(*Inst.*, IV iii 2).

예수님은 친히 복음을 전하는 제자들을 향해 이렇게 말씀하셨습니다: "너희 말을 듣는 자는 곧 내 말을 듣는 것이요 너희를 저버리는 자는 곧 나를 저버리는 것이요"(눅 10:16). 칼뱅은 이것을 교회에서 말씀을 맡은 사역자에게도 동일하게 적용합니다.

이와 같은 말씀들이 지니는 취지는, 사역자를 통해 교회를 다스리고 지키는 방식(이것은 주님께서 영원토록 세우신 방식이다)이 우리들 가운데서 존귀히 여김을 받지 않고 멸시를 받아 쓸모없는 것이 되어서는 안 된다는 것이다 (*Inst.*, IV iii 3).

우리는 하나님께서 친히 말씀하시거나 천사를 통해서도 말씀하실 수 있지만, 사람을 통해 말씀하시는 하나님의 의도가 어디에 있는지를 잘 생각해야 합니다. 하나님께서 세우신 권위를 무시하는 자는 결국 하나님을 저버리는 자입니다(롬 13:2 참조).

성경에 기록된 사역의 직분들(4-9)

사도 바울은 에베소서 4장 11절에 그리스도께서 친히 제정하신 교회를 다스리는 자들로서, 사도, 선지자, 복음 전하는 자, 목사, 교사가 있다고 밝혔습니다. 칼뱅은 이 중에서 목사와 교사를 제외한 나머지는 탁월하지만 시대의 필요에 따라 세워진 직분이라고 합니다.

이들 중 마지막 두 가지만 교회에 있는 일상적인 직분이다. 주님께서는 앞의 세 가지 직분을 자신의 나라의 시작 때에 일으키셨고, 시대의 요청에 따라 가끔 다시 일으키신다(Inst., IV iii 4).

따라서, 우리가 관심을 가지고 살펴볼 직분은 목사와 교사가 되겠습니다. 칼뱅은 이 두 직분이 가지는 중요성과 함께 간략하게 이 직분이 감당하는 역할을 이렇게 소개합니다.

그다음으로 목사들과 교사들이 있는데, 이들이 없으면 교회가 결코 나아갈 수 없다. 내가 믿기에 이 둘은 다음과 같은 차이가 있다: 교사들은 권징이나 성례를 집행하거나 경고나 권면의 책임을 지지 않고 오직 성경 해석에 대해서만 책임을 지는데, 이는 신자들 중에서 교리를 오전하고도 순전하게 지키기 위함이다. 반면, 목사의 직분에는 이 모든 역할들이 다 포함된다(Inst., IV iii 4).

그럼에도, 칼뱅은 목사가 해야 할 직무를 조금 더 상세하게 설명합니다.

그들은 명예직으로 교회 위에 세움을 받은 것이 아니라, 그리스도의 가르침으로 사람들을 교훈하여 참된 경건으로 향하게 하며, 성례를 시행하며, 올바른 권징을 유지하고 실행하기 위해 세움을 받았다. 교회 안에서 파수꾼으로 지명받은 모든 자들에게 주님은 다음과 같이 말씀하신다: 만일, 그들의 나태함으로 인해 누구라도 무지로 인해 멸망하게 되면, "그 사람의 피를 그들에게서 찾을 것이다"(겔 3:17-18)(Inst., IV iii 6).

칼뱅은 목사가 원칙적으로 자기가 맡은 교회에 충실해야 한다고 말합니다.

결국 이 협정을 가능한 한 일반적으로 준수해야 할 것이다: 즉, 각 사람마다 자기 자신의 한계에 만족하고 다른 사람의 영역은 침범하지 말아야 한다. … 그렇다면, 누구든지 한 교회를 다스리고 보살피는 임무를 맡은 자들은 자신이 이 하나님의 부르심의 법칙에 매여있다는 것을 알아야 한다(*Inst.*, IV iii 7).

그런데, 성경에는 목사를 가리키는 많은 호칭이 있어서 조금 정리할 필요가 있습니다. 일단 오늘날의 의미를 떠나서 칼뱅이 말하는 바는 이렇습니다.

그러나 교회를 다스리는 자들을 구별하지 않고, '감독', '장로', '목사', '목회자'라고 부르는데, 나는 성경의 용례를 따라 이 용어들을 구별 없이 혼용하였다. 성경은 말씀 사역을 수행하는 모든 자들에게 '감독'이라는 호칭을 붙인다(*Inst.*, IV iii 8).

여기서 목사가 장로라고도 해서 오늘날 교회 안에서 웃지 못할 해프닝이 발생하기도 합니다. 즉, 목사가 아닌 일반 장로도 설교할 수 있는 권한이 있다고 주장하는 것입니다. 하나님의 말씀을 감당하는 훈련도 받지 않는 사람에게 설교를 맡기는 것은 옳지 않습니다. 훈련을 받고도 말씀을 잘못 전할 때는 장차 엄중한 심판을 받게 되는데, 그렇지 않은 자가 함부로 말씀을 전한다면 그 받을 심판이 얼마나 엄중하겠습니까? 이는 말씀이 하나님 자신이기 때문입니다. 따라서 성도들이 세운 일반 장로는 다만 정당하게 치리하고 권면하는 일에 최선을 다해야 합니다.

다스리는 자들(고전 12:28)이란, 내가 믿기에는, 사람들 중에서 택하여 세운 장로들로서 감독들과 더불어 도덕적인 과실들을 책망하고 권징을 시행하는 책임을 맡은 자들이다(*Inst.*, IV iii 8).

집사에 대해서는 칼뱅이 간략하게 설명을 합니다. 이들은 교회가 세운 청지기들로서 교회 안에 있는 가난한 자들을 돕도록 세움을 받았습니다. 그 직무의 내용은 오늘날과 큰 차이가 없습니다.

가난한 자들을 돌보는 자들은 집사들에게 맡겨졌다. … 집사에는 두 종류가 있다: 하나는, 가난한 자들의 일을 담당함으로써 교회를 섬기는 자들이다. 다른 하나는, 가난한 자들을 직접 돌봄으로써 교회를 섬기는 자들이다 (*Inst.*, IV iii 9).

사역자들의 부르심, 권위, 질서(10-16)

칼뱅은 고린도전서 14장 40절의 말씀을 따라 교회가 "모든 것을 품위 있게 하고 질서 있게" 해야 함을 강조합니다. 또한, 이것을 위해 세움을 받는 자들—여기서는 특별히 장로들—은 반드시 부르심에 대한 확신을 가져야 한다고 말합니다.

그러므로 시끄럽고 문제를 일으키는 사람들이 성급하게 스스로 가르치거나 다스리는 일(이런 일은 다른 방식으로도 발생할 수 있다)을 맡지 못하도록 막기 위해서 특별한 주의가 필요하다. 즉, 누구도 부르심을 받지 않고서 교회에서 공적인 직무를 맡아서는 안 된다. 따라서, 만일 어떤 사람이 교회의 참된 사역자로 여겨진다면, 반드시 먼저 정당하게 부르심을 받아야만 한다

(히 5:4). 그런 다음에 그는 자신의 소명에 응답하여야 하는데, 반드시 자기에게 맡겨진 임무를 감당하며 실행해야만 한다(*Inst.*, IV iii 10).

칼뱅은 소명을 외적인 부르심과 내적인 부르심으로 구분합니다. 하지만, 내적인 부르심은 오직 자신만이 아는 것이므로 교회가 증인이 될 수가 없습니다. 여기서 다룰 것은 외적인 부르심인데, 이것은 절차에 관한 것으로, 아무리 그가 악한 사람일지라도 정당한 절차를 밟아 직분을 받게 된다면 일단 부르심이 있는 것으로 보아야 합니다.

그러나 사람이 악한 양심으로 직분을 받을지라도, 만일 그의 사악함이 드러나지 않는다면, 교회 앞에서 정당한 절차로 부르심을 받게 된다(*Inst.*, IV iii 11).

그러므로, 교회는 사역자를 세울 때 매우 신중해야 합니다. 인맥이 있다고 해서, 안면이 있다고 하여, 학벌이나 이력이 좋다고 하여 사람을 세워서는 안 됩니다.

두 구절(딛 1:7; 딤전 3:1-7)에서, 바울은 어떤 감독이 선출되어야 하는가를 충실하게 제시하고 있다. 요약하자면, 오직 건전한 교리와 거룩한 삶이 있는 자들을 택하여야 하며, 어떤 악명높은 흠이 있어서 사역의 권위가 박탈당하거나 불명예스럽게 만드는 자들을 택해서는 안 된다(딤전 3:2-3; 딛 1:7-8). 이와 동일한 요건이 집사와 장로들에게 적용된다(딤전 3:8-13)(*Inst.*, IV iii 12).

칼뱅은 사역자들이 교회의 구성원들을 통해 세워지는 것이 성경의 원리에 따르는 것이라고 말합니다.

그러므로 우리가 붙들어야 할 것은, 이러한 사역자의 부르심이 하나님의 말씀에 따른 것이라는 점이다. 사역에 적합한 인물이라고 여겨지는 사람들은 사람들의 동의와 승인으로 세움을 입는다. 또한, 다른 목사들이 이 선출 과정을 주재해야 한다. 그렇게 하여 무리들이 변덕을 부리거나, 악한 의도를 가지거나, 무질서함으로 잘못 행하지 않도록 해야 한다(*Inst.*, IV iii 15).

이렇게 선출된 사역자들은 공식적으로 회중들 앞에서 안수按手의 예식을 통해 인증을 받게 됩니다. 이것은 성령의 은혜가 임하기를 바라는 것인 동시에 그들을 하나님께 바친다는 의미도 됩니다.

따라서 사도들도 손을 얹음으로써 그들이 하나님께 바쳐졌다는 것과 그를 사역으로 받아들였다는 것을 나타내었다. … 마지막으로, 우리가 반드시 인지해야 할 것은, 온 회중이 사역자들에게 안수하는 것이 아니라 오직 목사들만 그렇게 했다는 것이다(*Inst.*, IV iii 16).

제4장 | 고대 교회의 상황 그리고 교황제 이전의 정치 형태

사역의 역사적 발전 과정, 사역자들의 3계층, 가르치고 다스리는 장로, 감독으로 선택받은 장로와 대주교(1-4)

오늘날 교회가 본연의 본질과 역할을 세상 중에 제대로 드러내지 못한다고 여겨 "초대교회로 돌아가자!"라고 말하는 분들이 종종 있습니다. 그러나 초대교회라고 문제가 없었던 것은 아닙니다. 고린도전서와 갈라디아서, 빌립보서 등을 보면 우리와 동일한 문제를 안고 있었던 것이 분명합니다. 그럼에도 불구하고, 초대교회는 순전한 말씀과 거룩한 성례와 사도들이 세운 제도들을 지키려고 노력했었고, 이것은 오늘날 교회도 그러합니다. 다만 모든 교회가 그런 것은 아닙니다. 시간이 지남에 따라 정치 형태에 있어서 많은 변화가 일어났습니다. 이 장에서 칼뱅은 고대 교회의 정치 형태의 원형이 무엇이고 그것이 어떤 의도를 가지고 있는지를 설명하고 있습니다.

우리는 이미 앞에서 감독과 장로와 집사에 대해 간단히 살펴보았습니다만, 여기서 칼뱅이 무엇을 말하고 있는지 좀 더 자세히 알아보도록 하겠습니다.

장로들의 질서로부터 (1) 일부는 목사와 교사로 선택되었고 (2) 그 나머지는 도덕적인 문제들을 치리하고 교정하는 책임을 맡았다. (3) 가난한 자들을 돌보고 구제품을 분배하는 일은 집사들에게 일임되었다(*Inst.*, IV iv 1).

그런데, 장로와는 다른 '감독'이라는 칭호와 제도가 있습니다. 이것에 대해 칼뱅은 이렇게 말합니다.

가르치는 직분을 맡은 모든 자들을 그들은 '장로'라고 불렀다. 각 도시에서 이 장로들이 그들 중 한 사람을 택해 특별히 '감독'이라는 칭호를 주었다. 이렇게 함은 서열이 동등하기에 분쟁이 일어나는 것(이런 일은 흔한 일이다)을 방지하기 위함이었다. 그러나 감독이 다른 동료 장로들 위에 군림한다고 하여 그 영예나 위엄에 있어서 더 높은 위치에 있는 것은 아니었다(*Inst.*, IV iv 2).

그리고 오늘날 '노회老會'라고 할 수 있는 회의체와 관련하여 감독에 대해 이렇게 말합니다.

그러므로 각 도시마다 장로들의 회의체가 있었으니, 그들은 목사들과 교사들로 구성되었다. ··· 각 도시에 어떤 지역이 배정되어 거기서 장로들이 선출되었다. 그리고 그 지역은 그 교회의 몸에 속하는 것으로 여겨졌다. 각 회의체마다 한 명의 감독을 두어 조직의 보존과 평화를 도모했다. 감독은 그 위엄에 있어서 다른 이들보다 높았지만, 그 형제들의 회의에 종속되어 있었다(*Inst.*, IV iv 2).

만일 관구가 넓어 감독 혼자 그 일을 감당하기 힘들 때는, 장로들이 특정 구역을 맡아 사소한 문제들을 치리하도록 했는데, 이들을 '지방 감독'(Chorepiscopi, country bishop)이라고 불렀습니다. 위에서 언급한 감독을 오늘날 '노회장'이라고 한다면, 지방 감독은 '시찰장'에 해당된다고 보면 됩니다. 하지만, 감독도 엄연히 목사에 해당하므로 설교하는 일을 배제해서는 안 되었습니다.

그러므로 교회에서 오랫동안 성립된 하나의 원리가 있었으니, 곧 감독의 주요 임무는 사람들을 하나님의 말씀으로 먹이거나, 건전한 교리로 교회를 공적으로나 사적으로나 세우는 데에 있다는 것이다(*Inst.*, IV iv 3).

그런데 점차 교회가 확대되자, 감독들 중에서도 한 명의 대감독(혹은 대주교)를 세우거나 니케아 공의회(Council of Nicea)에서처럼 대감독보다도 높은 총대감독(patriarchs, 총회장 혹은 총대주교)를 세우는 일이 있었는데, 이것은 어디까지나 교회의 질서를 유지하기 위한 차원이었습니다(*Inst.*, IV iv 4). 그러던 것이 교황제에서는 성직계급화hierarchy하게 되었습니다. 즉, 질서 유지 차원에서 세운 직분을 계급화하였습니다.

집사와 수석 집사: 교회 재산과 구제금을 관장하다, 훈련생(5-9)

집사도 비슷한 경우를 겪게 됩니다. 원래 집사들이 하는 일은 신자들이 드린 헌금을 접수하여 교회의 연간 수입을 관장하고, 적절한 용도에 사용하는 것이었습니다. 단, 임의대로 한 것이 아니라 감독의 결정에 따라 집행하고, 그 결과를 감독에게 보고하였습니다(Inst., IV iv 5). 일의 효율성을 위해 부집사(副執事: subdeacons)가 집사의 일을 도왔지만, 교회 재정이 확대되자 수석 집사(archdeacons, 대부제)가 선임되기 시작했습니다. 한편, 이 수석 집사들은 사람들에게 성경을 읽어주거나 기도하도록 권면하는 일을 부여받기도 하며, 필요에 따라 (우리에게 생소하지만) 성찬에서 잔을 베푸는 직무도 맡았습니다(Inst., IV iv 5).

그런데, 집사가 한 일들을 보면, 교회 재산이 어떤 성격을 가진 것인지를 알 수 있습니다. 칼뱅은 이것에 대해 이렇게 말합니다.

> 여러분이 종종 대회들의 법령과 고대의 저술가들의 글에서 발견하듯이, 교회가 소유하는 모든 것, 그것이 땅이든 돈이든 가난한 자들을 위한 것이다. 그래서 이런 노래를 종종 감독과 집사들을 향해 부르게 된다. 따라서 그들이 기억해야 할 것은, 그들은 자신들의 재물을 다루는 것이 아니라 가난한 자들의 필요를 위해 지정된 재물을 다루고 있다는 것이다; 그리고 만일 나쁜 믿음을 갖고 그것들을 감추거나 낭비하게 되면, 피를 범한 죄를 짓게 된다는 것이다(Inst., IV iv 6).

그런데, 시간이 흐르면서 자율성을 가지고 행해지던 이 관행이 탐욕이 스며들어 변질되고 말았습니다. 이로 인하여 법으로 교회 재산의 용도를 네 가지로 정하게 되었습니다.

한 부분은 성직자를 위해, 한 부분은 가난한 자들을 위해, 세 번째 부분은 교회와 딸린 건물들의 수리를 위해 그리고 네 번째 부분은 해외와 국내의 가난한 자들을 위해(*Inst.*, IV iv 7).

이런 예를 보면, 교회를 화려하게 치장하는 것은 교회 예산을 활용하는 것과 거리가 먼 것이 분명합니다. 칼뱅은 암브로시우스 감독의 말을 인용하여 다음과 같이 일갈합니다.

교회가 금을 소유하고 있는 것은 지키기 위함이 아니라 지출하여 어려움을 덜어주기 위함이다. 돕지 않을 것을 지킬 필요가 무엇인가?(*Inst.*, IV iv 8)

중세 교회가 사회적 지탄의 대상이 된 이유는, 교회가 시민들의 삶과 동떨어지고 겉을 화려하게 장식하는 데 치중했기 때문입니다. 또한, 사회적 책임을 제대로 감당하지 않았기 때문입니다. 오늘날 개신교회가 자신들이 정죄한 그때의 중세 교회를 답습한다면, 사람들에게 더 많은 비판과 정죄를 당하게 될 것입니다. 따라서, 오늘날의 그리스도인들은 더욱 교회 재정이 투명하고 올바르게 집행되도록 관심을 기울여야만 합니다.

한편, 교회의 직분 중에는 '훈련생^{clerics}'이라고 하는, 직분을 맡기 전 준비하는 단계에 있던 이들이 있었습니다. 보통 이들은 아주 어렸을 때부터 훈련을 받으며 자신의 직무를 준비하게 됩니다. 칼뱅은 호칭에 대해서는 불만을 표했지만, 그 제도 자체는 매우 유익하다고 보았습니다.

어린 시절부터 거룩한 교훈과 엄격한 훈련을 받으면서, 그들은 진지하고 거룩한 삶의 모범을 취하였다; 또한 세상의 근심거리에서 분리되어 영적인 관심사들과 영적인 학문들에 익숙해지게 되었다(*Inst.*, IV iv 9).

이들은 문지기로부터 시작해서 '조사'(助士, acolytes)가 되어 감독을 보좌하며 사소한 일들을 감당해 나갔습니다.

사역자들의 선출과 입직의 역사적 변천: 감독의 선출에 있어 치안판사와 성직자와 사람들의 동의(10-15)

어떤 사람을 사역자들로 세울 것인가에 대해서, 고대 교회는 바울의 지침과 사도들의 모범을 따랐습니다. 그러나 점점 외식주의에 빠져 지나칠 정도로 엄격한 요건을 요구하기 시작했고, 마침내 독신獨身의 상태를 유지할 것을 요구하기에 이르렀습니다. 한편, 누가 사역자들을 임직시키는가에 대해서는 동일한 절차가 없었으나, 고대 교회에서는 만장일치로만 성직자 회의에 받아들였습니다. 그런데 시간이 흐르면서 감독직을 제외한 나머지 직분에 대해서는 대개 감독과 장로들에게 일임하여 이들이 선출하게 되었습니다. 다만, 새로운 장로들이 해당 교구에 배속될 때는 해당 주민의 동의를 분명히 구하도록 했습니다. 이것은 아나클레투스Anacletus가 작성한 교회 법령 1편 67항에도 나타나고 있습니다 (*Inst.*, Ⅳ iv 10).

감독을 선출할 때는, 누구도 사람들의 의지에 반하여 강제로 임직하지 못하게 하는 관례가 있었습니다. 교황 레오 1세Leo Ⅰ는 모든 사람 위에 세움을 받을 자는 모든 사람이 택하도록 했고, 검증되지 않은 후보자는 강제로라도 제외시키도록 했습니다. 이에 따라 성직자에 의해 선출된 후보자는 교인들이 동의를 한 다음에, 그 지방의 감독주교이 대감독대주교, 노회장의 결정을 얻어 비로소 임직될 수 있었습니다(*Inst.*, Ⅳ iv 11). 이것은 오늘의 교회에서도 대부분 거의 그대로 행해지고 있습니다. 또한 감독이 자기의 후계자를 지명할 때에도 모든 사람이 승인할 때에만 효력이 있었습니다. 즉, 감독이 후계자를 거명하면, 사제들이 그것을 인준하고, 그 지역의 행정관들과 주요 유지들과 모든 사람이 박수로 승인할 때만 효력이 있었습니다(*Inst.*, IV iv 11).

그런데, 4세기에 접어들면서 변화가 일어났습니다. 라오디게아 공의회(the Council of Laodicea, 약 363년경)에서 일반 사람들에게는 선택권을 주지 않기로 결정을 내렸습니다. 이것은 현실적인 문제, 곧 많은 사람들의 일치된 동의를 얻기가 어려워졌기 때문입니다. 그래서 일반 사람들이 아닌 행정관들과 주요 유지들이 참석한 회의에서 동의를 얻는 것으로 요약되었습니다(*Inst.*, IV iv 12). 이런 방식은 꽤 오랜 세월 동안 유지되었습니다.

그러다가, 11세기에 들어와 교황 니콜라스Pope Nicholas가 교황을 선출할 때 이 방식을 약간 변형하였습니다. 먼저 추기경들이 선출하고, 나머지 성직자들이 동의한 다음, 일반 사람들의 동의를 얻어 교황을 선출하게 한 것입니다(*Inst.*, IV iv 13). 하지만, 교황 제도가 이미 계급화되어 있었기에, 추기경단에서 선출된 다음에는 이에 반대하는 일은 거의 불가능했습니다. 따라서 뒤의 절차는 거의 요식행위에 불과하였습니다.

임직任職에 대해서는, 라틴계 사람들은 이것을 '서품'敍品, ordination 혹은 '축성'祝聖, consecration이라고 했고, 그리스 사람들은 이것을 '거수擧手' 혹은 '안수按手'라고 불렀습니다(*Inst.*, IV iv 14). 니케아 공의회에서 제정한 법령을 보면, 수도대주교the metropolitan가 세 명 이상의 주교가 모인 자리에서 심사를 거쳐 임직을 행하되, 빠진 주교들도 어김없이 서면으로 동의를 하게 했습니다(*Inst.*, IV iv 14). 임직식은 수도대주교가 거행했는데, 이것은 수도대주교가 없는 다른 곳에 비해 특권처럼 여겨져 안 좋은 관행을 낳게 되었습니다. 즉, 자기 교구를 떠나 수도대주교가 있는 곳에 가서 임직을 받으려는 성직자들이 생겨나게 되었습니다(*Inst.*, IV iv 15).

제5장 | 교황제의 폭압으로 고대 정치 형태가 완전히 붕괴되다

사람들의 선출이 없는 무자격자들이 임명됨(1-3)

이 장부터 칼뱅은 당시 로마 가톨릭의 부패상을 조목조목 고발합니다. 비록 로마 가톨릭이 제2차 바티칸 공의회(Concilium Vaticanum Secundum, 1962~1965년)를 통해 자체적으로 많은 부분에서 개혁을 이루었다고 자부할지라도, 개신교회 특히 개혁교회의 입장에서는 여전히 저항할 만한 요소들이 상당히 많이 남아 있음을 감안하며 이 내용을 살펴보아야 할 것입니다. 다만 한 가지 유념할 것은, 우리가 다른 종교의 잘못을 쉽게 정죄하기에 앞서, 그들이 잘못하는 것을 우리도 따라 하는 것은 아닌지 살펴보아야 한다는 것입니다. 그래야 진정한 개혁교회의 발자취를 따르는 교회와 성도라고 할 수 있습니다.

먼저 주교^{감독}를 살펴보겠습니다. 칼뱅은 당시의 주교들이 신앙과 경건에 대해 학식을 갖춘 사람을 찾아보기가 힘들며 도덕적인 자질도 형편없다고 말합니다.

> 만일 그들의 도덕성을 평가한다면, 우리는 극소수만 혹은 거의 아무도 고대의 교회 법령이 합당하다고 판단할 만한 이가 없다는 것을 알게 된다. 술주정뱅이가 아닌 자는 음행하는 자였다. 이런 범죄가 없는 자는 도박꾼이거나 사냥꾼이거나 혹은 삶의 어떤 부분에 방종이 있는 자였다. 고대 교회 법령에 따르면, 덜 심각한 과실이 있을지라도 주교직에서 배제되는 일이 있었다. 하지만 가장 어처구니없는 일은, 아직 열 살도 채 되지 않은 소년들이 교황의 명령에 의해 감독(주교)의 직분을 받는다는 것이다(*Inst.*, IV v 1).

이렇게 된 이유는, 주교를 선출할 이들의 권한이 빼앗겼기 때문입니다. 앞에서 간단히 언급했지만, 실제적인 선출을 교회의 참사회원들canon이 해버렸습니다. 그들이 사람들 앞에 선출된 사람을 내세운 것은, 사람들로 하여금 선출하도록 하기 위함이 아니라 자신들의 결정에 따르고, 선출된 사람을 존경하도록 하기 위함이었습니다(*Inst.*, IV v 2). 이들은 사람들이 부패하고 무관심했기 때문에 다른 방법이 없었다고 둘러대지만, 오히려 그것을 핑계로 더 악한 일을 저질렀습니다. 사람들은 점차 모든 권한을 장로들에게 일임했고, 그들은 자기 멋대로 횡포를 일삼았으며, 자기 입맛에 맞게 법령을 공포하였습니다. 보다 못한 몇 지역에서 군주들이 선출권을 빼앗았는데, 오히려 시간이 감에 따라 이들은 교회를 장악하기 위해 자기 입맛에 맞는 주교감독를 교회에 파송하여 교회를 장악하려고 하였습니다(*Inst.*, IV v 3).

성직록 수여와 관련된 남용의 예들(4-7)

교회의 부름이 신성함에도, 주교들은 말로만 사도들의 계승자라고 하고, 오직 자신들만 사제장로들을 세울 수 있다고 주장하면서 교회의 제도를 부패시켰습니다. 그들은 도무지 직무와 관련이 없는 사람들을 사제와 부제집사로 세웠습니다. 칼케돈 공의회(451년)에서는 목회적 의무를 감당하지 않는 임직은 불허한다고 결의했지만, 사실상 무용지물이었습니다. 심지어 성직록을 임의로 대여하거나, 빌리고도 돌려주지 않는 사례들도 있었습니다(*Inst.*, IV v 4). 또한 임지를 배정해주지 않으면서도 사제를 임직시키기도 하였습니다. 돈이 있거나 누군가의 지원을 받는 경우라면 얼마든지 서품이 가능했습니다(*Inst.*, IV v 5). 이러다 보니 돈으로 성직을 사고 팔거나 세습하는 경우까지 생겨났습니다(*Inst.*, IV v 6).

오늘날 군주들의 궁정에서는 어린아이들이 세 개의 수도원장직, 두 개의 주교직, 한 개의 대주교직을 소유하고 있는 경우도 볼 수 있다(*Inst.*, IV v 7).

자격이 되지 않는 자들이 한 교회도 아니고 심지어 여러 교회를 차지하고, 목회를 하기보다는 자기 이익을 챙기기에만 급급하니 당시 중세 교회가 어찌 올바르게 자신의 사명을 감당할 수 있었겠습니까?

성직을 가진 수도사와 참사회원 그리고 기타 성직자들의 무지와 나태함(8-10)

로마 교회가 세운 사제들 중에 어떤 부류는 수도사들monks이고, 다른 부류는 세속 사제들seculars이었습니다. 수도사들은 속세를 떠난 자들이기 때문에 세상에서 목회를 해야 하는 성직자가 될 수 없었습니다. 하지만, 시간이 흐르면서 교황(인노켄티우스, 보니파키우스)은 수도원에 남아 있는 수도사들에게도 사제라는 명예를 부여하였습니다(*Inst.*, IV v 8). 그에 따라 수도원은 부패의 온상이 되었습니다.

세속 사제들 중 일부는 성직록을 받았습니다. 문제는 이들이 자녀들에게 그것을 물려주고 있었다는 것입니다. 또한 고용 사제들mercenary priests도 있었는데, 이들에게 성직은 생계를 유지하는 수단 이상의 의미는 갖지 않게 되었습니다(*Inst.*, IV v 9).

상황이 이렇다 보니 교회가 어지러워지는 것은 당연하게 되고, 그 누구도 교회를 어지럽힌 책임을 지거나 치리를 당하지도 않았습니다.

주교들, 사제들 그리고 부제들 안에서 기승을 떨치는 부패와 탐욕들(11-19)

당시 주교들과 담임 사제들이 지닌 가장 큰 문제점은, 교회를 저버리고 목회를 남에게 맡기면서도 자신은 여전히 목자들로 인정받기를 원했다는 것입니다. 이들에게서 합당한 말씀 선포와 온전한 성례의 집행은 찾아볼 수 없었습니다.

평생에 걸쳐 교회의 재정을 집어 삼키면서도 교인들을 쳐다보러 교회에 나오는 일조차 하지 않는 사람들이 많았다. 다른 이들은 일 년에 한 번 오든지 혹은 대리인을 보내기도 했는데, 이렇게 함은 그들의 수입 중 아무것도 잃어버리지 않기 위함이었다(*Inst.*, Ⅳ ⅴ 11).

이런 행태는 12세기 그레고리우스 교황 때부터 있었는데, 칼뱅은 당시의 로마 가톨릭에 대해 다음과 같이 진저리를 쳤습니다.

하지만, 만일 누군가가 이 외형만 교회라고 하는 정부, 곧 오늘날 교황 제도 하에서 존재하는 정부를 정당하게 달아보고 살펴본다면, 그는 도둑들이 법도 없고 제약도 없이 훨씬 뻔뻔스럽게 날뛰는 강도의 굴혈을 발견하게 될 것이다(*Inst.*, Ⅳ ⅴ 13).

오늘날에는 이들(사제들)만큼 사치하고, 나약하고, 향락적이며, 간단히 말해 모든 면에서 온갖 종류의 정욕으로 악명높은 사람들의 집단이 없다. 이런 대가大家들이 없으니, 그들은 온갖 사기와 협잡과 반역과 배신에 보다 숙련되고 능숙하다. 어디서고 해를 끼치는 일에 이처럼 교묘하고 대담한 자들도 없다. ⋯ 만일 자신의 행동을 고대 교회법에 따라 판단을 받게 되면, 출교(파문: excommunication)나 최소한 직무에서 파면을 당하지 않을 주교들 혹은 성전 사제들이 백 명 중 한 명도 되지 않을 것이다(*Inst.*, IV v 14).

그렇다면, 당시의 부제들^{집사들}은 어땠을까요? 칼뱅은 이들도 다를 바 없다며 이렇게 진술합니다.

강도들이 사람의 목을 찌르고 그 약탈한 것들을 자기들끼리 나누는 것처럼, 이 사람들도 하나님의 말씀의 빛을 꺼버린 후에, 마치 교회의 목을 찌르고 거룩한 용도를 위해 바쳐진 모든 것을 전리품과 약탈물을 다루듯이 해버린다. 그렇게 하여 한 무더기의 몫이 만들어지면, 각자는 자신이 할 수 있는 만큼 낚아채 버린다(*Inst.*, IV v 15).

그렇다면, 교회 수입이 어떻게 운용되었는지도 대충 감이 잡히실 것입니다. 도시의 주교들과 사제들은 참사회원으로 행세하며 교회 수입을 자기들끼리 배분하면서 부귀를 누렸습니다(*Inst.*, IV v 16). 그들은 교회의 위신을 자기들의 위신과 직결되는 것처럼, 교회를 화려하게 꾸미고 웅장하게 짓는 것에 공을 들였습니다. 당연히 많은 돈이 필요했기에 헌금을 더 많이 하라고 요구하였습니다. 칼뱅은 사도 시대를 들어 이들의 행동을 비난합니다.

교회는 그들이 말로 표현하는 이런 복락들에 있어서 사도 시대 때보다 결코 못하지는 않다; 그러나 모두가 인정하는 바는, 그리스도의 나라의 세력이 사도 시대 때에 가장 왕성했다는 것이다(*Inst.*, IV v 17).

그리고 칼뱅은 교회를 장식하는 것과 관련하여 다음과 같이 권면합니다.

교회를 장식하는 것과 관련된 문제는, 만일 성물의 본질이 규정하는 것과 사도들과 다른 거룩한 교부들의 가르침과 모범으로 규정한 것들이 절제함으로 발휘되지 않는다면, 내가 보기에는 잘못된 것이다(Inst., IV v 18).

교회에 드린 것은, 곧 그리스도께 드린 것입니다. 그러므로 그분의 뜻에 합당하게 배분이 되어야 합니다. 하지만 당시 로마 가톨릭은 먼저 자신들의 몫을 떼고, 가난한 사람들에게 배분되었어야 할 것으로 교회를 장식하되, 온갖 우상을 세우고 성구들을 사며 예복을 마련하는 데 써 버렸습니다(Inst., IV v 18). 성직자들은 넓은 땅과 큰 집과 많은 하인들을 거느리고 연회를 즐겼지만, 하나님께서 원하시는 바 검소한 중에 거룩하고 경건한 삶에는 관심을 기울이지 않았습니다. 교회는 하나님의 영광이 아닌 그들의 배를 채우는 수단으로 전락해 버렸습니다.

제6장 | 로마 관구의 수위권(首位權: the Primacy) 논쟁

베드로의 수위권에 관한 가설을 논박하다(1-3)

교황 예찬자들은 공교회가 오직 자기들만의 소유라고 하며 수위권을 그 근거로 내세웁니다(Inst., IV vi 1). 하지만, 이것은 그리스도께서 제정하신 것도, 사도들이 정한 것도, 심지어 고대 교회가 정한 것도 아닙니다. 그럼에도 이들은 성경을 억지로 풀이하여 로마 관구가 교회의 통일성을 붙들고 있는 곳인 것처럼 세상을 설득하려 합니다. 칼뱅은 이것을 매우 강하게 비판합니다. 그들은 감히 교황을 그리스도의 대리자로 내세우지만, 성경에서 어떤 근거도 찾을 수 없습니다. 한편, 오늘날 개신교 안에서도 목회자가 감히 자신을 하나님의 대리자처럼 행세하는 경우가 있습니다. 이단과 사이비일 경우에는 이런 현상이 매우 흔합니다. 우리는 칼뱅의 주장을 통해 오직 그리스도만을 교회의 머리로 알아 그분께만 복종하는 믿음을 회복해야 하고 또한 강화시켜 나가야 합니다.

분명한 것은, 교황이 스스로 그 칭호(대제사장)를 자기에게 갖다 붙이나(그는 이것을 감히 부끄럼도 없이 자랑하고 있다), 그가 아니라 오직 그리스도만이 취하신다. 오직 그분만이 대리자나 계승자가 없이 그 직무를 지키신다. 결과적으로 그분은 그 존귀를 누구에게도 돌리지 않으신다. 왜냐하면, 이 제사장직은 가르치는 것에 관한 것이 아니라 하나님을 진노를 가라앉히는 데 있기 때문이다. 그리고 그것을 그리스도께서 자신의 죽으심으로 성취하셨다. 또한 그분은 그 직무로 지금도 아버지의 존전에서 중재하고 계신다 (*Inst.*, IV vi 2).

교황 예찬자들이 내세우는 가장 강력한 근거는 예수께서 베드로의 신앙고백을 들으시고 하신 말씀(마 16:18-19)에 있습니다. 특별히 그들은 매고 푸는 일에 대한 '열쇠'를 베드로가 받았다고 합니다. 이것은 비록 직접적이진 않지만 II권 4장에서도 잠깐 언급한 바가 있습니다. 하지만, 이것은 각 사람이 가진 믿음의 여부에 따라 하나님과 화목하게 되든지, 죄에 얽매여 있든지 하는 것을 의미할 뿐 다른 의미가 있는 것이 아닙니다(*Inst.*, IV vi 4).

그러나 주님은 그때 (베드로) 한 사람에게 약속하신 것을 다른 곳에서는 동시에 나머지 모든 이들에게도 주셨으니, 이를테면, 그들의 손에 넘겨 주셨다 (마 18:18; 요 20:23). 만일 한 사람에게 주어진 것과 동일한 권세가 모두에게 주어졌다면, 어떤 점에서 베드로가 그의 동료들보다 우위에 있다 할 수 있겠는가?(*Inst.*, IV vi 4)

베드로는 자기 이름과 형제들의 이름으로 그리스도께서 하나님의 아들이심을 고백하였다(마 16:16). 그리스도께서는 이 반석 위에 자신의 교회를 세우신다. 왜냐하면, 오직 하나의 터만 있기 때문이다. 바울이 말한 바와 같이, 그 터 외에는 "능히 다른 터를 닦아 둘 자가 없다"(고전 3:11)(*Inst.*, IV vi 6).

그럼에도 교황 예찬자들은 특별히 베드로의 이름이 거명되었다는 이유로 억지를 부립니다. 그러나 베드로가 모든 사도들보다 우위에 있다는 증거가 성경 어디에 있습니까? 그가 동료들 중에서 수제자로 불려졌어도 그들의 주인이나 스승이 아니라 동료였을 뿐입니다. 그렇기에 베드로는 예루살렘 총회의 결의에 스스로 순종하였습니다(행 15:5-12). 또한 그가 쓴 서신만 보아도 자신을 다른 사도들과 동등한 그리스도의 종이라고 하는 것을 볼 수 있습니다(벧전 5:1). 심지어 갈라디아서를 보면, 사도 바울이 베드로를 강하게 책망하는 내용(갈 2:11-14)이 나오는데, 이것은 같은 동료가 아니라면 있을 수 없는 일입니다.

교회를 다스리시는 분은 오직 그리스도 뿐이다(8-10)

설령 베드로가 모든 사도들보다 뛰어나다고 할지라도, 그것이 모든 권위를 베드로에게만 돌려야 되는 이유가 되지는 않습니다. 또한 베드

로의 혈통이나 직계 제자도 아니면서 자신들이 베드로의 권한을 물려받
았다고 하는 것도 어불성설입니다.

> 그러나 소수의 사람들 사이에서 일어난 일을 온 땅에 직접적으로 적용할 수는
> 없다. 어느 누구도 온 땅을 다스리는 능력을 지닌 사람은 없다(*Inst.*, IV vi 8).

칼뱅은 교회의 주인과 머리 되시는 이는 오직 그리스도밖에 없음을
강조합니다. 교회의 모든 제도와 질서는 그분을 위해 존재합니다. 그럼
에도 스스로 교회의 머리를 주장하는 자는 도대체 누구입니까?

> 그리스도께서 유일한 머리가 되시며, 그분 아래에서 우리 모두는 그분이 세
> 우신 질서와 체제의 형태에 따라 서로에게 연결되어 있다(*Inst.*, IV vi 9).

그러나 이 패역한 무리들은 자신들을 그리스도의 대리자로 내세우
기를 포기하지 않습니다. 성경 어디서고 예수 그리스도께서 누구를 자
신의 대리자로 교회에 세우신 것을 찾을 수 없습니다. 혹 요한복음 21장
에 나오는 그 사건(요 21:15-17)을 말한다면, 예수님의 부탁을 받은 베
드로 스스로가 다른 장로들에게도 동일한 일을 이야기하고 있는 것(벧
전 5:1-3)은 어떻게 설명할 것입니까?

> 왜냐하면, 성경이 그리스도께서 머리가 되심을 증거하고 있으며 또한 이 영광
> 을 오직 그분께만 돌리고 있기에, 그리스도께서 친히 자신의 대리자로 지명하
> 신 사람 외에는 누구에게도 그것이 전가되어서는 안 된다. 하지만, 성경 어디
> 서도 그것을 읽을 수 없고 또한 할 수도 없다. 실제는 여러 구절들에서 그런
> 논리를 반박하고 있다(엡 1:22; 4:15; 5:23; 골 1:18; 2:10)(*Inst.*, IV vi 9).

교회는 질서 유지와 하나 됨을 위해 누군가를 전적으로 의지할 자로 내세울 필요가 없습니다. 주님께서 친히 교회를 다스리시기 때문입니다. 우리는 다만 그분의 사역자로 이런저런 직분을 맡아 해야 할 일을 할 뿐입니다.

> 바울은 하나 됨, 곧 하나님 안에서와 그리스도를 믿는 믿음 안에서의 하나 됨을 언급하고 있다. 그분은 사람들에게 공통의 사역 외에는 아무것도 할당하지 않으신다. 또한, 각자에게 특별한 형태의 사역을 맡기신다(*Inst.*, IV vi 10).

베드로가 로마의 주교였다 할지라도 그것이 로마의 항구적인 수위권을 인정하는 것은 아니다(11-13)

교황 예찬자들은 베드로가 로마에서 사역하다가 거기서 순교했다고 말하면서 자신들의 수위권을 주장합니다. 하지만, 그 베드로가 섬겼던 주님은 예루살렘에서 죽으셨지 않습니까? 또한 예루살렘에서 부활하시고 승천하셨지 않습니까? 그럼에도 불구하고 그분은 예루살렘에 그들이 주장하는 것과 같은 영광을 주지 않으셨습니다. 그렇다면, 왜 그들은 굳이 베드로 한 사람을 붙잡고 늘어지는 것일까요?

> 목자장이시며, 최고의 감독이시며, 교회의 머리이신 그리스도께서 한 장소에 영광을 주실 수 없었다면, 그분보다 훨씬 천한 베드로가 어떻게 그렇게 할 수 있단 말인가?(*Inst.*, IV vi 11)

그들은 이처럼 억지로라도 교회에 서열을 매겨 각 교회들을 통제하려고 합니다. 즉, 그들은 주님의 몸인 교회를 자기 입맛대로 다스리려고 합니다. 이것은 사람이 하나님을 대신하려는 것입니다.

베드로의 로마 거주는 입증되지 않았으나 바울의 거주는 명백함 (14-15)

그들은 베드로가 로마의 교회를 다스렸다고 하지만, 이것은 전설일 뿐 어디에도 증거를 찾을 수 없습니다. 무엇보다 로마서를 보낸 바울이 그 긴 안부 인사의 목록에 베드로를 담지 않았다는 것은 당시 베드로가 로마에 없었음이 분명하다는 것을 증명합니다.

그러므로, 이 편지는 바울이 로마로 오기 4년 전에 기록되었을 가능성이 있다. 그런데, 이 편지에는 베드로를 전혀 언급하고 있지 않다. 만일 베드로가 그때 로마 교회를 다스리고 있었다면, 바울은 결코 그를 빠뜨리지 않았을 것이다(*Inst.*, IV vi 14).

따라서 설령 베드로가 로마에서 순교했다고 할지라도 그가 로마의 감독으로 있었다는 것은 신빙성이 없습니다(*Inst.*, IV vi 15).

로마 교회가 존경을 받았지만 모든 교회의 머리는 아님 (16-17)

기독교 초기의 로마 교회가 제국의 수도에 위치하였기 때문에 그 위상이 대단했던 것은 인정할 수 있습니다. 그러나 그렇다고 로마 교회가 당연히 모든 교회 위에 있다는 교황 예찬자들의 주장은 받아들일 수 없습니다. 그들은 교회의 연합을 위해서도 로마 교회에 이런 지위를 인정하는 것이 마땅하다고 하지만, 키프리아누스Cyprian는 참되고 유일한 머리와 근원은 오직 하나라며 그리스도만을 높입니다.

> 당신이 알아야 할 것은, 그(키프리아누스)가 전세계적인 감독직은 오직 그리스도께만 속하며, 그분이 온 교회를 자기 밑에 두신다고 말하고 있다는 것이다. 그는 말하기를, 이 머리가 되신 분 밑에서 감독의 직분을 수행하는 모든 사람들이 이 전체 부분들을 차지한다고 한다(*Inst.*, IV vi 17).

제7장 | 로마 교황제의 기원과 성장: 스스로 최상의 자리를 차지하여 교회의 자유를 억압하고 모든 통제 장치를 전복시키기에 이름

초기 로마 관구의 온건했던 위상(1-4)

칼뱅은 로마 관구가 높임을 받은 것은 니케아 공의회(the Council of Nicaea, 325년)였다고 말합니다.

> 고대 로마 관구의 수위권에 대해서는, 니케아 공의회의 법령 이전에는 그 수립 내용을 알만한 것이 아무것도 없다. 이 공의회는 총대주교들the patriarchs 중에서 로마 주교에게 수석 자리를 내주면서 그 도시의 교회들을 보살피도록 하였다(*Inst.*, IV viii 1).

그러나 이것은 교회의 머리로 세운 것이 아니라, 다른 교회 지도자들 중에 한 사람을 내세운 것일 뿐이었습니다. 그러다가 에베소 공의회(the

Council of Ephesus, 431년) 때, 로마 교황이었던 켈레스티누스^{Celestine}가 술수를 써서 로마 관구의 위엄을 보장받았습니다. 하지만 2차 에베소 공의회(449년) 때는 알렉산드리아의 총대주교인 디오스코루스^{Dioscorus}가 회의를 주재하였고, 로마 교회의 사절들은 다른 주교들과 함께 앉았습니다. 이런 역사들은 이후에도 어느 정도 계속 반복됩니다. 분명한 사실은, 초기에는 그 누구도 '교황'에 버금가는 칭호를 로마 관구에 부여하지 않았다는 것입니다.

카르타고 공의회는 어느 누구도 '사제들의 왕'(prince of priests)이나 '수석 주교'(first bishop)의 칭호를 사용하지 못하게 하였고, 다만 '수석 관구의 주교'(bishop of the prime see)로만 부르게 하였다. 그러나 만일 누군가가 더 오래된 기록들을 찾아본다면, 당시의 로마의 주교가 '형제'라는 호칭으로 불리는 것으로 만족하였다는 것을 알게 될 것이다. 확실히, 교회의 참되고 순결한 형태가 지속되는 동안에는, 후에 로마 관구가 점점 교만해져서 사용하게 되는 이런 모든 교만한 이름들은 전혀 들어보지도 못했던 바다. '최고의 교황'이나 '지상 교회의 유일한 머리' 등의 칭호들도 전혀 알지 못했다(*Inst.*, IV vii 3).

하지만 그레고리우스 1세 때, 로마가 아닌 콘스탄티노플의 주교인 요한^{John}이 '전세계적 주교'(universal bishop)라는 칭호를 사용함으로써 분쟁이 일어났습니다. 이때 그레고리우스 1세는 그런 칭호를 스스로 취하는 자는 자신을 교만하게 높여 적그리스도의 하수인 노릇을 하는 것이라면서 강력하게 반발하였습니다. 또한 그 자신도 그러한 명예를 취하지 않았습니다. 다만 그는 칼케돈 공의회에서 레오^{Leo}에게 그런 명예가 주어졌다고 진술했지만, 이것은 사실이 아닙니다(*Inst.*, IV vii 4).

황제 및 다른 주교들과의 관계에서 교황의 권위가 가진 한계성 (5-10)

로마 관구가 다른 교회들에 대해 통제권을 가지기 위해서는 재판권 jurisdiction을 가져야만 했습니다. 그리하여 그들은 오래 전에 이 재판권을 가졌다고 주장하는데, 이것은 사연이 있습니다. 콘스탄티우스Constantius 와 콘스탄스Constans 황제들의 치세 때에, 동방 교회들이 아리우스 이단 들[1]과 싸워 정통신앙을 수호했던 아타나시우스Athanasius를 그의 관구에서 쫓아냈습니다. 아타나시우스는 로마 관구로 찾아가 자신의 억울함을 호소했고, 이때 로마 관구가 자신의 권위로 대적들을 물리치고자 하였습니다. 다른 정통 교회들은 이단들을 억누르기 위해 로마 관구의 지위를 높여줄 수밖에 없었습니다. 하지만, 시간이 흐르면서 악한 자들이 로마 관구로 피신하여 도움을 요청하였고, 로마의 감독들은 이것을 자신을 높이는 기회로 삼았습니다. 문제가 계속 발생하자, 아프리카의 감독들은 파문의 형벌을 받은 자는 누구도 바다를 건너(로마로 가서) 탄원하지 못하도록 법령을 제정하기까지 하였습니다(Inst., IV vii 5). 이 모든 것을 볼 때, 로마 관구는 로마 밖의 자들에 대해서는 재판권을 가지고 있지 않았습니다.

그렇다면, 로마 관구가 재판권만 주장하였을까요? 칼뱅은 당시 교회가 가진 권세를 네 가지로 나눕니다: 주교 임직, 공의회 소집, 상소를 받거나 재판이나 징계나 견책을 명하는 권한. 이 중 주교를 임직시키는 것

---

1 아리우스는 3세기 이집트 알렉산드리아 출신의 성직자요 신학자였습니다. 하지만, 그는 예수 그리스도를 피조된 존재요, 하나님과 유사한 본질을 가진 존재며, 하나님과 사람의 중간 정도되는 존재라고 주장하였습니다. 콘스탄티누스 황제는 1차 니케아 공의회(325년)에서 아리우스와 그를 추종하는 모든 세력들을 이단으로 규정하였습니다.

은 로마 주교가 행하는 것이 아니라 해당 시민이 하도록 고대 공의회가 명령하고 있었으므로, 이것은 로마 관구가 가진 권한이 아니었습니다. 그럼에도 세월이 흐르면서 이탈리아의 모든 주교들이 로마에 가서 인허認許를 받는 관례가 생겼고 굳어졌습니다. 단, 수도대주교 관구는 이것을 자존심상 허락하지 않았고, 수도대주교 관구에서 임직이 있을 때는 로마의 주교도 자기와 함께 하는 장로 한 사람을 보내 참석하게만 했습니다(Inst., IV vii 6). 이것을 볼 때, 원래 로마 관구의 권한도 다른 관구의 권한과 크게 다르지 않았습니다. 당연히 주교들 상호 간의 훈계와 견책도 평등하게 이루어졌습니다. 공의회 소집도 세계적인 공의회는 황제만이 하였고, 대체로 지역에 속한 수도대주교가 했습니다. 로마 주교가 모든 주교들에 대해 통치권을 행사했다는 것은 억지입니다(Inst., IV vii 8). 상소와 재판에 대한 것은 칼뱅이 든 예를 참고하는 것이 더 낫겠습니다.

아프리카에서는 그 문제에 대해 오랫동안 논란이 있었다. 바다 건너 로마에 상소한 자들이 후에 아우구스티누스가 참석한 밀레비스공의회(the Council of Milevis)에서 파문을 당하자, 로마 교황이 법령을 개정하려는 시도를 했다. 니케아 공의회에서 자기에게 그럴 특권을 부여한 것처럼 보이기 위해 법률대리인을 파견하였다. … 아프리카 사람들은 항의하면서, 로마의 주교가 자신과 관련된 원인으로 호소하므로 그가 하는 말을 믿으려 하지 않았다. 그래서 그들은 콘스탄티노플과 그리스의 다른 도시들에게 사람을 보내겠다고 말했다. 그곳에는 의심을 줄일만한, 이용 가능한 공의회의 법령 사본들이 있었다. 발견된 것은 이것이니, 곧 로마 사람들이 가장했던 그와 같은 내용들이 이들 문서에서는 발견되지 않았다는 것이다. 이처럼 비준된 법령들은 로마 교황에게 최고의 재판권이 있다는 것을 부인하였다(Inst., IV vii 9).

5~6세기 교황의 입장: 로마 vs. 콘스탄티노플(11-16)

초기 교황들의 진짜 서신들 중에는 자기 관구의 위대함을 여러 굉장한 호칭들을 사용하여 주장하는 것들이 있습니다. 레오Leo도 그러했는데, 많은 사람들이 그의 야망에 거부감을 가졌고, 그의 탐욕에 저항한 흔적이 있습니다(*Inst.*, IV vii 11). 그레고리우스 1세 때는 로마 제국 내에 많은 어려움이 발생하여 교회의 존립이 위태하게 되었습니다. 그래서 할 수 없이 로마 교황을 중심으로 최소한의 신앙만이라도 지키려고 노력을 하였습니다. 하지만, 그 결과 교황의 권한이 비대해지기 시작했습니다(*Inst.*, IV vii 12). 그럼에도 그레고리우스 1세 자신은 "잘못이 없다면 겸손의 질서를 따라 모든 주교들이 동등하다"라고 말하였습니다(*Inst.*, IV vii 12). 이에 따라 그레고리우스 1세는 완악하고 불경건한 주교들에게 특별한 조치를 취하고, 다른 주교들을 돕기 위해 노력했습니다. 또한 자신도 얼마든지 책망받을 수 있음을 인정했습니다. 그는 할 수만 있으면 민간행정에 관여하는 일을 삼갔고, 황제에게 복종하였으며, 다른 교회의 문제에도 꼭 필요한 경우 외에는 간섭하지 않았습니다(*Inst.*, IV vii 13).

그런데, 로마 제국이 수도를 콘스탄티노플로 옮기면서 콘스탄티노플 주교와 로마 주교가 서로 우위를 다투게 되었습니다. 로마 교황 인노켄티우스는 자기 관구가 쇠락해가는 것을 보고서, 제국의 수도가 바뀌어도 교회의 수도대주교의 관구는 바뀌어서는 안 된다는 법령을 공포하였습니다. 이로써 그는 본래 관례가 제국의 질서에 따라 수도대주교가 정해지는 것이었음을 반증하고 말았습니다(*Inst.*, IV vii 14). 그런데, 1차 콘스탄티노플 공의회(381년)에서는 콘스탄티노플 주교가 로마 교황 다음의 위엄을 갖는다고 결정하였습니다. 하지만 로마 관구의 수위권을 강조하는 레오 1세는 이와 비슷한 결정을 내린 칼케돈 회의에 반대하여 과거 니케아 공의회(325년)에서 결정한 것을 바꾸어서는 안 된다고 항의하였습니다. 그 결정은 단지 회의를 위해 대표자를 세운 것에 불과했지만, 레오는 로마 관구의 쇠락을 내다보았기에 물러설 수 없었습니다. 특히 콘스탄티노플이 형식상 이인자라 할지라도, 조만간 로마와 수위권을 놓고 다툴 것을 예견하였습니다. 하지만, 그의 뜻은 이루어지지 못했고 공의회의 법령은 확정되었습니다(*Inst.*, IV vii 15). 그런데, 얼마 있지 않아 콘스탄티노플의 주교 요한이 자신을 '전세계적 총대주교'(the universal patriarch)라고 주장하게 되면서, 로마의 그레고리우스는 단호하게 반대하게 됩니다. 이것은 앞에서도 언급한 것인데, 그는 수위권 때문이 아니라 다만 형제들 중에서 스스로 높이는 행위를 해서는 안 된다는 취지로 그렇게 한 것입니다. 하지만, 마우리키우스^{Maurice} 황제의 비호 때문에 그 뜻을 이루지 못했습니다(*Inst.*, IV vii 16).

찬탈자들(포카스, 피피노)과의 관계를 통해 로마 재판권이 강화되고 그 결과 교회에 해가 되는 수위권이 확립되다(17-18)

그런데, 마우리키우스 황제가 살해당한 뒤 포카스^{Phocas}가 황제가 되면서, 보니파키우스 3세^{Boniface III}에게 로마가 모든 교회들의 우두머리가 되는 특권을 하사하게 됩니다(*Inst.*, IV vii 17). 이는 로마에 있는 사람들이 포카스가 황제가 된 것에 큰 이의를 제기하지 않았기 때문입니다. 하지만 얼마 있지 않아 그리스와 아시아가 로마와 결별하게 되어 그 의미는 약화되었습니다. 그런데 로마 교황 자카리아스^{Zacgarias}가 이탈리아 왕인 피피노^{Pepin}의 갈리아 지방 정복에 도움을 주어, 그로부터 갈리아 지방에 대한 로마 관구의 재판권을 보장받게 됩니다(*Inst.*, IV vii 17). 그리고 후에 샤를마뉴 대제^{Charlemagne}가 로마 제국의 황제에 오를 때에도 도움을 준 까닭에 더욱 로마 교황의 권위는 강화되었습니다(*Inst.*, IV vii 17). 하지만 그 이후로 교회의 상황은 날로 악화되어 갔고, 로마 관구의 횡포는 증대되었습니다. 칼뱅은 베르나르 교황 시대에 모든 신성한 것들이 세속화되는 일이 발생했다고 통렬하게 책망합니다(*Inst.*, IV vii 18). 온갖 죄인들이 로마에 몰려들어 교회의 직분을 얻고자 했으며, 얻은 자는 각종 죄악을 저질렀습니다. 그래서 베르나르조차 당시의 상황에 탄식하지 않을 수 없었다고 합니다.

후대 교황들의 주장은 그레고리우스 1세와 베르나르가 세운 원리들에 배치됨(19-22)

칼뱅은 당시의 교황들이 주장하는 바를 이렇게 정리합니다.

그들은 교황을 유일한 지상 교회의 최고 우두머리요, 온 세계의 주교로 정의한다. 그러나 교황들 자신은 자신의 권위에 대해 말할 때, 엄청난 교만으로 선언하는 바, 명령을 내릴 권한이 그들의 수중에 있고, 나머지 사람들은 복종해야 한다고 말한다. 또한 그들이 공포하는 모든 것들은 베드로의 신적인 음성에 의해 확증된 것처럼 받아들여야 한다고 말한다. 지역 교회회의들은 교황이 참석하지 않으므로 효력이 없다고 말한다. 자기들이 어느 교회든 성직자를 임명할 권한이 있으며, 또한 다른 곳에서 임명한 자들을 로마 관구로 소환할 권한도 자기들에게 있다고 주장한다(*Inst.*, IV vii 19).

칼뱅은 교황이 이런 권리가 있다고 주장하면서도 스스로는 누구에게도 판단 받지 않는다는 것에 매우 격분합니다.

한 사람이 자신을 만인의 심판자로 세우면서도, 자기는 누구의 판단에도 복종하지 않는다고 하는 것은 극도의 오만함이 아닐 수 없다. … 다음과 같은 것들이 교황들이 하는 말이다: "하나님께서는 다른 사람들의 문제는 사람들에 의해 처리되기를 뜻하셨다. 하지만, 이 관구 주교의 경우는 의심의 여지 없이 그 자신의 판단에 맡기셨다." 이와 마찬가지로, "백성들의 행위는 우리가 판단하나 우리의 행위는 오직 하나님만이 판단하신다"(*Inst.*, IV vii 19).

당시의 교황들은 자신들의 권리를 그럴듯하게 포장하기 위해 고대 교황들의 이름을 들먹이며 그들의 이름으로 거짓 문서를 만들어내었습니다(*Inst.*, IV vii 20). 그리고는 마침내 교황은 무오하다는 교리를 만들어냈습니다.

이러므로 다음과 같은 유명한 말들, 곧 오늘날 교황 제도 안에 있는 모든 곳에서 신탁의 효력을 가지는 말들이 생겨났다: 즉, "교황은 무오하다, 교황은 공의회보다 높다, 교황은 모든 교회들의 전세계적인 주교요, 지상 교회의 최고의 머리이다"(*Inst.*, IV vii 20).

우리가 앞에서도 살펴보았지만, 교황 그레고리우스는 그 누구도 자신을 모든 교회 위에 높여서는 안 된다고 주장했지만(*Inst.*, IV vii 21), 이들은 오히려 그것을 역행하여 선대 교황들의 이름에 먹칠을 하였습니다. 칼뱅은 이들이 스스로를 그토록 높이면서도 정작 교회를 위해서는 거의 아무것도 하지 않고 오직 세속에만 전념한다고 한탄합니다.

여기서는 설교도, 권징에 대한 관심도, 교회들을 향한 열심도, 영적인 활동도 없다. 간단히 말하면, 아무것도 없고 다만 세상만 있다(*Inst.*, IV vii 22).

후대 교황들을 책망하다(23-30)

그래서 칼뱅은 로마 교회에 전혀 은혜가 없으며, 그 직분에 합당한 주교가 존재하지 않는다고 주장합니다. 왜냐하면, 그들은 하나님의 말씀으로 가르치지 않고, 성례를 올바르게 시행하지 않으며, 거룩한 권징을 유지하지 않기 때문입니다.

이 부분에 대해서는 그들도 반드시 나에게 동의해야만 한다: 즉, 교회가 아닌 것은 교회들의 어머니가 될 수 없고, 주교가 아닌 자는 주교들 중에 군림할 수 없다(Inst., IV vii 23).

칼뱅은 자신들의 권리를 지키기 위해 수단과 방법을 가리지 않은 교황들의 이름을 나열하며 그들의 악행을 고발합니다.

레오는 잔인했고, 클레멘트는 피를 흘렸고, 바울 3세는 호전적이었다 (Inst., IV vii 24).

칼뱅은 이들을 가리켜 그리스도의 가르침을 위반한 배교자라고 정죄합니다. 심지어 사도 바울이 데살로니가후서 2장 4절에서 밝힌 것을 토대로 그들을 가리켜 '적그리스도'라고 말합니다.

그러므로, 로마 교황이 부끄러움을 모르고 오직 하나님께만 속하는 것, 특히 그리스도께 속하는 것을 자신에게 돌리는 것이 분명하기 때문에, 우리는 의심할 필요 없이 그가 불경건하고 가증스러운 왕국의 지도자요 주창자임을 확신해야 한다(Inst., IV vii 25).

칼뱅이 이렇게까지 말하는 이유는, 교황 제도가 교회 질서를 해치기 때문입니다. 그는 교황 제도가 추구하는 신학에 대해 이렇게 정리합니다.

그들 사이에 지배하는 은밀한 신학의 첫째 강령은 이것이다: 하나님은 없다. 둘째 강령은 이것이다: 그리스도에 관해 기록되고 가르쳐진 모든 것은 거짓이요 사기다. 셋째 강령은 이것이다: 내세와 최후 부활의 교리들은 단지 꾸며낸 이야기에 불과하다. 물론 모든 사람이 그렇게 생각하는 것도 아니고, 극소수가 그렇게 말한다는 것을 나도 인정한다. 그러나 이것은 오래 전부터 교황의 관례적인 신앙이 되기 시작했다(*Inst.*, IV vii 27).

특히 칼뱅은 요한 22세를 교황의 명단에서 삭제해야 한다고 단호하게 주장합니다. 그 이유는, 그가 사람의 영혼이 육체와 같이 유한하며 부활의 날까지 육체와 함께 죽어 있다고 공공연하게 주장하였기 때문입니다(*Inst.*, IV vii 28). 프랑스 파리의 교수단이 이것에 대해 즉각 반박했고, 프랑스 왕은 그를 불러들여 회개하고 자신의 입장을 철회하도록 지시했습니다(*Inst.*, IV vii 28). 칼뱅은 이 예를 들어 교황이 무오하다는 교황 예찬자들의 터무니없는 주장을 반박하고 있습니다. 또한 그는 교황을 가리켜 하나님의 성전에 앉아 스스로 하나님이라고 내세운다고까지 말합니다.

그러므로 그들은 더 이상 관구를 이유로 그리스도의 대리자들이 될 수 없다. 그 관구는 그들이 차지하고 있는 것으로 하나의 우상보다 더 하다. 그들은 하나님의 성전에 앉아, 하나님으로 여김을 받는다(*Inst.*, IV vii 29).

칼뱅은 '추기경cardinal'이라는 칭호에 대해서도 논하는데, 원래 이것은 오직 감독에게만 주어졌던 것이라고 말합니다(*Inst.*, IV vii 30). 이것을 언급하는 이유는 현재의 교황 제도가 고대 교회의 제도와는 많이 동떨어져 있다는 것을 밝히기 위함입니다. 그럼에도 여전히 그 교만함을 버리지 않고 회개하지 않는 것 때문에 칼뱅은 그레고리우스 교황의 말을 인용하여 다음과 같이 탄식합니다.

> 하지만, 한때 그들이 무엇이었든, 그들은 지금 교회 안에서 참되고 적법한 직분을 가지지 못하고 있으며 다만 색깔과 텅 빈 껍데기만 가지고 있다. 실상, 그들이 교회와 반대되는 것만을 모든 면에서 깨끗하게 하므로, 그레고리우스가 그들에게 일어나야만 했던 일로 인해 다음과 같이 자주 쓰고 있다: "나는 신음하면서 이 말을 하고 있다: 사제직이 안에서부터 무너졌으니 밖에서도 오래 서지 못할 것이다"(*Inst.*, IV vii 30).

제8장 ㅣ 신조에 관한 교회의 권세: 교황제 안에서 이루어지는 무절제로 인하여 순결한 교리가 타락하게 됨

하나님의 말씀으로 제한되는 교회의 권세(1-9)

칼뱅은 교회에 합당한 영적인 권세가 세 가지가 있다고 말합니다: 교리권, 재판권, 입법권. 이 중 교리권은 다시 신조들을 제정할 권세와 그것들을 해석할 권세로 나뉩니다. 그리고 권세를 사용하는 것에 대해 다음과 같이 말합니다.

> … 그들이 기억해야 할 것은, 그들이 교회의 권세에 대해 무엇을 배우든, 바울에 따르면, 그 권세가 주어진 목적은 교회를 세우기 위함이지 파괴시키기

위함이 아니라는 것이다(고후 10:8, 13:10). 그 권세를 합법적으로 사용하는 자들은 자신을 그리스도의 종에 지나지 않으며 동시에 그리스도 안에서 사람들의 종이라고 여긴다(고전 4:1). 이제 교회를 세우는 유일한 방법은 사역자들 자신이 그리스도의 권위를 보존하도록 최선을 다하는 데 있다. 이 일은 그리스도께서 아버지께로부터 받으신 것을 그들에게 맡기셔야 확보된다. 즉, 그리스도만이 교회의 스승이라는 사실을 받아들일 때 가능하게 된다. 기록된 것은 다른 사람에 대한 것이 아니라 오직 그리스도에 대한 것이므로, "너희는 그의 말을 들으라"(마 17:5)는 말씀에 순종해야 한다(*Inst.*, IV viii 1).

모세는 하나님의 율법을 전하면서 거기에 자신들의 것을 더하지 말고 빼지도 말라고 하였습니다(신 12:32). 또한 그는 제사장들의 권위도 오직 하나님의 말씀에 철저하게 근거하도록 명령을 내렸습니다(신17:9-13). 칼뱅이 이렇게 말하는 이유는, 참된 제사장의 권위는 하나님의 말씀에 근거해야 하고 그렇지 않으면 아무것도 아니기 때문입니다.

그러므로, 만일 제사장이 자신의 말하는 바가 받아들여지길 원한다면, 그는 자신이 하나님의 사자임을 보여주면 된다. 즉, 그가 말씀의 저자가 되시는 분께 받은 명령을 충실하게 전달하는 모습을 보여주면 된다. 그리고 말씀을 듣는 일에 대해서는 명확하게 제시되었으니 곧, 그들이 하나님의 율법에 따라 대답할 수 있도록 해야 한다(신 17:10-11)(*Inst.*, IV viii 2).

선지자들의 권위도 마찬가지입니다. 그들은 순종하여 오직 하나님의 입에서 나온 말씀만을 전할 때, 그들에게 놀라운 능력과 귀한 칭호들이 주어졌습니다(렘 1:9-10; 겔 3:16-17). 사도들은 더욱 그러합니다. 그들은 오직 주의 말씀을 위탁받은 자로서 그 말씀을 온전히 전할 때, 그들의 말은 곧 주님의 말씀이 되었습니다(눅 10:16). 칼뱅은 이 모든 것이 주님이신 그리스도께서 친히 모범을 보이신 것이라고 말합니다.

> 그러나 주님께서도 친히 이 법을 받으시고 자신에게 적용시켜 누구든지 그것을 거절하는 것은 법을 어긴 것이 되게 하셨다: "내 교훈은 내 것이 아니요 나를 보내신 이의 것이니라"(요 7:16). 그분은 아버지의 유일하시고 영원하신 모사이셨고, 또한 아버지로부터 만유의 주Lord요 선생Master으로 지명되셨다. 그러나 그분은 친히 가르치시는 사역을 수행하심으로써, 모든 사역자들이 그 가르침에서 따라야 할 규칙이 무엇인지를 그분 자신을 모범으로 제시하셨다. 그러므로 교회의 권세는 무한정한 것이 아니라 주님의 말씀에 종속된다. 이를테면 그 말씀 속에 들어 있는 것이다(Inst., IV viii 4).

하지만, 오늘날 많은 기독교 이단들이 행하는 바이기도 한데, 그들은 자신의 말을 감히 하나님의 말씀이라고 참칭僭稱하며 자신의 권위를 세웁니다. 교황들도 크게 다르지 않습니다. 칼뱅은 이것을 매우 경계합니다.

> 첫째, "아들과 또 아들의 소원대로 계시를 받은 자 외에는 아버지를 아는 자가 없느니라"(마 11:27)는 그리스도의 말씀이 사실이라면, 하나님을 아는 지식을 얻은 사람은 반드시 그 영원한 지혜이신 분에게 항상 지시를 받아야 한다. … 내가 이 말을 할 때 의미하는 바는, 하나님께서는 결코 아들을 통하지 않고서는, 즉 그분의 유일한 지혜와 빛과 진리를 통하지 않고서는 다른 어떤 방법으로도 자신을 사람들에게 나타내지 않으셨다는 것이다(Inst., IV viii 5).

따라서, 하나님의 말씀을 받들고 섬기는 자들은 하나님이 주신 모든 말씀, 특히 기록된 말씀에서 벗어나거나 이질적인 것을 섞어 가르치면 안 됩니다. 모든 성경은 성령의 지시에 따라 하나님의 사람들이 기록한 것이므로 모든 가르침의 표준이 됩니다. 그래서 말씀을 맡고 전하는 자는 그 말씀에서 좌우로 치우쳐서는 안 됩니다(*Inst.*, IV viii 6).

또한, 오늘날 자신의 권위를 내세우기 위해 감히 "하나님께로부터 직접(직통) 계시를 받았다"고 말하는 이들이 있는데, 결코 그 말에 현혹되어서는 안 됩니다. 성경은 예수 그리스도를 통해 하나님의 모든 계시가 드러났다고 선언하기 때문입니다.

> 이런 방식으로 이 새 언약의 시대 전체를, 그리스도께서 우리에게 나타나셔서 그분의 복음을 선포하신 시점부터 마지막 심판의 날까지의 시기를, '마지막 때'(요일 2:18), '말세'(딤전 4:1; 벧전 1:20), '마지막 날들'(행 2:17; 딤후 3:1; 벧후 3:3) 등으로 부르고 있다. 이렇게 하는 이유는, 우리가 그리스도의 가르침의 완전함으로 만족하며, 우리 스스로 이것을 넘어서는 어떤 새로운 가르침을 만들어내거나 다른 사람들이 고안해낸 다른 가르침들을 수용하지 않도록 하는 것을 배우기 위함이다(*Inst.*, IV viii 7).

따라서, 말씀을 맡은 자들은 교회 안에서 오직 하나님의 명령과 표준에 따라 말씀을 선포하고 가르쳐야 합니다. 그런데, 어떤 분들은 "사도들은 하나님께 직접 계시를 받지 않았습니까? 그 일이 왜 오늘날에는 일어나지 않는다는 식으로 말합니까?"라고 질문합니다. 이에 대해 칼뱅은 단호하게 말합니다.

> 이것으로 또한 우리가 추론할 것은, 사도들에게 허용된 유일한 것은 선지자들에게 과거에 허용된 것과 같다는 것이다. 사도들은 옛날에 주어진 성경을

해석하고, 거기서 가르치는 것이 그리스도 안에서 성취되었음을 보여주었다. ⋯ 그리스도께서는 사도들에게 한계를 두셨으니, 곧 가서 가르칠 때에 자기들이 생각 없이 꾸며낸 것들이 아니라 그들에게 분부한 모든 것을 가르치라고 명령하셨다(마 28:19-20)(*Inst.*, IV viii 8).

그리스도께서는 성령을 보내셔서 자신이 당부한 모든 것을 생각나게 하시고 또한 깨닫게 하시겠다고 하셨으니(요 16:13), 말씀을 전하는 자는 마땅히 성령께서 주시는 것을 전하도록 겸손해야 합니다. 또한, 사도들이 이런 한계를 받았으니 그 후계자라고 자칭하는 자들도 마땅히 그 본을 따라야 합니다.

그러나 내가 이미 말한 바와 같이, 사도들과 그들의 후계자들 사이에는 다음과 같은 차이가 있다: 사도들은 확실하고도 순전한 성령의 필사자筆寫者들이었고, 그들의 저작들은 하나님의 말씀으로 여겨졌다. 그러나 그 외의 사람들의 유일한 직무는 성경 안에 공급되고 인쳐져 있는 것을 가르치는 것이다. 그러므로 우리는 교훈하기를, 신실한 사역자들은 어떤 새 가르침을 만들어내는 것이 아니라 단지 하나님께서 예외 없이 모든 사람들로 하여금 복종하게 하신 그 가르침에 착념하게 하는 것이라고 말한다(*Inst.*, IV viii 9).

말씀과 무관한 교리적 무오성에 대한 거부(10-16)

교황 예찬자들은 전세계적인 공의회가 교회의 참된 모습이라고 한 뒤, 그 공의회는 성령의 직접적인 지시를 받고 있으므로 오류를 범할 수 없다고 말합니다(*Inst.*, IV viii 10). 그러나 실상은 성령이 아니라 자기가 결정하는 바에 따라 믿음을 세우기도 하고 무너뜨리기도 합니다.

한편, 그들은 하나님의 말씀을 경멸하여 자기들의 변덕에 따라 교리를 만들어내고, 그 규범에 일치되게 그것을 신조로 받아들이도록 요구한다. 그리고 그들은, 만일 어떤 사람이 그들의 모든 교리에 긍정적이든 부정적이든 —혹은 노골적이든 은연중이든— 확고히 동의하지 않는 자는 그리스도인으로 여기지 않는다. 왜냐하면, 교회가 새로운 신조를 작성할 권세를 갖고 있기 때문이다(*Inst.*, IV viii 10).

심지어 그들은 성도 개개인과 전체에게 주신 약속의 말씀들을 마치 교회 전체에게만 주어진 것으로 해석하여 그리스도인들에게서 믿음과 확신과 용기를 빼앗아 가기도 합니다. 여기서 중요한 것은 구체적으로 어떤 것들이 있느냐가 아니라 그들이 성경을 왜곡시키는 태도에 있으며, 그것을 결코 간과해서는 안 된다는 것입니다(*Inst.*, IV viii 11). 교회가 완전하기 때문에 성도들을 다스리는 것이 아닙니다. 오히려 주님께서 친히 성도들 안에 내주하시는 성령을 통해 다스리십니다. 따라서 성도들은 늘 말씀 안에 확고히 거해야만 합니다. 그렇지 않으면 이런 자들이 내세우는 그럴듯한 권위에 휘둘려 자기 영혼을 망치게 됩니다. 이에 대해 어떤 이들은 "교회는 거룩하지 않습니까? 거룩하다면 완전한 것 아닙니까? 그러면 교회가 하는 말에 순종해야 하지 않습니까?"라고 질문할 것입니다. 이에 대해 칼뱅은 교회의 거룩함과 완전함을 이렇게 설명합니다.

그러므로 교회가 그리스도로 인해 거룩하게 되었다는 것은 사실이다. 그러나 여기서 볼 수 있는 것은 그 거룩함의 시작일 뿐이다; 그 최종적이고 완벽한 완성은 지성소이신(히 9, 10장 참조) 그리스도께서 참되고 완벽하게 그 교회를 자신의 거룩함으로 채우실 때에 나타나게 된다. 교회의 점과 주름잡힌 것들이 씻겨졌다는 것 또한 사실이다. 그러나 이것은 그리스도께서 강림하셔서 남아 있는 것을 완전하게 제거하시기까지 매일 진행되는 과정이다 (*Inst.*, IV viii 12).

따라서 교회가 참되게 거룩하고 순종할 만한 것이 되기 위해서는, 주님의 말씀처럼(요 17:17) 진리로 거룩하게 하는 신실한 사역자가 있어야만 합니다. "교회는 오류가 없다"라는 말은, 교회가 자신이 가지고 있는 모든 지혜를 버리고 하나님의 말씀을 통해 성령께 가르침을 받아들이는 한에서만 진실입니다. 그러나 교황 예찬자들은 그들의 권위가 마치 하나님의 말씀에 통제를 받지 않는 것처럼 주장합니다(*Inst.*, IV viii 13). 하나님의 말씀과 연결되어 있지 않는 교회의 권위는 악마적인 것입니다.

이런 이유로 교회는 스스로 지혜로운 체해서는 안 된다. 또한 스스로 어떤 것을 만들어내서도 안 된다. 오직 그리스도께서 말씀을 그치신 곳에서 자신의 지혜도 멈추도록 한계를 설정해야 한다. … 그러므로 주님은 성령께서 우리의 마음을 조명하셔서 그리스도께서 가르치신 진리를 인식하게 하는 것 이상으로 성령으로부터 더 얻으리라고 기대해서는 안 된다고 말씀하신다 (*Inst.*, IV viii 13).

그래서 크리소스톰Chrysostom은 성령의 이름을 의탁하여 전해지는 것 중에서 복음과 무관한 것은 어떤 것도 믿지 말아야 된다고 강조합니다 (*Inst.*, IV viii 13). 다시 말하지만, 주님께서 말씀하시지 않은 것에 대해 임의로 '이것이다 저것이다'라고 하는 자들을 경계해야 합니다. 그럼에도 불구하고, 이들은 유아세례2나 삼위일체 교리3 같은 것은 성경에 없다

---

2 『기독교강요』 제4권 16장을 보십시오.

고 주장하여 자기들의 권위를 정당화하려고 합니다(Inst., IV viii 16). 그들은 하나님의 말씀과 그 안에 담겨진 진리를 수호하는 것보다는 말씀을 이용하여 자기들의 욕심을 합리화하는 데만 초점을 맞추고 있습니다. 우리는 이런 자들을 진실로 경계해야만 합니다.

제9장 ㅣ 공의회들과 그 권위

공의회의 진정한 권위(1-2)

앞에서도 언급했지만, 교황 예찬자들은 공의회가 교회를 대표한다고 생각합니다. 그들은 어떻게든 주님의 권위가 아니라 교황의 권위를 높이려고 합니다. 칼뱅은 공의회 전체가 그리스도의 말씀과 성령에 의해 지배를 받을 때에 그리스도께서 그 회의를 주관하신 것으로 보며, 여기서 이것을 다루는 이유는 악한 자들이 말하는 것을 바르게 반박하기 위함이라고 말합니다(Inst., IV ix 1).

"두 세 사람이 내 이름으로 모인 곳에는 나도 그들 중에 있느니라"(마 18:20)는 주님의 약속은 공의회에만 적용되는 것이 아니라 작은 소모임에도 적용이 됩니다. 중요한 것은 그리스도의 이름으로 모이는 것이지, 아무렇게나 모이는 모임이어서는 안 된다는 것입니다. 그리스도의 이름으로 모였음에도 사사로운 이득이나 영향력을 행사하려 한다면, 그것은 여기서 말하는 합당한 모임이 될 수 없습니다.

---

3 『기독교강요』 제1권 13장을 보십시오.

그들이 비록 그분의 이름으로 모였을지라도, 나는 그분의 말씀을 더 하거나 빼앗아버리는 일을 금하신 하나님의 명령(신 4:2; 신 12:32; 잠 30:6; 계 22:18-19)을 무시하고 자기들의 결정에 따라 모든 것을 제정하는 자들의 모임은 부인한다. 그들은 완전한 지혜의 유일한 규범인 성경 말씀에 만족하지 않는 자들이며, 자기들의 머리로 생각한 신기한 것들을 섞어 만들어내는 자들이다(*Inst.*, IV ix 2).

그러므로 여기서 중요한 것은, 공의회에 모인 자들이 어떤 사람들인가 하는 것입니다.

목회자들의 결함은 공의회를 부패하게 한다(3-7)

그들은 목회자들 사이에 일치가 없으면 교회 안에 진리가 없으며, 교회는 공의회를 통해 드러나야 비로소 교회 자체가 존재하는 것이라고 생각합니다(*Inst.*, IV ix 3). 이것은 너무나 자기중심적인 생각입니다. 왜냐하면, 진리와 교회의 존재 여부를 자신들이 결정할 수 있다는 것이기 때문입니다. 성경은 이런 자들이 공동체에게 끼칠 해악들에 대해 이야기를 하고 있습니다(겔 22:25-26; 벧후 2:1; 살후 2:4 등). 공통된 것은 이들이 감히 하나님을 빙자하여 하나님의 말씀을 무력화시키고 자신을 높인다는 것입니다. 따라서, 우리는 목회자들의 타락에 대해 더욱 주의를 기울여야 합니다. 이를 위해서는 목회자들이 참된 목자인지 거짓 목자인지를 분별할 수 있어야 합니다.

내가 다만 경고하는 바는, 분별이 이 목자라고 자신하는 사람들 사이에서 이루어져야 한다는 것이다. 이는 또한 우리가 목자라고 불리는 자들을 즉각적으로 그렇게 여기지 않도록 하기 위함이다(*Inst.*, IV ix 5).

칼뱅은 거짓 공의회의 예로 열왕기상 22장을 듭니다. 북이스라엘 왕 아합이 길르앗 라못을 점령하기 위해 남유다의 여호사밧 왕과 연합을 하려고 했습니다. 그런데 여호사밧 왕이 먼저 하나님의 사람을 통해 하나님의 뜻을 물어보자고 합니다. 그래서 아합 왕이 선지자들 400명을 소집했는데, 이들 모두가 하나님의 이름으로 예언하며 길르앗 라못을 치도록 독려합니다. 칼뱅은 이들이 하나님의 이름으로 모였지만, 참된 하나님의 말씀을 전하는 것이 아니라 왕에게 아첨하기 위해 모인 무리들이기에 하나님의 선지자들로 인정할 수 없듯이 거짓 공의회도 마찬가지라고 합니다(*Inst.*, IV ix 6). 또한 신약에서는 예수님을 죽이려고 모의한 산헤드린 공의회(요 11:47 이하)를 듭니다. 그들 구성원 자신들은 거룩한 모임이라고 칭했겠지만, 실상은 사탄의 하수인들에 불과했습니다. 이를 두고 칼뱅은 배교의 때에 목자들이 앞장서서 하나님을 부인하게 될 것이라고 예언합니다(*Inst.*, IV ix 7). 따라서 교황 예찬자들이 말하는 것처럼, 교회가 거룩한 공의회에 있다는 논리는 타당하지 않습니다.

성경과 무관한 공의회는 타락하며, 심지어 니케아와 칼케돈 공의회도 흠결이 있었음(8-11)

중요한 것은 공의회 자체가 아니라 그 공의회가 어떤 시기에, 어떤 문제로, 어떤 목적을 가지고 개최되고 행해지는가입니다. 그것이 교회 전체의 유익을 위한 것이 아니라면 공의회 자체는 소수를 위한 이익단체가 될 뿐입니다. 칼뱅은 니케아, 콘스탄티노플, 1차 에베소, 칼케돈 등의 공의회를 의미있는 것으로 높입니다. 왜냐하면, 이들 공의회는 믿음의 가르침에 있어 오류들을 제거하는 데 목적을 두었기 때문입니다(*Inst.*, IV ix 8). 따라서, 어떤 공의회의 법령이 정통성이 있는지를 판단하려면 반드시 성경을 기준으로 삼아야만 합니다. 칼뱅은 완전히 다른 결정을 내린 두 공의회를 예로 듭니다(*Inst.*, IV ix 9). 하나는 동로마 황제였던 레오 3세가 소집해 열린 콘스탄티노플 공의회로서, 예배당 안에 교육의 목적으로 세워진 모든 성상聖像들을 제거하도록 결의를 했습니다. 하지만 이레네 황후the Empress Irene가 소집한 제2차 니케아공의회(787년)에서는 성상을 회복할 것을 결의했습니다. 과연 이 두 공의회 중 어떤 것이 성경에 부합할까요? 우리는 공의회가 적법하게 열렸다고 해서 그 내용까지 옳다고 해서는 안 됩니다. 이러한 사실은 오늘날 개신교 안에서 이루어지는 모든 노회와 총회 모임에도 적용할 필요가 있습니다. 그래서, 교회 전체의 유익을 위한 모임이 되도록 주의를 기울여야 할 것입니다.

소경의 안내에 순종해서는 안 된다: 성경에 비춰 본 후대 공의회들의 잘못된 결정들(12-14)

칼뱅은 반드시 목자들을 분별해야 한다고 말합니다. 심지어 목자들이라고 칭하는 자들의 말을 무조건 순종해서는 안 된다고 말합니다. 따르는 자들은 하나님께서 세운 자들이니 순종했다고 변명하겠지만, 그 양심이 그를 정죄하게 될 것입니다.

따라서, 어떤 공의회나, 목자나, 주교들의 이름이라 할지라도(이런 이름들은 거짓으로도 사용될 수 있고 진정한 의미로도 사용될 수 있다), 우리가 말씀의 증거로 가르침을 받는 것과 모든 사람들의 영을 하나님의 말씀의 기준으로 검증하는 것을 막지 못한다. 우리가 이렇게 하는 것은 그들이 과연 하나님께로부터 왔는지 아닌지를 판별하기 위함이다(*Inst.*, IV ix 12).

칼뱅은 1차 니케아 공의회(325년)에서 아리우스 이단을 정죄하고, 1차 콘스탄티노플 공의회(381년)가 여전히 아리우스를 지지하는 자들을 정죄하였으며, 에베소 공의회(431년)가 니케아 신조를 재확인한 것은 좋은 공의회의 예로 듭니다(*Inst.*, IV ix 13). 하지만, 2차 에베소 공의회(449년)[4]에서는 오히려 유티케스^{Eutyches}의 이단 사상이 승리를 거두고 심지어 정죄당한 그를 복직까지 시켜주었습니다. 이에 따라 칼뱅은 공의회의 투표로 취한 성경 해석이 언제나 진리는 아니라는 것을 확인합니다(*Inst.*, IV ix 13).

그러나 로마 교회주의자들이 성경을 해석하는 권세가 공의회에 있으며 그 해석에 대해 이의를 제기할 수 없다고 가르칠 때는 다른 목적이 있다. 그들은 공의회에서 결정한 모든 것을 '성경 해석'이라고 부르며 이를 구실로 악용하고 있다. 성경은 연옥이나 성자들의 중보나 고해 성사나 그와 같은 것을 단 한 마디도 다루지 않는다(*Inst.*, IV ix 14).

또한 콘스탄스 공의회(the Council of Constance, 1415년)는 주님의 명령을 거역하고 잔을 오직 사제들만 마시도록 했습니다. 또한 사제들의 독신을 강조한 것도 성경 해석에 따른 것으로 말하는데 이는 옳지 않습니다(*Inst.*, IV ix 14).

---

4 하지만, 이 공의회는 공식적인 것으로 인정하지 않습니다.

제10장 | 입법권을 이용하여 교황과 그의 추종자들이 저지른 영혼에 대한 가장 야만적인 횡포와 살육

하나님 앞에서의 교회법과 전통 그리고 그리스도인의 양심(1-4)

칼뱅은 이 장에서 로마 교황 예찬자들이 스스로 제정한 법으로 사람들의 양심을 묶어놓는 일이 타당한 것인지에 대해 다룹니다. 그리고 하나님의 말씀과 무관하게 행해진 모든 전통과 법들에 대해 올바르게 대처해야 한다고 당부합니다.

그들은 말하기를, 자신들이 만든 법들은 영혼에 관련된 '영적인 것'이라고 말한다. 그리고 그것들이 영생을 위해 필수적이라고 선언한다. 그러나 이렇게 함으로써 (내가 암시한 바) 그리스도의 나라가 침범당하게 된다. 또한, 그리스도로 말미암은 신자들의 양심에 주어진 자유가 철저히 짓밟히고 내던져지게 된다. … 신자들은 한 분의 왕만을 인정해야 하는데, 곧 그들의 구원자 그리스도시다. 또한 그들은 유일한 자유의 법인 복음의 거룩한 말씀으로 다스림을 받아야 한다. 만일 그들이 그리스도 안에서 단번에 얻은 은혜를 유지하고자 한다면 말이다. 그들은 어떤 경우에도 속박에 매여있어서도 안 되고, 사슬에 매여서도 안 된다(*Inst.*, IV x 1).

칼뱅은 그리스도인의 '양심'에 대해 다음과 같이 말합니다.

같은 방식으로, 사람들이 하나님의 심판을 자신들과 연관된 것으로 의식할 때, 일종의 증인으로서 그들로 자기들의 죄에서 숨지 못하게 하고 그들을 심판의 보좌 앞에서 유죄라고 규탄하게 되면, 이 의식을 '양심'이라고 부른다

(*Inst.*, IV x 3).

그러므로, 행위가 사람들에게 관계되는 것처럼 양심은 하나님과 관계되는데, 선한 양심은 오직 내적인 마음의 순전함에 다름 아니다(*Inst.*, IV x 4).

물론 양심이 사람들과 관계되기도 하지만, 이처럼 칼뱅은 일차적으로 양심이 하나님과 관계되는 것이라고 말합니다.[5] 그는 교황 예찬자들이 이 양심을 하나님이 아니라 인간이 세운 여러 제도와 법에 구속시키고 있으니 주의하여 분별하라고 말합니다.

하나님만이 입법자이심(5-8)

그런데 문제가 있습니다. 그것은 모든 권세는 다 하나님으로부터 나고 하나님께서 정하신 것이므로 반드시 복종해야 한다는 것에서 기인합니다(롬 13:1, 5). 여기서 비록 그릇된 권위라 할지라도 복종해야 하는가라는 질문이 일어납니다. 칼뱅은 우선순위를 정해야 하며, 참된 권위에 순종해야 한다고 당부합니다.

한편, 바울은 그들에 의해 제정된 법은 영혼의 내적 통치에는 적용되지 않는다고 가르친다. 왜냐하면, 그가 모든 곳에서 높이는 것은 사람들의 어떤 법령보다도 하나님을 예배하고 올바른 삶을 다루는 영적인 규율이기 때문이다(*Inst.*, IV x 5).

---

5 그리스도인의 자유에 대해서는 제3권 19장을 참조하십시오.

극단적인 예이지만, 로마의 박해 당시에 황제가 정한 법과 하나님의 법이 충돌했을 때, 사도들과 성도들은 기꺼이 하나님의 법에 순종하여 자신의 목숨을 버리고 순교의 자리로 나아갔습니다. 그들은 결론적으로 두 법을 모두 지켰습니다. 네로는 예수를 부인하지 않으면 죽인다고 했고, 하나님께서는 오직 하나님만을 경배하고 섬기라고 하셨기 때문입니다. 하지만, 그들은 하나님의 법에 더 순복하였습니다. 마찬가지로 로마 교황 예찬자들이 자기들에게 양심을 제어할 법을 제정할 권한이 있고 그 법을 지키지 않는 자는 파문한다고 할지라도, 결코 두려워할 필요가 없습니다. 파문할 테면 파문하라고 하십시오. 우리는 하나님의 법을 섬길 것입니다. 하지만, 과연 누가 하나님께 인정을 받겠습니까?

> 그러므로 우리는 하나님을 영혼의 유일한 통치자로서 인정해야만 한다. 오직 그분만이 구원하시기도 하고 파멸시키기도 하는 권세를 가지고 계신다. … 베드로는 목자들에게 그들의 직분에 대해 권고하면서, 양무리를 치는 "성직자들"에게 주장하는 자세를 하지 말라고 당부하고 있다(벧전 5:2-3). … 만일 우리가 이것을 정당하게 다룬다면, 즉 하나님께서 친히 소유하고 계시는 권세를 사람에게 돌리는 것이 합당치 않다는 것을 인정한다면, 우리는 교회 안에서 스스로를 높여 임의로 명령하기를 원하는 자들의 모든 권세는 끊어지게 된다는 것을 깨닫게 될 것이다(*Inst.*, IV x 7).

칼뱅은 입법권을 오직 하나님께만 두는 이유를 이렇게 밝힙니다.

첫째, 우리는 하나님의 뜻 안에서 모든 의와 거룩함에 관한 완벽한 규범을 소유해야 하며, 그분을 앎으로써 선한 인생에 관한 지식을 소유해야 하기 때문이다. 둘째, 오직 그분만이 (우리가 그분을 올바르고도 적합하게 예배할 방법을 구할 때) 우리의 영혼에 대해 권위를 지니고 계시며, 우리는 오직 그분께만 복종해야 하며, 우리는 오직 그분의 뜻을 기다려야 하기 때문이다 (*Inst.*, IV x 8).

따라서 하나님께서 정하신 것 외에 다른 것을 더 하는 것은, 우리의 영혼을 위하지 않고 오히려 억압하게 됩니다. 하나님은 결코 신자들의 양심이 인간적인 멍에에 얽매이기를 원치 않으십니다(갈 5:1).

예전을 교회법으로 제정하는 것은 성경에 대해 무도하고 천박한 행위요 반대되는 것이다(9-18)

칼뱅은 교회법이 크게 예식법과 권징과 징계, 곧 교회의 평화에 관한 법으로 구성되어 있다고 봅니다. 그리고 이 장에서 이것들이 사람의 자유를 어떻게 억압할 수 있는지를 설명합니다.

성경을 보면, 종교심이 강했던 바리새인들이 예수님께 오히려 강한 책망과 저주의 대상이 되는 것을 볼 수 있습니다. 이것은 그들이 사람의 전통을 내세워 하나님의 계명과 법을 무효화시키기 때문입니다(마 15:3). 칼뱅은 이런 부류의 사람들이 그렇게 하는 이유는, 자신들이 만든 법으로 어리석은 사람들의 양심을 억압하여 자신들의 권위에 복종하도록 만들기 위해서라고 보았습니다(*Inst.*, IV x 10). 그런데, 이들은 예식에 대한 것에 있어서도 사람을 현혹합니다. 무식한 대중을 화려한 예식으로 치장하여 하나님을 그릇되게 예배하도록 이끈다는 것입니다. 칼뱅은 여기서 로마 교회의 영향력 있는 사람들이 그 예식에 무슨 큰 신비라도 있는 듯이 꾸며놓은 것을 생각하고 있는데, 그것은 사람의 마음을 즐겁게 할지언정 하나님을 진정으로 경외하는 수단은 될 수 없다고 말합니다. 또한 그들은 예식과 관련하여 여러 가지 미신을 만들어내어 사람들의 삶을 교묘하게 억압한다고도 주장합니다(*Inst.*, IV x 13). 물론 예식이 전혀 도움이 되지 않는다는 말은 아닙니다. 칼뱅도 예식이 주는 유익이 있다고 말합니다. 다만, 그 예식이 예수 그리스도를 드러내지 않는다면 미신이 된다는 것입니다. 그래서 그는 성례만을 가장 필요하고 중요한 예식으로 인정합니다.

> 그렇다면, (여러분이 질문하건대) "어떤 예식도 무식한 자들의 경험 없는 상태를 돕기 위해 그들에게 제시되어서는 안 된다는 말인가?" 내가 말하는 것은 그것이 아니다. 왜냐하면, 나도 이런 유의 도움이 그들에게 매우 유용하다고 느낀다. 다만 내가 주장하는 것은, 사용된 수단이 그리스도를 드러내는 것이어야 하지 그분을 감추어서는 안 된다는 것이다(*Inst.*, IV x 14).

예식이 그리스도를 지향해야 하는 이유는, 이제 우리가 속죄를 받을 다른 의식이 필요 없기 때문입니다. 그럼에도 이 탐욕스러운 사제들은 사람의 양심을 자극하고 속죄를 명분으로 돈을 모으기 위해 예식을 활용합니다(*Inst.*, IV x 15). 하나님께서 성도들에게 원하시는 것은 오직 "너희는 내 목소리를 순종하라"(렘 11:7)라는 것이고, 사무엘도 예식에 치우친 사울왕을 향해 "여호와께서 번제와 다른 제사를 그의 목소리를 청종하는 것을 좋아하심 같이 좋아하시겠나이까 순종이 제사보다 낫고 듣는 것이 숫양의 기름보다 나으니 이는 거역하는 것은 점치는 죄와 같고 완고한 것은 사신 우상에게 절하는 죄와 같음이라"(삼상 15:22-23)고 하며 강하게 책망하였습니다(*Inst.*, IV x 17). 그리하여 칼뱅은 그럴듯한 예식을 만들어내는 자들을 향해 이렇게 일갈합니다.

하지만, 사도들의 시대로 돌아가 (지금까지 교회를 억압해 온) 이 전통들의 기원을 추적한다는 것은 완벽하게 기만이다. 왜냐하면, 사도들의 가르침 전체는 다음의 의도를 갖고 있기 때문이다: 즉, 새롭게 준수할 것들로 양심에 부담을 주어서는 안 되며, 또는 우리 자신의 의도로 만들어낸 것으로 하나님을 경배하는 것을 더럽혀서도 안 된다(*Inst.*, IV x 18).

'사도적'이라 칭해지는 온갖 거짓되고 무용한 의식들, 연약한 양심들에게 지워진 의무들(19-22)

칼뱅은 사람들의 양심을 옥죄는 전통들이 사도 시대 이후부터 등장했다고 합니다. 사도 시대에는 간단한 방법으로 주님의 성찬이 행해졌지만, 점차 그 위엄을 높이기 위해 몇 가지를 첨가하더니 마침내는 미사the Mass에서와 같이 화려한 예복과 장식들과 몸짓 같은 것들을 갖추게 되었다고 합니다(*Inst.*, IV x 19). 그중에 하나가 바로 성수聖水입니다. 이것은 사도들의 전통이라고 생각하겠지만, 실제는 로마의 어느 감독이 만들어 낸 것입니다(*Inst.*, IV x 20). 아우구스티누스는 그리스도의 발을 씻긴 것을 모범으로 하여 씻는 의식까지도 혹 세례와 유사한 것으로 비칠까 싶어 삼갔다는 진술을 하는데, 하물며 이 성수는 전혀 사도들과 관련이 없습니다(*Inst.*, IV x 20).

이와 관련하여 칼뱅은 사도행전 15장에 나오는 예루살렘 총회에 대한 기록을 인용합니다. 거기에는 사도들이 특정한 몇 가지(우상의 제물, 피, 목매어 죽인 것과 음행을 멀리하는 것)를 제외하고는 일절 어떤 멍에도 이방인 형제들에게 지우지 않기로 결의하는 내용이 나옵니다. 금한 것도 연약한 믿음을 가진 형제가 넘어지지 않도록 하기 위함이니, 결국 어떤 멍에도 신자들의 양심을 얽매어서는 안 된다는 결의를 한 셈입니다.

그럼에도 불구하고, 사제가 자신을 그럴듯하게 나타내기 위해 만들어 낸 예식들을 '사도적' 전통이라고 부르며 사람들의 양심을 부자유하게 하니, 과연 이것이 옳은 일일까요?

예배를 위해 만든 전통들과 고안물들은 성경과 그리스도에 의해 정죄된다(23-26)

칼뱅은 인간이 만들어낸 예배는 말씀에서 벗어난 것이기에 하나님이 가증히 여기신다고 말합니다. 이에 대해 "아니, 예배 의식이 하늘에서 뚝 떨어졌습니까? 그렇다면, 모든 예배 의식도 그렇단 말입니까?"라고 질문하실 겁니다. 이것은 칼뱅의 의도를 오해한 것입니다. 칼뱅이 말한 '사람이 만든 예배'는 하나님을 참되게 경외하려고 제정한 예식이 아니라 사람들을 즐겁게 하고 사람들의 이목을 끌거나 영적 감흥을 위해 만든 예식을 뜻합니다. 따라서, 중요한 것은 본질, 곧 오직 하나님을 참되게 경외하는 데 목적을 두느냐 아니면 자기 만족과 자기 높임을 위해 예배를 드리는가에 있습니다. 그런데 사람의 생각이 개입되면 필연 그 예배는 타락하게 됩니다.

그리고 진실로 이스라엘 자손이 온갖 우상숭배로 스스로 타락했을 때, 그 모든 악행의 원인이 바로 이와 같은 불순한 혼합에 있었다: 그들은 하나님의 계명들을 범하였고, 새로운 의식들을 만들어 내었다(*Inst.*, IV x 23).

그러면, 왜 칼뱅은 사람들이 하나님을 예배하기 위해 하는 행동들을 하나님께서 싫어하신다고 말하는 것일까요? 그는 이렇게 대답합니다.

비록 하나님을 예배하면서 그런 인간의 법에 순종하는 자들이 자기식대로 순종하면서 겸손의 외양을 몇 가지 흉내 낼지라도, 그런 것들은 결코 하나님 보시기에 겸손한 것이 아니다. 왜냐하면, 그들은 자기들이 지키는 그 동일한 법을 하나님을 위한다는 명목으로 만들었기 때문이다. … 사람의 뜻에 따라 고안한 그들의 하찮은 준행을 하나님께서 용납하시리라고 기대하는 자들과 실제로는 사람에게 바치는 거짓된 순종을 마치 억지로 하는 듯이 하나님께 드리는 자들은 바른 길을 가지 못한다(*Inst.*, IV x 24).

물론 성경에는, 마치 임의로 하나님께 예배를 드리는 듯한 내용들이 나옵니다(예컨대, 삼손의 부친인 마노아가 드린 제사와 기드온의 제사 등). 그러나 그런 경우에는 하나님께서 특별히 허가하시거나, 허가하더라도 온전히 하나님께만 드릴 것을 전제로 한 것입니다. 특별한 것을 일반적으로 적용하는 것은 옳지 않습니다.

이렇게 보면, 왜 예수님께서 바리새인들을 그토록 미워하셨는가를 이해하게 됩니다. 심지어 예수님은 제자들에게 "바리새인들의 누룩을 조심하라"(마 16:6)고까지 말씀하셨습니다. 여기서 '누룩'은 하나님의 순결한 말씀에 자기들의 가르침을 섞은 것을 의미합니다. 칼뱅은 이런 가르침은 차라리 멀리하는 것이 낫다고 말합니다(*Inst.*, IV x 26). 이렇게 하는 것은 우리의 양심을 위한 것입니다. 즉 사람이 만든, 경건이라는 허울을 입은 전통들에 얽매이지 말라고 주신 말씀입니다. "그렇지만, 주님도 바리새인들이 하는 말은 들으라고 하지 않으셨습니까?"라고 질문한다면, 칼뱅은 또한 이렇게 대답합니다.

"… 교회 안에 있는 많은 이들이 지상의 이익을 추구하면서 그리스도를 전한다; 그리고 그들을 통해서도 그리스도의 음성은 사람들에게 들린다; 그리고 양¥들은 삯꾼이 아니라 삯꾼을 통해 목자를 따르게 된다(요 10:11-13 참조). … 그들이 그 자리에 앉아서 하나님의 율법을 가르치고 있다. 그러므로, 하나님께서는 그들을 통해 가르치신다. 그러나 만일 그들이 자기들의 법을 가르치면, 듣지도 말고 행하지도 말라." 이것은 아우구스티누스가 한 말이다(*Inst.*, IV x 26).

그럼 이제 "과연 무엇이 정당한 교회법인가?"라는 문제가 남습니다. 일단 조직이 있는 곳에는 질서 유지를 위해 법이 반드시 필요합니다. 교회도 조직의 형태를 취하기에 법은 필요하고 그것을 준수해야 합니다. 하지만 그것이 하나님을 참되게 예배하는 것과 사람들의 양심을 보존하는 것에서 먼 법이라면 경계해야 합니다.

그러나 이런 법들을 준수함에 있어 한 가지 반드시 경계해야 할 것이 있다. 그것들이 구원을 위해 필수적인 것으로 간주되어서는 안 되며, 그것 때문에 양심의 가책을 느껴 양심을 속박해서도 안 된다. 또한 그것들을 하나님께 예배드리는 일과 연계시켜서도 안 되며, 경건이 그것들 안에 머물러서도 안 된다(*Inst.*, IV x 27).

칼뱅은 이에 대해 더 이야기하지 않습니다. 하지만, 그가 그리스도인의 자유(제3권 19장)에서 언급한 것을 토대로 생각하면, 우리는 하나님께 우리의 마음을 다하고 우리의 양심을 지킬 수 있는 한, 자발적으로 공동체가 정한 법에 순종해야 합니다. 하지만 결국 문제가 되는 것은 '어떤 것이 정당한 법이라고 할 수 있는가?'입니다. 칼뱅은 다음 두 가지 목적을 담고 있는가가 중요한 표지라고 합니다.

즉 신자들의 거룩한 모임에서는 모든 일을 품위 있게 그리고 위엄에 어울리게 처리한다. 또한, 인간 사회 자체도 인간성과 절제라는 특정된 끈으로 질서를 유지한다(*Inst.*, IV x 28).

여기서 말하는 '품위'를, 칼뱅은 이렇게 설명합니다.

우리에게 품위decorum란, 신성한 신비를 높이 기리는 데에 매우 적합한 것, 즉 헌신을 위한 적합한 훈련이나 적어도 예배 행위에 합당한 장식을 의미한다. 그리고 이것은 열매가 없어서는 안 되며, 오히려 신자들로 하여금 얼마나 위대한 소박함과 경건과 경외로 그들이 거룩한 것들을 다루어야 하는가를 지시할 수 있어야 한다. 이제, 경건을 실행하게 하는 예식들은 우리를 곧장 그리스도께로 인도할 수 있어야 한다(*Inst.*, IV x 29).

하지만 여기에도 위험 요소가 있습니다. 모든 예배 의식이 해롭다고 해서는 안 됩니다. 그리고 각 나라와 민족마다 다른 환경을 가지고 있으므로 이를 적절하게 고려해야 합니다. 그래서 칼뱅도 이 부분에 있어서는 매우 신중하게 접근합니다.

마지막으로, 주님은 아무것도 구체적으로 가르치지 않으셨고, 또한 이런 일들은 구원에 필수적인 것들도 아니며, 교회를 세우는 일이 각 나라와 시대의 관습들에 다양하게 적용되어야 하므로, (교회의 유익을 위해 필요에 따라) 전통적인 행습들을 바꾸고 폐기하며 새로운 것들을 세우는 일은 합당할 것이다. 실제로, 나는 우리가 불충분한 이유로 거칠게, 갑자기 혁신하는 데에 따른 책임을 지지 않도록 해야 한다고 본다. 하지만, 사랑이야말로 상처를 주거나 덕을 세우는 것이 무엇인지를 가장 잘 판단할 것이다. 그리고 만일 우리가 사랑을 우리의 길잡이로 삼는다면, 모든 일이 안전하다(*Inst.*, IV x 30).

이것과 관련하여 생각해 볼 것이 있습니다. 고린도전서 11장 13절을 보면, 사도 바울은 여자들이 기도할 때 머리에 무엇을 써야 한다고 말하였고, 또한 여자는 교회에서 일절 말해서는 안 된다고 말하기도 했습니다(딤전 2:12). 이것을 오늘날에도 적용해야 할까요? 칼뱅은 이 내용은 절대적인 것이 아니라고 말합니다. 당시의 상황과 환경 그리고 지방의 관습이나 중용의 원칙에 따라 달라질 수 있다고 합니다. 심지어 예배를 드리는 시간도 굳이 확정할 필요가 없다고까지 말합니다.

마찬가지로, 예배를 드리는 날짜나 시간이나 예배를 드리는 장소의 구조나, 그리고 무슨 날에 무슨 시편을 노래해야 하는가 하는 것들은 중요한 문제가 아니다. 그러나 평화를 유지하고자 하는 관심이 있다면, 정해진 날짜와 시간과 모든 사람들을 수용할 수 있기에 적합한 장소를 가지는 것이 편할 것이다 (*Inst.*, IV x 31).

이에 따르면 회중의 예배를 꼭 주일에만 드리지 않아도 되며, 그 회중의 성격과 합의에 따라 편한 요일에, 편한 시간에 정해서 하나님께 영과 진리로 예배를 드리면 됩니다. 이에 대해 관습을 따르는 분들이 항의를 할 수도 있습니다만, 칼뱅은 다음의 말씀을 인용하며 받아들이지 않습니다: "논쟁하려는 생각을 가진 자가 있을지라도 우리에게나 하나님의 모든 교회에는 이런 관례가 없느니라"(고전 11:16). 실제로 관습을 따르다가 본질을 놓쳐버릴 수가 있습니다. 그래서 칼뱅은 다음과 같이 말합니다.

마지막으로, 여기서 우리 스스로 영구한 법을 제정하는 것이 아니므로, 우리는 교회법을 준수하는 모든 용도와 목적이 교회를 세우는 데 있음을 언급할 필요가 있다. 만일 교회가 그것을 요구한다면, 우리는 어떤 거리낌도 없이 규례들을 변경할 수 있을 뿐만 아니라 전에 우리들 안에서 시행했던 규례들까지도 폐기할 수 있다(*Inst.*, IV x 32).

제11장 ı 교황제 하에서의 교회의 재판권과 남용

재판권과 권징: 열쇠의 권세와 공공 관리들(1-5)

여기서는 교회가 가지고 있는 세 번째 권세인 재판권에 대해 다룹니다. 칼뱅은 그 전체가 도덕성morals에 대한 권징과 관련이 있다고 말합니다. 하지만 이것은 신령한 다스림의 체제를 보존하기 위해 마련된 질서 외에는 아무것도 아닙니다(*Inst.*, IV xi 1). 이 권세는 바로 마태복음 18장에서 그리스도께서 교회에 주신 열쇠에 근거합니다. 하지만 마태복음 18장에는 열쇠라는 말이 나오지 않습니다. 따라서 이 말은 '매고 푸는 권세'라는 말 대신에 사용되는 것으로 보아야 합니다. 반면 '열쇠'라는 말은 마태복음 16장에 나오는데, 이것은 주님이 베드로에게 주신 것이 아니라 모든 사도들에게 맡기신 말씀 사역을 지칭하는 것입니다(*Inst.*, IV xi 1). 하지만, 교황 예찬자들은 이것을 교묘하게 섞어서 자기들에게 수위권이 있다는 근거로 삼아 버렸습니다.

우리가 내리는 결론은, 이 구절들에서의 열쇠의 권세는 단지 복음을 전하는 일을 의미하며, 사람들에게 그것은 권세power가 아니라 목회사역ministry이라는 것이다. 그리스도께서는 실제로 이 권세를 사람들에게 주신 것이 아니라 자신의 말씀에 주신 것이요, 이를 위해 사람들을 사역자들로 삼으셨다 (*Inst.*, IV xi 1).

칼뱅은 이 '매고 푸는 권세'가 마태복음 18장 17-18절에도 적용된다고 합니다. 그러나 이것은 교회의 권징에 대한 것이고, 그는 이것에 대해 다음과 같이 말합니다.

한편, 교회는 출교당하는 자를 매게 된다. 이것은 그를 영원한 파멸과 절망에 던져넣기 때문이 아니라, 교회가 그의 삶과 도덕성을 정죄하기 때문이다. 그리고 만일 그가 회개하지 않으면 정죄받는다는 것을 경고하기 위함이다. 반면, 교회가 그를 다시 교제 속에 받아들이면 그 사람을 푸는 것이 된다. 왜냐하면, 그것이 그로 하여금 그리스도 예수 안에 있는 연합에 참여하는 자로 만들기 때문이다(*Inst.*, IV xi 2).

물론 이 권세를 사용할 때의 기준은 주관적인 것이 아니라 오직 하나님의 말씀에 따라야 합니다. 칼뱅은 세속의 재판권과 교회의 재판권 사이에 엄청난 차이가 있다고 말합니다. 대표적인 차이가 세속적인 재판권은 형벌刑罰을 가할 수 있지만, 교회법은 그렇지 않습니다. 교회는 다만 당사자가 '자발적으로' 징계를 받아들여 회개를 표시하도록 하는 데 목적을 둡니다(*Inst.*, IV xi 3). 그래서 교회의 권징을 국가의 관원이 할 수 없고, 교회로서도 국가의 관원이 할 일을 해서도 안 됩니다. 이에 따라 교회의 권징을 받아들이지 않는 자들을 관원에게 고발해서는 안 됩니다. 그럼에도 만일 관원이 맡게 되면, 이때는 관원이 권징이 아니라 형벌을 시행할 수 있습니다. 명심할 것은, 교회의 재판권은 어디까지나 영적인 성격을 띤다는 것입니다(*Inst.*, IV xi 5).

우선, 이것이 바로 교회 재판권의 목적이다: 즉, 범죄를 제지하고, 발생한 추문을 씻어내는 것이다. 재판권을 사용하는 데는 두 가지를 마땅히 염두하여야 한다: 즉, 이런 영적 권세는 칼을 사용하는 권세와는 완전히 다르다는 것이다. 둘째는, 재판권은 한 사람에 의해서가 아니라 합법적인 회의에 의해서 시행되어야 한다. … 거룩한 감독들은 그들의 권세를 벌금형이나 징역이나 기타 시민법에 속한 형벌들을 통해 시행하지 않았고, 다만 주의 말씀만을 사용하였는데 이것이 적절하다. 왜냐하면, 교회가 행하는 가장 큰 형벌은, 이를테면 최후의 벼락은, 바로 출교(excommunication, 혹은 파문)이기 때문이다. 이것은 오직 필요할 때만 사용되었다. 그런데 출교란 물리적인 강제력을 필요로 하지 않고 다만 하나님의 말씀의 권세로 충분하다(*Inst.*, IV xi 5).

그러나 로마 관구는 이것을 자신들의 권력욕을 충족시키기 위해 변질시켜, 장로 회의가 아닌 한 개인에게 집중시켰습니다.

감독들이 부당하게 권세를 가정함으로써 야기된 부패들(6-10)

칼뱅은 이렇게 재판권이 한 사람에게 집중된 것을 매우 못마땅하게 여겼습니다.

이것은 매우 사악한 행위이다. 왜냐하면, 한 사람이 일반에게 돌릴 권세를 자신에게 돌림으로써 전제군주적인 권한을 휘두르는 길만 아니라, 교회에 속한 것을 교회에게서 빼앗도록 하는 길도 열어버렸기 때문이다. 또한, 그리하여 그리스도의 영으로 제정하신 회의를 억누르고 해체시켜 버렸기 때문이다(*Inst.*, IV xi 6).

심지어 이들은 세속적인 문제(소송)에까지 '영적 재판'이라는 명분으로 개입하기도 하였습니다. 비록 어느 문제에 대해서는 권면도 하고 출교도 행했지만, 다른 불법한 일에 대해서는 관용을 베풀거나 묵인함으로써 영적 질서를 어지럽혔습니다. 그럼에도 그들은 모세가 광야에서 세상적인 통치와 영적인 통치를 병행했었다는 것을 이유로 자기들의 행위를 정당화하였습니다. 칼뱅은 이것은 어디까지나 하나님의 직접적인 인정 하에 모든 것이 정리될 때까지 임시적으로 취해진 조치였다고 말합니다(*Inst.*, IV xi 8). 왜냐하면, 그리스도께서는 자신에게 찾아와 상속 재산을 공정하게 나누어달라고 청원한 사람에게 "이 사람아 누가 나를 너희의 재판장이나 물건 나누는 자로 세웠느냐?"(눅 12:14)라고 말씀하심으로 하나님의 일을 맡은 자가 어떤 처신을 해야 하는지 본을 보여주셨기 때문입니다(*Inst.*, IV xi 9). 그러나 이들은 거룩한 감독들이 꺼려했던 재판권 행사를 자기들이 기꺼이 맡음으로써 오히려 자신의 힘을 키우는 기회로 삼았습니다. 즉, 보호자 행세를 하면서 실제로는 군주의 위치에 오른 것입니다. 이렇게 되어 교회의 참된 권징은 부패의 길로 접어들게 되었습니다.

교황 예찬자들이 무분별하고 오만한 주장들을 내세우며 세속 권세를 강탈하다(11-16)

칼뱅은 교황이 저지른 패악에 대해 이렇게 정리합니다.

마침내, 로마 교황은 겸손함을 저버리고 자신에게 주어진 영지로 만족하지 않았다. 처음에는 왕국에 손을 뻗치더니, 후에는 제국 자체로 손을 뻗쳤다. 그리고 몇 가지 구실을 내세워 혹은 순전히 강탈하여 얻은 또 다른 소유물을 유지하기 위해, 그는 때로는 신적인 권리로 그것을 소유하고 있다고 자랑하기도 하고, 때로는 콘스탄티누스 황제가 기증한 것처럼 꾸미기도 하며, 때로는 다른 명목을 대기도 하였다(*Inst.*, IV xi 11).

그러나 칼뱅은 교황 유게니우스Eugenius를 책망한 베르나르Bernard의 "사도직의 모습은 이것이니, 곧 지배권이 금지되어 있고 오직 섬기라는 명령만이 있다"는 말을 인용하여 당시의 교황을 책망합니다. 또한, 칼뱅은 교황의 권력이 무소불위의 권위가 된 것은 교회 초기부터 형성된 것이 아니라 11세기에 와서야 이루어졌다고 주장합니다. 이것을 간략하게 정리하면 이렇습니다: 이전까지는 교황이 군주들에게 복종하는 상태에 있었고 황제의 지원이 없이는 교황이 되는 것이 어려웠습니다. 그러나 정치적 상황을 이용하여 교묘하게 그 권위를 높이던 중, 하인리히 4세 황제(1056-1106년)가 성직 임명권을 되찾으려고 교황 힐데브란트(자칭 그레고리우스 7세라 함)와 경쟁하였으나 도리어 그에게 파문당하자 카노사에서 굴욕적인 속죄를 함으로써 용서를 받게 됩니다(1077년, 카노사의 굴욕). 이때 교회와 국가의 지위가 바뀌게 됩니다. 즉, 교황이 세속 권력에 직접 개입하게 되었습니다. 그러나 세속 권력을 장악하는 과정은 그리스도의 법과 완전히 거리가 멀었습니다. 또한 로마의 성직자들은 면책특권까지 누렸습니다. 이러한 결과 그들은 어떤 잘못을 해도 책망받거나 정죄당하지 않게 되었습니다. 그 이후 로마 가톨릭이 얼마나 부패하게 되었는지는 역사가 말해 주고 있습니다.

제12장 | 교회의 권징: 주된 사용은 정죄와 출교로 나타남

이 장에서 칼뱅은 로마 교회가 얼마나 그릇되게 교회의 권력을 남용하였는지에 대해 더 구체적으로 설명을 하고자 합니다. 그러나 그 전에, 원래 교회가 시행한 권징의 본질이 무엇인지부터 밝힙니다. 이렇게 하여 로마 교회가 얼마나 부패하였는지를 부각시키려고 합니다. 그래서 매우 상세하게 다루고 있습니다.

진정한 권징으로서 열쇠의 권세를 논함: 권징의 목적과 과정(1-7)

오늘날 대다수의 교회가 권징을 행하는 것을 매우 꺼려 합니다. 이유는 성도가 '실족'할 수 있고 그것이 서로 인맥으로 얽혀있는 공동체에 미치는 파급효과와 후유증이 만만치 않기 때문입니다. 하지만, 이것을 생각해야 합니다. 만일 자식이 잘못해서 꾸짖었는데, 그 자식이 그 책망을 받아들이지 않고 실족했다고 집을 나간다면 어떨까요? 그 정도 책망은 자녀라면 응당 받아야 하고 받을 수 있다고 생각하는 것이 옳은 태도 아닐까요? 나아가, 부모님의 마음을 헤아려 자신의 잘못을 고치고 더욱 바르게 살려고 노력해야 되지 않을까요? 그렇다면, 정말 진정한 성도라면, 하나님의 자녀라면, 하나님이 세운 사람들에게 책망을 받았다고 실족했다고 교회를 나가거나 심지어 교회에 문제를 일으켜서는 안 됩니다. 그런 행동은 스스로 "나는 구원받은 하나님의 자녀가 아닙니다!"라고 공개적으로 선언하는 것이나 다를 바 없습니다. 칼뱅은 권징이 반드시 필요하다고 말합니다.

그러나 권징을 싫어하는 몇 사람이 그 명칭만으로도 반발하기 때문에 다음의 말로 그들을 깨닫게 하는 것이 필요하다: 실제로 어떤 사회도, 심지어 가장 작은 가족 구성원으로 이루어진 가문이라도, 권징이 없이는 적절한 상태를 유지할 수 없다. 가능한 한 질서를 잘 유지해야 할 교회로서는 더욱 권징을 필요로 한다. 따라서, 그리스도의 구원의 교리가 교회의 영혼이듯이, 권징은 힘줄, 곧 각자의 자리를 지키고 있는 지체들을 하나로 붙들어 몸에 연결하는 힘줄과 같은 역할을 감당한다. 그러므로, 권징을 제거하기를 바라거나 권징의 회복케 하는 권능을 방해하려는 자들은 —이런 행위를 알고 하든지 모르고 하든지— 확실히 교회를 궁극적으로 해체하는 데 기여하는 셈이다 (*Inst.*, IV xii 1).

이어서 칼뱅은 권징의 합당한 절차에 대해 말합니다. 첫째이자 중요한 기반은 무리 없이 훈계할 수 있는 여지를 마련하는 것입니다. 실제로 이것이 제대로 갖추어지지 않아 권징을 시도조차 못하는 교회가 많이 있습니다. 교회 공동체는 잘못을 행한 형제가 있을 때는 누구나 그에게 훈계할 수 있고, 또한 당사자도 그 훈계를 받아들일 자세가 되어 있어야 합니다(물론 공개적으로 먼저 비난해서는 안 됩니다). 칼뱅은 이 일을 목사와 장로들이 특히 주의를 기울여 감당해야 한다고 말합니다(*Inst.*, IV xii 2). 다만, 사사로운 죄는 각 당사자가 따로 해결하되(마 18:15), 잘못을 행한 자가 듣지 않거나 그 죄가 노골적인 경우에는 공개적으로 책망해야 합니다(딤전 5:20). 또한 공적인 죄나 과실의 경우에는 즉시 교회가 그에게 책망하는 것을 감당해야 합니다.

그렇다면, 권징을 시행하는 올바른 순서는 다음과 같다: 은밀한 죄를 교정하기 위해서는 그리스도께서 마련하신 단계를 따라야 한다. 하지만 공개적인 죄에 있어서는, 만일 그 과실이 실제로 공적인 것일 경우는 즉각 교회가 엄중히 책망해야 한다(*Inst.*, IV xii 3).

특히 범죄 혹은 파렴치한 행위에 대해서는 교회가 더욱 엄하게 대처해야 합니다. 바울은 고린도 교회에게 음행하는 자들을 출교시키라고 말하였습니다(고전 5:3 이하). 이렇게 하는 이유는 교회의 질서와 더불어 주님과의 온전한 연합을 이루기 위함입니다. 이것은 결코 부당한 처사가 아니라 주님께서 교회에 부여하신 영적 권세입니다. 이것을 행하지 않고서도 교회의 연합을 이룰 수 있다고 생각하는 것은 대단한 착각이자 잘못입니다.

이런 권징의 끈이 없이도 교회가 오랫동안 설 수 있다고 믿는 사람이 있다면, 내가 말하건대, 그것은 잘못된 생각이다(*Inst.*, IV xii 4).

권징을 행하는 데는 세 가지 목적을 가져야 합니다: (1) 부끄럽게 사는 그리스도인을 불러 하나님의 존귀와 영광을 가리는 일이 없도록 해야 합니다. (2) 그리스도인들이 악인들과 어울려 타락하는 일이 일어나지 않도록 해야 합니다. (3) 그리스도인들이 자신의 부끄러운 모습에 대해 책임을 느끼고 온전히 회개하도록 해야 합니다(*Inst.*, IV xii 5).

그러면 출교당한 자는 어떻게 되는 것일까요? 그는 영원히 저주받은 자가 되어 구원받지 못하게 될까요? 만일 그가 진심으로 회개한다면 구원은 유효합니다. 권징의 목적이 바로 거기에 있기 때문입니다. 그러나 만일 그가 돌이키지 않는다면 그는 처음부터 믿음을 가진 자가 아님을 스스로 입증하는 셈입니다. 사도 바울은 고린도 교회 안에 음행을 행한 자를 사탄에게 내주었다고 말하며 "이는 육신은 멸하고 영은 주 예수의 날에 구원을 받게 하려 함이라"(고전 5:5)는 말을 덧붙였습니다. 칼뱅은 이것을 다음과 같이 해석합니다.

> 이 말씀은(내가 해석하건대), 바울이 그 사람을 일시적인 정죄의 상태에 내
> 주어 그로 하여금 영원한 구원을 얻도록 하였다는 뜻이다. 그러나 사도는
> "사탄에게 내주었으니"라고 말하는데, 이것은 그리스도께서 교회 안에 계시
> 듯이 교회 밖에는 사탄이 있기 때문이다(*Inst.*, IV xii 5).

칼뱅은 이어서 권징을 실제적으로 하는 방법에 대해 말합니다. 그는
죄의 성격(공적인 죄, 개인적이고 은밀한 죄)에 따라 다르게 대처해야 한다
고 말합니다. 먼저, '공적인 죄'는 당사자가 공개적으로 지은 죄로 인해
교회에 물의를 일으킨 것을 뜻합니다. '은밀한 죄'란 사람들이 전혀 알지
못하는 죄가 아니라 완전히 감추어진 것도 아니고 공적인 것도 아닌 죄
를 말합니다. 칼뱅은 공적인 죄에 대해서는 그리스도께서 제시하신 절
차(마 18:15-17)를 따를 필요가 없고, 교회가 즉각 죄인을 소환하여 교
정하는 임무를 수행해야 한다고 합니다. 은밀한 죄는 그리스도께서 정
하신 절차에 따라 행하여, 당사자끼리 먼저 해결하게 하고, 끝까지 고집
을 부리고 회개하지 않을 경우에만 교회가 개입하여 공개적으로 문제를
처리해야 한다고 합니다(*Inst.*, IV xii 6). 그리고 가벼운 과실에 대해서는
부드럽게 책망하는 것으로 족하지만, 파렴치하고 부끄러운 일을 저질렀
을 때는, 온전히 회개할 때까지 잠정적으로 성찬에 참여할 자격을 박탈
해야 한다고 말합니다(*Inst.*, IV xii 6). 고대 교회에서는 회개했다는 것을
증명하기 위해 엄숙한 의식을 행한 바가 있습니다. 즉, 당사자가 회중 앞
에서 회개의 증언을 합니다. 그런 다음, 교회의 동의와 목회자의 안수를
통해 공동체의 일원으로 영접하였습니다(*Inst.*, IV xii 6).
　이러한 권징에는 그 누구도 예외가 있어서는 안 됩니다. 왕이라 할지

라도(나단 선지자가 다윗을 책망한 것을 생각하십시오), 목회자와 기타 성직자라고 할지라도(바울이 베드로를 책망한 것을 생각하십시오), 그 어떤 신분 고하를 막론하고 지은 죄에 대해 철저하게 권징을 행함으로 교회의 전체 질서와 순결함을 유지해야 합니다. 무엇보다 처리 과정 하나하나가 그리스도의 임재를 드러내는 것이 되도록 하여, 사람의 주관대로 권징이 행해지지 않도록 해야 합니다(*Inst.*, IV xii 7).

권징을 알맞게 행하되 지나친 엄격함은 지양해야 한다(8-13)

칼뱅은 권징을 행하되 '온유한 심정으로'(갈 6:1)으로 해야 한다고 말합니다. 이런 온유함이 유지되지 못하면, 교회의 권징은 잔인한 살육으로 전락하게 됩니다.

> 이런 온유함이 교회의 온몸에 요구된다. 즉, 사소한 잘못을 저지른 자들을 부드럽게 대해야 하며, 극도의 가혹함으로 그들을 처벌해서도 안 된다. 다만, 바울의 명령을 따라, 교회의 사랑을 그들에게 나타내야 한다(고후 2:8). … 그러므로 교회에서 쫓겨난 자들을, 택한 백성의 수에서 지워버리거나, 마치 이미 그들이 버림받은 자들인 것처럼 절망하는 것은 우리의 임무가 아니다. … 요약하자면, 우리는 그 사람을 죽음에 처하는 정죄를 하지 않도록 하자. 그는 오직 하나님의 손과 심판에 맡겨져 있다; 오히려, 우리는 각 사람의 행위들이 지닌 특성만을 주님의 법으로 판단하도록 하자(*Inst.*, IV xii 9).

그렇다면, '출교'도 로마 가톨릭이 의미하는 것과는 다르게 행해야 하는 것이 분명해집니다. 그들은 이 출교를 저주, 곧 구속받은 하나님의 자녀에서 제외하여 영원한 형벌의 심판에 던져넣는 의미로 사용합니다.

이로 인하여 출교를 당하는 자들은 영원한 파멸과 저주 속으로 던져지는 것이 아니라, 다만 자기들의 삶과 도덕성이 정죄를 받는다는 것을 듣는 중에, 그들이 회개하지 않으면 영원한 정죄에 처해짐을 확실히 알게 된다는 것이다. 출교excommunication는 저주anthema와는 다르다. 저주는 모든 용서의 여지를 없애고 정죄하여 사람을 영원한 파멸에 넘긴다. 출교는 오히려 그 사람의 비도덕적 행동에 대해 보복하고 혼을 내주는 것이다. 그리고 비록 출교도 사람을 벌하는 것이지만, 그것은 그 사람에게 미래에 정죄를 받을 것을 미리 경고함으로써 그를 다시 구원에로 돌이키려는 것이다. 만일 그렇게 된다면, 화해와 회복이 그를 기다리는 공동체에게 주어지게 된다(Inst., IV xii 10).

하지만, 여전히 현실적인 어려움이 있습니다. 분명히 과실과 죄책이 드러났음에도 확실하게 권징하지 않아 다른 사람이 시험에 들 수도 있습니다. 목회자도 성실하게 권징을 행했으나 그 결과가 뜻하는 대로 이루어지지 않아 낙심하게 될 수도 있습니다. 이렇게 되는 이유는 주로 권징을 받는 당사자가 그리스도 안에서 신실하게 책망의 짐을 지려고 하지 않기 때문입니다. 그러나 아우구스티누스는 이런 단호함을 견디는 자만이 진정으로 저주에서 벗어나 자유를 누릴 수 있으며, 신실하게 책망하고 교정하지 않는 자는 하나님 앞에 죄를 짓는 것이라고 말합니다(Inst., IV xii 11). 그러므로, 여호와 하나님께서 에스겔 선지자에게 파수꾼의 사명을 주신 것을 권징에 적용할 필요가 있습니다(겔 33:1-9). 중요한 것은, 교회가 권징으로 인하여 상처받지 않도록, 권징을 받는 당사자나 행하는 자 모두 영적 성숙 가운데 있어야 한다는 것입니다. 그렇지 않으면 마귀가 역사할 틈을 주게 됩니다. 도나투스주의자들Donatists은 목회자가 성실하게 권징을 행하지 않는다고 하여 비난하며 스스로 분파를 이루었습니다. 재세례파Anabaptist는 세례를 받은 이상 더 이상 죄를 짓는 일이 있을 수 없다고 하여, 죄를 지은 자로부터 참된 성결을 회복할 수 있는 기회를 박탈하였습니다. 이렇게 되지 않기 위해서는 권징에 대한 올바른 인식이 교회 공동체 안에 반드시 자리 잡아야 합니다.

사적인, 공적인 금식의 용도와 목적: 따라야 할 지침들(14-18)

권징 외에 목회자들은 잘못을 행한 지체들에게 시대에 따라 금식, 서원, 혹은 회개, 자신을 낮추는 행위들(고행)을 시행했습니다. 칼뱅이 이것을 언급하는 이유는, 이것이 로마 교회에서 그 성격이 변질되어 행위의 의를 추구하는 것이 되었기 때문입니다. 그래서 올바른 방법과 의도에 대해 설명하고자 합니다.

먼저 다룰 것은 '금식'입니다. 칼뱅은 금식에는 세 가지 목적이 있다고 합니다.

> 거룩하고 합법적인 금식은 세 가지 목적을 가진다. 우리는 금식을 할 때, 육체를 연약하게 하고 제어하여 방종에 빠지지 않도록 하기 위해, 혹은 우리가 더 잘 준비된 기도와 거룩한 묵상들을 하기 위해, 또는 그분께 우리의 허물을 고백하고자 할 때 그분 앞에서 우리가 자신을 낮추는 증거로 사용하기 위함이다(*Inst.*, IV xii 15).

그러므로 특별히 중요한 문제를 놓고 기도할 때 금식을 겸하여 하는 것이 적절합니다(*Inst.*, IV xii 16). 금식은 온전히 기도에 집중할 수 있도록 도울 수 있기 때문입니다. 한편, 금식은 회개를 나타내고자 할 때도 사용합니다.

또한, 만일 전염병이나 기근이나 전쟁이 일어나려 하거나, 만일 어떤 재난이 어느 지방이나 사람들을 위협할 때는, 목회자들이 교회로 금식하게 하는 것이 의무이니, 이는 탄원을 통해 주님의 진노를 피하도록 하기 위함이다. 왜 냐하면, 주님께서 위험을 드러내시는 것은, 이를테면, 주님께서 보복할 태 세를 갖추셨음을 경고하는 것이기 때문이다(*Inst.*, IV xii 17).

그런데, 금식이라고 하여 모든 음식을 끊는 것을 의미하는 것은 아닙 니다. 칼뱅은 평상시보다 음식 섭취를 확 줄이고 극심하게 절제하는 금 식도 있다고 합니다. 즉, 금식의 본질이 참된 겸손과 절제를 하는 데 있 으므로, 음식을 정말 필요한 만큼만 취하는 것도 금식이라고 할 수 있다 는 것입니다(*Inst.*, IV xii 18).

금식하며 사순절을 준수하면서도 위선적으로 가지게 되는 미신들 과 공로 개념들(19-21)

따라서, 형식적으로는 금식을 하면서 동시에 온갖 나쁜 생각을 하거 나 악한 일을 한다면, 차라리 금식하지 않는 것이 낫습니다(*Inst.*, IV xii 19). 이 점에서 목회자는 금식에 대해 올바르게 가르쳐야 합니다.

첫째, 목회자들은 언제나 요엘 선지자가 가르치는 것, 곧 "옷을 찢지 말고 마 음을 찢고"(욜 2:13)를 촉구해야 한다. 즉, 그들은 사람들에게 만일 마음에 내 적 감흥이 있지 않고, 진정으로 자신의 죄에 대한 불쾌감과 참된 겸손과 진정 한 슬픔이 하나님을 경외함으로 일어나지 않는다면, 하나님께서는 금식 그 자체를 크게 평가하지 않으신다는 것을 훈계하여야 한다(*Inst.*, IV xii 19).

마음의 순전함이 없이 겉모양만 그럴듯하게 하려는 것은 몸만 괴롭히는 것이고 하나님께 가증한 것입니다(*Inst.*, IV xii 19). 또한 금식하는 것을 마치 공로로 생각하거나 하나님께 예배를 드리는 것으로 여기기도 하는데, 이것은 매우 잘못된 것입니다. 금식은 그 자체로서는 선한 것도 악한 것도 아닌 중립적인 성격을 가집니다(*Inst.*, IV xii 19). 그럼에도 금식에 무슨 영적인 힘이 깃드는 것처럼 여기는 것은 미신입니다. 이런 생각은 자칫 금식을 신자들의 주요 의무인 것처럼 여기게 하여, 그것을 수행한 자들이 자기에게 공로가 있는 것처럼 생각하게 할 수 있습니다(*Inst.*, IV xii 19). 특히 이런 태도는 사순절四旬節6을 지키면서 강화되는 경향이 있습니다. 그리스도의 고난을 생각하며 성도들이 하나님 앞에서 자발적으로 겸손과 섬김의 예를 표하기를 원했고, 목회자들도 그것을 장려한 까닭에 금식이 자연스럽게 이루어졌습니다. 하지만, 칼뱅은 금식을 마치 그리스도를 따르는 행위로 정당화되고 또 그렇게 꾸미는 것은 미신이며 잘못된 열심이라고 말합니다(*Inst.*, IV xii 20).

그런데, 더 안타까운 일은 금식을 법으로 강제한 것입니다. 특히 사순절 기간 동안 고기를 먹는 것이 금지되었습니다. 이것은 사순절에 고기를 먹으면 마치 영성이 떨어지는 것처럼 생각하도록 만들었습니다. 하지만, 일부 탐욕스러운 감독들과 부유한 자들은 고기를 제외하고 오히려 다른 것들로 배가 터지도록 먹어 하나님을 조롱하였습니다(*Inst.*, IV xii 21). 이런 금식은 성경이 전혀 알지 못하는 것입니다.

---

6 교회에서 그리스도의 수난을 기념하는 절기를 일컫습니다. 사순절(Lent)의 이름은 헬라어로 40을 뜻하는 '테사라코스테'(Τεσσαρακοστή)에서 나왔습니다. 재를 머리에 얹거나 이마에 바르며 죄를 통회하는 '재의 수요일'로부터 시작하여 부활절 전 40일 동안 지킵니다. (출처: 위키백과)

성직자의 혼인금지에 대한 요구가 지닌 폐해(22-28)

금식과 관련하여 금욕을 높이고자 하는 움직임이 있습니다. 특히 성
직자들에게 이것을 요구하여 그들의 성직을 우상화하게 만드는 데 이용
하였습니다. 성직자에게 세속의 사람들과 다르게 강도 높은 금욕을 요
구하는 것은 어쩌면 당연한 일입니다. 고대 교회법에도 감독들이 사냥,
주연酒宴, 도박, 고리대금, 음란한 무도회에 참여하는 것이 금지되었습니
다. 그런데, 이것은 성직을 잘 감당하기 위해 감독들 스스로 결정한 것입
니다. 하지만, 잘못한 감독들에 대한 권징이 느슨해짐으로 인해 이 법은
형식화되고 말았습니다. 그런데, 성직자의 결혼 문제는 전혀 다른 양상
을 띠었습니다. 성경이 정하는 바대로 감독과 장로들은 결혼을 한 사람
들 중에서 선출되었습니다(딤전 3:2 참조). 따라서 원래 사제들은 결혼을
당연히 하였습니다. 그러나 고대 교부들 중 어떤 이들이 거룩한 성직을
위해 독신을 추천했고, 성직자의 재혼 문제, 성직록의 세습 문제 등이 생
기면서 독신제가 강화되어 마침내 법제화되기에 이르렀습니다.7

칼뱅은 이것이 교황 예찬자들의 잘못된 성경 해석에서 비롯되었다
고 강하게 질책합니다. 그들은 마치 독신을 지키는 것이 일반 사람들과
구별되는 표지인 듯 주장합니다. 하지만, 그리스도 자신께서 결혼을 하
나님께서 정하신 것으로 규정하셨습니다(막 10:6-9). 독신을 추천한 바
울 사도와 다른 사도도 결혼은 신성한 연합의 상징으로 선포하고 있습
니다(엡 5:23-24; 히 13:4 등). 심지어 크리소스톰은 순결한 결혼에 따른

---

7 교황 그레고리우스 7세가 교회를 개혁하면서 사제 독신제를 취했고(1138년), 이듬해인 1139
년 제2차 라테란 공의회 때 상급 성직자들의 혼인을 무효로 규정했습니다. 1545년 트리엔트
공의회부터는 모든 성직 지원자에게 독신을 요구하는 방향으로 발전하다가, 1917년에 명문
화되었습니다.

사랑이야말로 '제이의 처녀성'이라고까지 말했습니다(*Inst.*, IV xii 28). 다만, 하나님께 받은 은사로 독신을 살게 되는 경우와 사고 등으로 육체의 일부분이 훼손을 당해 어쩔 수 없이 독신으로 살게 되는 경우는 예외입니다. 참으로 모순되는 것은, 당시 중세 로마 교회는 독신을 내세웠으면서도 상당수의 성직자들이 매우 음란했으며 성적으로도 타락했다는 것입니다. 그러므로 칼뱅은 성직자들의 결혼에 대해 다음과 같이 정리합니다.

> 우리가 이에 동의한다면, 우리는 그들에게 한 번 더 그것은 의무가 아니라 개인의 자유이며, 교회의 유익함에 따라 판단해서는 안 된다고 권고해야 한다(*Inst.*, IV xii 28).

제13장 | 서원: 사람들이 어떻게 스스로를 비참하게 얽어매는가

이 장에서는 서원에 대해 다룹니다. 이것은 앞에서 언급한 독신과도 연관이 있습니다. 즉 사제들의 독신 서원이 그것입니다. 이것뿐만 아니라, 칼뱅은 로마 교회가 그 본래의 목적을 떠나 사람들이 지킬 수 없는 것들을 서원하게 하여 그것을 형식화해 버렸다고 질타합니다.

서원의 본질 그리고 만연해 있는 오류들(1-7)

칼뱅은 서원을 '하나님을 향한 약속'이라고 정의합니다.

사람들 사이에서는 '약속'이라고 칭하는 것을 하나님과 관련해서는 '서원'이라고 한다(*Inst.*, IV xiii 1).

사람 사이에 한 약속도 신의를 지켜야 하는데, 하나님께 대한 약속은 더욱 최고의 진실함으로 대해야 옳습니다. 하지만, 모든 시대마다 외식하는 자들은 자신을 그럴듯하게 포장하기 위해 이 서원을 남용해 왔습니다. 그래서 칼뱅은 서원을 함에 있어서 반드시 세 가지를 전제해야 한다고 말합니다: (1) 누구에게 서원을 하는가? (2) 서원을 하는 우리는 누구인가? (3) 무슨 의도로 서원을 하는가?(*Inst.*, IV xiii 2)

다시 말하지만, 서원은 하나님께 하는 것입니다. 따라서 서원을 하는 사람은 하나님께 대해 결코 경거망동해서는 안 됩니다.

> 그러므로, 우리가 서원을 함에 있어 첫 번째로 경계할 사항은 이것이니, 곧 우리가 경솔하게 행하는 것이 아니라는 양심의 확신이 없이는 어떤 서원이라도 진행해서는 안 된다는 것이다(*Inst.*, IV xiii 2).

따라서 서원을 하는 사람은 결코 분위기에 휩쓸려 자기의 능력을 초과하는 서원을 해서는 안 됩니다. 무엇보다 하나님께서 자신에게 주신 은혜의 분량을 넘어 서원해서는 안 됩니다.

> 오랑주 공의회(the Council of Orange, 529년)에서 매우 진실한 법령이 제정되었으니, 곧 우리가 하나님의 손에서 받은 것 외에는 아무것도 하나님께 정당하게 서원할 수 없다는 것이다. … 여기서 내가 말하고자 하는 것은, 서원을 하나님께서 은사를 통해 정해 주신 분량에 맞게 해야지, 그분이 허락하는 것 이상을 시도해서는 안 된다는 것이다(*Inst.*, IV xiii 3).

독신 서원도 마찬가지입니다. 칼뱅은 이런 서원은 하나님을 시험하는 것이라고 봅니다(*Inst.*, IV xiii 3). 왜냐하면, 그것은 원칙적으로 본성을 거스르기 때문이고, 하나님께서 주신 것을 마치 전혀 우리 것이 아닌 것처럼 멸시하는 처사이기 때문입니다. 교황 예찬자들은 결혼을 가리켜 감히 '부정不貞'이라고 하며 마치 독신이야말로 참된 은사인 것처럼 포장하며 심지어 '천사 같은 삶'이라고 말합니다. 그러나 칼뱅은 그 어떤 것도 우리의 부르심을 이루는 일을 방해하는 것은 절대로 서원해서는 안 된다고 강조합니다(*Inst.*, IV xiii 3).

칼뱅은 서원하는 의도와 관련해서 크게 두 가지로 나눕니다: 감사와 회개. 감사의 서원은 하나님께서 베푸신 은혜에 감사해서 하는 것이며, 회개의 서원은 자기의 무절제함을 징계하기 위해 스스로 자신을 절제로 얽어매는 것입니다. 단, 이런 의도는 철저하게 하나님을 기쁘시게 할 목적으로 진실되게 해야 합니다. 하나님은 행위가 아니라 사람의 중심을 살피시는 분이시기 때문입니다(*Inst.*, IV xiii 5).

칼뱅이 인정하는 정당한 서원들은 주로 성례(세례와 성찬)와 관련되어 있습니다. 그는 성례를 하나의 계약으로 보며, 특정한 사람들에게 요구하는 것이 아니라 모든 성도들에게 요구하는 것이므로 거룩하고 유익하다고 봅니다(*Inst.*, IV xiii 6). 이 외의 서원은 주로 자신을 나타내기 위한 것이거나, 잘못된 미신에 사로잡히되 엉뚱하게도 하나님을 위한 경건이라고 생각하여 잘못하는 경우가 대부분입니다. 예컨대, 특정한 날을 다른 날보다 거룩하다고 여겨 그날에는 고기를 먹지 않는 것과 같은 경우입니다(*Inst.*, IV xiii 7). 이런 서원을 하는 자들은, 자신이 서원을 지킨 것을 가지고 자기의 의로 여기는 일이 많습니다.

수도사의 서원과 수도원 삶의 실상(8-10)

보통 수도사와 수도원 하면 중세를 생각하는데, 고대에도 수도원과 수도사는 있었습니다. 그리고 그들의 삶은 중세보다 더 엄격했습니다. 그들은 맨땅에서 잠을 자고, 음료는 물이 전부였고, 가장 맛있는 음식은 기름과 콩이었습니다. 혹 수도사들 중에서 성직자를 세울 때도 학식과 절제뿐만 아니라 그 수도원의 엄격한 훈련을 통해 그 직을 감당할 수 있도록 준비하게 했습니다(*Inst.*, IV xiii 8). 하지만, 고대 수도원에서조차도 부패하고 변질된 수도사들이 있었습니다. 칼뱅은 그것을 아우구스티누스가 쓴 『수도사들의 사역에 대해』(*On the Work of Monks*)라는 책을 통해 밝힙니다(*Inst.*, IV xiii 9). 그런데 그것도 주로 음식에 대해 절제하지 못하는 수도사들에 대한 것이 대부분입니다. 하지만 중세로 넘어오면서, 수도사들은 지나칠 정도로 모든 삶에 제약을 받았습니다. 의복의 모양과 색깔, 음식의 종류와 기타 의식들에 대해 한 치라도 벗어나지 못하게 했습니다. 그럼에도 중세의 수도사들은 게으름을 피우며 그것을 거룩성으로 포장한다고 칼뱅은 비난합니다.

> 우리의 수도사들은 그리스도께서 자신을 따르는 자들에게 끊임없이 열심을 내라고 하신 그 경건으로 만족하지 않는다. 대신에, 그들은 다른 몇 가지 새로운 종류의 경건을 꿈꾸며 묵상하니, 이렇게 하여 다른 모든 사람들보다 더 온전해지려고 한다(*Inst.*, IV xiii 10).

수도사의 삶이 완전하다는 잘못된 주장들(11-16)

거룩성으로 포장된 수도사들은 자신들을 완전하다고 말합니다. 이유는 수도사의 생활 자체가 완전하기 때문이 아니라, 그 삶이 완전에 도달하는 최고의 길이기 때문이라고 말합니다. 그 길에 있기 때문에 자신들은 완전한 상태에 있다고 하는 것이지요. 그러나 수도원과 수도사의 삶은 하나님께서 명하신 바가 없습니다. 사람들이 스스로의 경건을 위해 만든 제도일 뿐입니다. 하지만, 중세 시대에 와서는 그 경건을 위한 수련의 삶이 마치 거룩함 그 자체라도 되는 듯이 포장되어 자신을 과시하는 데 이용되었습니다. 칼뱅은 이런 처사가 하나님이 부여하신 소명의 다양성을 무시하고 무가치하게 여기는 태도라고 일갈합니다(*Inst.*, IV xiii 11). 수도사들은 스스로 만든 제도를 마치 완전한 것인 양 말하지만, 완전한 것은 그리스도의 삶뿐입니다. 그럼에도 그들은, 마치 바리새인들처럼 스스로 만들어낸 규율과 전통을 지키면서 마치 하나님이 기뻐하시는 것처럼 자랑하며 그리스도의 규범보다 앞세웠습니다.

> … 오늘날 수도원주의는 경건한 모든 사람들이 마땅히 혐오해야 하는 그런 생각들에 기초해 있다. 그 생각들은 이것이니, 하나님께서 온 교회에 공통으로 명하신 것보다 더 완벽한 삶의 규범이 만들어질 수 있다는 것이다(*Inst.*, IV xiii 12).

그럼에도 이들은 "네가 온전하고자 할진대 가서 네 소유를 팔아 가난한 자들에게 주라"(마 19:21)는 말씀을 자신들이 실천했기에 완전하다고 자랑을 합니다. 그러나 사도 바울은 "내가 내게 있는 모든 것으로 구제하고 … 줄지라도 사랑이 없으면 내게 아무 유익이 없느니라"(고전 13:3)고 했습니다. 또한 마태복음의 그 말씀은 예수님께서 "무엇을 해야 영생을 얻을 수 있습니까?"를 질문한 부자 청년에게 주신 '부족한 행위'에 대해 말씀하신 것임을 알아야 합니다. 주님은 그렇게 하심으로써 행위로는 결코 영생을 얻을 수 없고 오직 하나님의 은혜로만 가능함을 가르치려 하셨습니다.

> 사실, 그리스도께서 이 말씀을 통해 의도하신 것은 다른 게 아니다. 한없이 자신에 대해 만족하고 있는 그 청년으로 하여금 스스로 쓰라림을 느끼게 해서, 그가 얼마나 율법이 요구하는 완벽한 순종, 즉 스스로 거짓되게 주장한 그 순종으로부터 멀리 떨어져 있는지를 깨닫도록 하기 위함이다(*Inst.*, IV xiii 13).

그러므로 행위로 자신이 완전하다고 주장하는 수도사들은 아직 알아야 할 것을 알지 못하는 자들에 불과합니다. 그럼에도 그들은 자신들이 한 '종신 서원'을 제이의 세례 형식이라고 말하며 자신들이 경건에 있어 훨씬 우월한 위치에 있는 것처럼 말하고 행동합니다. 그러면서도 이들은 수도원에는 들어가되 신자들의 사회인 교회에서는 스스로 분리됩니다. 그래서 칼뱅은 수도원주의는 분리주의와 다름없다고 주장합니다.

> 단언컨대, 오늘날 존재하는 모든 수도원은 분리주의자들의 비밀 집회소요, 교회의 질서를 어지럽히고 신자들의 정당한 사회로부터 분리되어 나간 것이다. 그리고 이런 분리 상태를 모호한 것으로 만들지 아니하도록, 그들은 다양한 분파의 이름들을 스스로 취하였다(*Inst.*, IV xiii 14).

무엇보다 이들은 스스로 완전하다고 하면서도, 실상은 도덕적으로 매우 타락한 상태에 있었습니다.

> 다음의 사실은 분명하다: 사람들의 질서 중 그보다 온갖 종류의 나쁜 악행들

로 오염된 것은 없다. 어디에서도 그보다 파벌을 형성하고 증오와, 당파심, 그리고 맹렬하게 불타오르는 음모로 점철된 곳은 없다(*Inst.*, IV xiii 15).

물론 선한 수도사가 아예 없지는 않았습니다. 그러나 그들은 악한 수도사들에게 조롱과 멸시의 대상이 되어 올바른 수도의 삶을 살기가 매우 어려웠습니다. 칼뱅은 수도사의 삶 자체는 다른 악이 없다고 양보할지라도, 교회에 쓸모없고 위험한 모범을 제시한 것만으로도 그 악은 결코 작지 않다고 판단합니다(*Inst.*, IV xiii 16)

수도사의 독신 서원에 대한 비판(17-19)

칼뱅은 수도사들이 수도회에 입문하면서 하는 서원들에 대해 매우 비판적인 시각을 보입니다. 첫째, 그들이 드리는 예배는 자신들의 행위로 하나님의 호의를 얻고자 하는 것이므로 이에 대한 어떤 서원을 하든 하나님께 가증스러울 뿐이라고 말합니다. 심지어 그들이 드리는 예배는 하나님이 아니라 악령惡靈에게 드리는 것이라고까지 말합니다. 둘째, 그들의 생활방식도 하나님이 정하신 바가 아니라 스스로 만들어낸 것이므로 이에 대한 서원도 믿음을 따른 것이 아니라고 말합니다. 셋째, 그들은 영원한 처녀성을 지키겠다고 서원합니다. 하지만, 그리스도는 독신은 오직 그럴 수 있는 자들에게만 허락된 것으로 규정하셨습니다(마 19:11~12). 그럼에도 이들은 독신 서약을 깨고 결혼하는 자들을 악한 죄인으로 매도하였습니다(*Inst.*, IV xiii 17). 이들이 드는 근거는 디모데전서 5장 11-12절의 말씀입니다.[8] 하지만 이것은 과부에 대한 것이지 수도사에 적용할 것

---

8 "젊은 과부는 올리지 말지니 이는 정욕으로 그리스도를 배반할 때에 시집가고자 함이니 처음

이 아닙니다. 그들은 이것을 젊은 수녀에게는 적용할 수 있다고 주장할지 모르겠습니다. 하지만 칼뱅은 이 규정은 어디까지나 육체의 정욕이 지나간 여인들에게 남은 생을 오직 하나님 앞에서 가난하고 연약한 자들을 섬기기 위해 독신을 서약하는 경우에만 적용할 것을 주장합니다. 디모데전서 5장 9절을 봐도 60세 이상의 여인들에게 이 규정이 적용된 것이 분명합니다.

> 그러므로, 처음 12세 때에 독신 서약을 행하고, 그 다음에는 20세에, 그후에는 30세에 행하도록 허용하는 일은 그 어떤 식으로든 변명의 여지가 없다. 그리고 더욱 용납할 수 없는 것은, 불쌍한 소녀들이 나이가 들어 자신의 경험으로 자기의 처지를 잘 알기도 전에 기망에 의해 유혹을 당할 뿐만 아니라 강제로 위협당해 스스로 그 저주받은 고삐를 차는 것이다(*Inst.*, Ⅳ xiii 19).

불법적이고 미신적인 서원은 구속력이 없다(20-21)

자, 그렇다면 하나님 앞에서 수도원과 관련된 서약을 한 것은 어떻게 해야 할까요? 칼뱅은 다음과 같이 그것은 아무런 효력이 없다고 주장합니다.

> 그러나 모든 의혹을 단번에 제거하기 위해서, 나는 불법하거나 부적절하게 행한 모든 서원들은 하나님 앞에서 아무런 가치도 없는 것이므로 우리에게도 마땅히 무효여야 한다고 말한다. … 하나님께서 우리에게 요구하시지도 않은 것을 이루려고 우리 스스로를 묶어버리는 것은 터무니 없는 짓이다: 특히 우리의 행위는 그것들이 하나님을 기쁘시게 하고, 또한 그분을 기쁘시게

믿음을 저버렸으므로 정죄를 받느니라."

한다는 양심의 증거가 있을 때만 비로소 올바른 것이 된다(*Inst.*, IV xiii 20).

그러나 수도사들은 일단 한 서원을 깨뜨리는 것은 범죄 행위라고 비난하므로, 칼뱅은 추가로 이렇게 말하며 그런 서원이 지닌 효력을 깨뜨립니다.

그러나 나는 다음과 같이 말한다. 즉, 사람이 확정하는 것을 하나님께서 폐기하신다면 아무런 구속력이 없다. 둘째, 설령 그들이 하나님에 대한 무지와 오류로 엮어있는 동안에 매여있다 할지라도, 진리에 대한 지식으로 이제는 눈을 뜬 이상, 나는 그들이 그리스도의 은총으로 자유하다고 말한다. 왜냐하면, 만일 그리스도의 십자가가 하나님의 율법의 저주로부터 우리를 해방하는 능력을 지닌다면(갈 3:13), 사탄이 친 속이는 그물에 지나지 않는 그런 외형적인 족쇄로부터 우리를 해방하는 능력은 얼마나 더 크겠는가(*Inst.*, IV xiii 21)!

제14장 ㅣ 성례

이 장에서 칼뱅은 로마 가톨릭이 잘못 행하고 있는 성례들에 대해 설명을 하고 강하게 비판합니다. 본 장부터 19장까지는 모두 성례, 특히 교황 예찬자들이 말하는 성례들에 대한 비판들로 채워져 있습니다.

성례를 설명하다: 성례는 하나님의 언약의 표징이다(1-6)

칼뱅은 성례가 단순한 의식의 일종이 아니라 하나님의 은혜에 대한 외적인 증표라고 말합니다.

여기에 또 다른 더 간단한 정의가 있다: 그것은 우리를 향하신 하나님의 은혜
에 대한 증거를 외적인 징표로서 확증하는 것이며, 그분을 향한 우리의 경건
을 서로 입증하는 것이다(*Inst.*, IV xiii 1).

고대 번역가들은 성경에 사용된 '신비'를 뜻하는 헬라어 '뮈스테리온
μυστήριον'을 라틴어로 옮기면서 '사크라멘툼sacramentum'이라고 하였습니다
(엡 1:9 참조; *Inst.*, IV xiv 2). 칼뱅은 하나님께 속한 이 신비를 사람의 수
준에 맞추어 나타내는 것이 성례의 역할이라고 합니다.

자비로우신 우리의 주님은 그분의 무한하신 호의로 그 자신을 우리의 능력
에 맞추시는데, 이것은 우리가 언제나 땅에 기어다니는 피조물에 불과하여
육체에 집착하며, 또한 신령한 것에 대해서는 생각하거나 마음에 떠올리기
는 것조차 하지 않기 때문이다. 그분은 우리 수준에 맞게 굽히셔서 자신을
낮추시고 이 지상에 속한 요소들을 통해 우리를 자신에게로 인도하시며, 우
리 앞에 신령한 복을 반영하는 것을 육체로 나타내신다(*Inst.*, IV xiv 3).

이에 대해 칼뱅의 반대자들은 성례는 말씀과 외형적인 표징으로 구
성되어 있다고 그럴듯하게 말합니다(*Inst.*, IV xiv 4). 하지만 그들이 말
하는 '말씀'은 결코 주문과 같은 것이 되어서는 안 됩니다. 오히려 말씀
은 눈으로 보는 표징이 어떤 의미인지를 우리로 이해하게 해 주어야 합
니다(*Inst.*, IV xiv 4). 그러나 교황 예찬자들은 이해할 수 없는 말씀을 읊
조리면서 성례의 의식만 그럴듯하게 하여 그 안에 담겨진 신비를 매우
더럽혔습니다. 목사는 분명한 목소리로 성례 때 행해지는 말씀을 통해

믿음을 낳도록 해야 합니다. 신자들은 눈으로 성례를 보는 것으로 그치지 말고, 더 나아가 성례 속에 감추어진 영적 신비들을 경건하게 바라볼 수 있어야 합니다(*Inst.*, IV xiv 5). 한편, 칼뱅은 하나님이 약속하신 '언약'에 대한 표징이 성례라고 합니다.

> 아우구스티누스는 성례를 '눈에 보이는 말씀'이라고 부른다. 그 이유는, 성례가 하나님의 약속들을 마치 그림으로 그린 것처럼 우리 눈앞에 놓고 생생하게 묘사하여 구체적인 형상으로 나타내기 때문이다. ⋯ 혹은 우리는 성례를 하나님의 은혜의 풍성함을 묵상하게 하는 거울이라고 부를 수도 있다(*Inst.*, IV xiv 6).

성례는 믿음을 확고히 하되 그 자체로서가 아니라 성령의 도우심과 말씀의 협력으로 한다; 성례는 사람들 앞에서 우리의 믿음의 고백에 대한 뚜렷한 표징이다(7-13)

그런데, 어떤 이들은 성례가 악한 자들에게도 주어지므로 그것은 하나님의 은혜에 대한 증거로 볼 수 없다고 말합니다. 언뜻 생각하면 그럴 듯합니다. 우리 중에는 분명 가룟 유다와 같은 사람이 섞여 있으니까요. 하지만, 칼뱅은 성례 그 자체가 아니라 믿음이 결합되어야만 그것을 받는 자에게 효과가 있다고 말합니다.

> 그러므로 분명한 사실은, 주님께서 거룩한 말씀과 성례들을 통해 우리에게 자비와 그분의 은총의 언약을 베푸신다는 것이다. 하지만 이것은 오직 말씀과 성례를 확실한 믿음으로 받아들이는 자들만 깨닫게 된다. 마치 아버지께서 모든 사람들을 구원으로 이끄시고자 그리스도를 주셨지만, 모든 이들이

그분을 인정하고 영접하는 것은 아닌 것처럼 말이다. … 따라서 우리가 내린 결론은, 성례는 과연 하나님의 은혜의 증거들이라 불러야 한다는 것이다. 또한, 그것들은 하나님께서 우리를 향해 느끼시는 선하신 뜻에 대한 인(印)과 같아서, 그것으로 그 선하신 뜻을 우리에게 증거하시며, 우리의 믿음을 유지하시고 양육하시며 확증하고 자라게 하신다(*Inst.*, IV xiv 7).

어떤 이들은 "네가 마음을 온전히 하여 믿으면 가하니라"(행 8:37)고 했으니, 믿음만 있으면 되고 성례는 불필요하다고 말할 수도 있습니다. 하지만, 과연 우리가 '온전히 믿는' 것이 가능할까요? 칼뱅은 이 표현을 이렇게 이해합니다.

따라서, 이 구절에서 "마음을 온전히 하여 믿는다"는 것은 그리스도를 완벽하게 믿는다는 뜻이 아니라, 다만 마음을 다하여 진지한 정신으로 그분을 받아들인다는 뜻이다. 또한 그리스도로 충만해져 있다는 뜻이 아니라, 다만 강렬한 애정으로 그분을 주리고 목말라하며 사모한다는 뜻이다(*Inst.*, IV xiv 8).

이 점에서 성례는 우리의 믿음을 더욱 확고히 하는 데 필요합니다. 칼뱅은 성례가 주는 유익에 대해 다음과 같이 정리합니다.

첫째, 주님께서 그분의 말씀으로 우리를 가르치시고 교훈하신다. 둘째, 주님은 성례를 통해 그 말씀을 확증하신다. 마지막으로, 주님은 우리의 마음을 성령의 빛으로 조명하시고 우리의 심령을 열어주셔서 말씀과 성례를 받아들이게 하신다. 이런 성령의 역사하심이 없다면, 말씀과 성례는 단지 우리의 귀를 때리고 눈앞에 나타나 있기만 할 뿐, 우리 안에 어떤 영향도 미치지 못하게 된다(*Inst.*, IV xiv 8).

그러나 오해하지 말 것은, 앞에서도 언급했지만, 성례 자체에 어떤 신비한 힘과 능력이 있는 것이 아닙니다. 다만 믿음을 세우고 더하는 데 도움을 주도록 주님께서 제정하셨습니다. 방금 언급했지만, 성례의 능력은 오직 성령께 달려 있습니다. 왜냐하면, 우리의 믿음을 주관하시는 분은 성령이시기 때문입니다.

그러므로 나는 성령과 성례들 사이의 차이점을 이렇게 두고자 한다. 즉, 역사하는 능력은 성령께 있고, 사역만 성례에 있다. 이 사역은 성령의 역사하심이 없이는 텅 빈 것이요 사소한 것에 지나지 않는다. 하지만 성령께서 그의 능력 안에서 활동하시고 그 능력을 드러내실 때는 성례는 엄청난 효과를 발휘한다. … 성령의 능력이 없이는 성례는 조금도 유익이 없다. 그리고 성령이라는 스승에게서 배우지 않는다면, 그 어떤 것도 이미 마음에 자리 잡은 믿음을 강화하거나 확대시키지 못한다(*Inst.*, IV xiv 9).

칼뱅은 이것을 '씨'를 통해 설명합니다.

씨가 밭의 버려지고 방치된 부분에 떨어지면 죽을 수밖에 없을 것이다. 그러나 만일 적절하게 경작되고 재배된 토양에 떨어지면 풍성한 열매를 맺게 된다. 하나님의 말씀도 마찬가지다. 만일 목이 곧은 사람에게 떨어지면 마치 모래밭에 떨어진 씨처럼 결실 없이 말라버린다. 만일 성령의 손에 의해 경작된 심령에게 말씀이 비춰지면, 많은 열매를 맺게 된다(*Inst.*, IV xiv 11).

그러므로 우리는 성례 그 자체에 신뢰를 두어서는 안 됩니다. 또한 하나님의 영광이 성례 그 자체에로 전이되었다고도 여겨서도 안 됩니다. 다만 우리의 믿음과 고백을 성례를 비롯한 만유의 주이신 하나님께 올려 드려야 합니다(*Inst.*, IV xiv 12). 칼뱅은 이것을 '사크라멘툼'이라는 본래의 용례를 활용하여 설명합니다. 이 말의 본래 용도는 신병이 본대에 들어갔을 때 지휘관에게 행하는 엄숙한 맹세와 관련이 있습니다. 지휘관이 그 맹세를 받아들이면 그 병사는 그 지휘관이 속한 부대에 편입되게 됩니다.

> 이런 식으로, '사크라멘툼'은 병사가 자신의 지휘관에게 스스로 행하는 맹세였는데, 그들은 이것을 지휘관이 병사들을 자기 부대에 받아들이는 행위로 만들었다. 성례를 통해 주님은 "우리의 하나님이 되시고, 우리는 그분의 백성이 된다"(고후 6:16; 겔 37:27)고 약속하신다(*Inst.*, IV xiv 13).

이처럼 성례의 주된 본질은 우리가 하나님께 속해 있다는 믿음을 돕는 것이고, 부차적인 것은 우리의 고백을 사람들 앞에 증거한다는 것입니다. 그런데 교황 예찬자들은 이 부차적인 것을 강조하고, 더 나아가 마치 유일한 것으로 여기게 만듭니다. 이것이 위험한 이유는, 성례만 받으면 마치 믿음이 보장되고 천국이 확증되는 것처럼 생각하게 만들기 때문입니다.

> 확실히 말할 수 있는 것은, 그것은 악마적이라는 것이다. 왜냐하면, 믿음과 상관없는 의義를 약속함으로써 영혼들을 앞뒤 가리지 않고 멸망 속으로 던져넣기 때문이다. … 하지만 믿음과 관련 없이 받는 성례는 교회를 망치게 만드는 가장 확실한 요인이 아니고 무엇인가? 왜냐하면, 약속과 동떨어져서는 아무것도 성례로부터 기대할 수 없기 때문이다. 약속은 신자들에게 은혜를 베풀어주는 것이지만, 그만큼 불신자들에게는 진노로 위협하는 것이 된다. 이처럼 하나님의 말씀으로 주시는 것과 믿음으로 그분께 받아들여지는

것보다 성례를 통해 무언가를 더 많이 얻게 된다고 생각하는 사람은 속고 있는 것이다. 이로부터 다음의 것이 따라온다: 구원의 보장은 성례에 참여하는가에 달려 있지 않다. 마치 칭의가 성례에 달려 있지 않은 것과 같다(*Inst.*, IV xiv 14).

이 말이 의미하는 바를 알려면 가룟 유다를 생각하면 됩니다. 그는 거룩한 성례(성만찬)에 참여하였으면서도 주님이신 예수님을 돈을 받고 팔아버렸습니다. 성례는 결코 구원을 담보하지 않습니다. 성례와 성례의 능력은 서로 다릅니다. 성례도 가룟 유다처럼 악한 의도로 받아들이면 독毒이 됩니다.

그렇다면, 여러분이 성례를 통해 그리스도와의 교제에 참여하는 만큼, 여러분은 그 유익을 성례로부터 얻게 된다(*Inst.*, IV xiv 15).

오직 주 예수 그리스도만이 모든 성례의 핵심이자 실체가 되십니다. 그리스도를 떠나서는 성례가 그 어떤 것도 약속해 주지 않습니다. 따라서 성례에 참여할 때는 반드시 믿음이 수반되어야만 합니다(*Inst.*, IV xiv 16).

즉, 우리는 감추어진 능력이 성례에 단단히 연결되어 있어, 마치 포도주가 잔에 담겨있는 것처럼, 성례들 자체가 성령의 은총을 우리에게 부여하는 것으로 생각해서는 안 된다. 하나님께서 성례들에 부여하신 유일한 기능은 오직 우리를 향하신 하나님의 선한 뜻을 우리에게 확증하고 승인하는 것이다. 성령께서 함께 하시지 않으면 성례들은 더 이상 아무런 유익도 없다(*Inst.*, IV xiv 17).

신약의 그리스도를 통해 충만히 드러나는 것들의 예표로서의 구약의 성례들(21-26)

칼뱅은 구약 시대에도 성례가 있었다고 주장합니다. 그 이유는, 앞에서 살펴본 성례의 본질과 기능 때문입니다. 그래서 고대의 성례들 중에서도 그리스도를 지향하는 한, 하나님의 약속들을 보증하는 인印으로서의 역할을 감당하는 것들이 있었다고 말합니다. 대표적인 것들이 할례, 결례 의식, 희생 제사입니다.

할례는 인류의 본성 전체가 부패하여 제거되어야 함을 배우는 상징임과 동시에, 하나님께서 아브라함에게 약속하신 자손을 기다리는 믿음을 확신하게 하는 인印의 역할을 하였습니다.

결례 의식은 사람이 지니고 있는 온갖 불결함을 제거하고 깨끗이 씻기는 또 다른 씻김을 약속하는 것으로서, 그 씻음은 그리스도의 피로 이루어지는 것입니다.

희생 제사는 자신의 불의함을 깨닫는 동시에 하나님의 공의를 만족시킬 만한 것이 지불되어야 함을 보여 줍니다. 또한, 대제사장이 이 일을 감당하였는데, 그리스도께서 그 희생제물과 대제사장이 되셨습니다 (*Inst.*, IV xiv 21). 하지만, 신약 시대에 와서 십자가와 그리스도를 통해 이 모든 것이 더욱 분명하게 드러났습니다.

> 이러한 고귀한 신비는 그리스도의 십자가를 통해 경이롭게 우리에게 드러났으니, 곧 물과 피가 그의 옆구리에서 쏟아져 나왔을 때다(요 19:34). 이런 이유로, 아우구스티누스는 십자가를 가리켜 우리의 성례의 원천이라고 불렀다(*Inst.*, IV xiv 22).

그렇다고 구약의 성례들이 그림자에 불과했다고 주장해서는 안 됩니다. 사도 바울은 조상들도 우리와 동일한 신령한 음식을 먹었고, 그 음식은 그리스도라고 설명합니다(고전 10:3-4). 할례도 "믿음으로 된 의를 인친 것"(롬 4:11)이라고 하였습니다. 칼뱅은 아우구스티누스의 주장을 인용하며 다음과 같이 말합니다.

> … 그는 유대인들의 성례들이 그 표징들에 있어서는 다르지만, 그 나타내는 바에 있어서는 동일하다고 말한다. 눈으로 보는 모양은 다르나, 영적 능력은 동일하다고 한다. 마찬가지로, 징표들은 다르나 거기에 동일한 믿음이 있다고 한다(*Inst.*, IV xiv 26).

다만, 칼뱅은 신구약의 성례들 모두가 그리스도를 드러내지만, 우리가 받은 것이 더 풍성하고 충만하게 드러난다고 말합니다. 따라서 우리는 구약이든 신약이든 하나님께서 제정하신 성례를 인정하되, 성례 자체가 아니라 그 성례가 향하고 있는 그리스도를 믿음으로 받아들여야 하겠습니다. 이것이 없이는 구약의 성례든 신약의 성례든 나에게 아무런 유익이 없습니다. 이 점에서 믿음이 빠진 '오푸스 오페라툼opus operatum'9은 거짓이요, 성례의 본질을 흐리는 것입니다. 성례조차도 신자들에게 돌아갈 공로는 없습니다.

---

9 사효성(事效性)을 뜻하며, 이것은 성례 행위 자체가 믿음과 관계없이 효력이 있다는 것입니다.

제15장 | 세례

이 장에서는 세례에 대해 다루되, 칼뱅은 재세례파를 의식한 탓인지 매우 보수적으로 말합니다.

용서받음, 그리스도의 죽으심과 부활 그리고 그의 복락에 참여하는 징표로서의 세례(1-6)

우리는 세례를 통해 그리스도를 믿는 공동체에 참여하며, 그리스도 안에 접붙임을 받고 하나님의 자녀의 일원으로 인정받게 됩니다. 세례는 성례이므로, 앞에서 살펴본 성례의 목적을 그대로 가집니다. 곧 하나님을 향한 우리의 믿음을 돕고, 사람들 앞에서 우리의 고백을 돕기 위한 것입니다. 칼뱅은 세례가 세 가지 점에 기여한다고 말합니다.

첫째, 세례는 주님께서 우리를 깨끗하게 씻으셨다는 사실의 보증이요 증거입니다. 다만, "믿고 세례를 받는 사람은 구원을 얻을 것이요"(막 16:16)라는 약속처럼 믿음이 결합되어야 합니다(Inst., IV xv 1). 물 자체는 구원을 위한 능력을 가지고 있지 않습니다. 그리스도의 피 뿌림이 물의 깨끗이 씻어내는 기능과 유사하기에 물로 그것을 나타낼 뿐입니다(Inst., IV xv 2). 여기서 '씻는다'라는 것은 우리의 온 생애 전체에 단번에 적용되는 것입니다. 세례로 인해 그리스도의 순결함이 우리의 모든 더러움을 깨끗하게 하고 덮게 됩니다. 그렇다고 하여, 미래에 죄를 지어도 된다고 생각하면 안 됩니다. 이 교훈은 다만 죄책에 눌려 탄식하는 자들을 위로하고 절망 가운데 있지 않도록 하기 위한 것입니다. 자신이 정죄당하지 않으리라고 생각하여 죄를 지을 기회를 노리는 자들은 오히려 하나님의 진노와 심판을 당하게 될 것입니다(Inst., IV xv 3).

한편, 죄사함과 관련하여, 교황 예찬자들은 세례를 받은 후에는 회개와 열쇠를 통해 죄가 용서받게 된다고 하며 고해성사(the sacrament of penance)를 만들었습니다. 하지만, 칼뱅은 세례 자체가 고해성사라고 말합니다(*Inst.*, IV xv 4). 그리고 다음과 같이 당부합니다.

> 그러므로 의심의 여지 없이, 모든 경건한 자들은 평생 자기가 지은 잘못을 의식하여 괴로워할 때마다 그들이 받은 세례를 다시 떠올림으로써, 우리가 그리스도의 피로 받은 유일하고 영구한 씻음에 대한 믿음을 확증할 수 있다 (*Inst.*, IV xv 4).

둘째, 세례는 그리스도 안에서 우리가 죽고 다시 살아났다는 것을 보여줍니다. 로마서 6장 4절은 "우리가 그의 죽으심과 합하여 세례를 받음으로 그와 함께 장사되었나니 이는 아버지의 영광으로 말미암아 그리스도를 죽은 자 가운데서 살리심과 같이 우리로 또한 새 생명 가운데서 행하게 하려 함이라"고 하는데, 이것은 세례를 통해 우리가 그리스도의 죽으심을 본받아 우리의 정욕에 대해 죽고 그분의 부활을 본받아 의에 대해 일깨움을 받는다는 것입니다. 나아가 세례를 통해 그리스도께서는 우리를 그분의 죽음에 동참하는 자로 접붙이신다는 것을 뜻합니다.

> 이로부터 바울은 기회를 얻어 다음과 같이 권면한다: 만일 우리가 그리스도인이라면 우리는 마땅히 죄에 대하여는 죽고, 의에 대해서는 산 자로 여겨야 한다(롬 6:11)(Inst., IV xv 5).

셋째, 세례는 우리가 그리스도 자신과 연합하여 그분의 모든 복락에 참여하는 자가 된다는 증거가 됩니다. 그리스도께서는 친히 세례 요한에게 세례를 받으심으로써 자기 몸으로 세례를 거룩하게 하셨습니다. 뿐만 아니라, 우리와 한 세례를 공유하심으로써 그분이 친히 자신을 낮추셔서 이루신 연합과 교제의 든든한 끈으로 삼으셨습니다(*Inst.*, IV xv 6). 또한 이것은 단지 그리스도와만 연합하는 것이 아니라, 삼위일체 하나님과의 연합도 이루는 것입니다. 목회자가 세례를 성부와 성자와 성령 하나님의 이름으로 베푸는 것도 바로 이것 때문입니다.

이러한 이유로 우리는, 이를테면, 깨끗하게 됨과 중생의 원인을 아버지에게서, 그 내용을 아들에게서, 그리고 그 효과를 성령에게서 얻고 또한 그것을 확실히 분간하게 된다(*Inst.*, IV xv 6).

세례 요한의 세례는 사도들의 것과는 다르다: 출애굽 과정에서 이스라엘에게 상징화된 의미(7-9)

성경을 보면, 세례 요한과 사도들도 죄 사함과 회개의 세례를 베푼 것이 나옵니다. 칼뱅은 세례 요한도 그리스도를 증거하러 온 사람이므로 그가 준 세례도 그리스도의 이름으로 베푼 것이라고 말합니다. 그래서 칼뱅은 세례 요한의 세례에 죄 사함은 빠져있다고 주장하는 크리소스톰이나(눅 3:3 참조), 요한의 세례를 통해서는 죄가 소망 중에 사해졌지만 그리스도의 세례를 통해서는 죄가 실제로 사해졌다고 말하는 아우구스티누스의 주장을 단호히 거부합니다.

그러나 만일 누군가가 하나님의 말씀에서 그 두 가지 세례의 차이를 찾고자 한다면, 그는 어떤 차이도 발견하지 못할 것이다. 다만 요한은 장차 오실 그리스도 안에서 세례를 베풀었다. 반면, 사도들은 이미 자신을 계시하신 그리스도 안에서 세례를 베풀었을 뿐이다(눅 3:16; 행 19:4)(*Inst.*, IV xv 7).

또한 성경에는 세례를 베푸는 자들이 다양하게 나오는 것을 볼 수 있습니다. 이것은 그리스도를 믿는 믿음과 그분의 이름으로 베푸는 세례가 중요한 것이지 세례를 행하는 자가 중요하지 않다는 것을 의미합니다. 그리고 세례 요한은 자신은 물로, 장차 오실 그리스도께서는 불과 성령으로 세례를 베푸실 것이라고 했는데, 칼뱅은 이것을 세례를 구분하고자 한 것이 아니라 사역의 특성을 설명한 것이라고 말합니다.

요한은 세례의 종류를 서로 구분하고자 한 것이 아니라, 다만 자신의 정체성을 그리스도의 정체성과 비교한 것뿐이다. 즉, 그는 물의 사역자요, 그리스도께서는 성령을 주시는 분이시라는 것이다. 이 그리스도의 능력이 사도들에게 불의 혀 아래서 성령을 보내시는 그날에 눈에 보이는 이적으로 선포되리라는 것이다(사도행전 2:3)(*Inst.*, IV xv 8).

그런데, 바울은 세례와 관련하여 과거의 이스라엘도 "다 구름과 바다에서 세례를 받고"(고전 10:2)라고 했습니다. 칼뱅은 이것을 세례의 죽이고 살리는 측면이 내포된 것이라고 보고 있습니다.

또한 하나님께서 세례를 통해 우리에게 약속하시고 징표로 보여주신 것과 같은 방식으로, 우리는 그분의 권능에 의해 애굽의 속박, 곧 죄의 속박에서 인도함을 받아 구원을 얻었다. 비록 여전히 우리를 괴롭히고 귀찮게 할지라도, 우리의 바로, 즉 마귀는 홍해에 빠져 죽었다. … 구름 속에서(민 9:15; 출 13:21) 깨끗이 씻음에 대한 상징이 있었다. 여호와께서 그들을 구름으로 가리시고 그들에게 그늘을 주셔서 그들로 작렬하고 무자비한 태양으로 인해 약해지고 야위지 않게 하신 것처럼, 우리도 세례를 통해 그리스도의 피로 가리워지고 보호하심을 받아, 도저히 견딜 수 없는 불꽃과도 같은 하나님의 엄위하심이 우리를 상하지 않게 하시는 것을 깨닫게 된다(*Inst.*, IV xv 9).

우리는 세례를 통해서가 아니라 사람들 앞에서의 믿음의 고백을 통해 원죄에서 놓인다(10-13)

칼뱅은 세례를 통해 원죄로부터 놓이고, 또한 아담이 계속해서 순결함을 유지했다면 얻었을 본성적인 의와 순결도 받는다는 교훈을 강력하게 거부합니다. 그리고 이런 생각은 원죄 의미와 세례가 주는 은혜를 모르는 소치所致라고 말합니다(*Inst.*, IV xv 10). 원죄는 우리가 지닌 본성의 부패함과 더러움으로서, 하나님의 진노 아래 있게 만들며, 성경이 말씀하는 '육체의 일'(갈 5:19)을 생기게 만듭니다. 그런데 그리스도께서 자신의 행위로 우리가 받을 정죄를 제거하고 사라지게 하셨습니다. 그리고 그것을 세례라는 징표를 통해 약속해 주셨습니다.

세례를 통해, 신자들은 이 정죄가 제거되고 사라졌음을 확신하게 된다. 왜냐하면, (앞서 말한 것처럼) 주님께서 우리에게 이 징표를 통해 약속하신 것은 충만하고 완전한 사면이 이루어졌다는 것이기 때문이니, 곧 우리에게 전가되었어야 할 죄책과 그 죄책으로 인해 우리가 마땅히 져야 할 형벌 모두에 적용되는 것이다(*Inst.*, IV xv 10).

그런데, 지금도 여전히 죄 사함에 대해 오해하는 이들이 있습니다. 이들은 마치 세례를 받은 즉시 우리 마음의 악한 본성과 죄의 정욕이 사라져서 다시는 회개할 필요가 없는 것처럼 말하고 행동합니다. 그러나 육체의 일은 용광로가 계속해서 화염과 불꽃을 뿜어내는 것처럼 결코 사라지지 않습니다(*Inst.*, IV xv 11). 그것은 우리의 육체가 죽어 영혼이 해방되어서야 가능한 이야기입니다. 그러면 왜 세례를 받아야 할까요? 칼뱅은 이렇게 말합니다.

> 세례는 실제로 우리에게 우리의 바로(Pharaoh)가 물에 빠져 죽는 것을 약속해 주며(출 14:28), 또한 우리의 죄를 죽이게 될 것을 약속한다. 그러나 그렇다 하여 죄가 더 이상 존재하지 않는다거나 우리에게 괴로움도 주지 않는다는 것이 아니라 오직 우리를 완전히 정복하지 못하게 될 뿐이다. 왜냐하면, 우리가 육체의 감옥에 갇혀 사는 한, 죄의 흔적들이 우리 안에 거하기 때문이다; 그러나 만일 우리가 세례를 통해 하나님께서 우리에게 주신 약속을 신실하게 꽉 붙잡는다면, 그것들이 우리를 지배하거나 다스리지 못하게 된다. … 우리는 이것을 반드시 믿어야 한다: 즉, 우리는 세례를 받음으로 우리의 육체를 죽이는 일에 참여하였다. 그것은 우리의 세례와 함께 시작되고, 날마다 그 일이 계속될 것이며, 마침내 이생을 마치고 주께로 갈 때에 성취될 것이다(*Inst.*, IV xv 11).

칼뱅은 세례를 오용하는 사람이 있음을 분명히 알았습니다. 그들은 하나님께서 행위의 공로를 근거로 사람을 받지 않으시기에 자기 마음대로 살아도 괜찮다는 식으로 말합니다. 하지만 성경은 그리스도의 의로 옷 입은 자들은 성령을 통해 중생하였기에 죄가 몸을 지배하지 못하게 해야 한다고 말씀합니다(롬 6:3 이하). 또한, 사람은 육체를 가지고 있는 동안에는 늘 연약하여 넘어지고 자신에 대해 실망하게 되는데, 그렇게 되지 않도록 우리가 율법의 멍에 아래 있지 않다고 위로해 줍니다(롬 6:14). 그렇지만, 율법은 우리가 자신의 부패함을 깨닫고 우리의 연약함과 비참함을 계속 고백하도록 돕는 역할을 합니다. 우리가 겸손하게 자신의 연약함과 죄를 고백하는 한, 성령은 "이제 그리스도 예수 안에 있는 자에게는 결코 정죄함이 없나니"(롬 8:1)라는 말씀으로 우리를 격려하십니다.

한편, 칼뱅은 세례가 사람들 앞에서 행하는 우리의 고백과 같은 역할을 한다고 말합니다.

세례를 통해 우리는 우리가 모든 그리스도인들과 한 신앙 안에서 같은 하나님을 예배하는 것에 동의한다는 것을 증거한다. 그리고 마지막으로 세례를 통해 우리의 믿음을 공개적으로 시인한다(*Inst.*, IV xv 13).

세례는 약속된 것을 믿음으로 받는 징표이며 재세례는 부당하다 (14-18)

이처럼 세례는 우리의 믿음을 확증하기 위한 것이므로, 받을 때 주님이 베푸시는 것처럼 받아야 합니다. 왜냐하면, 주님은 우리가 몸을 물에 담궈 깨끗이 씻는 것만큼이나 확실하게 우리 안에서 우리의 영혼을 위해 그 일을 행하시기 때문입니다(*Inst.*, IV xv 14). 그렇다면, 이에 따라 우리의 삶, 특히 신자들의 공동체 안에서의 삶도 분명히 순결해야 할 것입니다.

이와 관련하여 혹 어떤 분들이 "세례를 다른 교단에서 받았는데 다시 받아야 합니까?"라고 질문을 합니다. 칼뱅은 성례를 그것을 시행하는 사람에 근거해서 받아서는 안 되고, 반드시 성례의 참 주인이신 하나님의 손으로 행해지는 것으로 받아들여야 한다고 강조합니다. 심지어 교황 예찬자들에 의해 베풀어진 세례도 믿음으로 받아들인 이상 유효하다고 말합니다.

우리는 그들의 어리석음에 대해 강력하고도 충분한 논거로 대항해야 할 것
이니, 곧 만일 우리가 어떤 사람의 이름으로 세례를 받은 것이 아니라 성부와
성자와 성령의 이름으로 세례를 받았다면(마 28:19), 그 세례는 누가 시행하
든 사람에게서 받은 것이 아니라 하나님께 받은 것이다. … 아무리 우상숭배
자들이 그것을 부패시킬지라도, 하나님께서 제정하신 성례가 폐기되지는
않는다(*Inst.*, IV xv 16).

또한 "세례를 받을 때 진정한 회개가 없었는데, 그럼 그 세례는 무효
입니까?"라고 물을 수 있습니다. 앞에서 진정한 믿음으로 성례를 받는
것이 가장 중요하다고 했기 때문에 이런 질문을 하는 것은 당연합니다.
칼뱅은 신실하신 하나님을 의지하여 이렇게 대답합니다.

이런 질문에 대한 우리의 대답은, 우리가 실제로 소경이요 믿음이 없어 오랫
동안 세례를 통해 우리에게 주신 약속들을 붙잡지 못할지라도, 그 약속은 하
나님께 속한 것이므로 언제나 요동하지 않으며, 든든하고, 신뢰할 만한 상태
로 남아있다는 것이다. … 오히려, 우리는 하나님께서 세례를 통해 우리에게
죄 용서를 약속하시니, 또한 그분이 반드시 자신의 약속을 모든 신자들에게
이루실 것이라고 생각한다. 이 약속이 세례 때에 베풀어졌다; 그러므로, 우
리는 믿음으로 그 약속을 받아들이도록 하자(*Inst.*, IV xv 17).

그럼에도 어떤 교단들은 재세례를 여전히 주장합니다. 특히 사도행
전 19장 1-7절[10]을 들어 강조합니다. 하지만, 이 내용은 세례 요한의 세례
를 받았던 자들에게 바울이 다시 물세례를 베푼 것이 아니라 성령 세례

를 베푼 것으로 보아야 합니다. 세례 요한이 베푼 세례나 주님의 제자들이 그리스도의 이름으로 베푼 세례나 동일합니다. 그래서 칼뱅은 이렇게 말합니다.

> 나의 견해로는, 그것은 요한의 참된 세례였고, 또한 동일한 그리스도의 세례였다는 것이다. … 그것은 성령의 세례, 곧 안수를 통해 주어진 가시적인 은사들을 말한다. 이런 은사들을 '세례'라는 말로 나타내는 것은 새로운 것이 아니다(*Inst.*, IV xv 18).

부가적인 의식을 더 하는 것과 여성이 베푸는 세례를 반대함(19-22)

칼뱅은 성례의 외형적 상징을 가급적 순순한 형태로 보존하기를 원합니다. 그렇게 해야 인간의 사악한 욕망을 억제할 수 있기 때문입니다. 칼뱅은 교황 예찬자들이 축도를 덧붙이더니, 후에는 촛불과 향유를 첨가시켜 세례의 순수함을 잃게 만들었다고 말합니다. 다만, 완전히 물속에 몸을 잠글 것인가, 물을 몇 번 뿌릴 것인가 하는 문제들은 교회가 속한 풍토에 따라 행해도 좋다고 했습니다. 그래도 원래의 세례는 몸을 완전히 물에 담그는 것이었다고 분명히 말합니다(*Inst.*, IV xv 19).

한편, "세례는 교회가 아니라 개인이 해도 될까요?"라는 질문이 있을

---

10 "아볼로가 고린도에 있을 때에 바울이 윗지방으로 다녀 에베소에 와서 어떤 제자들을 만나 이르되 너희가 믿을 때에 성령을 받았느냐 이르되 아니라 우리는 성령이 계심도 듣지 못하였노라 바울이 이르되 그러면 너희가 무슨 세례를 받았느냐 대답하되 요한의 세례니라 바울이 이르되 요한이 회개의 세례를 베풀며 백성에게 말하되 내 뒤에 오시는 이를 믿으라 하였으니 이는 곧 예수라 하거늘 그들이 듣고 주 예수의 이름으로 세례를 받으니 바울이 그들에게 안수하매 성령이 그들에게 임하시므로 방언도 하고 예언도 하니 모두 열두 사람쯤 되니라."

수 있습니다. 이에 대해 칼뱅은 세례도 교회 사역의 일부분이므로, 교회의 목회자가 하는 것이 바람직하다고 말합니다. 물론 칼뱅도 목회자가 현장에 없을 경우에는 임종에 직면한 자들에게 평신도들이 세례를 시행하는 관행이 있었음을 부인하지는 않습니다. 하지만 관행이 있었다고 그것이 옳다고 변호되어서는 안 된다고 강하게 말합니다. 왜냐하면, 세례를 받지 않고 죽는다고 해서 그가 받은 중생의 은혜가 사라지지 않기 때문입니다(Inst., IV xv 20). 이것은 앞에서 살펴본 논리의 당연한 결론입니다. 다시 말하지만, 세례는 구원에 있어서 필수적인 요소가 아닙니다.

그런데, 칼뱅은 여성이 세례를 베푸는 것에 대해서는 단호하게 거부합니다.

> 여성에 관해서는, 카르타고 공의회에서 예외 없이 여자는 결코 세례를 베풀지 못하도록 결의되었다(Inst., IV xv 20).

어떤 이들은 모세의 아내 십보라가 남편을 위해 자기 아들들에게 행한 할례(출 4:25)를 들어 여성이 세례를 베푸는 것을 옹호하였습니다. 칼뱅은 이것은 매우 이례적인 경우일 뿐이라고 말하며, 할례는 세례와는 경우가 다르며, 십보라는 단지 하나님께 봉사한 것에 지나지 않는다고 말합니다.

그러나 오늘날 우리는 이것을 문자 그대로 적용해서는 안 될 것입니다. 왜냐하면, 당시의 상황과 지금의 상황은 많이 다르기 때문이며, 또한 이미 우리 곁에는 수많은 여성 목회자들, 곧 합법적인 교육과정과 안수를 받은 이들이 있기 때문입니다. 다만, 우리는 칼뱅이 주장하는 바를, 교회에서 인정받지 못한 자가 사사로이 세례를 베풀어서는 안 된다는 뜻으로 받아들이면 되겠습니다.

그리스도께서 같은 사람들을 복음의 사자들과 세례를 베푸는 자들로 삼으신 것을 우리가 알기 때문에, (사도들이 증거하는 바와 같이) 교회 안에서는 아론처럼 부르심을 받은 자를 제외하고는 누구도 스스로 그런 존귀를 취해서는 안 된다(히 5:4). 합법적인 부르심을 받지 않고서 세례를 베푸는 자는 누구나 다른 사람의 직분을 탈취하는 것이 된다(벧전 4:15 참조)(*Inst.*, Ⅳ xv 22).

제16장 | 유아세례는 그리스도께서 제정하신 바와 일치함 그리고 그것이 지닌 징표의 본질

칼뱅은 15장을 마무리하면서 간략하게 유아세례에 대한 문제를 언급합니다. 왜냐하면, "유아가 세례를 받기 전에 죽으면 지옥을 가느냐"라는 질문이 나오기 때문입니다. 그러나 칼뱅은 세례가 하나님의 약속에 대한 확증의 표시일 뿐이지 그 표시의 유무에 따라 하나님의 약속이 철폐되는 것은 아니라고 주장합니다. 그런데, 당시에는 재세례파가 이 유아세례에 대한 것을 심히 반대하였기 때문에, 비록 칼뱅 자신은 부록이라고 말하지만, 한 장을 할애하여 그것도 상당한 분량을 들여 유아세례에 대한 것을 매우 자세하게 설명하고 있습니다. 그만큼 칼뱅은 이 문제를 교회의 평화와 순결성을 유지하는 차원에서 중요하게 여기고 있습니다.

유아세례, 아브라함과 맺은 언약 안에서 이루어진 할례에 상응하여 그것이 나타내는 바를 고려해야 한다(1-6)

유아세례를 반대하는 자들은, 이 세례를 하나님께서 제정하신 것이 아니라 사람이 주제넘게 시행한 것이라고 말합니다. 하지만, 칼뱅은 세례가 지닌 본래적 의미를 생각할 때, 유아세례는 합당한 것이라고 말합니다. 그 의미는, 첫째로 우리가 그리스도의 피로 얻은 바 곧 죄를 씻는다는 것이요, 둘째로 우리의 육체를 죽여 그리스도의 죽으심에 동참하여 새 생명과 그리스도와의 교제 안으로 들어가는 것이요, 마지막으로 우리의 신앙을 사람들 앞에서 증거하는 하나의 상징이라는 것입니다 (*Inst.*, IV xvi 2). 그리고 그는 이것을 구약의 할례와 같은 맥락을 가진 것으로 이해합니다.

먼저, 칼뱅은 할례가 유아세례와 어떤 동일성과 차이점을 가지는가를 설명합니다. 여호와 하나님께서는 모든 선한 것이 자신으로부터 나온다는 것을 알리시기 위해 아브라함에게 할례를 명령하셨습니다. 또한 할례를 통해 친히 그 후손들의 하나님이 되시겠다는 징표를 남겨주셨습니다. 하지만, 그렇게 되기 위해서는 먼저 죄 사함을 받아야만 합니다. 칼뱅은 할례가 그것의 징표라고 말합니다.

> 그리고 아무도 의구심이 들지 않도록 하기 위해, 모세가 다른 곳에서 더 명확하게 설명을 하고 있으니, 곧 이스라엘 백성들에게 할례는 주님을 위해 마음에 하라고 권면하였다(신 10:15-16). ⋯ 또한, 아무도 자신의 힘으로 그 일을 추구하지 못하도록, 모세는 그 일이 하나님의 은혜로 되는 것이라고 가르치고 있다. ⋯ 그러므로, 우리는 세례를 통해 우리에게 주어진 그 영적인 약속이 조상들에게는 할례를 통해 주어졌음을 안다. 왜냐하면, 할례는 그들에게 있어 죄 사함과 육체를 죽이는 일을 뜻하기 때문이다(*Inst.*, IV xvi 3).

따라서, 칼뱅은 세례와 할례 모두 능력이 약속에 있다는 것을 보여주며, 또한 동일한 약속을 지향하고 있다고 말합니다. 그리고 차이는 외형적인 의식에 있어서만 날뿐이라고 말합니다.

그러므로 성례들의 모든 능력과 그 성격 전체를 가늠하는 내적인 신비에 있
어서는 서로 차이가 없다. 차이는 단지 외형적인 의식에서 날뿐이며, 이것은
매우 사소한 문제에 불과하다(*Inst.*, IV xvi 4).

또한 유대인에게 할례가 교회에 들어가는 첫걸음이었듯이, 세례 또
한 마찬가지라고 합니다. 이렇게 본다면, 유아세례는 매우 정당한 가치
를 지니는 것이라고 볼 수 있습니다. 하나님께서 어린 유아들에게 할례
를 행하게 하셔서 그것이 의미하는 모든 복락에 참여시키셨듯이, 유아
들에게 언약의 약속을 보증하는 표시를 하는 것은 옳은 일입니다.

여호와께서는 어린 유아들에게 할례를 베푸는 것이 언약의 약속을 보증하는
인印을 대신하는 것임을 노골적으로 선언하고 계신다(*Inst.*, IV xvi 5).

따라서, 유대인의 자녀들이 또한 언약의 상속자들이 되어 불경건한 자들의
자녀들과 구별되었으므로, 그들은 거룩한 씨라고 불려졌다(스 9:2; 사
6:13). 이와 동일한 이유로, 그리스도인들의 자녀들도 거룩한 자들로 여겨
진다(*Inst.*, IV xvi 6).

그리스도께서 친히 어린 아이들을 초대하시고 축복하셨다: 우리는
그들을 세례가 주는 징표와 유익으로부터 배제해서는 안 된다(7-9)

그럼에도 어떤 이들은 어린아이들은 아직 자신의 믿음에 대해 진정
한 고백을 할 수 없고 홀로 올바른 생각을 할 수 없기에 그들에게 세례를

주는 것은 무익하다고 말합니다. 세례가 믿음의 고백을 수반한다는 점에서 이들의 말은 타당한 것처럼 보입니다. 이에 대해 칼뱅은 예수 그리스도의 모범을 통해 대답합니다. 예수님은 자기에게 나아오는 어린아이들을 막는 제자들을 강하게 책망하시고, 오히려 그들을 안아주시며 축복하셨습니다. 이때의 어린아이들을 헬라어로 "βρέφη καὶ παιδία"(브레페 카이 파이디아)라고 하는데 이것은 '어린 아기와 어린아이'를 뜻합니다. 그리고 제자들에게는 "천국이 이런 자의 것이니라"(마 19:14)고 말씀하셨습니다. 이것을 놓고 칼뱅은 다음과 같이 말합니다.

> 만일 유아들이 그리스도께로 나아갈 권리가 있다면, 그리스도와의 연합과 교제를 상징하는 세례를 왜 받지 못하는가? 만일 천국이 그런 자들에게 속한 것이라면, 그들에게 문을 열어주어 교회로 들어가게 하고 받아들여지게 하는 게 왜 부인되어야 하는가? 그들은 천국을 상속받을 자들 중에 등록되어 있지 않은가? … 만일 유아들이 천국에 포함된 것이 틀림없다면, '이런 자의'라는 표현으로 유아들 자신과 그들과 같은 자들이 지명된 것 또한 너무도 분명하다(*Inst.*, IV xvi 7).

하지만, 여전히 성경에 혹은 사도들이 유아들에게 세례를 베푼 기록이 없다는 이유로 유아세례를 거부하는 이들이 있습니다. 이에 대해 칼뱅은 유아들도 가족에 포함되므로, 가족들이 세례를 받았다는 보고는 곧 유아들도 세례를 받았다는 것을 함축하고 있다는 것으로 보아야 한다고 주장합니다(*Inst.*, IV xvi 8). 또한, 만일 그런 논리라면 성찬식에 여자들도 제외해야 할 것이라고 핀잔을 줍니다. 왜냐하면, 성경에는 여인들에게 성찬을 베풀었다는 분명한 기록이 없기 때문입니다. 무엇보다도 칼뱅은 유아세례가 주는 유익이 분명히 있다고 주장합니다.

하나님의 징표는 마치 인印을 치듯이 어린아이에게 전달되어 경건한 부모에게 주어진 약속을 확증하는 것이며, 또한 여호와께서 그 부모뿐만 아니라 그 후손에게도 하나님이 되심을 인정하는 것을 선언하는 것이다; 그렇게 하여 주님은 그의 선하심과 은총을 부모뿐만 아니라 그들의 자손 천대千代에 이르도록 베푸심을 확증하고자 하신다(출 20:6). ⋯ 따라서, 하나님의 자비로우심이 자기 자녀들에게도 확대된다는 약속을 받아들이는 사람이라면, 마땅히 그 자녀들을 교회에 드려 그 자비하심의 상징으로 인치도록 하고, 그럼으로써 보다 큰 확신을 불러 일으키게 하도록 하자. 왜냐하면, 그들의 눈으로 주님의 언약이 자녀들의 몸에 새겨지는 것을 바라볼 수 있기 때문이다. 한편, 그 자녀들은 세례를 받음으로 몇 가지 유익을 얻게 된다: 즉, 교회의 몸에 접붙임을 받음으로써 교회의 다른 지체들에게도 다소 위탁하는 의미가 된다. ⋯ 마지막으로, 우리가 마땅히 다음의 위협에 크게 두려워할 줄 알아야 하니, 곧 하나님께서는 자신의 자녀를 언약의 상징으로 인치는 것을 멸시하는 자에게는 보응하신다는 것이다; 왜냐하면, 그런 식으로 경멸함으로써 제공된 은혜가 거절되며 또한, 이를테면, 거짓 맹세하는 것이 되기 때문이다(창 17:14)(*Inst.*, IV xvi 9).

세례가 할례와는 무관하다는 재세례파의 주장에 대한 답변(10-16)

칼뱅은 재세례파Anabaptist를 '미친 짐승 같은 자들'mad beasts이라고 강력하게 비판합니다. 이들은 할례는 죽이는 일mortification의 상징이라는 것은 정당하게 지적했지만, 그것을 통해 주어진 하나님의 언약은 현세적인 것일 뿐이라며 세례와는 무관하다고 말합니다. 그러나 칼뱅은 세례가 과거 유대인들에게 할례가 의미했던 바를 대신하고 있다고 주장합니다(*Inst.*, IV xvi 10). 또한 할례와 세례 모두 그 주어진 약속이 영적인 약속이라고 강조합니다. 다만, 하나님께서 아브라함에게 주신 약속, 곧 자손과 가나안 땅을 주시겠다는 약속은, 그분의 사랑을 눈으로 볼 수 있도록 드러내시기 위해 주신 것이며, 실제는 이 보이는 것을 통해 영적인 약속에 대한 소망을 주신 것이라고 말합니다(*Inst.*, Ⅳ xvi 11). 이에 따라, 아브라함의 육적肉的 자손에게는 하나님의 영적 복락이 전혀 약속된 바가 없다고 주장하는 것은 심각한 오류라고 말합니다.

> 그러므로, 여호와께서는 아브라함에게 온 땅의 족속들이 복을 누리게 할 자손을 주겠다고 약속하시며(창 12:3), 동시에 그분이 아브라함의 하나님이 되시고 그의 후손들의 하나님이 되시리라는 확신을 주셨다(창 17:7). 믿음으로 그리스도를 그 복락의 주인으로 영접하는 모든 자들은 바로 이 약속의 상속자들이므로, 아브라함의 자손이라고 칭해진다(*Inst.*, Ⅳ xvi 12).

그들의 말대로, 만일 할례가 전혀 무익한 것이라면, 왜 그리스도께서는 할례를 받도록 자신을 허락하셨을까요?(롬 15:8 참조) 그리스도는 할례를 받음으로써 하나님께서 조상들에게 주신 약속을 견고하게 하셨습니다. 따라서 칼뱅은 하나님의 약속이 영적으로만이 아니라 문자적으로도 이루어져야 한다고 봅니다. 이것은 베드로가 유대인들에게 행한 선언, 곧 "이 약속은 너희와 너희 자녀…에게 하신 것이라"(행 2:39)에서도 나타나고, 3장 25절에서는 또한 그들을 가리켜 '언약의 자손'이라고 칭하는 것으로 뒷받침합니다.

> 거기서 사도는 유아들에게 행해진 할례를 그들이 그리스도와 함께 가지는 친교의 증거로 이해하고, 또한 그렇게 해석하고 있다(엡 2:11-13)(*Inst.*, Ⅳ xvi 15).

그러므로 칼뱅은 약속의 자손에게서 태어난 유아들까지도, 하나님의 자비하심으로 자기 백성으로 받아들여진 표로서 세례를 베푸는 것이 합당하다고 주장합니다.

유아들은 믿음의 능력이 없다는 주장에 대한 답변(17-20)

하지만, 재세례파는 계속해서 유아들과 어린아이들은 미숙하여 세례의 신비를 이해할 수 없으므로, 영적 중생이 일어나지 않는다고 하며 그들에게 세례를 베푸는 것을 거부합니다. 그러나 칼뱅은 누구든지 구원을 받기 위해서는 그리스도와의 교제에 있어야 한다는 것을 재차 강조하며, 또한 비록 아이들이 분별의 능력이 없다 할지라도 하나님으로서는 다 하실 수 있으시기에 유아세례가 무익한 것은 아니라고 강변합니다.

> 그러나 (그들은 질문하기를), 어떻게 유아들이 선악을 아는 지식도 부여받지 못했는데 중생할 수 있는지를 따진다. 우리는 이에 대해, 비록 하나님의 역사는 우리의 이해의 범주를 넘어서서 다 이해할 수는 없을지라도, 그렇다고 무효화 되는 것은 아니라고 대답한다. 너무도 명백한 것은, 구원을 받게 될 유아들은 (어떤 이들은 확실히 어린 나이임에도 구원을 받는 것처럼) 주님으로 말미암아 미리 중생함을 받는다는 것이다(*Inst.*, IV xvi 17).

그리고 칼뱅은 이에 대한 예로 세례 요한이 태중에서부터 나실인으로 구별되었다는 것을 듭니다(눅 1:15). 그렇다면, 다른 사람의 경우에도 이것은 얼마든지 적용될 수 있다는 것이지요. 게다가, 그리스도께서도 하나님의 거룩한 자로 잉태되셨으니 더 어떤 증거가 필요하겠습니까? 그러므로, 유아들은 세례를 받기 전까지는 구원받지 못한다는 그들의 주장은 오히려 하나님의 능력을 부인하는 처사가 됩니다.

유아들은 미래의 회개와 믿음을 위해 세례를 받는다. 비록 회개와 믿음이 아직 그들에게 형성되어 있지 않을지라도, 성령의 은밀한 역사하심으로 그 씨앗이 그들 속에 감추어져 있다(*Inst.*, IV xvi 20).

세례받은 자녀들 안에서 역사하시는 성령님(21-22)

그런데, 유아세례를 받았지만 일찍 죽는 유아들의 구원문제로 고민하는 부모님들이 있습니다. 이에 대해 칼뱅은 다음과 같이 말합니다.

만일 주님께서 택하신 자들로 지목하신 아이들이 중생의 징표를 받았지만, 성장하기도 전에 이 세상을 떠나버리면, 주님께서는 우리가 이해할 수 없는 성령의 능력으로, 또한 오직 그분만이 예견하시는 방식으로 그들을 새롭게 하신다. 그리고 만일 그들이 혹 세례의 진리를 교육받을 수 있는 나이가 될 때까지 자라게 되면, 평생 중생을 묵상하도록 하기 위해 유아 때에 중생의 증표를 받았다는 사실을 깨닫고서 더욱 중생에 대한 열정으로 불타오르게 될 것이다. … 따라서, 유아세례에 대해서도 당장의 효과가 나타나는 것은 아무것도 없으니, 다만 주님께서 유아들과 맺으신 언약을 확증하고 인정할 뿐이다(*Inst.*, IV xvi 21).

교회 초기의 유아세례(23-24)

재세례파는 자신들의 주장을 굽히지 않을 요량으로 사도행전에 나타난 초기 교회의 모습을 인용하는데, 그 내용을 보면 누구도 믿음과 회개가 선행되지 않고서는 세례를 베풀지 않았다고 주장합니다. 그러나 칼뱅은 이 문제를 다음과 같이 정리합니다.

성인成人으로서 그리스도를 믿는 믿음을 가지는 자들은 이전에는 언약에 대해 이방인들이었기에, 먼저 믿음과 회개가 없다면 세례의 징표를 받을 수 없었으며, 반드시 믿음과 회개가 있어야만 언약의 공동체에 참여할 수 있었다. 그러나 그리스도인들에게서 난 유아들은 직접 하나님께로부터 언약의 유업을 받을 자들로 태어났기에, 세례를 받을 수 있게 된다(Inst., IV xvi 24).

그렇다고 칼뱅이 유아세례에서 믿음과 회개의 요소를 등한시하는 것은 아닙니다. 다만, 그는 그것을 이미 전제하고 있으며 또한 그렇다고 믿고 있습니다.

유아세례를 반대하는 쪽으로 해석되는 구절들: 세례를 받지 않았다고 모두 저주받은 것은 아니다(25-30)

유아세례를 반대하기 위해 재세례파가 드는 구절은 "사람이 물과 성령으로 나지 아니하면 하나님의 나라에 들어갈 수 없느니라"(요 3:5)와 같은 것입니다. 이에 따라, 그들은 세례를 받기 위해서는 중생이 필수라고 말합니다. 그러나 칼뱅은 이 구절에서 사용된 '물과 성령'은 '물이신 성령'으로 이해합니다. 왜냐하면, 다른 구절에서는 '성령과 불'로 세례를 묘사하고 있기 때문입니다: "내 뒤에 오시는 이는 ⋯ 성령과 불로 너희에게 세례를 베푸실 것이요"(마 3:11; 눅 3:16; 요 1:26, 33 참조).

그러므로, 성령과 불로 세례를 베푼다는 것이 중생에서 불의 기능과 속성을 가진 성령을 부어준다는 뜻인 것처럼, 물과 성령으로 거듭난다는 것은 마치 물이 육체 안에서 하는 것을 영혼 안에서 행하는 성령의 능력을 받는다는 뜻이다. 나는 다른 사람들이 이것을 다르게 해석한다는 것을 알고 있다. 하지만, 나는 이것이 참된 의미라고 의심하지 않는다. 왜냐하면 그리스도의 목적은, 오직 천국을 열망하는 모든 이들이 반드시 자신의 본성을 벗어버려야 한다는 것을 가르치는 데 있기 때문이다. … 아무도 살아있는 물, 곧 성령으로 새로워지지 않는다면 하나님의 나라에 들어갈 수 없다(*Inst.*, IV xvi 25).

칼뱅은 이로써 세례를 받지 않으면 영원한 죽음에 들어간다고 공갈하는 자들의 논리에 맞섭니다. 주님은 주님을 믿는 것으로 심판이 결정됨을 분명히 하셨기 때문입니다(요 5:24)[11]. 그렇다고 칼뱅이 세례의 무용성을 주장하는 것은 아님을 지금까지의 논리를 볼 때 분명합니다.

단지 세례가 그렇게 필수적인 것은 아니라는 것을 증명하는 것으로 족하니, 곧 세례를 받을 수 있는 능력이 있으나 그 기회를 빼앗긴 자가 곧장 잃어버린 자로 판단되어서는 안 된다는 것으로 족하다(*Inst.*, IV xvi 26).

하지만, 재세례파는 주님께서 제자들을 파송하시며 모든 족속들을 제자로 삼되, 세례를 베풀 것을 명령하셨고(마 28:19), "믿고 세례를 받는 사람은 구원을 얻을 것이요"(막 16:16)라고 하신 것과, 예수님께서 친히 30세가 되어서야 세례를 받으신 것(마 3:13; 눅 3:21-22)을 들어 유아세례를 강력하게 거부합니다. 칼뱅은 이들이 단어의 순서에 너무나 집착

---

11 "내가 진실로 진실로 너희에게 이르노니 내 말을 듣고 또 나 보내신 이를 믿는 자는 영생을 얻었고 심판에 이르지 아니하나니 사망에서 생명으로 옮겼느니라."

한 나머지 이런 주장을 펼친다고 하며 반박합니다. 그들의 논리대로라면, '물과 성령'이라 하셨으니 세례가 영적 중생보다 선행해야 하기 때문입니다. 이것은 그들이 주장하는 바와도 배치됩니다. 그렇다 할지라도 마가복음 16장 16절에 대해서는 짚고 넘어가고자 합니다.

> … 그들이 이 구절에서 더 보여줄 수 있는 것은 아무것도 없다. 즉, 들을 수 있는 능력을 가진 자들에게는 그들이 세례를 받기 전에 반드시 복음이 먼저 전파되어야 한다는 것이다. 왜냐하면, 이 구절은 오직 그 내용만을 다루기 때문이다(*Inst.*, IV xvi 28).

그리고 예수님께서 30세가 되셨을 때 세례를 받으신 이유는, 하나님께서 세례 요한을 통해 세우신 제도에 큰 권위를 부여하시고 친히 세례를 받는 모범을 보이시기 위해 기다리신 것뿐이라고 대답합니다.

> 그리스도께서는 설교를 통해 세례의 견고한 기초를 놓기로 결정하셨다. 혹은 오히려 조금 전에 요한이 세운 기초를 든든하게 하고자 하셨다. 그러므로, 그리스도께서 자신의 가르침을 통해 세례를 세우고자 하실 때, 그 제도에 더 큰 권위를 부여하시기 위해 친히 자신의 몸으로 세례를 거룩하게 하셨고, 그것도 가장 적절한 시점에, 즉 그분이 설교를 하기 시작하셨을 무렵에 그렇게 하셨다(*Inst.*, IV xvi 29).

그러나 재세례파는 세례와 성찬을 묶어 말하기를, 유아를 성찬에 참여시키지 않는 것처럼 세례도 합당하지 않다고 주장합니다. 칼뱅은 이에 대해, 키프리아누스와 아우구스티누스가 고대 교회에서는 아이들도 성찬에 참여시켰다고 주장한 것을 말하며, 다만 그런 관례가 합당한 이유로 없어졌다고 대답합니다. 실제로 주님은 성찬을 명령하시면서 연령에 대해서는 말씀하지 않으셨습니다. 하지만, 후대에 사도 바울이 성찬과 관련하여 여러 문제가 발생하자 "사람이 자기를 살피고 그 후에야 이 떡을 먹고 이 잔을 마실지니… 주의 몸을 분별하지 못하고 먹고 마시는 자는 자기의 죄를 먹고 마시는 것이니라"(고전 11:28-29)라는 가르침을 더 했는데(이것이 그가 일방적으로 정한 것이 아니라 사도들의 결의에 따른 것이라고 보아야 합니다), 이에 따라 유아들에게는 그런 분별의 능력을 기대할 수 없어서 배제했습니다. 하지만, 세례에 대해서는 성경 안에 이런 제한이 따로 정해진 곳이 없습니다. 이런 이유로 칼뱅은 유아세례를 반대하는 재세례파의 논리를 일축합니다.

세르베투스의 주장에 대한 대답 그리고 결론(31-32)

칼뱅의 대적자였던 세르베투스[12]는 자신만의 세례론을 펼쳤습니다. 그의 주장은 대체로 위에서 살펴보았던 것과 크게 다르지 않습니다. 하지만, 그가 교회에 너무나 큰 해악을 끼치고 있다고 여긴 칼뱅은 그가 유아세례를 거부한 근거들을 20가지로 상세하게 요약을 했습니다(Inst., IV xvi 31): (1) 그리스도께서 제정하신 상징은 완전한 것이므로, 완전한 사람들 혹은 완전에 이를 수 있는 능력을 가진 사람들을 요구한다. (2) 그리스도의 상징들은 '기념'하기 위한 것으로, 세례는 자신이 그리스도와 함께 장사지낸 바 된 것을 기억하기 위한 것이다(그러나 유아는 기념

---

12 스페인의 의사이자 신학자인 동시에 과학자였습니다. 그는 정통 삼위일체론을 부정하여 로마 가톨릭과 개혁파로부터 이단으로 정죄를 받았습니다. 그는 끝까지 자신의 견해를 철회하지 않았으며, 1553년 제네바 시의회의 재판을 받고 삼위일체론과 세례론에서 이단 판정을 받아 결국 화형을 당했습니다.

제4권_ 하나님께서 우리를 그리스도의 공동체로 인도하시고 그 안에 보존하시는

을 할 수 없다). (3) 유아들은 믿을 능력이 없으니 정죄 가운데 있다. (4) 육의 사람이 먼저고 영의 사람이 나중이므로(고전 15:46), 세례를 받기 위해서는 먼저 장성해야 한다. (5) 첫 번째 비유: 다윗이 다윗 산성을 차지했을 때, 맹인이나 불구자가 아니라 힘센 군사들을 데리고 간 것처럼, 세례도 온전한 자라야 받을 수 있다. (6) 두 번째 비유: 사도들은 사람을 낚는 어부였지(마 4:19), 유아들을 낚는 어부가 아니었다. (7) 영적인 것들은 영적인 것과 맞아야 하므로, 영적이지 못한 유아들은 세례에 적합하지 못하다. (8) 새롭게 된 자들은 영적인 양식을 먹을 수 있어야 하는데 유아들은 그렇지 못하다. (9) 그리스도께서는 자신의 모든 백성들을 성찬에 참여케 하시는데, 유아는 적합하지 않다. (10) 선한 청지기는 '적절한 시기'에 권속들에게 양식을 나누어 주는데(마 24:45), 유아들은 그 시기에 속하지 않는다. (11) 최초의 교회는 그리스도인들과 제자들이 동일한 사람들(최소한 자기 믿음을 고백할 수 있는 자들)이었으므로, 유아들은 여기에 속할 수 없다. (12) 모든 그리스도인들은 서로 형제지만, 유아들은 성찬에 참여하지 않는 이상 형제들 중에 속하지 않는다. (13) 양자의 영을 통하지 않고서는 형제가 될 수 없는데, 양자의 영은 오직 믿음으로 들음으로써만(갈 3:2) 받을 수 있다. (14) 이방인 고넬료는 성령(양자의 영)을 받은 다음 세례를 받았다. (15) 중생으로 신神이 되는데, 그는 '하나님의 말씀을 받은 자'(요 10:34-35)여야 하므로, 유아들은 이것이 불가능하다. (16) 유아들은 말씀으로 거듭나지 않았다. (17) 율법에는 갓 태어난 양과 염소는 희생 제물로 금지하였으니, 유아들도 세례를 받기에 합당하지 않다. (18) 세례 요한을 통해 준비된 자들만이 그리스도께로 나아갈 수 있었으니, 세례를 받지 못하는 유아들은 그리스도께 갈 수 없다. (19) 정결 예식은 오직 성인들에게만 해당된다. (20) 지적知的 능력이 없는 유아들이 세례를 받을 수 있다면, 어린아이들이 장난으로 세례를 시행하여 조롱거리로 만들 수 있다.

대체로 보면, 중복되는 내용들이 많은 것을 알 수 있습니다. 한마디로 요약하면, 세르베투스는 유아들은 세례를 받을 능력도 자격도 되지 않는다는 것입니다. 하지만, 칼뱅은 그의 논리를 재세례파의 주장과 크게 다르지 않다고 봅니다. 그리고 유아세례가 지닌 유익을 보다 강조합니다.

경건한 자들의 마음이 보장되니 이 얼마나 달콤한 일인가? 곧, 그들이 하늘에 계신 아버지께 너무나 큰 사랑을 받았고 또한 그분이 그들의 자녀들도 자신의 품에서 돌보신다는 것을 단지 말씀으로만 아니라 눈으로 직접 보게 되니 말이다(*Inst.*, IV xvi 32).

제17장 | 그리스도의 성찬과 우리에게 주는 유익

본 장은 성찬에 대한 내용을 담고 있습니다. 성찬은 교황 예찬자들과 종교개혁자들 사이 그리고 종교개혁자들 서로 간에서도 첨예한 논쟁이 있었습니다. 칼뱅은 이것을 의식하여 이 부분을 매우 신중하게, 그리고 많은 분량을 할애하여 매우 자세하게 다룹니다. 특히 로마 가톨릭의 '화체설'[13]에 대해 매우 비판적으로 다룹니다.

---

13 성찬에 사용되는 떡과 포도주가 외형은 그대로지만, 진짜 그리스도의 살과 피로 변한다는 주장입니다.

떡과 포도주로 상징되는 주의 성찬은 영적인 양식을 제공함(1-3)

칼뱅은 성찬을 그리스도께서 자신의 생명을 주시는 떡과 포도주가 되셔서 우리 심령이 그것을 먹고 영생을 얻는 것을 친히 확증하시는 신령한 잔치(요 6:51)라고 소개하며, 이 신비를 아는 것은 필수적이라고 말합니다(*Inst.*, IV xvii 1).

첫째로, 그 징표들은 떡과 포도주인데, 이것들은 우리를 위해 준비된 보이지 않는 음식을 뜻하며, 우리는 그것을 그리스도의 살과 피로부터 받는다. 하나님께서 세례로 우리를 중생시키시고 우리를 그분의 교회 공동체 안으로 접붙이시고, 또한 입양을 통해 우리를 자기 것으로 만드시듯이, 그분은 사려 깊은 아버지의 역할을 이행하셔서 계속해서 우리에게 양식을 공급하여 말씀으로 낳은 우리를 그 생명 안에서 지탱시키시고 보존하신다. 그리스도께서는 우리 영혼의 유일한 양식이 되시므로, 우리의 하늘 아버지께서는 우리를 그리스도께로 이끄사 그분에게 참여시켜 새롭게 하시는데, 우리가 하늘에 속한 영생에 이를 때까지 반복해서 힘을 얻게 하신다(*Inst.*, IV xvii 1).

사람으로서는 이 연합의 신비를 알 수 없습니다. 그래서 칼뱅은, 하나님께서 우리의 능력에 맞추어 눈에 보이는 징표(성찬)를 통해 그 연합의 신비를 알게 하신다고 말합니다. 경건한 자들은 이 성례를 통해 큰 확신과 기쁨을 얻을 수 있습니다. 왜냐하면, 이것만큼 우리가 그리스도와 한 몸이 되었다는 것을 확실하게 증거하는 것이 없기 때문입니다. 심지어 칼뱅은 그리스도께서 놀라운 자비하심으로 우리와 '놀라운 교환'을 이루셨다고까지 말합니다.

이것은 '놀라운 교환'wonderful exchange이니, 그리스도의 측량할 수 없는 자비하심에서 나와 우리와 행하신 것이다. 즉, 그분은 우리와 함께 인자人子가 되셔서 우리를 자기와 함께 하나님의 아들들이 되게 하셨다. 또한 이 땅에 내려오심으로써 우리를 위해 하늘로 올라가심을 준비하셨다. 우리의 죽을 운명을 취하심으로써 자신의 불멸을 우리에게 베풀어주셨다. 우리의 연약함을 받아 그분의 능력으로 우리를 강건케 하셨다. 우리의 궁핍함을 스스로 취하시고 자신의 부요함을 우리에게 전가해 주셨다. (우리를 억압하는) 우리의 불의不義를 스스로 짊어지시고 우리는 그분의 의義로 입혀주셨다(*Inst.*, IV xvii 2).

그런데, 이 신비에 참여하기 위해서는 우리가 성례 중에 임재하시는 그리스도를 마치 우리 눈앞에 계신 것처럼 떡과 포도주를 대해야만 합니다. 그렇지 않으면, 그 떡과 포도주는 결코 그리스도의 살과 피로 우리에게 받아들여지지 않을 것입니다.

그리스도의 살을 받는 성찬에 새겨진 약속과 신비 — 설명보다 느낌을 통해 앎(4-7)

성찬은 우리를 확신케 하니, 곧 그리스도께서 행하셨고 고통당하신 모든 것이 우리를 살리기 위해 된 것이며, 또 이 살림이 영원하다는 것이다. 우리는 또한 그 성찬을 통해 일평생 끊임없이 영양을 공급받고 지탱되며 보존된다 (*Inst.*, IV xvii 5).

이와 같은 성찬을 행하고 참여함에 있어, 칼뱅은 두 가지 잘못에 빠지지 않아야 한다고 경고합니다.

첫째, 징표에 대해 너무 적게 관심을 가져서 그것이 나타내는 신비를 징표와 분리하면 안 된다. 왜냐하면, 그 둘은 서로 밀착되어 있기 때문이다. 둘째, 징표를 부적절하게 높임으로써 그 안에 담긴 신비를 조금이라도 모호하게 해서는 안 된다(*Inst.*, IV xvii 5).

즉, 우리는 떡을 먹고 포도주를 마심으로써 진정으로 그리스도의 생명에 참여한다는 믿음을 가져야 하며, 떡과 포도주를 너무 신성시한 까닭에 모든 믿는 자들을 위한 주님의 뜻을 망각해서도 안 됩니다. 이때 우리가 믿음으로 받아들인다는 것은, 우리가 그리스도를 영접한다는 것이 아니라, 그리스도께서 친히 우리를 자신과 연합시켜 그분이 우리의 머리가 되시고 우리는 그의 지체가 되게 한다는 것을 인정한다는 것을 의미합니다(*Inst.*, IV xvii 6). 따라서 아무런 생각 없이 성찬에 참여하는 것은 우리에게 어떤 유익도 없게 됩니다. 칼뱅은 이 신비가 너무나 커서 아무리 인간의 말로 표현할지라도 부족함이 있기 때문에 다만 놀라움과 경이로움으로 받아들이고 참여할 뿐이라고 말합니다(*Inst.*, IV xvii 7).

생명을 주는 연합은 성령을 통해 일어난다(8-10)

그런데, "그리스도의 살이 우리에게 생명을 준다"는 말의 의미는 무엇일까요? 어떻게 성찬식에서 사용되는 떡과 포도주가 우리로 하여금 그리스도의 생명에 참여할 수 있게 하는 것일까요? 게다가 그리스도께서는 하나님의 우편에 계시는데, 어떻게 여기에 있는 우리와 연합을 이룰 수가 있는 것일까요?

칼뱅은 그것을 가능케 하시는 분이 바로 성령이시라고 말합니다. 즉, 성령께서 시공간 상으로 떨어져 있는 것을 진정으로 하나로 연합시키십니다(*Inst.*, IV xvii 10).

그분의 살과 피에 대한 신령한 참여는 그리스도께서 자신의 삶을 마치 그 생명이 우리의 뼈와 골수에 침투하는 것처럼 우리에게 부으심으로써 일어나는데, 그분은 또한 헛되고 공허한 징표를 보이심으로써가 아닌, 그분이 약속하신 것을 이루시는 성령의 효력을 확증하는 성찬을 통해 증거하시고 인치신다. 그리스도께서는 그 신령한 잔치에 참석하는 모든 사람에게 성찬이 의미하는 실체를 참으로 제공하시고 보여주신다. 그러나 신자들만 그 유익을 받게 되니, 그들은 참된 믿음과 진심 어린 감사함으로 그 엄청난 관대함을 받아들이는 자들이다(*Inst.*, IV xvii 10).

외적 징표와 보이지 않는 실체와의 상관성은 스콜라 학자들에 의해 광범위하게 오용되었고 화체설도 잘못되었다(11-15)

그런데, 칼뱅은 왜 이토록 성찬에 대해 강조를 하는 것일까요? 칼뱅은 성찬에 대해 다음 세 가지로 설명을 합니다.

나는 이 진리의 본질을 친숙한 용어로 설명하기를 원하므로, 보통 세 가지를 적어둔다: 의미^{signification}, 의미에 의존하는 물체 그리고 그 두 가지에서 나오는 권능이나 효력. 의미는 약속들 안에 포함되어 있는데, 그 약속들은 이를테면, 징표 안에 내포되어 있다. 나는 죽으시고 부활하신 그리스도를 물체 혹은 실체라고 부른다. 그리고 내가 이해하는 효과는 구속, 의, 성화, 영생, 그 밖에 그리스도께서 우리에게 주시는 모든 은택들이다(*Inst.*, IV xvii 11).

하지만, 성령이 어떻게 작용하시길래 그리스도의 생명이 우리에게 전달된다고 할 수 있을까요? 그리스도께서는 어떻게 성찬에 임재하실까요? 이것을 설명하기 위해 '화체설'(transubstantiation: 떡과 포도주의 본질이 그리스도의 몸과 피로 변화됨)이라는 교리가 나타났습니다. 특히 교황 예찬자들이 이것을 주장합니다. 그들은 그리스도의 몸이 시공간을 초월한다는 것을 근거로 이 교리를 뒷받침합니다. 하지만, 칼뱅은 그리스도의 육체는 비록 부활하셨을지라도 제한을 받으며, 하나님의 우편에 계신 이상 다시 오시기 전까지는 하늘에 계속 계신다는 것을 강력하게 주장합니다. 그래서 칼뱅이 주장하는 바는, 그리스도의 몸은 성령을 통해 우리에게 전달된다는 것입니다.

우리가 의심하지 않는 것은, 그리스도의 몸이 모든 인간의 몸에 공통되는 일반적 특징들에 의해 제한이 된다는 것이다. 또한 그리스도께서는 심판하시기 위해 재림하실 때까지 하늘(딱 한 번 받아들여지신 곳)에 계신다(행 3:21)는 점이다. 그리하여 우리는 그리스도의 몸을 이 부패하는 요소들 아래로 끌어내리거나 아무 곳에나 임재하신다고 상상하는 걸 전적으로 부당하다고 여긴다. 또한 이런 생각이 우리가 그리스도의 몸에 참여함을 누리는 데에 필수적인 것도 아니다. 왜냐하면, 주님은 그분의 성령을 통해 우리에게 이런 은택을 베푸셔서 우리로 하여금 몸과 영과 혼이 그분과 하나가 되도록 하시기 때문이다. 그러므로 이 연합의 끈은 바로 그리스도의 영이시다. 성령으로 인해 우리는 그리스도와 하나로 연합하게 된다. 성령은 그리스도 자신과 그분이 소유하고 계신 모든 것을 우리에게 전달해 주시는 통로와 같다(*Inst.*, IV xvii 12).

칼뱅은 화체설이 떡과 포도주를 하나님으로 여기게 만든다고 비판합니다. 특히 이것을 뒷받침하고자 온갖 노력을 기울인 스콜라 학자들을 강력하게 책망합니다. 롬바르드Peter Lombard와 같은 이들은 그 떡 자체가 그리스도의 몸으로 만들어지는 것이 아니라, 그리스도께서 떡의 형상 아래 자신을 숨기시기 위해 그것들의 본질을 제거하신다고 말합니다(*Inst.*, IV xvii 14). 그러나 칼뱅은 이들이 본질과 매개체를 혼동하고 있다고 주장합니다.

> 다시 반복한다: 성찬이란 단지 요한복음 6장에 포함된 약속, 즉 그리스도께서 하늘로부터 내려온 생명의 떡이시라는 약속(요 6:51)을 눈으로 볼 수 있는 증거에 지나지 않기 때문에, 보이는 떡은 반드시 그 신령한 떡(그리스도의 몸)을 나타내 보이는 매개체의 역할을 해야 한다. 만일 그렇지 않으면 우리는 우리의 연약함을 지탱하시는 하나님께서 우리에게 주시는 모든 은택들을 잃어버리게 될 것이다. 만일 오직 떡의 형상만 있고 참된 떡의 본질이 없다면, 무슨 근거로 바울은 우리 모두가 한 떡에 참여하는 한 떡과 한 몸이라고 말하는가?(고전 10:17)(*Inst.*, IV xvii 14)

혹 믿는 자들 중에 지금까지 화체설에 가까운 생각을 하고서 성찬에 참여한 이들이 있을까 싶어 칼뱅의 말을 빌어 당부드립니다. 그리스도의 살이 외형적인 상징물의 참된 본질과 부합되지 않는 한, 그리스도의 살이 진짜 떡이 될 것이라는 약속이 성찬에 주어졌다고 여겨서는 안 됩니다(*Inst.*, IV xvii 15).

문자적인 그리스도의 편재성에 대한 반박, 더불어 하늘에 계신 그리스도와의 연합이라는 관점에서 비롯된 영적 임재에 대한 생각들 (16-31)

또 하나의 그릇된 주장은, 그리스도의 몸이 떡 아래가 아니라 그 떡 내부에 감추어져 있다고 하는 것입니다. 이것을 주장하는 자들은 그리스도의 편재성ubiquity을 근거로 대나, 실제적으로는 그리스도께서 공간적으로 임재(local presence)하신다고 주장하는 셈입니다(*Inst.*, IV xvii 16). 그들은 자신들의 주장을 뒷받침하기 위해 그리스도의 살이 차지하는 범위가 하늘과 땅 전체를 덮을 정도로 넓고 크다고 합니다. 하지만, 칼뱅은 이것이 마르시온Marcion 이단이 주장한, 그리스도는 육체가 아니라 환영으로 이 땅에 임하셨다고 하는 것과 같은 맥락이라고 반박합니다(*Inst.*, IV xvii 17). 그리고 이들의 주장은 주님의 몸과 피를 떡과 포도주에 밀착시키는 것이지만, 이렇게 되면 주님의 몸과 피가 서로 분리될 수밖에 없다고 말합니다. 왜냐하면, 떡과 포도주의 본질이 서로 다르고 서로 나누어져 있기 때문입니다. 그들은 억지로 '공존concomitance'이라는 용어를 사용해서 어떻게든 모면하려 하지만, 칼뱅은 내버려 두지 않습니다. 그는 그리스도의 편재성을 하나님 나라의 통치와 연관 짓습니다.

비록 그분은 자신의 육체를 우리에게서 취하고 육체를 입으신 채로 하늘로 올라가셨을지라도, 지금 아버지의 오른편에 앉아 계신다. 즉, 아버지의 권세와 위엄과 영광으로 다스리고 계신다. 이 나라는 공간적으로 제한을 받거나 어떠한 한계로도 그 경계를 그을 수 없다. 그래서 그리스도는 하늘이든 땅이든 어디든 원하시는 곳에서 자신의 권세로 영향을 끼치신다. 그분은 자신의 임재를 능력과 권능으로 나타내시며, 언제나 자기 백성 중에 계시며, 그들에게 자신의 생명을 불어넣으시며, 그들 속에 사시며, 그들을 지탱시키시고, 강화시키시며, 활력을 주시며, 해를 받지 않도록 지키신다. 마치 그분이 육체로 우리 중에 임재하시는 것처럼 말이다. 요컨대, 그분은 자기 백성을 자신의 몸으로 먹이시며, 그의 성령의 능력으로 말미암아 그 몸과의 교제를 그들에게 베푸신다. 이러한 방식으로, 그리스도의 몸과 피는 성례를 통해 우리에게 제시된다(*Inst.*, IV xvii 18).

따라서, 칼뱅은 그리스도의 임재를 생각할 때 두 가지 원칙을 지켜야 한다고 말합니다: 첫째, 그리스도께서 가지고 계신 하늘의 영광을 손상시키지 않아야 한다. 둘째, 인간 본성에 부합하지 않는 것을 그분의 몸과 결부시켜서는 안 된다(*Inst.*, IV xvii 19). 칼뱅은 이것이 지켜지는 한, 주님의 몸과 피에 진정으로 또한 실질적으로 참여하는 일을 표현하는 것이라면 기꺼이 용납할 수 있다고 말합니다(*Inst.*, IV xvii 19). 그렇지만, 칼뱅은 주님께서 성만찬을 하실 때 하셨던 말씀, 곧 "받아서 먹으라 이것은 내 몸이니라"(마 26:26)와 "이것은 죄 사함을 얻게 하려고 많은 사람을 위하여 흘리는 바 나의 피 곧 언약의 피니라"(마 26:28; 막 14:24)는 말씀에 대해서는 제대로 이해해야 한다고 주장합니다.

화체설을 주장하는 자들은 여기의 '이것'을 떡 형상을 가리키는 것으로 받아들입니다. 그런데, 예수님은 그 떡을 떼어 제자들에게 나누어 주시면서 그것을 '자기 몸'이라고 하셨으니 모순이 발생하게 됩니다. 물론 화체설이라고 해서 모두 일관적이지는 않습니다. 혹자는 그리스도의 몸이 떡과 함께 있거나 떡 속에 있거나 모두 같은 것이라고 말합니다. 어떤 이들은 "… 이니"라는 말을 '본질이 변화되다'라는 뜻으로 해석하여 더 큰 문제를 일으킵니다. 이에 대해, 칼뱅은 이들이 문자에 집착하여 완고함에 빠져있다고 나무랍니다. 대신 그는 바울과 누가의 권위에 의지하여 "떡이 그리스도의 몸"이라고 이해합니다. 중요한 것은 그분의 몸으로 세우는 언약에 있습니다. 성찬에서 이 언약의 본질, 곧 그리스도와 신비한 연합을 이루는 것을 믿음으로 받아들이는 한에서만 성찬은 우리에게 유익을 줍니다(*Inst.*, IV xvii 20). 따라서, 칼뱅은 이에 대한 완전한 문자적 해석은 불가능하다고 말합니다. 만일 성경을 완전히 문자적으로만 이해하게 되면, 많은 부분에서 혼란이 일어나게 될 것입니다. 왜냐하면, 성경에는 신인동형론神人同形論적인 표현14이 많이 등장하는데, 이것을 문자적으로 이해하면 하나님도 사람처럼 몸을 가지신 것으로 이해해야만 하기 때문입니다. 그러므로 칼뱅은 그리스도의 임재를 육체의 실제적인 임재로 이해하지 않고, 아우구스티누스의 말을 빌어 세 가지 방식으로 설명합니다.

> 여기서(이 또한 간단히 말하겠지만) 아우구스티누스는 그리스도께서 우리 가운데 임재해 계시는 것을 세 가지 방식으로 생각하고 있다: 즉, 위엄으로, 섭리로, 말로 표현할 수 없는 은혜로 임재하신다. 나는 이 은혜의 임재 아래에 그분의 몸과 피를 나누는 그 놀라운 교제를 포함시키고 싶다. 만일 우리가 그것이 성령의 능력으로 일어나고 그분의 몸 자체를 떡 아래 위장하여 포함시킴으로써 일어나는 것이 아니라는 것을 이해한다면 말이다. 실제로, 우리 주님은 친히 살과 뼈를 자기고 계심을 확증하셨는데, 그것들은 사람이 느낄 수 있고 볼 수 있는 것이었다(요 20:27)(*Inst.*, IV xvii 26).

칼뱅이 이렇게 말하는 이유는, 그리스도께서 승천하셔서 하나님 우편에 계신 것을 실제적인 것으로 이해하기 때문입니다. 하지만, 반대자들은 승천을 장소의 이동이 아니라 그리스도가 지닌 통치의 위엄을 의미하는 것으로 해석합니다. 그리하여 그리스도께서는 이 땅을 떠나신 것이 아니라 여전히 자신의 백성들 중에 보이지 않는 방식으로 남아계

---

14 성경에는 하나님이 하시는 행동을 마치 인간의 행동처럼 표현하는 것이 많이 나타납니다. 가장 쉬운 예로는, 하나님은 영이시지만, 그분의 능력과 힘을 표현할 때 '하나님의 손'(욥 12:10; 삼상 12:15; 사 59:1; 벧전 5:6)이라고 하는 것입니다.

신다고 주장합니다(*Inst.*, IV xvii 27). 칼뱅은 이런 태도를 보며, 승천하신 주님만 쳐다보는 제자들을 책망한 두 천사들의 말(행 1:11)을 헛되이 하는 것이라고 말합니다. 나아가 성경은 그리스도께서 참으로 육체를 입으신 분이심을 증거하고 있다고 말합니다.

> 그리스도께서는 동정녀에게서 나셔서 진실로 우리가 가진 육체로 고난을 당하셨고, 또한 우리를 위해 대속하실 때에도 진짜 우리의 육체로 행하신 것처럼, 그분의 부활에서도 그 동일한 육체로 받으셨고, 그 육체를 입으신 상태로 하늘로 올리셨다. 모든 성경에서 이것보다 더 분명하게 가르치는 것이 무엇인가?(*Inst.*, IV xvii 29)

그렇다면, 그리스도께서는 편재하시지 않으신단 말일까요? 주님은 분명 "내가 세상 끝날까지 너희와 항상 함께 있으리라"(마 28:20)라고 말씀하셨지 않습니까? 반복하지만, 칼뱅은 육체의 편재성은 부인합니다. 또한 주님의 이 말씀은 그분의 '몸'에 대해 한 것이 아니라고 말합니다. 이것은 사탄과 세상의 공격으로부터 제자들을 도우시고 보호하실 것에 대해 말씀하신 것입니다(*Inst.*, IV xvii 30). 한편, 칼뱅은 '속성의 교류'(communicatio idiomatum)[15]를 인정하면서도 그리스도의 인성은 육

---

15 루터는 성만찬에서 공재설(consubstantiation)을 주장했습니다. 공재설은 성찬에 사용되는 떡과 포도주의 본질은 변하지 않지만, 그리스도께서 그 요소들과 "함께, 안에 그리고 아래에" 계시며, 성도가 떡과 포도주를 먹고 마심과 동시에 그리스도의 인성의 한 요소인 '물질적 몸'이 임재하여 먹고 마시게 된다는 것입니다. 가톨릭의 화체설과 다른 점은, 떡과 포도주가 그리스도의 몸 자체로 변하지 않고 그대로 있다고 하는 것입니다. 이것을 설명하기 위해 '속성의 교류'를 인용하여 사용했습니다. 이것은 그리스도의 신성과 인성은 매우 밀접하여 한 인격을 이루고 있어 그 중 한 본성에 해당하는 것은 전인격에 해당한다는 것입니다. 그러나 루터가 성만찬에서 이것을 적용하면서 실제로는 인성이 신성에 흡수되는 결과가 되어버렸습니다. 이에 종교개혁자 츠빙글리는 매우 비판하면서 신성과 인성을 구별

체로 제한을 받으시지만, 그분의 신성은 제한을 받지 않는다고 하여 그리스도께서 온 세상에 충만하다고 말합니다.

> 그러므로, 그리스도 전체(the whole Christ)가 어디에나 계시기에, 우리의 중보자께서는 자신의 백성과도 언제나 함께 계시며, 성찬에서도 특별한 방식으로 자신의 임재를 드러내신다. 그러나 그런 방식으로 그리스도 전체가 임재하시지만, 그분의 총체(wholeness)가 임재하는 것은 아니다. 왜냐하면, 이미 언급한 대로, 그분의 육체는 심판의 날에 다시 나타나실 때까지 하늘에 계시기 때문이다(*Inst.*, IV xvii 30).

이것은 굉장히 난해한 말이지만, 칼뱅은 성령을 통해 이 일이 얼마든지 가능하며, 그렇기에 이것은 신비에 속한다고 주장합니다. 뒤에서 말하겠지만, 그는 아우구스티누스의 말을 인용하면서, 현재 하늘의 영광에서 들어가신 그분의 몸이 성령의 은밀한 능력으로 그분의 생명을 우리에게 불어넣는다고 말합니다(*Inst.*, IV xvii 34).

신자들이 성령을 통해 참여하는 육체적 임재에 대한 참된 본질 (32-34)

이것이 신비에 속한 것이므로, 칼뱅은 이성적인 사고를 내려놓고 하나님의 말씀을 그대로 받아들여 안식을 누리는 것이 낫다고 말합니다.

해야 한다고 강하게 주장하였습니다. 칼뱅은 츠빙글리처럼 신성과 인성을 구별합니다. 다만, 츠빙글리가 지닌 약점을 성령의 능력으로 보완해 나갑니다. 대한예수교장로회총회 교육부 편, 『16세기 종교개혁과 개혁교회의 유산』(서울: 한국장로교출판사, 2003), 377-78 참조.

성찬을 행하시며 주님은 내게 명령하셔서 떡과 포도주라는 상징물이 나타내는 자신의 몸과 피를 받아서 먹고 마시라고 하신다. 나는 주님께서 친히 진실로 그것들(몸과 피)을 제시하시며, 내가 그것들을 받는다는 것을 의심하지 않는다(*Inst.*, IV xvii 32).

칼뱅은 이것이 우리가 이해하지 못하는 성령의 능력을 통해서 일어나는 일임을 믿어야 한다고 강조합니다(*Inst.*, IV xvii 33). 중요한 것은, 어떻게 그리스도의 몸과 피에 우리가 참여할 수 있는가 하는 것인데, 이것은 오직 믿음과 성령의 도우심으로 가능합니다. 따라서 믿음이 수반되지 않는 성찬에의 참여는 아무런 효과나 유익을 당사자에게 주지 못하고 오히려 정죄를 받게 됩니다.

실제로 성찬의 진리와 효력은 손상을 입지 않고 그대로 남아있다. 비록 악인이 겉으로 성찬에 참여하고 난 후 아무것도 얻지 못하고 그냥 떠나간다 할지라도 말이다. … 그러나 나의 대답은, 그들이 성찬을 먹었기 때문에 정죄를 받는 것이 아니라, 오직 그들이 하나님과의 신성한 연합의 보증을 발로 짓밟음으로써 그 신비를 모욕했기 때문에 정죄를 받는다는 것이다. 그들은 성찬을 마땅히 경외함으로 받아들였어야만 했다(*Inst.*, IV xvii 33).

성찬물에 대한 미신적인 숭배는 배격되어야 한다(35-37)

교황 예찬자들의 화체설은 결국 성찬물에 대한 숭배로 이어집니다. 왜냐하면, 거기에 그리스도의 몸이 깃들어 있기 때문입니다. 아퀴나스는 공존설共存說, concomitance을 주장하지만, 이것은 결과적으로 그리스도의 몸을 영혼이나 신성과 분리시키지 않는 것이 되어 그리스도를 하늘에서 끌어내리게 됩니다. 또한 포도주가 그리스도의 피라고 했으니, 여기서는 떡과 분리되어 모순을 일으킵니다. 따라서, 칼뱅은 성찬물을 높이는 행위는 미신이요 우상숭배에 해당한다고 말합니다.

> 만일 이것이 우상숭배가 아니라면 무엇이 우상숭배란 말인가?: 선물을 주신 분 자체보다 선물을 더 숭배하지 않는가?(*Inst.*, IV xvii 36)

그런데, 교황 예찬자들은 성찬물을 그럴듯하게 만들기 위해 불필요한 의식을 첨가하였습니다. 즉, 떡을 거룩히 구별하여 성체聖體가 되게 하고, 행렬을 지어 그것을 들고 다니며 사람들에게 경배하게 한 뒤 그 이름을 부르게 합니다. 하지만, 칼뱅은 주님의 명령대로 '먹고 마실 것'에 지나지 않는 것에 이토록 의미를 부여하는 것은 잘못된 행위라고 말합니다.

> … 성례를 바꾸어 다른 용도로 사용하는 자들은 하나님의 말씀이 없는 자들이다(*Inst.*, IV xvii 37).

칼뱅은 성찬의 용도를 다음과 같이 정리합니다: 첫째, 우리로 계속해서 그리스도의 은혜를 기억하게 한다. 둘째, 우리로 계속해서 그리스도의 죽으심을 기념하여 그분의 죽음을 통해 우리가 생명을 얻었음을 고백하게 한다(*Inst.*, IV xvii 37). 셋째, 순결하고 거룩한 삶과 사랑과 평화와 화목을 지향하도록 우리를 일깨우고 감동시킨다. 이는 우리가 그리스도와 연합하기 때문이다(*Inst.*, IV xvii 38).

특별한 강조점들: 서로 사랑하는 것, 말씀을 수반해야 함, 합당한 참여, 성찬의 적절한 형태와 횟수(38-46)

따라서 칼뱅은, 성찬에 참여하는 성도가 서로를 해치고 멸시하며 배척하는 것은 곧 그리스도에게 행하는 것이 된다고 강조합니다(*Inst.*, IV xvii 38). 성찬에 참여하는 자들은 반드시 믿음의 형제를 사랑해야 합니다.

무엇보다 칼뱅은 성찬은 그럴듯한 예식보다 하나님의 말씀이 반드시 있어야 한다고 강조합니다.

무엇이든지 우리가 성찬에서 유익을 얻기 위해서는 말씀을 필요로 한다: 믿음을 확증하기 위해서든, 고백을 하든, 혹은 의무를 행하도록 도전을 받든, 말씀이 필수요건이다(*Inst.*, IV xvii 39).

칼뱅은 성찬에 참여하는 합당한 요건에 대해서 이렇게 정리합니다.

우리가 생각해야 할 것은 합당함이니, 곧 하나님께서 명령하신 것인데, 주로 믿음 안에 존재한다. 믿음은 모든 면에서 우리 자신이 아니라 그리스도를 의지하는 것이다; 둘째는 사랑인데, 이것은 불완전할지라도 하나님께 드리기에는 충분한 것이다. 그분은 완전한 상태로 우리가 드릴 수 없는 한, 사랑을 증가시켜 더 낫게 만드신다. … 성찬이란 완전한 자를 위한 것이 아니라 연약하고 가냘픈 자들을 일깨우고 감동시키고 자극하고 믿음과 사랑의 감정을 훈련시키기 위해 제정된 성례로서, 믿음과 사랑의 흠결을 교정시키기 위한 것이다(*Inst.*, IV xvii 42).

이제 성찬을 어떻게 시행하는 것이 좋은가에 대해 살펴보겠습니다.

칼뱅은 성찬의 목적이 건전한 신앙으로 교훈을 얻게 할 목적인 이상 굳이 누룩이 들어가지 않는 떡[빵]을 사용할 필요는 없다고 합니다. 2세기 로마의 알렉산더Alexander 감독은 누룩 있는 떡을 사용했다는 기록이 있습니다. 다만, 사람의 이목을 끌기 위해 무언가를 첨가하는 것은 옳지 않습니다(Inst., IV xvii 43). 그리고 허례 의식을 제거하고 다음과 같이 시행할 것을 권면합니다: 공중기도-설교-성찬제정의 말씀 낭독-성찬의 약속들 낭독-수찬 금지자 제외-성찬을 위한 기도-성찬 참여-믿음과 신앙고백 그리고 권면-감사기도와 찬송(Inst., IV xvii 43).

그러면 성찬은 얼마나 자주 해야 할까요? 사도 시대의 교회는 모일 때마다 성찬식을 하고 구제 헌금 하는 것을 불변의 법칙으로 삼았습니다. 이에 따라 칼뱅은 가급적 자주 하기를 권면합니다. 심지어 최소한 1주일에 1회를 해야 적절하게 한 것이라고까지 말합니다. 이것은 그리스도인들의 경건을 위한 목적 때문입니다. 또한 그리스도의 고난을 자주 묵상할 수 있는 기회를 접해야 성도들이 믿음을 유지하고, 상호 간에 사랑을 증진시킬 수 있다고 생각하기 때문입니다(Inst., IV xvii 44). 반면, 성찬에 참여하기를 꺼리거나 거부하는 자들은 교회 역사(341년 안디옥 공의회, 400년 1차 톨레도 공의회)를 인용하여 교회에서 내쫓아야 한다고 간접적으로 말합니다(Inst., IV xvii 44).

칼뱅은 당시 성행하던 1년에 1번만 성찬을 시행하는 관례는 마귀의 짓이라고 강력하게 반발합니다(Inst., IV xvii 46). 그가 이렇게 반응하는 이유는 위에서 언급한 성찬의 목적을 생각하면 쉽게 이해될 수 있는데, 이런 관행이 만들어진 이유는 평신도들이 잔을 함부로 대할 위험성(예컨대, 실수로 포도주를 땅에 흘리는 것)이 있다는 것 때문이었습니다.

평신도들에게서 잔을 빼앗는 것은 정죄 받을 일이다(47-50)

주님은 믿는 자들 모두가 잔을 받도록 명령하셨습니다(마 26:27). 하지만, 감히 어떤 이들은 새로운 법을 만들어 모두가 마실 수 있는 것은 아니라고 공포하였습니다. 심지어 그리스도의 몸과 피는 공존하는 것이므로 떡만 먹어도 피를 마시는 것이 된다는 식으로 변명하기도 하였습니다(1415년 콘스탄스 공의회). 하지만, 주님은 분명 "이것은 내 몸이라, 이것은 내 피라"고 말씀하셨습니다. 주님께서 분리하신 것을 그들은 임의로 합쳐버렸고, 심지어 모든 사람에게 배분되어야 할 성찬을 임의로 제한까지 해 버렸습니다(*Inst.*, IV xvii 47). 그들은 화체설에 따라 성찬물을 너무나 신성시한 나머지 평신도들이 혹 실수하여 잔을 엎을까 싶어서 그런다고 말할지 모르지만, 이것은 우상숭배 행위입니다. 또한 그렇게 하면서 교묘하게 사제들의 직위를 높였습니다. 교부들(*Inst.*, IV xvii 48)과 고대 교회는 이런 일을 결코 행하지 않았습니다(*Inst.*, IV xvii 49). 그리하여 칼뱅은 이렇게 그들을 정죄합니다.

이들은 마치 적그리스도들이 거리낌 없이 그리스도의 가르침과 규례들을 짓밟고 흩어버리고 폐기시켜 버리는 것처럼, 자신들이 교회라고 말한다. 혹은 사도적 교회, 곧 충만한 열정으로 번창했던 교회는 교회가 아니었던 것처럼 행동한다(*Inst.*, IV xvii 50).

제18장 | 교황제의 미사, 그리스도의 성찬을 오염시키고 말살시키는 모독행위

이 장에서 칼뱅은 주님의 성찬을 더럽히고 그리스도의 희생을 모독하는 미사^{the Mass}에 대해 강경한 비판을 쏟아내고 있습니다.

미사를 반대함: 그것은 주님의 성찬을 무효화하는 불경스러운 것임 (1-7)

칼뱅은 미사를 혐오하는 이유를 이렇게 밝힙니다.

하지만 가공할만한 가증스러움의 절정은 마귀가 한 징표를 만들어냈을 때이니, 곧 모호하고 왜곡된 징표다. 하지만 이것은 성찬을 완전히 제거하고 폐기하여 인간의 기억에서 사라지게 해버렸다. 이 일이 일어났으니, 곧 마귀가 가장 지독한 전염병과 같은 오류로 거의 온 세상을 눈멀게 했을 때이다. 그것은 바로 미사가 죄 사함을 얻게 해 주는 희생 제물이요 제사라는 믿음을 조장한 것이다(*Inst.*, Ⅳ xviii 1).

칼뱅은 이 미사가 비록 그럴듯하게 이루어진다 할지라도, 그리스도의 속죄 사역을 무효화시켜 버리고, 성찬까지도 약화시키고 파괴하는 악행이라고 강력하게 규탄합니다. 사제들에 대해서는, 영원한 대제사장이신 그리스도를 배제한 채, 사람을 제사장으로 내세워 그리스도를 모욕하는 자들이라고 말합니다.

죽을 수밖에 없는 사람들 중에서 세움을 받은 제사장직의 권리와 명예는 중지되었으니, 이는 그리스도만이 죽지 아니하시고 유일하시며 영원한 대제사장이시기 때문이다(히 7:17-19)(*Inst.*, IV xviii 2).

칼뱅이 미사를 혐오하는 또 다른 이유는, 미사가 그리스도의 죽으심을 은폐하고 있다고 보기 때문입니다. 왜냐하면, 제단 제사를 드림과 동시에 십자가는 사라지기 때문입니다(*Inst.*, IV xviii 3).

이것이 사도가 말하는 바이다: 이 대제사장이신 그리스도께서 "자기를 단번에 제물로 드려 죄를 없이 하시려고 세상 끝에 나타나셨느니라"(히 9:26), "이 뜻을 따라 예수 그리스도의 몸을 단번에 드리심으로 말미암아 우리가 거룩함을 얻었노라"(히 10:10), "그가 거룩하게 된 자들을 한 번의 제사로 영원히 온전하게 하셨느니라"(히 10:14). 이 말씀에다가 사도는 주목할만한 진술을 더하고 있으니, 곧 우리가 일단 죄 사함을 얻은 후에는 다시 죄를 위하여 제사 드릴 것이 없다는 것이다(히 10:18, 26). 그리스도께서도 숨지시기 직전에 마지막으로 "다 이루었다"(요 19:30)고 말씀하셨다. … 그리스도께서는 죽어가시면서 이 한 번의 제사로 말미암아 우리의 구원에 관한 모든 것이 이행되었고 이루어졌음을 증언하셨다. … 그리스도께서는 자신을 단번에 드리시면서 새로운 제사를 날마다 행함으로 자신의 희생을 인정하라는 조건을 붙이신 것이 아니라, 오히려 복음을 선포하고 거룩한 성찬을 시행함으로써 그 희생의 은택을 서로 나누라고 하셨다(*Inst.*, IV xviii 3).

그러나 교황 예찬자들은 말라기 1장 11절의 말씀[16]을 근거로 미사

---

16 "만군의 여호와가 이르노라 해 뜨는 곳에서부터 해 지는 곳까지의 이방 민족 중에서 내 이름이 크게 될 것이라 각처에서 내 이름을 위하여 분향하며 깨끗한 제물을 드리리니 이는 내 이름이 이방 민족 중에서 크게 될 것임이니라."

를 정당화합니다. 그러나 칼뱅은 이 말씀이 당시 유대인들에게 이방인들이 참된 신앙의 교제 속으로 부르심을 받게 될 것임을 보여주고 있다고 말합니다(*Inst.*, IV xviii 4). 칼뱅이 보기에 미사는 그리스도를 매번 제사에서 희생 제물로 바침으로써 모욕하는 것 이상의 의미는 없습니다. 이것은 히브리서 저자의 생각도 동일했습니다.

> 만일 그리스도께서 매번 그리고 각 미사 때마다 희생되신다면, 그분은 매 순간 수천 곳에서 잔인하게 죽임을 당하셔야 할 것이다. 이것은 나의 말이 아니라 사도가 한 말이다: 만일 그리스도께서 자신을 자주 드리셨어야 했다면, 세상을 창조한 때부터 반복해서 고난을 당하셨어야 할 것이다(히 9:25-26)(*Inst.*, IV xviii 5).

비록 그들이 미사는 피 없는 제사를 드리는 것뿐이라고 반박할지라도, 그것은 성경의 원리에도 맞지 않고 논리적으로도 맞지 않습니다. 피 없는 희생 제사는 하나님께서 인정하시지 않기 때문입니다. 미사의 본질은 그리스도의 죽으심과 그것으로 인한 은택을 우리에게서 제거해 버리는 것입니다(*Inst.*, IV xviii 6). 더 나아가 칼뱅은 미사가 성찬을 무효화시킨다고 말합니다.

> 성찬이 약속한 것은, 그리스도의 죽으심으로 말미암아 우리가 이제 생명으로 회복될 뿐만 아니라 계속해서 생명을 덧입는다는 것이다. 왜냐하면, 우리의 구원이 필요로 하는 모든 부분들이 다 성취되었기 때문이다. 그러나 미사의 희생 제사는 전혀 다른 곡조로 노래하고 있으니, 즉 그리스도께서 우리에게 어떤 유익이 되시려면 날마다 제물로 바쳐져야 한다는 것이다. 성찬이 교회의 공적 모임에서 배분되게 한 이유는, 성찬을 통해 우리 모두가 그리스도

예수 안에서 하나로 연합해야 함을 가르치기 위함이다. 그러나 미사의 제사는 오히려 이런 공동체를 분해하고 찢어 놓는다. … 그 옹졸한 사제가 자기의 제물을 혼자 먹어 치우려고 모든 신자들의 무리로부터 자신을 분리시키기 때문이다. 나는 그것을 (아무도 오해하지 않도록 하기 위해서) '사적인 미사'(a private mass)라고 부른다. 왜냐하면, 비록 아무리 엄청난 사람들의 무리가 다른 이유로 참석한다고 할지라도, 신자들 중에서 주님의 성찬에 참여함이 없기 때문이다(*Inst.*, IV xviii 7).

초기 관행과 오류의 발생(8-11)

'미사'라는 용어의 기원에 대해서는 확실하게 말할 수 있는 것이 없습니다.[17] 하지만, 정작 칼뱅은 그 기원에 대해서 관심이 없습니다. 중요한 것은, 사제들이 성찬 대신에 제단을 마련해 놓고, 성찬물을 그리스도의 몸이라고 경배하게 하여 우상숭배를 조장했다는 것입니다(*Inst.*, IV xviii 8). 이것은 초대 교회와 고대 교회에서는 전혀 없었던 것입니다. 로마 황제가 기독교를 공인하면서 소규모의 성찬식과 함께 하는 공동식사가 예배 중에 힘들어진 것은 사실입니다. 그럼에도, 교황 예찬자들은 미사가 주님의 성만찬에서 비롯된 것이라며 자신들의 정당함을 주장합니다(*Inst.*, IV xviii 10). 그들은 아우구스티누스도 성만찬을 '제사'라고 칭했다고 주장하지만, 정작 그는 그 표현으로 성찬에 대해 말할 때, 그리스도께서 우리를 위해 속죄하신 그 유일회적이며 참된 제사에 대한 것을 증언하는 차원에서만 진술하였습니다(*Inst.*, IV xviii 10).

---

17 현재의 미사 형태의 원류는 그레고리 1세 교황(590~604년) 때에 제정되었습니다.

성찬에서의 '희생' 그리고 이 희생의 용어에 대한 성경적 용례: 미사는 신성모독임(12-18)

칼뱅은 우리가 성경을 조금만 자세히 살피면, 모세의 제사와 주님의 성찬이 다르다는 것을 알 수 있다고 말합니다. 하나님은 모세에게 장차 하나님께서 준비하시는 제사를 예표할 목적으로 제사와 제단을 준비케 하셨습니다. 그러나 그리스도의 제사가 드려진 후에는, 주님이 제정하신 성찬을 통해 그 제사의 은택을 성도들에게 베풀어지게 하셨습니다. 그 결과, 예전의 희생 제사를 폐하시고, 대신 사역자들을 통해 신성한 잔치를 마련하셔서 함께 먹고 마시게 하셨습니다(*Inst.*, IV xviii 12).

일반적으로 말해지는 성경의 제사는, 하나님께 드리는 온갖 종류의 것을 포괄하는 용어입니다. 그것을 굳이 두 부분으로 나누면, 하나는 '찬양과 경외를 목적으로 하는 제사'이고, 또 다른 하나는 '속죄와 화목을 위한 제사'입니다. 그러나 구약의 이 두 제사는 그리스도를 통해 오직 한 번의 제사로 완전히 성취되었습니다(*Inst.*, IV xviii 13). 그렇기에 다시 제사를 드리는 것이 필요가 없습니다. 그럼에도 미사를 포장하여 하나님께 제사를 드린다고 하는 것은, 그리스도의 제사를 심각하게 대적하는 불경건이요 모독이라고 칼뱅은 말합니다.

> 그러므로 내가 내리는 결론은, 누군가가 제사를 반복함으로써 죄 사함을 얻고 하나님의 진노를 누그러뜨리며 의를 얻는다고 생각하여 그리스도와 그분의 희생을 대적하는 것은, 가장 사악하고 파렴치한 행위요 참을 수 없는 모독이라는 것이다. 그리스도의 희생은 우리를 위해 십자가 위에서 그분의 죽음으로 이룬 것이다(*Inst.*, IV xviii 14).

심지어 칼뱅은 가룟 유다에 빗대어, 유다는 예수님을 단 한 번 팔았지만, 미사를 고집하는 자들은 살 사람이 생길 때마다 반복해서 판다고까지 말합니다. 칼뱅은 플라톤이 한 말(『국가론』 제2권)을 인용하여, 그런 속죄의 제사가 지옥에서 받게 될 형벌의 값을 대신한다고 생각하는 자들의 어리석음과 야만성을 책망합니다(*Inst.*, IV xviii 15). 또한 그는 이 미사가 사탄이 사용하는 가장 강력한 무기 중 하나라고까지 말합니다.

확실한 것은, 사탄이 그리스도의 나라를 포위하고 함락시키기 위해 이보다 더 강력한 무기를 준비한 적이 없었다는 것이다. 미사야말로 헬레네이니[18], 이는 오늘날 진리의 원수들이 그렇게도 격노하며, 분노하며, 잔인함을 드러내면서 싸우기 때문이다(*Inst.*, IV xviii 18).

17장과 18장의 결론: 그리스도인이 행할 성례는 두 가지(세례와 성찬) 밖에 없음(19-20)

이 모든 논의의 끝에, 칼뱅은 하나님께서 제정하신 성례는 세례와 성찬 외에는 없으므로, 다른 성례를 인정하지 말아야 한다고 주장합니다. 그 외에는 어떤 것이라도 사람이 만들어낸 것에 불과합니다.

이 두 가지 성례 외에는 다른 성례를 하나님께서 제정하신 바가 없다. 그러므로 신자들의 교회는 마땅히 다른 성례를 인정해서는 안 된다. … 구원의 약속이 없는 성례란 결코 있을 수 없다. 모든 사람이 함께 모여 있어도 우리의 구원에 대해서는 아무것도 약속해 줄 수 없다. 그러므로, 사람들 스스로는 성

---

18 그리스 신화에서 트로이 전쟁의 도화선이 된 미녀 '헬레네'를 가리킵니다.

례를 만들어내고 제정할 수 없다(*Inst.*, IV xviii 19).

요컨대, 칼뱅은 그리스도께서 제정하신 성례의 순수성을 지키되, 하나님의 말씀을 깊이 생각하는 것이 언제나 병행되어야 한다고 주장합니다(*Inst.*, IV xviii 20).

제19장 | 성례로 잘못 알려진 다섯 가지 다른 의식들: 지금까지 일반적으로 성례로 간주되었을지라도, 그 본질은 결코 그런 것이 아님

성례에 관한 마지막 내용으로서, 칼뱅은 이 장에서 지금껏 성례로 잘못 알려진 것들(견진례, 고해성사, 종부성사, 신품성사, 결혼)에 대해 다룹니다.

성례로 주장된 다섯 가지, 그러나 하나님의 말씀으로도 초기 교회에서도 인정받지 못함(1-3)

우리가 앞에서도 살펴보았지만, 칼뱅은 성례는 사람이 아니라 오직 하나님만이 제정하시는 것이라는 원칙을 갖고 있습니다. 왜냐하면, 만일 이 원칙이 지켜지지 않는다면, 소위 성자聖者라는 이들이 행한 것들도 성례가 될 수 있기 때문입니다.

… 성례를 세우는 결정은 오직 하나님께만 있다. 성례란 모름지기 하나님의 확실한 약속을 통해 신자들의 양심을 격려하고 위로하는 것이어야 하는데, 사람으로부터는 이 확실한 것을 결코 받을 수 없다(*Inst.*, IV xix 2).

이에 따라 칼뱅은 교황 예찬자들이 만들어낸 '7성례'라는 것은 초대 교회의 역사에서도 하나님의 말씀인 성경의 지지도 받지 못하는 것이라고 말합니다(*Inst.*, IV xix 3).

견진례(堅振禮, Confirmation)는 성례가 아님(4-13)

초기 교회의 관례 중에, 그리스도인들이 자신의 자녀가 장성하면 그 아이를 감독에게 데려와 세례받을 어른들에게 요구되는 의무들을 이행하게 하는 것이 있었습니다. 즉, 유아세례를 받은 아이들은 통상적인 세례 문답의 형식에 따라 심사를 받았습니다. 그런데, 여기에 감독의 권위와 분위기의 엄숙함을 더하기 위해 안수의 예식이 첨가되었습니다. 이것은 교회를 떠나 이단에 있다가 믿음을 회복하여 돌아온 자들에게도 적용되었습니다(*Inst.*, IV xix 4). 교황 예찬자들은 이것을 성례라고 주장합니다. 즉, 그들은 이 예식이 성령을 다시 베풀어 은혜를 더하게 하며, 믿음의 싸움을 더욱 굳건히 해 주는 효능이 있다고 주장합니다(*Inst.*, IV xix 5). 하지만, 이러한 관례는 하나님의 말씀으로부터 지지를 받지 못합니다.

그럼에도 교황 예찬자들은 사도들의 전례가 있다고 반박합니다. 그들이 드는 것은, 사도행전 8장 14-17절인데, 베드로와 요한이 사마리아에서 회심한 자들에게 성령 받기를 기도하는 내용을 담고 있습니다. 그러나 칼뱅은 이것을 어떤 신비가 내포된 것이 아니라, 그 의식을 통해 그들을 하나님께 맡겼다는 표시로 봅니다. 또한 안수를 행함으로 베풀어졌던 이적과 놀라운 역사들은 일시적으로만 지속되었고 지금은 중단되었다고 봅니다. 여기서 오해하지 말아야 할 것은, 칼뱅이 말하는 바는 성령의 전체 역사를 부정하는 것이 아니라, 사도들처럼 안수를 했을 때 즉각적인 성령의 능력이 나타나는 일이 이제는 더 이상 없다는 것입니다.

하지만, 그렇기 때문에 하나님 나라의 위대함과 그분의 말씀의 위엄은 더욱 분명히 드러난다고 말합니다(*Inst.*, IV xix 6).

게다가 교황 예찬자들은 이 안수를 행할 때 이마에 '구원의 기름'을 발랐는데, 칼뱅은 자칫 이 기름이 구원을 받게 하는 효과가 있는 것처럼 보일 수 있어서 강력하게 반발하며, 성례의 효력은 오직 말씀에만 있다고 말합니다(*Inst.*, IV xix 7). 그럼에도 이들은 세례에서는 무죄한 상태를 위해 성령이 주어지며, 견진례에서는 은혜를 더하기 위해 성령이 주어진다고 주장합니다. 그러나 이들의 주장은 견진례가 없이는 세례가 실제적인 효력이 없다고 말하는 것입니다. 이에 대해 칼뱅은 견진례는 세례에 대한 모욕이며, 밀레비스 공의회(the Council of Milevis)의 법령을 인용하며 강하게 책망합니다: "누구든지 세례는 단지 죄 사함을 위해 주어졌을 뿐이고 장차 올 은혜를 돕기 위함이 아니라고 말하는 자는 저주를 받을지어다!"(*Inst.*, IV xix 8).

그렇지만, 교황 예찬자들은 견진례가 구원에 필수라는 식으로 말하면서, 견진례가 세례보다 우월하다고 말합니다. 이렇게 말하는 것은, 견진례를 높이기 위한 의도보다는 그것을 시행하는 사제들의 권위를 높이기 위한 의도가 있습니다(*Inst.*, IV xix 10). 이것이 과연 하나님의 뜻에 부합한다고 말할 수 있겠습니까? 게다가 이것은 하나님께서 제정하신 것도 아닙니다. 고대 교회에서도 이런 전례가 없었습니다. 그럼에도 이들은 견진례의 역사가 오래되었다고 억지를 부립니다. 아우구스티누스조차 그것은 단지 기도 외에는 아무것도 아니라고 했는데 말입니다(*Inst.*, IV xix 12).

고해성사(告解聖事, Penance)는 성례가 아님(14-17)

이것은 조금 복잡한 관례가 있어 먼저 정리를 할 필요가 있습니다. 고대 교회에서는 공적인 회개를 한 사람에게 일정한 의무를 부과하고, 이를 행한 사람들에게 엄숙하게 안수함으로써 그들을 교회의 일원으로 인정해 주었습니다. 이 과정을 거친 당사자는 과거의 잘못에서 완전히 벗어나게 되고, 교회는 더 이상 그를 죄인으로 여기지 않고 공동체의 일원으로 받아들일 수 있었습니다. 키프리아누스는 이것을 '평화를 주는 것'(giving peace)이라고 불렀습니다. 또한, 이것을 권장하기 위해 일반 사제가 아니라 오직 주교에게만 권위를 부여하였고, 제2차 카르타고 공의회에서는 법으로 "사제는 회개하는 자를 미사에서 공적으로 화해시킬 권한이 없다"라고 명시했습니다. 그러다가 세월이 흐르면서 부패하여, 공적인 고해告解 외에 개인의 사면에까지 이 의식을 적용하기에 이르렀습니다(*Inst.*, IV xix 14). 그들은 이상한 궤변을 늘어놓습니다. 그들은 외형의 고해가 성례이든지(그러면 그것은 마음의 통회인 내적 회개의 표지가 됩니다), 아니면 고해와 회개가 모두 성례라고 합니다. 또는 외적인 고해는 단지 성례일 뿐이요, 내적 회개가 성례의 본질이며, 죄 사함은 단지 본질이고 성례는 아니라고 말합니다(*Inst.*, IV xix 15). 이렇게 한다면 차라리 칼뱅의 말대로 사제가 베푸는 사죄 선언absolution이 성례라고 하는 것이 낫습니다(*Inst.*, IV xix 16).

그러나 칼뱅은 고해성사는 성례가 아니며, 세례가 하나님께서 제정하신 진정한 성례라고 말합니다.

그러므로 여러분이 세례를 가리켜 고해의 성례라 부른다면, 그것은 매우 합당한 말이다. 왜냐하면, 세례는 진정으로 회개하는 자들에게 베풀어지는 은

혜의 확증과 보증의 인印으로서 주어지기 때문이다(*Inst.*, Ⅳ xix 17).

종부성사(終傅聖事, extreme unction)는 야고보서 5장 14-15절을 잘 못 해석한 결과이고 성례가 아님(18-21)

종부성사(혹은 병자성사라고도 합니다)는 오직 사제만이 할 수 있는 것으로서, '임종 때'(혹은 병으로 회생의 가능성이 없는 환자에게) 거룩한 기름을 바르며 다음의 문구를 외워주는 것입니다[19]: "이 거룩한 기름 부음을 통해 그리고 그분의 지극한 자비로우심으로 인해, 하나님께서 당신이 보고 듣고 맡으며 만지고 맛을 보며 지은 모든 죄들을 용서하시기를 원하노라." 교황 예찬자들은 이 종부성사를 함으로써 죄 사함과 육체의 질병의 완화와 영혼을 구원하는 효과가 있다고 주장합니다(*Inst.*, Ⅳ xix 18). 또한 이것에 대한 근거를 야고보서 5장 14-15절에 둡니다.[20] 하지만, 칼뱅은 이들이 단지 사도들의 흉내를 내고 싶은 것뿐이라고 말합니다. 그리고 이 구절의 뜻을 다음과 같이 밝힙니다.

나는 다음의 것을 인정한다: 그것(기름을 바르는 것)은 치료 수단이 아니라 다만 상징에 지나지 않는다. 배우지 못한 자들이 그들의 무지함으로 그런 위대한 권능(치유)의 원천을 사도들에게 돌리는 일이 없도록 하기 위한 것이다. 기름이 성령과 그분의 은사들을 상징한다는 것은 널리 알려진 바다(시

---

19 칼뱅 당시에는 이 종부성사를 임종 시에 한 것이 거의 확실하나, 오늘날에는 중증의 일반 병자들이나 중한 수술을 앞둔 환자들에게도 하고 있습니다.

20 "너희 중에 병든 자가 있느냐 그는 교회의 장로들을 청할 것이요 그들은 주의 이름으로 기름을 바르며 그를 위하여 기도할지니라 믿음의 기도는 병든 자를 구원하리니 주께서 그를 일으키시리라 혹시 죄를 범하였을지라도 사하심을 받으리라."

45:7)(*Inst.*, IV xix 18).

이에 따르면, 기름을 바른다고 그들이 말하는 효력이 있는 것은 아닙니다. 또한 칼뱅은 치유의 은사를 빙자하여 연약한 성도들의 마음을 미혹하는 것을 꺼려 이 은사를 극도로 제한적으로 해석합니다.

그러므로 자신들이 치유 은사를 받았다고 자랑할 때, 그것은 도리어 자신들을 조롱거리로 만든다. 주님은 확실히 모든 시대에 자기 백성들과 함께 계신다; 그분은 그들의 연약함을 고쳐주시되, 옛날 못지않게 필요한 때에 고쳐주신다; 그러나 그분은 이 뚜렷한 권능을 더 이상 나타내지도, 사도들의 손을 통해 기적을 베풀지도 않으신다. 왜냐하면, 그것은 일시적인 은사였고, 또한 부분적으로는 사람들의 감사하지 않는 태도 때문에 빨리 소멸되었기 때문이다(*Inst.*, IV xix 19).

무엇보다 칼뱅이 종부성사를 성례로 인정하지 않는 이유는, 하나님의 명령도 약속도 없기 때문입니다(*Inst.*, IV xix 20). 그래서 이것을 성례라고 하여 사람들의 영혼을 사냥하지 못하게 엄히 경계합니다.

교황 예찬자들은 야고보서 본문에 있는 '장로들'을 '사제들'이라고 해석하여 이들에게만 권위를 부여하는데, 반드시 성별된 기름만을 사용해야 된다고 말합니다. 하지만, 칼뱅은 기름이 치유하는 것이 아니라 믿음으로 기도하는 것이 치유한다고 강조합니다. 또한 교황 인노켄티우스는 장로들뿐만 아니라 일반 성도들도 필요한 경우 기름을 바를 수 있게 했다고 한 기록을 토대로 꼭 성별된 기름을 사용하거나 사제만 할 이유는 없다고 못 박습니다(*Inst.*, IV xix 21).

사제들의 일곱 가지 서열에 따른 다소 복잡하지만 거룩하다고 말해지는 신품성사: 이 의식과 기능을 비판함(22-33)

신품성사(神品聖事, the sacrament of order)가 복잡하다고 말하는 것은, 이것이 하나가 아니라 소위 일곱 성례를 품고 있기 때문입니다: 수문품doorkeepers, 강경품readers, 구마품exorcists, 시종품acolytes, 차부제품sub-deacons, 부제품deacons, 사제품priests. 교황 예찬자들은 이 계급들은 성령의 일곱 가지 은혜에 해당되므로, 직급이 높아짐에 따라 그 은사가 계속 쌓여 증가한다고 말합니다(*Inst.*, IV xix 22). 또한 그들은 각 직분마다 그리스도를 자신의 편으로 만드는 우매함을 보입니다. 즉, 그들은 예수님께서 하셨던 모든 일들과 사역들을 이 직분에다가 적용하여 그럴듯하게 만들었습니다(*Inst.*, IV xix 23).[21] 그러면서도 실제로 하는 일은 사제가 아니라 일반 사람들에게 맡기는 어리석음을 보입니다. 예컨대, 성전에서 사용되는 양초와 포도주병들을 소년과 세속의 사람들이 만지도록 허용하고, 성가를 부르는 일도 소년들에게 맡기는 것입니다(*Inst.*, IV xix 24).

이들은 신품성사를 행할 때, 그들의 신분을 나타내도록 정수리를 칼로 밀어 둥근 정수리 모양으로 만듭니다(*Inst.*, IV xix 25). 그러나 원래 이 삭발은 성직자들이 머리카락으로 자신을 치장하지 못하도록 하기 위한 조치였습니다(*Inst.*, IV xix 27). 그런데 그것을 마치 하나의 신비로 취급하여 사람들로 하여금 미신적인 생각을 갖게 만들었습니다. 무엇보다 이것은 사람이 정한 것이지 결코 하나님께서 명령하신 바가 아닙니다.

---

21 예컨대, 예수님께서 노끈으로 성전에서 매매하는 자들을 쫓아내신 것은 수문품의 직분을 행하신 것이요, 회당에서 성경을 읽으신 것은 강경품의 직분을 행하신 것이며, 병자들과 귀신들린 자들을 고치신 것은 구마품의 직책을 감당하신 것이라고 말합니다.

한편, 그들은 '사제'와 '장로'를 같은 것으로 보아 스스로 제사를 감당하는데, 이런 행동은 오직 그리스도께만 해당하는 직분, 곧 하나님의 진노를 누그러뜨리고 속죄하는 직분을 빼앗고 모독하는 것입니다(Inst., IV xix 28). 주님이 장로들을 세운 것은 그리스도를 대신하라는 것이 아니라, 복음을 전하고 양 떼를 먹이고 돌보며 교회를 정당하게 다스리고 유지하기 위함이지 결코 희생 제사를 드리게 하여 죄를 속하도록 하기 위함이 아닙니다(Inst., IV xix 28).

또한 이들은 사제를 임명할 때, 부활하신 예수님께서 제자들에게 숨을 내쉬신 것을 흉내 내어, 사제로 세움을 받는 자들에게 숨을 내쉬면서 "성령을 받으라"고 말합니다. 칼뱅은 그들이 성령을 베풀 수 없음에도 이렇게 하는 것은, 하나님과 경쟁하는 것이며 하나님의 권능에 도전하는 것이라고 말합니다(Inst., IV xix 29). 나아가 그들은 아론의 자손들에게 기름 부음을 받았다고 하며 스스로를 아론의 후계자들로 자처하는데, 이를 두고 칼뱅은 구약의 제사 의식을 그토록 좋아하면 왜 제사에 소와 양과 염소를 사용하지 않는지를 묻습니다(Inst., IV xix 30). 그리고 칼뱅은 그들이 기독교와 유대교와 이방 종교를 서로 연결하여 하나의 새로운 종교를 형성하고자 하는 시도를 하는 것 같다고 의심의 눈초리를 보냅니다(Inst., IV xix 31). 이것은 오늘날에 와서는 거의 확실해진 사실입니다.

이어서 칼뱅은 부제집사와 차부제부집사에 대해 말합니다. 칼뱅은 초대 교회의 순수성이 회복된다면, 이 직책들에 대해서는 이의를 제기하지 않을 의도가 있다고 말합니다. 원래 집사는 교회의 재정을 맡아 가난한 자들을 구제하는 일에 힘써야 하지만, 교황 예찬자들은 오히려 미사를 위해 온갖 잡일을 시키는 데 이들을 부리고 있습니다. 그들은 이 직책을 그럴듯하게 만들기 위해 오직 주교만이 부제에게 안수하도록 해 놓았습니다(*Inst.*, IV xix 32).

결혼이 성례라는 것은 에베소서 5장 28절과 다른 구절을 오해한 것임(34-37)

혼인성사婚姻聖事에 대해서는, 칼뱅은 그레고리우스 시대 이전에는 성례로 시행한 적이 없다고 말합니다(*Inst.*, IV xix 34). 그러나 교황 예찬자들은 결혼이 그리스도와 교회와의 신성한 연합의 징표라고 말하며 성례라고 고집합니다. 그들은 이것을 위해 에베소서 5장 28절을 근거로 듭니다. 하지만, 실상 바울은 결혼한 남자들이 어떤 사랑으로 자신의 아내들을 위해야 하는지를 설명하기 위해 그리스도를 모범 내지는 원형proto-type으로 제시할 뿐입니다. 그리고 이것을 신비라고 한 것은 그리스도와 교회와의 관계에 적용한 것이지 혼인 자체에 적용한 것이 아닙니다(*Inst.*, IV xix 35).

이렇게 된 데는, 번역자가 이 본문에서 사용된 '신비μυστήριον'라는 단어를 라틴어로 옮기면서 '성례sacramentum'로 한 것이 발단이 되었습니다. 원래 '사크라멘툼'은 '비밀'이라는 의미도 함께 가지고 있는데, 굳이 'secret'이라 번역하지 않고 'sacramentum'으로 했기에 문제가 된 것입니다. 하지만, 그들은 디모데전서 3장 9절[22]과 에베소서 1장 9절[23]과 3장 3절[24]에 기록된 'sacramentum'을 '신비'로 번역하면서도 왜 이것만 성례라고 고집하는지 칼뱅은 이해할 수 없다고 말합니다. 또한, 성례라

---

[22] "깨끗한 양심에 **믿음의 비밀**을 가진 자라야 할지니."
[23] "**그 뜻의 비밀**을 우리에게 알리신 것이요 그의 기뻐하심을 따라 그리스도 안에서 때가 찬 경륜을 위하여 예정하신 것이니."
[24] "곧 계시로 내게 **비밀**을 알게 하신 것은 내가 먼저 간단히 기록함과 같으니."

고 고집하면서도 왜 사제들에 대해선 그 성례를 정욕의 더러움이라고 말하며 경험도 못하게 하는 모순을 발휘하는지 이해할 수 없다고 합니다. 이를 통해 칼뱅이 내린 결론은 그들이 이 성례를 '성교'性交, copulation와 같은 것으로 본다는 것입니다(*Inst.*, IV xix 36).

한편, 이들은 결혼을 성례로 세운 다음, 여기에 여러 가지로 간섭하여 세속 재판관들이 관여하지 못하게 한 뒤에 매우 부당한 법령들을 제정하였습니다. 예컨대, 그들은 하나님의 율법에도 없는 촌수를 규정하여 결혼 여부를 결정하였고, 특정 기간(예를 들어, 사순절 기간)에는 결혼을 금하게 하였습니다(*Inst.*, IV xix 37). 정말 하나님의 성례라면 이런 인간적인 관여를 할 이유가 전혀 없습니다.

제20장 ㅣ 시민 정부

드디어 마지막 장에 왔습니다. 이 장에는 세속 정부와의 관련성을 다루고 있습니다. 특히 관심을 가지는 부분은 세속 정부가 잘못을 행할 때, 성도가 어떤 태도를 취할 것인가 하는 것입니다.

시민 정부와 영적인 정부와의 관련성(1-2)

우리는 앞에서 칼뱅의 두 왕국 이론에 대해 간략하게 살펴본 바가 있습니다(*Inst.*, IV xix 15 참조). 그래서 칼뱅은 여기서 시민 생활의 정의와 외적인 도덕성의 확립과 관계되는 통치에 대해서만 기술을 합니다.

이 부분에서 그는 두 가지 악惡을 지적합니다: 하나는 하나님의 질서를 반대하는 것이고, 또 다른 하나는 세속 군주의 통치를 떠받드는 것입니다(*Inst.*, IV xx 1). 또한 칼뱅은 복음이 외치는 자유의 의미를 곡해한 나머지, 자신들의 자유를 제한하는 어떤 세력도 존재하지 않는 새로운 세상을 꿈꾸는 것도 경계합니다. 그는 참된 그리스도인들이라면 그리스도께서 다스리시는 영적인 나라와 세속 정부가 별개의 것임을 알아야 한다고 말합니다. 이렇게 말하는 이유는, 결코 그리스도의 나라를 이 세상 속에서 찾아서는 안 되기 때문입니다(*Inst.*, IV xx 1).

하지만, 칼뱅은 시민 정부의 통치가 본질적으로 부패한 것이어서 그리스도인과는 아무 관계도 없다는 식의 생각은 부정합니다. 즉, 그는 무정부주의를 부정합니다. 그것의 본질은 방종한 상태를 누리고자 하는 것이기 때문입니다(*Inst.*, IV xx 2). 오히려 영적인 통치와 별개의 것이기에 모순이 없다고 말합니다. 칼뱅은 시민 정부의 역할과 목표에 대해 다음과 같이 말하는데, 결국에는 성도의 안정된 신앙생활을 돕는 데 중점을 두고 있습니다.

> 시민 정부는 지정된 목적을 가지고 있으니, 곧 우리가 사람들 사이에서 사는 동안 하나님께 드리는 외형적인 예배를 존중하고 보호하며, 경건의 건전한 교리와 교회의 지위를 변호하고, 우리의 삶을 사람들의 사회에 적응시키고, 시민의 의에 맞게 우리의 사회적 행동을 형성하고, 우리를 서로 화목하게 하고, 또한 일반적인 평화와 안정을 촉진하는 것이다(*Inst.*, IV xx 2).

따라서, 칼뱅은 성도가 영적인 순례의 여정을 잘 감당하도록 돕는 이런 장치를 제거한다는 것은 곧 인간성 자체를 빼앗는 것이나 다름이 없다고 말합니다(*Inst.*, IV xx 2). 교묘한 자들은 교회의 통치가 완전해지면 세속 통치는 필요 없다고 생각하는데, 그런 교회의 완전함은 이 세상에서는 모든 시대를 막론하고 찾을 수 없음을 명심해야 합니다.

시민 정부의 필요성과 하나님의 인정(3-7)

칼뱅은 시민 정부가 하는 기능이 먹는 것과 물과 공기와 태양이 하는 기능에 못지않거나 그보다 더 뛰어나다고 말합니다(Inst., IV xx 3). 시민 정부의 통치는 그리스도인들의 신앙을 공적으로 드러내게 하며, 또한 사람들 사이에 인간성이 유지되도록 하는 것입니다. 이것은 매우 중요한 개념으로서 이후의 모든 논의에서 반드시 유념하고 있어야만 합니다.

칼뱅은 시민 정부의 통치에는 세 가지가 있다고 합니다: 법을 보호하고 수호하는 통치자, 통치의 기준인 법, 그 법의 다스림을 받고 통치자에게 복종하는 백성입니다(Inst., IV xx 3).

먼저 통치자에 대해서는, 이들은 성경에서 '신神들'(출 22:8; 시 82:1, 6)이라고 할 정도로 하나님을 대리하는 자들(vicegerents)이므로 마땅히 두려워하고 존경해야 합니다. 왜냐하면, 모든 권세는 하나님께로부터 오기 때문입니다(롬 13:1).

> 지상에 있는 모든 것들을 다스리는 권세가 왕들이나 기타 통치자들의 손에 주어져 있는 것은, 인간의 완악함에서 비롯된 것이 아니라 하나님의 섭리와 거룩한 규례로 말미암은 것이다. … 따라서, 누구도 권위가 일종의 소명召命이며, 하나님 앞에 거룩하고 정당할 뿐 아니라 모든 죽을 인생 전체가 가진 소명 중에서도 가장 신성하고, 가장 존귀하다는 것을 의심해서는 안 된다(Inst., IV xx 4).

그러나 백성을 강압적으로 다스리는 통치 방식은 그리스도의 복음의 정신과 배치된다고 하여 무정부 상태를 주장하는 자들이 있는데, 이런 생각은 자신의 정욕대로 하고 싶은 마귀적인 교만에서 비롯된 것입니다(*Inst.*, IV xx 5). 다만, 정부의 통치권은 그리스도께 복종하여 성도들이 모든 경건과 단정함으로 고요하고 평안한 생활을 할 수 있도록 부지런히 도와야 합니다(딤전 2:2). 또한, 비록 이들이 하나님의 대리자로서 하나님께 권위를 부여받았을지라도, 통치를 맡은 이들은 자신이 하나님 앞에서 정산精算할 것임을 알아 정직하게 최선을 다해야 합니다(*Inst.*, IV xx 6). 따라서, 성경은 권세에 복종하라고 명령합니다(롬 13:4-5). 이들을 배척하는 것은 곧 하나님도 배척하여 자기들을 다스리지 못하게 하는 것입니다(삿 21:25, 롬 13:2)(*Inst.*, IV xx 7).

정부 형태, 통치자의 의무 그리고 전쟁과 세금 문제(8-13)

칼뱅은 정부 형태의 우열에 대해서는 큰 관심을 두지 않지만, 권력을 견제하는 의미에서 귀족정Aristocracy 혹은 귀족정과 민주정Democracy이 혼합된 체제를 선호합니다(*Inst.*, IV xx 8). 또한 통치자가 하나님께서 정해 주신 정부 형태를 임의로 바꾸는 것을 어리석은 일이라며 경계합니다. 왜냐하면, 칼뱅은 하나님께서 각 지역과 민족의 특성에 맞게 그 형태를 배정해 놓으셨다고 믿기 때문입니다(*Inst.*, IV xx 8).

또한, 통치자들의 우선적인 의무는 종교적인 경건을 유지할 수 있게 하는 것이라고 주장합니다. 이 점에서 칼뱅은 종교를 정치보다도 우위에 두는 입장에 서 있는데, 심지어 입법, 사법, 행정과 복지 등 모든 면이 종교적인 것에서 출발해야 한다고까지 말합니다(*Inst.*, IV xx 9). 이렇게 하는 이유는, 모든 권세가 하나님께로부터 나왔고, 하나님께서 정하신 바이기에, 통치자들은 자신이 대리하는 그분의 존귀를 마땅히 보호하고 인정해야 하기 때문입니다. 그런 다음에, 통치자는 공공의 안전과 겸손과 예절과 평안을 보호하고 시행하여야 합니다(*Inst.*, IV xx 9). 당연히 이런 평안과 질서를 깨뜨리는 자들에 대해서는 그에게 주어진 권세를 정당하게 활용하여 책벌하고 정의와 공의를 지켜야 합니다.

실제로, 정의Justice는 무죄한 자들을 안전하게 지키고 포용하며 보호하고 신원하고 자유하게 하는 것이다. 하지만, 공의Judgment는 불경건한 자들의 대담함을 막고 그들의 폭력을 억제하며, 그들의 비행非行을 처벌하는 것이다 (*Inst.*, IV xx 9).

따라서, 통치자는 정의와 공의를 훼방하는 자들에게 칼을 휘두를 수 있고, 또한 있어야 합니다. 즉, 그는 경건한 자이면서 동시에 정당한 이유로 피를 흘릴 수 있어야 합니다(*Inst.*, IV xx 10).

통치자에게는 다음 두 가지에 주의를 기울이는 것이 필수적이다. 즉, 지나치게 엄격하여 치유보다는 해를 가하지 않도록 해야 하며, 혹은 미덕에 대한 광적인 애정으로 가장 잔인한 관용에 빠져서도 안 된다. 그가 (부드럽고 방종한 호의로 일관한다면) 많은 사람들을 파멸에 던져넣게 될 것이다(*Inst.*, IV xx 10).

이에 따라, 공적인 보응을 위해 시행하는 전쟁戰爭도 또한 정당하다고 볼 수 있습니다. 칼뱅은 신약시대라 하여 원수를 무조건적으로 그리스도의 사랑으로 대해야 한다고 말하지 않습니다.

… 첫째, 나는 옛날에 존재했던 전쟁 수행의 이유가 오늘날에도 여전히 통용된다고 답변한다. 다른 한편으로, 통치자들이 자기 백성을 보호하지 못하게 막는 이유도 없다. 둘째, 나는 이 문제에 대한 분명한 선언은 사도들의 저작

에서 찾아서는 안 된다고 말한다. 왜냐하면, 그 저작들은 시민 정부를 만드는 것에 대한 것이 아니라, 그리스도의 신령한 나라를 세우는 일에 관한 것이기 때문이다. 마지막으로, 그리스도께서 강림하셔도 이런 점에서 있어서는 바뀌는 것이 아무것도 없다는 것이 드러난다(*Inst.*, IV xx 12).

이로써 칼뱅이 모든 전쟁을 기독교 교리에 배치된다며 반대했던 아우구스티누스와는 완전히 다른 입장을 취하고 있음이 분명합니다. 칼뱅의 논리는, 만일 정말 그러하다면, 성경이 군인과 군인 제도를 마땅히 부정해야 하는데 그렇지 않다는 것입니다(눅 3:14 참조).

마지막으로 칼뱅은 세금을 거두는 문제를 다루는데, 이것은 통치자가 자신의 직책을 효율적으로 집행하기 위해서뿐만 아니라 자신의 개인적인 삶을 위해서도 재원을 마련해야 하므로 정당하다고 말합니다(*Inst.*, IV xx 13). 다만, 칼뱅은 군주가 지나칠 정도로 자신을 위해 사치하고 낭비하는 것은 극악하고 비인간적인 행위라고 주장합니다. 또한, 아무런 근거도 없이 백성에게 세금을 부과해서도 안 된다고 말합니다(*Inst.*, IV xx 13).

그리스도인의 의무와 관련된 법과 소송 절차(14-21)

통치자 다음으로 살펴볼 것은 법^法입니다. 법을 전공한 칼뱅은 법에 대해 이렇게 말합니다.

시민 정부에서 통치자 다음에 오는 것은 법인데, 단체에 있어 가장 튼튼한 힘줄이며, 혹은 키케로가 플라톤을 따라 영혼이라고 부르는 것과 같다. 법 없이는 통치자가 설 수 없다. 비록 통치자가 없이는 법이 힘을 발휘하지 못하더라도 말이다. 따라서, 법이란 말 없는 사법부요, 사법부는 살아있는 법이라는 말보다 옳은 말은 없다(*Inst.*, IV xx 14).

그러나 칼뱅은 여기서 나라의 일반적인 법에 대해 말하지 않습니다. 그는 어디까지나 기독교 국가에 통용되는 법에 대해 말하고자 합니다. 즉, 어떤 법이 하나님 앞에서와 사람 사이에서도 올바르게 사용될 수 있는가에 대해서만 언급합니다. 그는 하나님께서 모세에게 주신 율법을 그 성격에 따라 도덕법moral law, 의식법ceremonial law, 시민법judicial law으로 구분을 합니다(*Inst.*, IV xx 14). 칼뱅은 그중에서도 도덕법이 없이는 거룩함과 올바른 행실을 위한 불변의 원칙도 없다고 말합니다.

칼뱅은 도덕법을 의義의 참되고 영원한 법칙으로서, 하나님의 뜻에 따라 삶을 영위하고자 하는 모든 나라와 모든 시대의 사람들에게 베풀어진 것이라 말하며 이것을 두 가지로 나눕니다: 하나는 순전한 믿음으로 하나님을 예배하는 것이고, 다른 하나는 순전한 사랑으로 사람들을 포용하는 것입니다.

의식법은 유대인들에게는 후견인과도 같은 것이어서, 하나님은 정한 때까지 이것으로 자기 백성을 훈련하기를 기뻐하셨습니다.

시민법은 나라를 다스리기 위해 주신 것으로, 하나님의 백성으로 하여금 평화롭게 함께 살도록 공평과 정의를 담은 규정들을 일컫습니다(*Inst.*, IV xx 15).

칼뱅은 이 중에서 의식법과 시민법은 폐기될 수 있어도 각자가 담고 있는 경건과 사랑의 계명은 여전히 남는다고 말합니다. 이에 기초하여 칼뱅은 다음과 같이 말합니다.

하지만, 이것이 사실이라면, 확실히 모든 나라는 자기에게 유익하리라고 예견되는 대로 그런 법을 자유롭게 만들 수 있는 여지가 있다. 그러나 그 법은 사랑이라는 영구한 법칙에 부합되어야 하고, 그 결과 형식에 있어서는 저마다 달라도 동일한 목적을 가지게 된다(*Inst.*, IV xx 15).

이에 따라, 도둑질을 높이고 문란한 성관계를 용인하며 인간성과 예의에 어긋나는 법은 비록 형식적으로는 법이라 할지라도 법으로 인정할수가 없습니다(*Inst.*, IV xx 15).

그럼, 법을 제정함에 있어 근거를 어디에 두어야 할까요? 칼뱅은 '공정성Equity'이라고 말합니다.

공정성이란 본성적이기 때문에 모두에게 동일하지 않을 수 없다. 그러므로이 동일한 목적은 모든 법에 적용되어야 하는데, 그 대상은 상관이 없다. 법을 제정하는 것은 법들이 부분적으로 의존하는 어떤 상황이 있다. 따라서, 법들이 다른 것은 큰 문제가 되지 않는다. 다만 모두 공정성이라는 동일한목표를 향해 공평하게 압박을 가해야 한다(*Inst.*, IV xx 16).

이 점에서 공정성은 모든 법들의 목표요 법칙이자 한계가 됩니다. 칼뱅은 이 공정성을 지키는 한, 법을 적용하는 방식이 서로 다를지라도 용납해야 한다고 말합니다. 하지만, 법의 다양성을 부정하는 이들은 실제로는 사회의 질서를 혐오하는 자들로서 결국에는 하나님까지도 모독하게 됩니다.

다음으로 칼뱅은 소송하는 문제를 언급합니다. 성경은 세상 법정에 소송하는 것에 대해 책망하지만(고린 6:7), 칼뱅은 어쩔 수 없는 경우가 있음을 전제로 소송 자체는 허락된 일이라고 말합니다. 다만, 결코 형제를 미워하여 그에게 해를 가하거나 괴롭힐 목적으로 소송을 해서는 안됩니다(*Inst.*, IV xx 17).

반대로, 마음이 악의로 가득 차 있고, 시기심으로 더럽혀졌으며, 분노로 타오르고, 복수심이 들끓어 마침내 투쟁심으로 불타오르게 되면, 사랑이 다소 손상되어, 비록 가장 정의로운 소송이라도 불경건한 것이 되지 않을 수 없다 (*Inst.*, IV xx 18).

하지만, 이런 말을 듣고 오히려 성경대로 모든 법적 싸움을 하지 말아야 한다고 말하는 자들에 대해서는, 칼뱅은 그런 자세야말로 하나님께서 세우신 거룩한 규례를 거부하는 것이며, 깨끗한 자들이 받게 될 선물을 거부하는 것이라고 말합니다. 사도행전을 보면, 사도 바울은 하나님께서 주신 깨끗한 양심을 드러내기 위해 소송을 적극 활용하는 것을 볼 수 있습니다(행 16:37; 22:1, 25; 25:10-11 등). 이것이 비록 자신을 핍박하는 유대인들을 대상으로 하는 것일지라도, 이것만 봐도 소송 자체는 하나님께서 정하신 규례라는 것을 알 수 있습니다. 한편, 소송의 결과는 오로지 통치자의 몫이니, 그가 베푸는 보응은 사람의 것이 아니라 하나님의 것임을 명심하여 복종해야 합니다(*Inst.*, IV xx 19).

소송을 한다고 마태복음 5장 39-40절[25]에 나오는 그리스도의 말씀을 거역하는 것은 아닙니다. 물론 그리스도인들은 여러 중상中傷과 박해와 간계와 조롱을 믿음의 인내로 견뎌내야 합니다. 그러나 이 말씀은 공개적으로 드러나는 행위와 관련된 것이 아니라 내적인 마음의 자세에 관한 것입니다. 그래서 칼뱅은 공평과 너그러움의 자세를 가지고 있으면서도 얼마든지 관원의 도움을 받을 수 있으며, 악독한 죄인을 처벌할 것을 요구할 수도 있다고 말합니다(*Inst.*, IV xx 20). 예컨대, 사도 바울

---

25 "악한 자를 대적하지 말라 누구든지 네 오른편 뺨을 치거든 왼편도 돌려 대며 또 너를 고발하여 속옷을 가지고자 하는 자에게 겉옷까지도 가지게 하며."

이 고린도교회의 성도들에게 서로 소송하는 것을 책망한 이유는, 그들의 정욕 때문에 여러 믿지 않는 사람 앞에서 복음과 형제 사랑을 해치고 있었기 때문입니다. 하지만 한쪽이 너무 일방적인 손해를 보게 될 경우까지 감내할 필요는 없습니다. 서로를 해하지 않고 원만한 해결을 위하는 것이라면 소송하는 것을 금할 이유가 없습니다(*Inst.*, IV xx 21).

통치자에 대한 존경과 복종 그리고 악한 통치자에 대한 존경과 복종(22-29)

통치자가 자신에게 주어진 책무를 잘 감당하여 시민의 권리를 보호하고 질서를 유지하며 삶을 고요하고 평안하게 하면 우리 모두에게 유익이 됩니다. 어떤 이들은 통치자를 필요악으로 보기도 하지만, 성경은 하나님으로 인하여 그들을 마땅히 존중하고 두려워해야 한다고 말씀합니다(롬 13:5, 7). 이때 주의할 것은, 통치자가 아니라 그가 가지고 있는 직위 그 자체를 그렇게 해야 한다는 것입니다(*Inst.*, IV xx 22). 그렇다고 통치자를 외면해서는 안 됩니다. 그리스도인들은 통치자들을 존경하는 마음으로 그들에게 복종하고 있음을 증명해야 합니다.

여기서 누구도 자신을 속이지 않도록 하자. 통치자를 거역하는 것은 동시에 하나님을 거역하는 것이 되기 때문이다. 비록 비무장의 통치자를 멸시해도 아무런 처벌을 받지 않는 것처럼 보일지라도, 하나님께서는 이것을 자신을 향한 멸시로 여기셔서 강력하게 보응하시기 위해 무장을 갖추고 계신다(*Inst.*, IV xx 23).

이에 따라 칼뱅은 스스로를 지켜 공적인 일에 개입하거나, 통치자의 직무에 간섭하거나, 사사로이 정치적 행위를 하는 것을 금합니다. 다만 공적인 권위를 가질 때는 얼마든지 할 수 있다고 말합니다(*Inst.*, IV xx 23).

그런데, 불의하거나 악한 통치자에 대해서는 어떻게 해야 할까요? 그래도 복종해야 할까요? 일단 칼뱅은 사람들이 정당한 통치자를 사랑하고 존경하는 만큼 폭군들을 미워하고 저주하는 것은 당연하다고 말합니다(*Inst.*, IV xx 24). 하지만, 그가 그 권위를 가지고 있는 이상, 그가 자신의 직무를 조금도 행하지 않아도 복종해야 한다고 말합니다.

> 어떤 영예도 받을 가치가 없는 아주 철저히 악한 사람인 경우, 만일 그가 공적인 권세를 가지고 있다면, 주님께서 공의와 심판을 행하는 사역자들에게 그분의 말씀에 의거하여 주신 고귀하고 신적인 권세가 그들에게도 있다. 따라서, 그는 그의 백성들로부터 동일한 존경과 높임을 받아야 한다. 공적인 복종에 관한 한, 백성들은 최고의 왕이 그들에게 주어졌을 경우에 드리는 것과 동일한 존경과 높임을 그에게도 마땅히 드려야 한다(*Inst.*, IV xx 25).

우리가 명심해야 할 것은, 권세를 주시고 다시 취하시는 유일한 분은 오직 여호와 하나님뿐이라는 사실입니다(단 4:17).[26] 일단 주님께서 어떤 사람을 높은 위치에 오르게 하셨을 때는, 그로 하여금 다스리게 하시려는 그분의 결연한 의지가 있음을 명심해야 합니다(*Inst.*, IV xx 28). 하나님께서 포로된 백성들에게 예레미야 선지자를 통해 말씀하시기를, 예루살렘을 멸망시키고 많은 사람들을 포로로 잡아간 느부갓네살 왕과 그 도성

---

26 "지극히 높으신 이가 사람의 나라를 다스리시며 자기의 뜻대로 그것을 누구에게든지 주시며 또 지극히 천한 자를 그 위에 세우시는 줄을 사람들이 알게 하려 함이라."

을 위해 평안을 비는 기도를 하라고 하셨습니다(렘 29:7). 다윗은 사울왕에게 억울한 일을 당하면서도 스스로 그 권세를 파괴하는 일을 행하지 않고 하나님의 처분에 맡겼습니다(삼상 24:10; 26:9-11). 이스라엘 백성들은 출애굽하기 전, 악한 바로왕을 섬겨야만 했습니다. 만일 우리가 올바른 통치자만 섬겨야 한다고 하면, 이것은 매우 어리석은 생각입니다 (*Inst.*, IV xx 29). 혹 악한 통치자의 지배를 받고 있다면, 먼저 하나님의 뜻과 내 자신에게 어떤 잘못이 있는지를 살펴야 합니다. 하나님은 때때로 악한 통치자를 진노의 막대기로 사용하시기 때문입니다(사 10:5). 악한 통치자를 멸하고 치유하는 일은 우리가 할 일이 아닙니다. 우리는 다만 권세를 세우고 파하시는 하나님께 도움을 간구해야 합니다.

합법적인 통치자들의 폭정에 대한 자세: 먼저 하나님께 복종하라 (30-31)

하나님께서 자신이 세운 통치자를 판단하십니다. 그래서 그분이 그에 대한 대적자들을 일으키셔서 악한 정부를 처벌하고 억압된 백성들을 구해내십니다. 그런데 칼뱅은 이 대적자들도 두 부류가 있다고 합니다. 첫째는, 하나님의 부르심을 받아 정당하게 무력을 행사하여 징벌하되 통치자의 권세는 전혀 건들지 않는 경우입니다. 둘째는, 하나님의 인도하심을 따라 자신들도 모르게 하나님의 뜻대로 악한 자들을 멸하였지만, 그들 자신은 순전히 악행을 도모한 것뿐인 경우입니다(*Inst.*, IV xx 30). 이것을 구별하는 것은 우리에게 매우 어려운 것이 사실입니다. 하지만 칼뱅은 그 행위 자체를 어떻게 판단하든 여호와 하나님께서는 그들 모두를 사용하셔서 교만한 통치자들을 심판하신다는 것을 강조합니다 (*Inst.*, IV xx 31). 그러나 그때가 될 때까지, 우리 믿는 자들은 그런 일이 자신에게 주어졌다고 생각해서는 안 되고 오직 복종하고 묵묵히 견디어 내어야만 합니다(*Inst.*, Ⅳ xx 31). 하지만 우리 각 개인에게 정당한 권세가 주어질 때는, 폭정에 대해 방관하지 말고 적극적으로 자신의 소임을 다 해야 합니다.

마지막으로, 우리가 악한 통치자에게 복종해야 하지만, 하나님께 대한 복종을 우선시해야 합니다. 이것은 '그리스도인의 자유'(제3권 19장)를 논할 때도 언급한 것입니다. 만일 통치자가 하나님의 명령을 거스르는 명령을 내리면, 우리는 믿음으로 과감하고 담대하게 그 명령을 거절해야 합니다(*Inst.*, Ⅳ xx 32). 나에게 직접적인 손해가 오고 심지어 목숨이 위태롭다고 해도 그렇게 해야 합니다. 다니엘을 보십시오. 그는 왕의 명령과 나라의 법에도 복종했지만 하나님의 명령, 즉 우상을 섬기는 일에 대해서는 단호하게 처신하여 사자굴에 들어갔습니다(단 5장 참조). 초대 교회의 수많은 순교자들의 죽음을 생각하십시오. 그들은 예수 그리스도를 부인하지 않으면 죽이겠다는 황제의 위협과 명령과 악법에도 복종했지만, 하나님을 향한 믿음을 부인하지 않아 기꺼이 죽음을 맞이하였습니다. 이스라엘 역사는 악한 왕의 명령이라고 우상에게 복종한 자들이 어떻게 하나님에 의해 멸망 당했는지 잘 기록하고 있습니다(왕상 12:30 참조). 이런 종류의 겸손과 복종은 결코 하나님을 기쁘시게 할 수 없습니다.

> 그러나 하늘의 사자인 베드로가 이 명령—"사람보다 하나님께 순종하는 것이 마땅하니라"(행 5:29)—을 선언하였기 때문에, 우리는 다음과 같은 생각으로 스스로 위로하도록 하자. 즉, 우리가 어떤 고통을 당할 때, 경건에서 떠나기보다 차라리 주님께서 요구하시는 복종을 하도록 하자. 그리고 우리의 용기가 희미해지지 않도록, 바울은 또 다른 막대기로 우리를 자극하고 있다: 즉, 그리스도께서 우리의 구속을 위해 엄청난 비용을 치르셨으니, 우리

는 자신을 사람들의 악한 욕망에 종이 되게 해서는 안 되며, 더욱 그들의 불경건함에 굴복해서도 안 된다(고전 7:23)(*Inst.*, IV xx 32).

하나님을 찬양하라!

나 가 는 말

　이로써 우리는 칼뱅의『기독교강요』를 통해 우리가 마땅히 알아야 할 기독교 교리에 대해 살펴보았습니다. 이 글을 읽으면서, 여러분이 지금까지 몰랐던 것에 대해 알았던 것도 있을 것이고, 알았던 부분일지라도 보다 명확하게 이해한 부분도 있을 것입니다. 어떤 분은 신앙생활을 함에 있어 많은 지침을 얻은 분도 계실 것이고, 어떤 분은 읽으면서 좋은 평가보다는 날카로운 비평만 늘어난 분도 계실 것입니다. 후자의 경우에는 그 잘못이 독자에게 있기보다 이 글을 쓴 저자의 역량이 칼뱅의 열정에 미치지 못하였기 때문입니다. 다만, 칼뱅이 장로교와 관련되어 있다고 하여 이것을 장로교 교리에만 관련된 것이라고 판단하지 않았으면 좋겠습니다. 칼뱅은 결코 그런 편협한 시각으로『기독교강요』를 쓰지 않았습니다.

　물론 오늘날의 관점에서 볼 때, 칼뱅의 주장은 다소 고루하고 시대에 뒤떨어진 부분도 있습니다. 각 교회가 처한 상황을 융통성 있게 바라보지 않는 면도 있습니다. 하지만, 우리가 이 책을 통해 확고히 붙잡아야 할 것은, 우리의 구원과 신앙에 관한 본질적인 부분입니다. 그것은 결코 타협될 수 없습니다! 칼뱅은 그 본질적인 부분을 성경에서 이끌어내었습니다. 즉, 그의 논리와 주장은 철저히 성경을 읽고 묵상하고 연구한 결과라는 것입니다. 왜냐하면, 그는 종교개혁을 결코 성경과 동떨어진 과업으로 성취할 마음이 없었기 때문입니다. 그것은 그가 대적하는 세력들에게도 비난당할 일이었습니다. 그만큼 그의『기독교강요』는 철저하게 성경에 기반해 있습니다. 만일 여러분이 구원과 신앙에 관한 본질적인 부분에 있어서 칼뱅의 의견에 논박하고 싶다면, 여러분도 그에 상응하여 성경을 읽고 연구하여 합당한 논리를 만들어야 할 것입니다. 그 외에 다른 것들, 즉 교회의 전통이라든지, 관례라든지, 세상의 흐름이 어떠하다든지 하는 것으로서는 하지 않으시길 바랍니다. 그것은 당시 로마 가톨릭의 부당한 전통과 관례에 대항하며 종교개혁을 추진해 나갔던 칼뱅을 모욕하는 것이 됩니다. 나아가 그가 만들어갔던 개혁교회의 전통을 부정하는 행동이 됩니다. 개혁교회는 오직 하나님의 말씀에 근거할 때 개혁교회 다울 수 있습니다. "개혁교회는 계속 개혁되어야 한다"라는 모토는 옳습니다. 하지만, 그 개혁은 마땅히 성경에 근거해야 하고, 하나님의 말씀에 더 순종하는 방향으로 나아가야 합니다.

오늘날 교회는 많은 위기 상황에 둘러싸여 있습니다. 무엇보다 수많은 세속적 가치관과 사람들의 타락한 욕망의 압박을 견뎌내면서 하나님의 뜻을 이루어가야 할 막중한 책임을 가지고 있습니다. 하지만, 오늘날의 상황이 "칼뱅과 초대교회의 상황 때보다 더 엄중하다"고는 말하지 마십시오. 솔직히 말해, 그들은 우리보다 더 험난한 세월을 보냈습니다. 그럼에도 불구하고 그들은 더욱 하나님의 말씀에 충실했고 자신에게 주어진 소명과 사명을 감당하여 하나님께 영광을 돌렸습니다. 그 결과물이 바로 오늘 우리가 누리는 신앙의 자유입니다. 그렇다면, 우리도 마땅히 이 시대에 주어진 소명과 사명을 감당하여 후대에게 더 좋은 신앙의 자유를 물려줄 수 있어야 합니다. 그렇지 않다면, 우리는 우리를 구원하신 하나님께 주님의 은혜를 부인한 책임을 져야 할 것입니다.

그렇다면, 우리는 어떻게 해야 할까요? 우리는 그에 대한 답을 알고 있습니다. 그리고 그 답의 기초는 우리 주 예수 그리스도와 모든 하나님의 말씀과 성령의 도우심이라는 것도 알고 있습니다. 칼뱅은 그것을 『기독교강요』를 통해 보여주었고 증명했습니다.

제 개인적으로 바라기는, 여러분이 시간이 될 때, 칼뱅의 『기독교강요』를 찬찬히 읽어보았으면 좋겠습니다. 이 책은 여러분이 그런 열정을 품을 수 있도록 동기부여를 한 것에 불과합니다. 이 책에서 부족한 부분은 그렇게 채워지길 소망합니다. 제 마음을 다해, 우리 주 예수 그리스도의 은혜와 성령님의 도우심으로 하나님께서 기뻐하시는 신앙의 진보를 여러분 모두가 날마다 이루시길 축복합니다.

참고문헌

Calvini, Joannis. *Opera Selecta*, vols. 3-5. ed. Petrus Barth. München: Chr. Kaiser, 1926.

_____. *The Library of Christian Classics*, vols. XX-XXI, *Calvin: Institution of the Christian Religion*. ed. John T. McNeill, trans. Ford Lewis Battles. Philadelphia: The Westminster Press, 1960.

_____. *Calvin's Commentaries: The First of St. Peter*. trans. William B. Johnston. Grand Rapids: Eerdmans Publishing Company: 1974.

_____. *Institution of the Christian Religion*. 원광연 역.『기독교강요』. 고양: 크리스챤 다이제스트, 2003.

Holtrop, C. Philip. 박희상·이길상 공역.『기독교강요 연구 핸드북』. 고양: 크리스챤 다이제스트, 1997.

Berkohof, Louis. *Systematic Theology*. 권수경, 이상원 역.『벌코프 조직신학』. 고양: 크리스챤 다이제스트, 2008.

de Greef, Wulfert. *Johannes Calvijn: zijn werk en geschriften*. 황대우·김미정 공역.『칼빈의 생애와 저서들』. 서울: SFC출판부, 2006.

le Goff, Jacques. *La naissance du Purgatoire*. 최애리 역.『연옥의 탄생』. 서울: 문학과 지성사, 2995.

Kelly, J.N.D. *Early Christian Doctrine*. 박희석 역.『고대 기독교 교리사』. 고양: 크리스챤 다이제스트, 2008.

Strobel, Lee. *The Case for Christ*. 윤관희·박중렬 공역.『예수는 역사다』. 서울: 두란노, 2017.

대한예수교장로회총회교육부 편.『16세기 종교개혁과 개혁교회의 유산』. 서울: 한국장로교출판사, 2003.

역사신학연구회.『삼위일체론의 역사』. 서울: 대한기독교서회, 2008.

이우각.『철학적 신학적 명품답변』. 고양: 프로방스, 2012.

플라톤.『소크라테스의 변명』. 황문수 역. 서울: 문예출판사, 2014.

_____. *Politeia*. 이환 편역.『국가론』. 서울: 돋을새김, 2015.